河南省“十四五”普通高等教育规划教材

市场营销策划

SHICHANG YINGXIAO CEHUA

主编　朱雪芹　丁　华　李丰威

中国财经出版传媒集团
中国财政经济出版社

图书在版编目（CIP）数据

市场营销策划 / 朱雪芹，丁华，李丰威主编. --北京：中国财政经济出版社，2022.4（2025.2重印）
河南省“十四五”普通高等教育规划教材
ISBN 978-7-5223-1076-3

Ⅰ.①市… Ⅱ.①朱… ②丁… ③李… Ⅲ.①市场营销-营销策划-高等学校-教材 Ⅳ.①F713.50

中国版本图书馆 CIP 数据核字（2022）第 009712 号

责任编辑：田明晖　　责任校对：胡永立
封面设计：陈宇琰　　责任印制：史大鹏

市场营销策划
SHICHANG YINGXIAO CEHUA

中国财政经济出版社 出版
URL：http：//www.cfeph.cn
E-mail：tianmh@cfemg.cn

社址：北京市海淀区阜成路甲 28 号　邮政编码：100142
营销中心电话：010-88191522　编辑部门电话：010-88190670
天猫网店：中国财政经济出版社旗舰店
网址：https：//zgczjjcbs.tmall.com
北京中兴印刷有限公司印刷　各地新华书店经销
成品尺寸：185mm×260mm　16 开　16.5 印张　396 000 字
2022 年 7 月第 1 版　2025 年 2 月北京第 2 次印刷
定价：43.00 元
ISBN 978-7-5223-1076-3
（图书出现印装问题，本社负责调换，电话：010-88190548）
本社质量投诉电话：010-88190744
打击盗版举报热线：010-88191661　QQ：2242791300

前 言

《孙子兵法·始计篇》曰：“夫未战而庙算胜者，得算多也；未战而庙算不胜者，得算少也。多算胜，少算不胜，而况于无算乎!”；也就是“凡事预则立，不预则废。”《史记·高祖本纪》提出“运筹帷幄之中，决胜千里之外”。21世纪企业之间的竞争，主要是知识和智力的竞争，而以知识和智力为内涵的策划，必将成为各行各业竞争取胜的法宝之一，超越金钱和权力，占据越来越尊贵的地位，并越来越受到推崇，帮助组织释放出更大的能量。其实策划古已有之，例如诸葛亮的“隆中对”，后人评价“两表酬三顾，一对足千秋”。

营销策划因为是知识和智慧的结晶，所以充满了趣味、刺激、激情和挑战，它不仅为企业所推崇，更渗透于我们的日常生活，已成为当前企业竞争中最有力的竞争手段。它不仅激发出最具有创造力的灵感，更能吸引人的眼球，吸引更多企业界和新闻界的学者学习它、研究它，并投身于这项事业中。要学好营销策划，必须认清以下几个方面的问题：

一、营销策划学的研究对象

营销策划学是研究策划的一般原理、策划程序、原则、方法及其发展规律的一门科学。具体讲就是研究与市场有关的一系列的营销策划和实施活动过程。包括：营销策划过程中的市场进入障碍分析、企业自身资源的优势和劣势、营销策划目标、目标市场定位、营销哲学思想、营销理念创意、营销策略、营销战术及预算、营销实施过程的控制和管理。在策划过程不但要巧用营销策划创意的工具和方法：如“周易论”“矛盾论”“符号论”“全息论”、价值链分析模型、波特五力模型、波士顿模型、GE模型、SWOT分析法、雷达图、PEST分析法、利益相关人分析模型、7S分析模型、平衡计分卡模型、OK决策模型、金三角策划模型等等。还要遵循在长期营销实践中形成的规律和理念：如创新出奇原理、集约化序参量原理、整体制胜原理、发展原理、高段位原理、整合原理以及辩证营销理念、可持续发展理念、知识营销理念等，来指导我们营销策划的实践活动，不断推动营销策划理论的丰富和发展。

二、营销策划的研究内容

营销策划的内容相当广泛和丰富，它涉及企业任务、使命、目标和价值观的研究、对企业所处的宏观和微观形势的分析、营销战略规划、营销策略的设计、营销行动方案的设计、执行和控制等。一般来讲，营销策划过程中，在确定了策划的基本任务和目标以后，其策划的内容大致可分为三个部分：

（一）营销策划的基础理论部分

本部分主要包括界定策划与营销策划的基本概念、特点和营销策划基础理论（详见第一章、第二章）；分析营销策划的组织建设、策划程序和营销策划文案的写作要求和技巧（详见第三章）；重点分析了营销策划案的理念、创意思维方式和方法（详见第四章、第五章）。

（二）营销策划的战略设计部分

分析影响企业的宏观和微观因素、消费者的购买行为，进而提出企业面对机会和威胁时进入市场的营销战略，即营销策划的思路。包括确定调研方法和调研内容、进入市场的营销战略和战术策划、企业形象策划等（详见第六章、第七章）。

（三）营销策略和技巧的设计部分

在营销战略的理念和策划思路确定以后，就要对营销策略和技巧进行可实施性的设计。营销策略就是“4P（产品、价格、渠道和促销）”。本书主要针对产品品牌的构建策划、支撑体系策划、品牌延伸策划、公关策划、营业推广策划、营销造势策划等进行深入的分析和探索（详见第八章至第十一章）。

三、学习市场营销策划的意义

1. 更好面对未来环境的挑战

我们正在面对知识经济时代的严峻挑战，学习、研究市场营销策划，是知识经济时代的要求，是适应环境变化的必需。知识经济改变了人的工作环境，一个商店的服务员既要做好本职工作，也需要了解客户的需求，了解服务所需的技巧和手段、具备营销人员工作素质，知道规范化的行业标准，能够对客户需求满意度进行统计，对客户的心理需求进行分析等，这些工作都需要营销理论的指导。这些理论是前人经验的总结。市场营销策划便是我们从事商业行为的一块基石。

2. 提高人们的营销意识

“你有营销意识吗”一文的作者张建认为：营销之魂是什么？是营销意识。没有营销意识，企业的一切看似先进合理的营销理念、营销技术、营销行为都只能停留在机械实施阶段，都可能造成一种“画虎不成反类犬”的营销悲剧。营销意识是什么？简单说，就是“营销思想，无处不在；营销问题，人人有责”。当然不同的人营销意识有所不同。可以说，每种营销意识便可带来一种营销策划上的成功。创新意识、宣传意识、沟通意识、服务意识等的形成，离不开对营销策划理论的系统学习和理解。

3. 促进企业成长

企业用市场营销策划理论和技巧作指导，就可以密切注意和了解市场需求的现状与变化，发现一些未满足的需求和市场机会；然后，根据企业的任务、目标和资源条件等，选择本企业能够最好地为之服务的目标市场，并根据目标市场的需求，开发适销对路的产品，制定适当的价格，选择适当的分销渠道，制定适当的促销方案，千方百计地满足目标市场的需求，这样就可以扩大销售，提高市场占有率，增加盈利，实现企业的任务与目标。由此可见，市场营销是联结社会需求与企业反应的中间环节，是企业用来把社会需要变为有利可图的企业机会的行之有效的手段，是现代企业整个经济活动中的一个极为重要的组成部分，它对企业的生存与发展起着决定性的作用。

4. 使人人学会营销自己

现在，营销策划的发展已经远远超过了经济范畴，经济活动离不开营销策划是毋庸置疑的。现代营销学之父菲利普·科特勒认为，营利部门需要营销，非营利部门也需要营销。经营之神松下幸之助认为，国家需要营销，企业需要营销，个人也需要营销。人生的过程实质就是营销策划自己的过程，人生就是一台戏，导演就是每个人自己。人生要有正确的价值观、要学会适应环境、要正确定位自己、要提高自身素质（质量、品牌、包装）、要通过合适的渠道寻找工作、要宣传和推广自己等等，都是营销策划。

四、市场营销策划的学习方法

市场营销策划是一门实践性很强的学科，因此在实际的教学过程中要着重从提高学生实践技能出发，坚持“课内教学与课外实践相结合，理论讲授与实务指导相结合”的原则，密切联系营销实践活动，强化学生基础素质，拓宽学生知识视野，积极采用案例教学法、专题讨论法、项目专题调研与策划等方法，努力探索各种行之有效的教学途径。

1. 重视课堂教学安排

包括理论讲授、案例分析、情景模拟、专题讨论和学期实践、作业与调研策划报告等活动。课堂讲授的课时占较大比例，大约70%，其中穿插启发式案例和课堂互动。课堂介绍紧紧围绕章节重点和难点内容，基于教材且高于教材，精讲多练，按“复习—讲授—总结”的模式，将前后相关内容贯穿起来，帮助学生熟练掌握。课堂案例讨论与项目专题讨论一学期进行3~4次，课时占20~30%左右。案例内容主要针对重点章节选择，强调案例选用的适应性和典型性。

2. 注意第二课堂活动的开展

由于课堂教学的学时限制，要保证课程教学的质量，还需要结合学生的日常活动有目的地安排案例收集、专题调研与策划等内容，要求学生组合团队，利用业余时间完成，在课程教学中可安排适当的时间进行讨论，但一般比例在10~20%，也可以将此类任务与学生自主性的集体活动结合起来，一方面作为专业教学的补充，另一方面充实学生集体活动的内容，在激发学生学习本专业知识的兴趣的同时坚定学生从事本专业工作的信心。

3. 专题讨论

根据教学的需要，建议经常性地布置一些思考题，以理论运用和案例分析的形式为主，要求学生自主完成，在每节课开始由学生代表进行3~5分钟专题发言，以强化对知识的记忆，提高学生主动学习的积极性。

4. 师生互动

教学方法上要特别强调学生参与教学的积极性，达到师生互动，教学相长的目的。在教学过程中，充分尊重学生，了解学生的需求，张扬学生个性，激发学生主动探究知识的积极性和主动性，提高学生全面素质。鼓励学生不仅学好营销理论，还要培养营销意识，大胆运用与实践，在实践中创造性的学习和运用营销理论。庄子说过，“吾生也有涯，而知也无涯，以有涯随无涯，殆已。”我们学习的最终目的是应用于实践，因此找到自己的营销策划意识尤为重要。

本教材在各章节后均配有思考题和案例分析，供师生根据需要使用。

本教材由朱雪芹、丁华、李丰威担任主编。其中第一章由朱雪芹编写；第四章、第十一章由丁华编写；第五章、第八章、第九章、第十章由李丰威编写；第二章、第三章由王丽霞编写；第六章、第七章由王娟编写。

两位研究生杨佳雨、张茜芮帮助做了一些文字上的整理工作。

本书可作为各类经济和管理类本科生和MBA的营销策划教材，也可供企事业单位管理人员及研究人员学习之用。

本书在编写过程中得到了华北水利水电大学、中原科技学院、郑州航空工业管理学院的大力支持，参考和引用了部分国内外有关研究成果与文献资料，在此谨表谢意。

由于水平有限，书中难免有不妥之处，敬请指正，以便修改。

朱雪芹

2021年12月

目录

第一章 营销策划学导论 …… 1
案例引入 …… 1
第一节　策划的概念和特点 …… 1
第二节　营销策划的概念和特点 …… 4
第三节　营销策划的作用 …… 6
【课后练习】 …… 9
案例分析 …… 9

第二章 营销策划的基础概念综述 …… 12
案例引入 …… 12
第一节　20 世纪 50 年代的营销概念 …… 12
第二节　20 世纪 60 年代的营销概念 …… 19
第三节　20 世纪 70 年代的营销概念 …… 22
第四节　20 世纪 80 年代的营销概念 …… 25
第五节　20 世纪 90 年代后的营销概念新发展 …… 30
【课后练习】 …… 34
案例分析 …… 34

第三章 营销策划的操作系统 …… 36
案例引入 …… 36
第一节　营销策划组织 …… 36
第二节　营销策划程序 …… 41
第三节　营销策划文案 …… 44
第四节　营销策划方案模式和范例 …… 52
【课后练习】 …… 54
案例分析 …… 54

第四章 营销策划的工具与原理 …… 58
案例引入 …… 58
第一节 营销策划的工具 …… 58
第二节 营销策划一般原理 …… 66
第三节 营销策划理念 …… 72
【课后练习】 …… 77
案例分析 …… 77

第五章 营销策划的思维创意与方法 …… 81
案例引入 …… 81
第一节 创意在营销中的解读 …… 82
第二节 营销策划的一般方法 …… 87
第三节 营销创意思维的技法 …… 95
第四节 营销策划力的培养和提升 …… 102
【课后练习】 …… 106
案例分析 …… 106

第六章 企业形象与 CIS 策划 …… 108
案例引入 …… 108
第一节 企业形象与 CIS 的内涵 …… 108
第二节 导入 CIS 的模式及时机策划 …… 116
第三节 企业形象策划的程序 …… 118
【课后练习】 …… 122
案例分析 …… 122

第七章 企业进入市场策划 …… 126
案例引入 …… 126
第一节 企业进入市场前的市场调查策划 …… 127
第二节 企业进入市场的程序策划 …… 130
第三节 企业进入市场战略、战术策划 …… 133
【课后练习】 …… 144
案例分析 …… 144

第八章 产品市场推广策划 …… 147
案例引入 …… 147
第一节 产品品牌构建策划 …… 148
第二节 产品推广支撑系统策划 …… 164
第三节 产品品牌延伸策划 …… 170
第四节 产品推广的商标策划 …… 175
【课后练习】 …… 178
案例分析 …… 178

第九章 价格策划 …… 182
案例引入 …… 182
第一节 价格策划原则和流程 …… 183
第二节 定价方法策划 …… 186
第三节 定价策略策划 …… 191
第四节 产品价格调整策略策划 …… 194
【课后练习】 …… 197
案例分析 …… 197

第十章 分销渠道策划 …… 199
案例引入 …… 199
第一节 分销布局策划 …… 199
第二节 分销模式策划 …… 202
第三节 通路招商策划 …… 210
第四节 销售政策策划 …… 215
【课后练习】 …… 222
案例分析 …… 222

第十一章 促销活动策划 …… 225
案例引入 …… 225
第一节 促销策划概述 …… 225
第二节 广告策划 …… 234
第三节 营销公关策划 …… 244
【课后练习】 …… 249
案例分析 …… 249

参考文献 …… 251

第一章　营销策划学导论

案例引入

“罗斯福三次炉边谈话”

罗斯福借助广播这个当时最先进且最普及的传媒工具，以围坐在壁炉边与家人、朋友聊天的形式发表谈话，他第一次开始时是这样说的：“我想就信贷问题与美国人民聊几分钟。”这样的“炉边谈话”吸引了全美国人民。他每次都以谈话式的“我的朋友们”开头，用平和轻松的语调及时把大政方针传达给听众。他将“炉边谈话”看成是潜移默化地实施舆论导向的极佳载体。在那个特殊时代，不管是谈论经济问题、珍珠港袭击，还是谈论“二战”进程，罗斯福总统的炉边讲话都像给人们注射了一支镇静剂，帮助当时的人们渡过了一道道难关。

点评：这则案例告诉我们，政府在行政决策制定和执行过程中，要充分考虑公众利益诉求，必须关注与公众利益指向密切相关的公众舆论，兵马未到，舆论先行。只有事先有计划的实施舆论引导，消除公众舆论的盲目性，争取更多的公众支持，创造一个良性的舆论环境，才能为最终取得满意的效果奠定良好的基础。

资料来源：baike. baidu. com/ 2013－06－17

第一节　策划的概念和特点

一、策划的含义

1. 关于策划的观点

从古到今，不同的人，出发点不同，视角不同，都有不同的解释。策划一词最早出现在《后汉书·隗嚣传》中“是以功名终申，策画复得”之句。其中“画”与“划”相通互代，“策画”即“策划”，意思是计划、打算。《词源》把策划解释为筹划、计划；《辞海》中策划是指人们的事先筹划活动，就是思维主体运用知识和能力进行思考运筹的过程。其中最具有代表性的观点有：《吕氏春秋·简选》中，策“谋术也”，即作为名词指计谋和谋略。《孙子兵法·虚实篇》中“策之而知得失计”中的策是动词，指谋划，划指筹谋。由此可见，古之策划指筹谋、计划，也指一种谋略之术，有“上策”“中策”“下策”之分。

当前，策划一词，已渗透到各行各业的运营中，并赋予其新的内涵，其主要代表性的观点综合如下：

（1）事前设计说：指为实现特定目标，在行动前对所需行动的设计。代表人物是美国学者威廉·H·纽曼（William H Newman），他认为：策划就是事前决定做什么事情。

（2）管理行为说：认为策划与管理密不可分，是管理的一个部分，是一种有效的管理方法。主要代表性人物是哈罗德·D·斯密斯，认为策划与管理二者不可分，分开就无效率可言。策划能影响管理者决策、预算、意见沟通等，即策划就是管理。陈放在《策划学》中认为：策划是指运用人的智能，对未来所做的事情进行预测、分析、使之有效完成。

（3）选择决定说：策划就是在多个计划、方案中寻找最佳者，是在选择中做出的决定。代表人物是美国学者哈罗德·孔茨（Harold Koontz）和塞瑞尔·O·多恩德（Cyril O. Donned），认为策划是管理者从各种方案中，选择目标、政策、程序及事业计划的机能。因此策划也就是左右将来行动路线的策划，是思维的过程，是决定行动路线的意识，是以目标、事实及缜密思考为判断基础做出的决定。

（4）程序思维说：认为策划是一种创新思维活动。代表人物是赫伯特·A·西蒙，认为策划是对将来的构想，是对此构想方案予以评价和实施的各种有关活动。

2. 策划的内涵

策划活动的多样性，导致策划含义的多元化，本书主要借用美国学者苏珊的观点：策划就是人们事先的筹谋、计划、设计的社会活动，即是在综合运用各方面信息的基础上，思维主体（包括个体思维或群体思维）运用自身的知识和能力，遵循一定的程序并利用现代的科学方法手段，为了特定目标的实现而事先进行系统、全面的思考和运筹，从而制订和选择具有合理性、现实可行性、能够达到最佳成效的实施方案，并根据目标的要求和环境的改变对方案进行调整的一种创造性、思维性的活动过程。

正确理解策划定义，要把握几个关键点：①策划对象，就是策划行为的客体。古人云："知人者智"。只有对策划对象明确而正确的了解，才能取明智的策划方式和技巧，取得良好的服务效益；②策划是建立在有效信息分析的基础上；③策划以现代科学方法论为基础；④策划是前瞻、创新思维与现实可行的统一；⑤策划追求最佳成效、事半功倍的效果；⑥策划是一个过程，包括确立目标、分析环境、制定方案、选择方案、调整方案。而且是一个持续过程，随时而动。

相关链接

聪明反被聪明误

有一个生产服装的厂家，衣服积压了很多，怎么办？最后请了一位据说是擅长"策划"的大师来策划。"策划大师"想了一条妙计：生活中人们爱占小便宜，因此他建议把价格提起来，当零售商来进货时，每十件衣服的包装里面故意多装一件衣服。货确实很快发了很多，但不久以后，来退货的零售商也越来越多，退回来的每件包装里只有包装上标明的10件。

点评：策划不是凭借运气，而是科学的、创新性的思维。

二、策划的特点

1. 创新性

创新性是营销策划活的灵魂。所谓创新就是策划人借助系统的观点，利用新思维、新技术、新方法，创造一种更有效的资源组合方式，以促进策划项目或企业管理系统综合效益的不断提高，达到少投入多产出的目的。

2. 目的性

策划的目的性是指进行策划时，应首先明确该项活动应达到什么样的目的——是为了扩大影响，提高知名度，创建名牌，追求社会效益？还是为了配合营销策略，抢占市场或促进产品销售，追求经济效益？还是为清除库存、推广新产品、改变企业形象、开拓新的市场？目的不同，各类资源整合的思路和策略不同。

3. 系统性

按时间进程来看，策划是对整个营销活动的运筹规划，是有步骤、有重点、分阶段进行的。因而，策划要通过合理、有序的计划而达到系统性。这包括：①要对策划对象的各个方面、各个环节进行权衡，从而客观地估计自己所处的环境。②要在活动的各个环节中保持统一性。包括目标的统一性，策略的统一性，宣传主题的统一性等，这有利于避免造成用户的错觉或混乱模糊，从而最大限度地实现营销策划目标。

4. 变通性

策划活动是一项创造性思维活动，灵活变通是策划的关键和保证。战略性的思考相对稳定，战术性的策略非常强调灵活性。灵活性主要表现在企业定位的抉择，宣传语言的艺术渲染，宣传表现的独特形式，宣传媒体的利用等等各个方面。策划者切忌简单化、程式化。

5. 可行性

可行性是策划的价值所在，不具有可行性的策划方案，无论怎样新颖独特、富有诗意，都只能是毫无价值的异想天开、胡思乱想。对实际工作毫无意义，当然也不可能实现策划目标。

考察策划方案的可行性，一般有三种方法：①预演法。在策划案大规模推广前期，先在小范围内进行实际演练，在总结经验的基础上，在大范围推开；②模拟法。先依照原型的主要特征，创设一个相似的模型，然后通过模型来间接研究原型的一种方法。通过模拟演练，发现问题和不足，及时加以改进；③分析法。通过对各环节之间的关联的分析，提出其内在隐秘，从而得出缜密细致的可行性判断。总而言之，策划方案必须经过可行性论证或试验，才可以付诸实施。

6. 前瞻性

策划是对未来要发生的活动进行的当前安排。因此，他必须建立在对未来进行调查和预测的基础上，策划活动坚持“凡事预则立，不预则废”的指导思想。做到未雨绸缪，先知先觉。

第二节　营销策划的概念和特点

一、营销策划的概念

所谓营销策划指企业对将要发生的营销行为进行超前规划和设计。也就是提供一套系统的有关企业营销的未来方案，这套方案是围绕企业实现某一营销目标或解决营销活动的具体行动措施。这种策划以对市场宏观和微观环境的分析和有效的信息为基础，综合考虑企业外部的机会与威胁，自身的资源条件及优势劣势，竞争对手的谋略和市场变化趋势等因素，编制出规范化，系统化的行动方案，包括从构思、创意、分析、归纳、判断、直到拟定策略、方案实施、跟踪、调整与评估等环节。

营销策划同样包含创意、目标和可操作性这三要素。没有独辟蹊径，令人耳目一新的营销谋略，不能称为营销策划；没有具体的营销目标，策划也落不到实处；而不能操作的方案，无论创意多么巧妙杰出，目标多么具体，富有鼓动性，也没有任何实际价值，这种所谓的策划只能是资源浪费的过程。

营销策划没有固定的模式，营销策划工作也不能刻舟求剑、生搬硬套。纵观国内外所有的成功策划案，它们都有一个共同的特性——富有创意。

相关链接

西铁城手表从天而降

在澳大利亚一家发行量颇大的报纸上，某日刊出一则引人瞩目的广告，意思是说广场空投手表，捡到者等于免费奉送。这一下子引起了澳大利亚人的广泛关注．空投那天，直升飞机如期而至，数千只手表从空天女散花般地纷纷落下，早已等候多时的来自四面八方的人们沸腾了，那些捡到了从几百米高空扔下的手表的幸运者发现手表依然完好无损，走时准确时兴奋不已，一个个奔走相告。西铁城的这一伟大创举成为各新闻媒介报道的一大热点。从此，西铁城手表世人皆知，西铁城手表的质量更是令人叹服！

分析：西铁城手表的营销策划目的是为了扩大西铁城手表的知名度，于是这个策划的一切活动都是为了实现这一目标的。手表的宣传本可利用电视广告等手段来达到这一目标，但是一般的电视广告不具备创造性，也不会引起如此巨大的轰动，而西铁城手表的策划者在促销活动中融入了自己的创意，运用飞机来表现自己商品的质量，这是一种前无古人的策划。这种策划就当时的条件来说是可以实现的，操作性很强。

资料来源：西铁城中国官方网站

二、营销策划的基本特点

市场营销策划是建立在经济学、管理学、社会学、心理学、数学、哲学等多学科之上的一门综合性学科。是由多门学科的知识综合、交叉、碰撞而形成的新的跨学科性质的应用型知识体系。它运用了市场营销策划理论体系去创新性的、系统性的解决市场中存在的问题。市场营销策划既是一门科学，也是一门经营艺术。

（一）计划性

营销策划与营销计划有许多相同之处，但又不完全等同于计划活动。营销计划是按经验和常规对企业营销活动涉及的人、财、物率先所做的安排和平衡。营销策划更强调创造性、主动性、针对性和可操作性，它不拘泥以往的经验。面对一个将要解决的问题，总是先策划后计划。如针对西铁城手表要解决“如何扩大西铁城手表的影响”这一营销问题，智囊部门首先进行营销策划。经过一段时间的研究，选择了飞机空投手表这一方案，并拟定出营销策划方案，到此营销策划完成了，接下来的工作就是营销计划了。有关人员根据营销策划方案进行具体实施过程中每一细节的安排。如第一步的工作是和澳大利亚官方商谈，获准在澳大利亚首都的某广场空投；第二步是在某机场租借几架直升飞机；第三步是委托澳大利亚报纸登载有关空投手表的广告。可见，这里的计划是营销策划之后的具体工作，也就是如何把策划的结果一步步地落实到行动中去。而策划则是把握方向，把创意汇总、整理，形成书面策划报告方案并予以实施的过程。

（二）市场营销策划是一门创新性的学科

市场营销策划实质上是一种智力活动，是市场营销理论在实践中的创造性运用的技巧和方法，因而是一门创新思维的学科。

市场营销策划是从新的视角，用辩证的、动态的、系统的、发散的思维来整合市场营销策划对象所占有和可利用的各类显性资源和隐性资源，使其在新的排列组合方法指导下，各种生产要素在生产经营的投入产出过程中形成最大的经济效益。它主要包括四个方面的内容：创新思维路径的选择，产品概念的定位设计，内外部资源的整合以及市场营销策划案的具体实施过程的监督和管理。

市场营销策划作为创新思维的学科，特别强调复合型思维、立体型思维、发散型思维、辩证动态的思维方式。通过对企业各类资源的进行创新思维的整合，使营销策划的对象以新的面貌出现在市场上，并在特定时空条件的市场上具有唯一性、排他性和权威性。只有达到这“三性”才是一个优秀的市场营销策划，才能满足市场竞争的创新需要，也才能使营销策划的对象在市场竞争中产生“先发效应”和“裂变效应”，以抢占市场的先机和拥有市场核裂变能量，为企业拓展广阔的市场空间和实现企业综合经济效益最大化的目标。

总之，无论什么项目，创新思维都是以市场营销策划创意为起点，它引导营销策划者用系统的方法，从经营哲学的高度对投入生产经营过程的各种生产要素、市场资源和社会资源等进行科学的分析、归纳和综合，使其产生更大的总体功能效应。

（三）市场营销策划是一门系统性的学科

市场营销策划实质上是运用企业市场营销过程中所拥有的资源和可利用的资源构造一个新的营销系统工程，并对这个系统中的各个方面根据新的经营哲学和经营理念设计进行轻、重、缓、急的排列组合。在这个市场营销系统工程的设计中，经营理念的设计始终处于核心和首要的地位。

在策划案中，营销理念设计是整个市场营销策划的灵魂，它赋予策划对象不仅是丰富多彩的外部形象，更重要的是为其注入核心的理念和价值观，成为一套策划案的活的灵魂。例如在市场营销策划的经典案例——“碧桂园神话”中，王志刚就明确指出：“房地产≠钢筋+

水泥”，而是营造一种新的生活方便、居住舒适和有利于其消费者发展的社区生活方式和社会人文环境，使钢筋和水泥等的堆砌物具有活生生的灵魂，这就是市场营销策划的理念设计。它以消费者满意为目标，提出新的社会价值观念，新的生活方式，唤起消费者的需求和购买欲望，并充分满足这种需求和欲望，营造出一个新的市场。

（四）市场营销策划是一门操作性和实践性很强的学科

市场营销策划作为一门操作性很强的学科，它不仅要为企业拟定出具有现实可操作性的市场营销策划方案，提出开发市场，营造市场的时间、地点、步骤及系统性的营销策略和措施。而且还必须有一定人力、物力、财力的支持，具有特定资源约束条件下的高度可行性。否则再宏伟的策划案也是不切实际的海市蜃楼。例如，老鼠们为了加强对猫的防备，在一起开会商讨对策，一个老鼠提出了一个极具创意的建议：给猫的脖子上挂个铃铛，猫一走来，大家就会听到铃声及时躲避。马上又一个资深的老鼠问道：谁去给猫挂铃铛呢？结果，没有一只老鼠敢去。这就是一个无法实现的创意。

市场营销策划作为一门实践性非常强的学科，它不是空洞的理论，而是营造市场以及如何在激烈的市场竞争中获取丰厚的利润。他强调大到企业如何组建、企业管理体系设计、企业的产品实现过程、企业的营销及广告宣传等，小到企业里所做的每一件事，做之前都必须在对企业竞争对手和所面临的内外部环境进行分析研究的基础上，进行全方位的策划，并在此基础上形成企业建立、生存和发展的战略规划及相应的操作计划，为企业的发展制定明确的方向，使企业的每一位员工都清楚地知道企业未来是个什么样子，并努力为使企业成为这个样子而努力，使每一位作业者清楚其在什么时候应该做什么，应该做到什么程度。如果不是这样，你的企业就会到了“盲人骑瞎马，夜半临深池”的境界还仍然沾沾自喜。

（五）市场营销策划是一门主观性很强的学科

任何策划活动都是人脑参与，有主观烙印。因此，由于不同策划人员认识客观世界的能力和水平不同，同一个策划目标出现由于处理差异，会产生不同的策划结果。例如梅花，诗人看到发出感叹“梅花香之苦寒来”；医生认为“好药材，行气解郁，镇心去烦”；画家认为“美丽造型，繁花似锦，白雪点点”；游客感叹“多美的花，令人心旷神怡”；花匠则无情剪掉横逸的飞枝。营销策划的主观性特征，决定了成功的策划案需要有高素质的策划团队保证。

第三节　营销策划的作用

经济全球化的今天，竞争日趋激烈，企业的生存和发展不再是一件简单的事情，产品组合，产品质量，生产成本以及营销策略等都在影响一个企业，决定着一个企业的命运，无论哪个环节都可能成为企业发展的瓶颈，而营销策划也成为企业不可或缺的部分，成为一个企业参与竞争的必备利器。由于营销策略不当导致企业败北的实例屡见不鲜。从麦肯锡的兵败实达到宝洁的润妍之痛，说明研究成功企业的营销策略和技能成为一门必不可少的课程，营销策划的作用也日益体现。

一、没有策划，就没有企业

“没有策划，就没有企业”。这是日本企业家的名言。企业策划是企业自身发展的需要。正如一个品牌的形成，并不是偶然的，也不是天生的，而是品牌背后一系列精心的营销策划的结果。如农夫山泉，当别的同类产品都在表现各自如何卫生、高科技、时尚的时候，农夫山泉不入俗套，独辟蹊径，只是轻轻却又着重地点到产品的口味，也仅仅是“有点甜”，显得超凡脱俗，与众不同。这样就形成了非常明显的差别，使自己的产品具有了鲜明的个性。同样做得很成功的是乐百氏纯净水，它重点突出了“二十七层”净化工序，用一个非常简单的数字表现纯净水的优异品质，使人叹服，不禁对企业的精益求精精神产生敬意。农夫山泉此时推出“农夫果园”时，别的厂家的果汁饮料都尽力回避果汁饮料里的有沉淀物的问题，农夫山泉却打出“农夫果园，喝前摇一摇”的广告语，并把其变成了产品销售的一个卖点。这一摇，使产品深入人心，并倡导了一种新的喝法；这一摇，也使“农夫果园”系列产品扶摇直上，农夫山泉的果汁饮料也乘势从二流产品迅速挤入一流产品。一个完整、系统的营销策划，能使企业绝处逢生，从劣势走向优势。

二、使企业能更好地定位于市场

社会主义市场经济条件下，企业是以满足顾客需要并获得利润为目的的经济组织；营销策划的实质就是针对顾客需求的水平、时机和性质如何应对的策划，从而使企业的产品定位符合产品的特性，突出产品的优良品质，又能使企业产品和服务更好适应顾客心理需求特点，与顾客产生共鸣，实现企业产品定位与产品特性和市场上顾客需求三个层次上的统一。如舒肤佳“有效去除细菌，保持家人健康”；潘婷“含维他命原B5，拥有健康，当然亮泽”等等，虽然创造了记忆点，竭力宣扬、渲染了产品的优良品质，但是无法经受市场考验，无法取得消费者欢心，最终导致品牌的失败。而“农夫山泉有点甜”在诉求上强化农夫山泉取自千岛湖70米以下的深层水，这里属国家一级水资源保护区，水质纯净，喝一口都会感到甘甜。正是这样用“有点甜”来形容非常符合产品的特性，同时又符合消费者对“有点甜”的心理需求，才使农夫山泉落地、生根、开花、结果。

三、科学策划能产生轰动效应

营销策划就是有效整合各种资源达到组织预期的目标。营销策划的目的就是给企业带来销量和利润，不是为了制造一时的轰动效应。有效的策划可以使企业各项活动恰当配合、有机协调、发挥各自优势，取得综合效应，实现“1 + 1 > 2”的目的。

四、营销策划能强化营销目的

目前，中国经济已全面进入“转型期”时代，产业结构需要进一步调整。当前，消费者要从众多品牌的冰箱中选冰箱、啤酒中选啤酒、化妆品中选化妆品、衬衫中选衬衫。价格、质量、款式都日渐趋同，竞争日趋激烈，顾客真正成为组织赖以生存的基本条件，谁能满足顾客的要求，顾客就选谁。正所谓“多算多胜、少算少胜、不算不胜”。而营销策划就是为了改变企业现状，完成营销目标，借助科学方法与创新思维，立足于企业现有营销状况，对企业未来的营销发展做出战略性的决策和指导，为企业发展谋划更多胜算的机会。如电影《阿凡达》热映后，张家界风景名胜区声明该电影中悬浮山的原型出自张家界，并将“乾坤山”山峰改名为电影中的“哈利路亚山”还设计并推出“阿凡达悬浮山神秘之旅”的旅游路线。虽然遭到社会舆论的反对没有改名成功，但乾坤山因借力“阿凡达”提高了知名度，旅客的数量和旅游收入都大幅度提高。

五、营销策划使企业活动变得井然有序

策划顾名思义就是巧安排，一旦确定了未来的营销活动方案，营销活动就会变得井然有序，系统而又严密。例如尤伯罗思在洛杉矶奥运会的运营上，通过利用原有体育设施、直接让赞助商为项目提供最优设施、采用欲擒故纵手法提升赞助费、出售电视转播权、增加志愿者服务等措施，使本届奥运会不亏反赚。

相关链接

尤伯罗斯洛杉矶奥运会出新招

尤伯罗斯在几千名候选人中脱颖而出，于1979年正式就任洛杉矶奥运会组委会主席。当时，组委会连一个银行户头都没有，甚至办公室、办公桌和电话也没有，一切从零开始。尤伯罗斯用100美元立了一个户头，临时租了两间房子。60天后，组委会到库尔沃大街一幢由厂房改建的建筑物内落了户。从此，有关洛杉矶奥运会策划的“产品”开始从这里诞生。首先，独具慧眼地看到了另一个不赔钱的“窗户”：不再大搞新建筑，充分利用现有的设施，同时直接让赞助者为各项目提供最优秀的设施。他把这作为组委会工作的信条，并公开宣称：政府不掏1分钱的洛杉矶奥运会将是有史以来财政上最成功的一次。

其次，尤伯罗斯采用欲擒故纵的手法，对赞助者提出了很高的要求。例如，赞助者必须遵守组委会关于赞助的长期性和完整性的标准，赞助者不得在比赛场内，包括空中做商业广告，赞助的数量不得低于500万美元，等等。这些听起来很苛刻的条件反而使赞助具有更大的诱惑性。如果不参与赞助，企业就会失去一次展示本企业形象的大好机会，于是赞助者纷至沓来。其中素斯兰公司急于加入赞助者行列，甚至还没搞清楚要赞助建造的一座室内赛车场是什么式样，就答应了组委会的条件。

最后，尤伯罗斯以5个赞助者中选1个的比例定了23家赞助公司，其中包括准备花900万美元整修纪念体育场的大西洋西奇弗尔德公司，投资500万美元建造新游泳池的道格拉斯公司，以及可口可乐公司，列维服装公司，联合航空公司，颇具影响的《体育画报》等。这些赞助者都欣然允诺将使洛杉矶奥运会拥有最先进的体育设施。

数额最大的一笔交易是与美国全国广播公司做成的。事前尤伯罗斯研究了前两届奥运会电视转播的价格，又弄清楚了美国电视台各种广告的收费，然后开出了2.5亿美元的高价。许多人认为全国广播公司不会接受，谁知该公司竞欣然接受了！该公司负责体育节目的副总经理对尤伯罗斯在谈判期间所表现出的谈判艺术和工作效率表示十分钦佩。尤伯罗斯还以7000万美元的价格把奥运会的广播转播权分别卖给了美国，欧洲，澳大利亚等地，从此打破了广播电台免费转播体育比赛的惯例。

140个国家和地区的7960名运动员使这届奥运会的规模超过了以往任何一届。整个奥运会期间，观众踊跃，场面热烈，门票畅销。田径比赛时，9万人的体育场天天爆满。美国

著名运动员刘易斯一人独得四枚金牌后，各种门票更是抢购一空。同时，几乎全世界都收看了奥运会的电视转播。令人印象深刻的闭幕式至今还留在人们的脑海之中。

在奥运会结束的记者招待会上，尤伯罗斯宣称本届奥运会有1500万美元左右的盈利。一个月后，详细数字是尤伯罗斯预计的10倍，即盈利1.5亿美元。

资料来源：wenku. baidu. com/... 2012-06

关键词

策划　营销策划　创新思维　计划　点子

课后练习

1. 策划的内涵？
2. 为什么说营销策划是一门创新思维的科学？
3. 为什么说没有策划，就没有企业？
4. 为什么说策划不等于点子，也不等于计划？
5. 论述策划的作用。

案例分析

“霸王”的成功之路

一、环境分析

1. 年轻化转向

“第一批90后已经秃了”，防脱产品正在年轻化。据艾瑞数据统计，2018年，防脱洗护产品线上销售额超11亿元，同比增长44%，高于洗护发整体，防脱洗护细分市场潜力可观。

2. 代言人老化

“防脱发产品网购人群中有36.1%为90后，38.5%为80后，90后脱发人群即将超越主流人群。”早在2017年9月，阿里数据发布的《拯救脱发趣味白皮书》中便提到，“脱发群体年龄正在下沉！”这一代的脱发人群比上一次整整提前了20年。

3. 防脱市场激增

根据艾瑞数据报告显示，在所有防脱产品中，生发液的表现最为亮眼，2018年销售份额提升至15.5%，销售额同比增长高达124%。防脱洗发水依然是防脱市场上最重要的品类，在所有品类占比中为55.8%。

其中，防脱市场销售数据前十品牌包括：霸王、吕、美体小铺、章光101、柳屋、卓蓝雅、海飞丝、滋源、卡诗、资生堂。

从前十名单中不难发现，防脱洗护的品牌趋向多元化。有专注做防脱的霸王、章光101；还有知名日化品牌海飞丝、卡诗、资生堂；更有跨界从身体护理转向防脱市场的美体小铺；其中，外资品牌可谓虎视眈眈，除了上述名单中的外资品牌外，吕、柳屋也强势进入中国市场。

记者还发现，2017年，霸王创始人陈启源曾被推上热搜。有网友质疑，霸王商标上，创始人陈启源的头发也并不见得丰茂。

随即，陈启源录制视频亲自回应，表示自己的家族天生就发际线高，村里人称这是“老板头”“富贵头”。陈启源还学着前代言人成龙的动作，抓了两把自己的头发，说自己现在差不多60岁了，还有那么多头发，很欣慰。这次偶发危机，却意外让霸王在国内年轻人当中有了更宽知名度。

二、解决方案

1. 开启动漫营销

结合防脱人群的年龄下沉，配合“自黑”的网红气质。2017年，霸王开启了二次元动漫营销案例的探索。

独家开创了自有动漫IP“霸王小药精家族”的创作，将霸王产品的中药成分特点拟人化，不断进行定制小说、定制漫画、定制广播剧、定制古风歌曲等衍生文化产品的开发，还通过定制外包装设计、定制礼盒等方式，反哺该动漫IP。

不仅如此，霸王还通过与网络游戏《剑网3》、动画电影《昨日青空》、手游《流星蝴蝶剑》等二次元产品的跨界合作，对品牌整体形象进行了年轻化升级。

其中，与《剑网3》联名定制的育发液礼盒装，限量5万套，一周内即售罄；与《流星蝴蝶剑》联名定制的“防脱打怪秘籍套装”“变强不变秃育发防脱套装”共计近24万套产品，均已实现热销；京东旗舰店流星蝴蝶剑详情页粉丝突破30万，天猫旗舰店专题页粉丝更突破55万。

2. 变更意见带头人

霸王广告代言人变成了近年来90后都熟悉的音乐才子毛不易。首先，“毛不易=每一根毛发都不容易”的联想，本身就带有“段子”属性，自带笑点。经由核心人群的传播，很容易在社交网络上引发传播效应。

其次，从传统意义来讲，毛不易才华横溢粉丝忠诚度高，本来也会为品牌带来流量。兼之其人形象健康，发质也很好，符合霸王产品的功能定位。毛不易作为90后唱作人，也能完美呼应霸王品牌年轻化的主张。

明星名字和品牌强势关联，会形成新的记忆点。

3. 经典广告语

霸王以“防脱不易，还好有你”为主题打造了一组海报，意欲贴近年轻市场，强势打造记忆点。

三、主要成绩

近年来，霸王发力线上渠道，2016年“双十一”，霸王的线上销售额约800万元，到2017年“双十一”，一举跃升至3000万元；2018年“双十一”，霸王完成了近5000万元的销售额。

霸王以22%的销售份额，稳坐防脱洗护市场第一梯队，远远高于2018年第二至第十的品牌，霸王线上防脱产品销售额同比增长75.5%，对驱动防脱洗护市场增长，起着重要作用。

我国对防脱洗护产品有严格的标准规范，市场上有大量的打着政策“擦边球”产品，如宣传语中强调“防掉”“丰盈”等字眼的产品数不胜数，但严格意义上来讲，这些并不是真正的“防脱”产品，防脱功效令人堪忧。但从另一方面可见防脱市场有着巨大潜力。

而霸王在众多的品牌当中，是拥有特殊化妆品许可证比较多的品牌，其获得数十项国家发明专利和国家特殊用途化妆品行政许可批件批准文号，因此产品线也多达十几种。

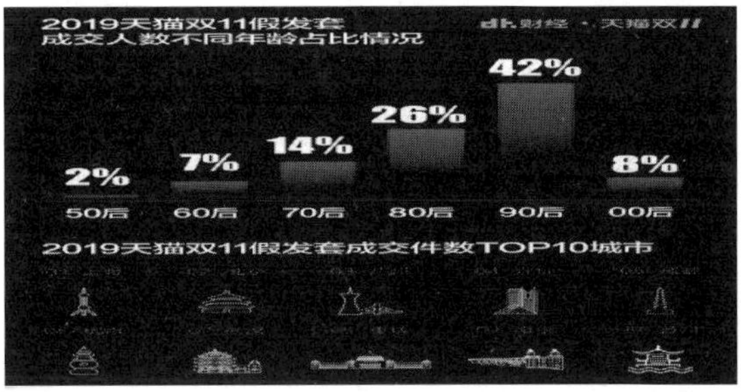

结果，数据显示“90”后，以42.41%的比率荣居最“秃”宝座；“80”后以26%的比率，稳居第二位；甚至还有未满20岁的“00”后，以8.36%的比率击败了“60”后的爷爷奶奶们，稳居第四。因此有人说：城市经济的发达程度与头发的茂密程度通常是成反比的。上北广深，这四座一线城市依次组成了2019天猫“双11”的前4名，紧随其后的正是成都、杭州、武汉这些经济发达的城市。

（艾媒咨询）数据显示，2019年中国约有2.5亿脱发人群，女性群体接近1亿人，并且脱发群体的年轻化趋势明显，有60%的人在25岁就出现脱发现象。脱发群体的共同需求催生了毛发保健产业，涵盖洗护、保健品、理疗、医美、电商等多元业态，特别推动了养发护理（如霸王、章光101）、植发机构（如碧莲盛、雍禾植发）、假发产业（如瑞贝卡）等的蓬勃发展。

艾媒咨询分析师认为，技术的成熟、社会的互联网化等因素将推动脱发催生产业进入新的发展阶段，未来3D技术，人工智能、医疗技术等的发展将进一步推动植发产业及电子生发产业升级。

（文章来源：根据时代周报“防脱市场超7成网购用户为80、90后尤其喜欢霸王洗发水，2019.4.09”，“艾媒报告：2019—2021年中国脱发保健行业趋势与消费行为数据研究报告”等资料整理）

问题：

1. 有人认为霸王的巨大成功，根本原因在于企业借助意见带头人的力量，发现霸王自身产品的特性，寻找到了一个有价值的特性阶梯，从而成功地完成了霸王的品牌定位。你是否同意这一观点，为什么？

2. 对中国企业而言，没有什么比建立品牌更重要的了。而要建立一个品牌，首要任务就是品牌的定位，它是一个品牌能否长久生存和腾飞的基石。你是否认同这一观点，为什么？

第二章　营销策划的基础概念综述

案例引入

支付宝抽锦鲤

2019年"十一"前夕，支付宝为推广出境支付打造的一次概念营销"支付宝抽锦鲤"，联合数家品牌提供奖品，抽出一位转发者成为支付宝锦鲤，独享价值预计高达30万元的出境游大奖。这次锦鲤营销，转发量在6小时内突破百万，诞生了锦鲤"信小呆"后，活动一度推向高潮。

营销活动过程：

活动预热阶段→双微互动（品牌参与）→大V参与引发全民讨论→公布幸运儿二次营销→活动总结。

支付宝这次利用自身的品牌影响力，结合中国人民锦鲤情节及转发锦鲤即获得转运机会的心理，再联合各大商家一起打造噱头，这种创意式的低成本营销策划，最终带来了百万级别的传播效果。

在这次策划中，不仅巧妙地宣传了在海外也可以使用支付宝，拓宽使用支付宝的人群范畴，同时也给了商家们展示自家品牌的机会，通过互联网平台加强了与用户们之间的粘性。锦鲤活动的成功再次证明营销策划中"概念营销"的重要性。

（资料来源：根据"支付宝锦鲤活动"等网络资源整理）

第一节　20世纪50年代的营销概念

20世纪50年代以前是传统经营观念阶段，主要有生产观念、产品观念和推销观念。都是企业生产什么，消费者就买什么，没有商量的余地，颇有一副"店大欺客"的心态。这主要是因为当时产品种类不太丰富，市场是卖方市场，供不应求，加之生产力水平低，因此消费者不敢奢望什么，只能有什么就买什么。20世纪50年代以后，第二次世界大战结束，军工转向民用，劳动生产率大幅提高，供应大量增加，买方市场出现，于是就产生了以消费者为中心的营销观念。20世纪50年代出现的几种营销概念主要有：

一、"市场营销组合"概念

1953年，美国著名营销学专家、哈佛大学教授尼尔·鲍顿在美国市场营销学会的就职演说中提出了“市场营销组合（Marketing Mix）”的概念，并于1964年最早采用了这一概念，确定了营销组合的12个要素，即产品计划、定价、厂牌、供销路线、人员销售、广告、促销、包装、陈列、扶持、实体分配、市场调研。“市场营销组合”概念，界定了营销策略理论的研究范围，增强了企业市场营销活动的操作性，其提出是营销学发展的一个里程碑，至今仍被企业运用。

相关链接

故宫口红的营销组合策略

2018年12月9日晚，有着故宫博物院认证的“故宫博物院文化创意馆”公众号，发布了《故宫口红，真的真的来了！》一文，阅读量迅速破十万。用户可以在“故宫博物院文化创意馆”小程序和润百颜官方旗舰店，即这套口红生产商的天猫店限量购买。根据阿里方面提供的数据，这系列口红一晚上的预定数已经超过一千支，其中最火的“郎窑红”色号预定数超过600支。

与此同时，同为故宫文创品牌的故宫淘宝，也推出两款口红：暗夜流光·故宫螺钿口红、浮天沧海·故宫仙鹤口红。螺钿口红的外观设计元素取自故宫馆藏文物黑漆嵌螺钿花鸟罗汉床，仙鹤口红的主题外观视觉元素则取自红漆边架缎地绣山水松鹤围屏。

到2020年就满600岁的故宫，在不断进行着品牌年轻化的革新。营销策略的组合是故宫年轻化品牌革新的重要抓手。

1. 品牌策略：坚持社会化、传承品牌故事、保持匠心

（1）社会化：坚持现代娱乐与历史厚重有机结合；

（2）讲好品牌历史故事，保持精品出品；

（3）致敬传统文化的“匠心”，敬畏品牌之根。

老品牌的年轻化，不是舍本逐末，内容适度社会化的同时，更应该保持住品牌创始的“根”，传播传承之念，不忘初心。

2. 推广：广告、公关、KOL（Key Opinion Leader）是故宫品牌年轻化推广的重要力量

微博、微信等线上社会化的营销手段与线下的场景广告植入有机结合，持续地在品牌传播方面积极发力。

故宫的公关营销，抓住了网红故宫博物院院长单霁翔的影响力。作为《上新了，故宫》的出品人，代表品牌发声、独具话题性和正能量的KOL（意见领袖），对老品牌年轻化起到良好加持作用。

3. 产品：打造好玩走心的文创周边

产品的策划设计开始变得好玩走心：爆红的缠口红胶带、御猫摆件、“冷宫”冰箱贴、真丝团扇、行李牌……故宫将自己的文化和消费者日常息息相关的用品高度巧妙结合起来。

故宫带货的成功，再次证明紧跟社会化玩法革新的优质产品，是能不断拉近品牌和消费者的距离的。持续优质的内容输出，为故宫的文创产品提供了良好的社会化消费氛围，同时优质的文创产品，让消费者更直观地通过产品触达故宫老品牌的文化和故事，形成内容和产品良性的相辅相成。

4. 电商：文创众筹，把控年轻群体购买需求，避免积货

在销售渠道方面，故宫采用宽渠道模式，使线上电商，“故宫淘宝”以及后来上线的“故宫博物院文创旗舰店”，还有小程序“故宫博物院文化创意馆”有机结合。而最近《上新了，故宫》的文创产品则是用了“众筹”的销售模式，消费者认筹付款后，文创产品开始生产制作，在承诺日期内发货。众筹销售，对于文创产品而言，避免过剩积货，按需生产，易于把控年轻消费群的购买需求。

5. 跨界营销：和年轻品牌创意跨界，营销效果 1+1>2

2018 年 8 月，故宫文化服务中心联合农夫山泉限量推出 9 款“农夫山泉故宫瓶”，文案和包装上十分年轻化，以瓶身为载体，让消费者在有趣的古画和文字中感受到故宫里那些真实的人间烟火，建立起情感勾连。

综上，故宫成功地实现了品牌年轻化，让肃穆厚重的文化和历史在创新运营和传播中得到了更具可视化的传承和扩散，当然，这也很大程度离不开我国日渐增强的民族自信心和年轻一代开始回归聚焦正在复兴的传统文化。

启发：老品牌在进行年轻化的营销革新中需要注意：

（1）适度的娱乐精神，但娱乐精神不等于过度娱乐化；

（2）保持“匠心”，也要树立起消费者的敬重之心；

（3）内容、产品、推广多点突围和细致深耕，年轻化并非一蹴而就；

（4）跨界是强有效的营销打法，尝试和年轻化的品牌进行深度跨界。

资料来源：根据柯珂，《故宫口红一夜爆红：老品牌如何进行年轻化的营销革新?》等网络资料整理。

二、“产品生命周期”概念

1950 年，美国营销学家乔尔·迪安在《新产品的价格战略》一文中提出了“产品生命周期（Product Life Cycle）”的概念，并在他的讨论“关于有效定价政策”中采用了这一概念，阐述了产品生命周期包括市场开拓期、市场拓展期和成熟期等阶段，为产品在不同时期的定价策略提供了依据。哈佛商学院资深教授、现代营销学奠基人之一西奥多·莱维特在倡导利用“产品生命周期”，并对这一概念给予了高度评价。

相关链接

产品生命周期与营销策略是辩证关系

蒙牛成立之初与当时的牛奶巨头伊利相差很大，无论是企业的影响力还是产品的核心价值都处于默默无闻中，利润也是负增长。而蒙牛就采取了比附定位策略，为他人赚吆喝，他们提出“为民族争光，向伊利学习”。别出心裁的广告语，取得良好成绩。

蒙牛进入成长阶段，产品开始多样化，酸奶制品日趋成熟，蒙牛为扩大市场份额，开始进军奶制品相对匮乏的地区，例如，深圳，采取“小区包围城市”的策略，扩大经营范围，增加产品利润。在利润方面蒙牛有了质的增长，据统计，1999—2001 年，蒙牛则以 300% 的速度成倍增长，2001 年，仅纯牛奶一项就突破 5 亿元。

蒙牛进入成熟期，依靠超级女声冠名权获得成功，产品发展迅速。蒙牛投入一个亿的冠名费，伴随超级女声活动的火爆，一时之间，“酸酸甜甜我爱喝、酸酸甜甜就是我”的广告

语深入人心。蒙牛酸酸乳成了年轻人的争相购买的蒙牛产品，纯牛奶也水涨船高，销量猛增。蒙牛新推的特仑苏品质产品也成了蒙牛的第二大利润源。

蒙牛的挫折期。因为三聚氰胺的负面影响，利润受到巨大的影响，然后又遇到特仑苏OMP添加剂事件的影响。蒙牛在如何延长产品生命周期上需要赋予更多的营销智慧。

资料来源：根据网络资源“产品生命周期与营销策略是辩证关系”整理

三、“品牌形象”概念

1955年，美国品牌专家伯利·B·加德纳（Burleigh B. Gardner）和西德尼·莱维（Sidney Levy）在《产品与品牌》一文中，从心理学的角度给出了“品牌形象（Brand Image）”的定义。这个概念，深受广告人员和公关人员的喜爱。他们认为：“品牌具有理性价值和情感价值，品牌创建需要超越差异和功能主义，注重开发一种个性价值，使顾客享受满意服务。”“品牌形象”概念的提出，创造了各种关于营销的研究机会，扩大了就业，并证明巨额的广告费支出对于建立品牌形象是十分有益的。

相关链接

记忆点创造法——农夫山泉的品牌成功之路

记忆点创造法就是总结、提升一种能让消费者快速、深刻记住对企业产品的诉求点的方法。

2000年左右，中国水市竞争格局基本上已经成为定势。以娃哈哈、乐百氏为主导的全国性品牌基本上已经实现了对中国市场的瓜分。同时，很多区域性品牌也在对水市不断进行冲击，但是往往很难有重大突破。当时，比较有代表性的水产品有深圳景田太空水、广州怡宝，大峡谷等，还有一些处于高端的水品牌，如屈臣氏、康师傅等。

但是，中国水市竞争主导与主流位置并没有改变。正是在此时，海南养生堂开始进入水市，农夫山泉的出现改变了中国水市竞争格局，形成了中国市场强劲的后起之秀品牌，并且随着市场竞争加剧，农夫山泉在一定意义上逐渐取代了乐百氏成为中国市场第二大品牌，从而创造了弱势资源品牌打败强势资源品牌著名战例。在具体的操作过程中，首先，农夫山泉买断了千岛湖五十年水质独家开采权，在这期间，任何一家水企业不可以使用千岛湖水质进行水产品开发，不仅在瓶盖上创新，利用独特的开瓶声来塑造差异，而且打出“甜”的概念，“农夫山泉有点甜”成为了差异化的卖点；其次，为了进一步获得发展和清理行业门户，农夫山泉宣称将不再生产纯净水，而仅仅生产更加健康、更加营养的农夫山泉天然水，并且做了“水仙花对比”实验，分别将三株植物放在纯净水、天然水与污染水之中，我们会发现，放在纯净水与污染水中的植物生长明显不如放在天然水中生长速度，由此，农夫山泉得出一个结论，天然水才是用营养水。其“天然水比纯净水健康”的观点通过学者、孩子之口不断传播，因而赢得了影响力，农夫山泉一气呵成，牢牢占据瓶装水市场前三名的位置。

农夫山泉的成功，在于其策划与造势，一方面对卖点不断提炼，从瓶盖的开盖声音到有点甜，从有点甜到而今的PH值测试，宣称弱酸弱碱性等这种创造性的差异化买点加深了消费者的记忆；另一方面是善于炒作和造势，通过对比来形成差异，进而提升自已。

资料来源：根据百度文库：“记忆点创造法”等资料整理。

四、“市场细分”概念

1956 年，美国市场营销学家、哈佛大学教授温德尔·史密斯在《市场营销中的产品差异化与市场细分》一文中提出了“市场细分（Marketing Segmentation）”的概念，要求“从区别消费者的不同需求出发，根据消费者购买行为的差异性，把整体市场细分成两个或两个以上具有类似需求的消费者群。”其内涵丰富，强调需求的差异化，是现代营销学的重要概念之一。“市场细分”概念的提出，在产品观念时期是一个大胆的突破，从重视产品转向重视顾客需求。

相关链接

巴黎欧莱雅的市场细分策略

巴黎欧莱雅创立于 1907 年，进入中国市场至今，以其与众不同的优雅品牌形象，加上全球顶尖演员、模特的热情演绎，向公众充分展示了“巴黎欧莱雅，你值得拥有”的理念。回顾上述成功业绩，关键取决于欧莱雅公司独特的市场细分策略。

首先，公司从产品的使用对象进行市场细分，主要分成普通消费者用化妆品、专业使用的化妆品，其中，专业使用的化妆品主要是指美容院等专业经营场所所使用的产品。

其次，公司将化妆产品的品种进行细分，如彩妆、护肤、染发护发等，同时，对每一品种按照化妆部位、颜色等再进一步细分，如按照人体部位不同将彩妆分为口红、眼膏、睫毛膏等；再就口红而言，进一步按照颜色细分为粉红、大红、无色等，此外，还按照口红性质差异将其分为保湿型、明亮型、滋润型等。如此步步细分，光美宝莲口红就达到 150 多种，而且基本保持每 1 ~2 个月就向市场推出新的款式，从而将化妆品的品种细分几乎推向极限地步。

再次，按照中国地域广阔特征，鉴于南北、东西地区气候、习俗、文化等的不同，人们对化妆品的偏好具有明显的差异。如南方由于气温高，人们一般喜欢使用清淡的装饰，因此较倾向于淡妆；而北方由于气候干燥以及文化习俗的缘故，一般都比较喜欢浓妆。同样东西由于经济、观念、气候等的缘故，人们对化妆品也有不同的要求。所以欧莱雅集团敏锐地意识到了这一点，按照地区推出不同的主打产品。

最后，又采用了其他相关细分方法，如按照原材料的不同有专门的纯自然产品；按照年龄细分等。

总之，通过对中国化妆品市场的环境分析，欧莱雅公司采取多品牌战略对所有细分市场进行全面覆盖策略，按照欧莱雅中国总经理盖保罗所说的金字塔理论，欧莱雅在中国的品牌框架包括了高端、中端和低端三个部分。

在互联网背景下。欧莱雅中国在 2019 年提出十大亮点，包括集团销售额同比增长 8%、进行 IP 跨界合作、发展美发产品、各个品牌的创新发展、彩妆产品的增长、在购物节中的表现、转型美妆科技、第二次参加进博会、兑现可持续发展承诺、团队发展等。

资料来源：根据网络资源巴黎欧莱雅市场细分等资料整理。

五、“市场营销观念”概念

1957 年，美国学者、通用电气公司（General Electric Company，简称 GE）的约翰·麦

克金特立克阐述了所谓“市场营销概念（Marketing Philosophies）”的哲学，他认为，“当一个组织脚踏实地从发现顾客的需要，然后给予各种服务，到最后使顾客得到满足，它便是以最佳方式满足了组织自身的目标”，并称它是公司效率和长期盈利的关键。约翰·麦克金特立克提出了发现需求→提供服务→顾客得到满足→满足组织自身目标（盈利）的模式。市场营销的重点从“以产定销”移到了“以销定产”上来，这使产品观念又前进一步。

相关链接

海尔洗衣机“无所不洗”

创立于1984年的海尔集团，经过24年的持续发展，现已成为享誉海内外的大型国际化企业集团。作为在白色家电领域最具核心竞争力的企业之一，海尔有许多令人感慨和感动的营销故事。

海尔营销人员调查四川农民使用洗衣机的状况时发现，在盛产红薯的成都平原，每当红薯大丰收的时节，许多农民除了卖掉一部分新鲜红薯，还要将大量的红薯洗净后加工成薯条。但红薯上沾带的泥土洗起来费时费力，于是农民就动用了洗衣机。更深一步的调查发现，在四川农村有不少洗衣机用过一段时间后，电机转速减弱、电机壳体发烫。向农民一打听，才知道他们冬天用洗衣机洗红薯，夏天用它来洗衣服。

于是，一种洗红薯的洗衣机于1998年4月投入批量生产，洗衣机型号为XPB40－DS。它不仅具有一般双桶洗衣机的全部功能，还可以洗地瓜、水果甚至蛤蜊，价格仅为848元。首次生产了1万台投放农村，立刻被一抢而空。每年的6至8月是洗衣机销售的淡季，每到这段时间，很多厂家就把促销员从商场里撤回去了。调查发现，不是老百姓不洗衣裳，而是夏天里5公斤的洗衣机不实用，既浪费水又浪费电。于是，海尔的科研人员很快设计出一种洗衣量只有1.5公斤的洗衣机——小小神童。“只有淡季的思想，没有淡季的市场。”在西藏，海尔洗衣机甚至可以合格地打酥油；在安徽，海尔洗衣机可以洗龙虾。

海尔，通过多年以来的技术储备和市场优势的积累，在快速启动的洗衣机市场上占尽先机，在其他企业以降价和推销为手段大力开拓市场时，海尔仍然以高价优质服务赢得了市场，市场份额继续高居全国第一。正是海尔公司以顾客为中心，以市场需求为导向，重视市场调查，获取重要的调查资料来指导企业的生产和经营活动，组织有系统的市场营销，才取得了今天的成就。

资料来源：根据网络资源“海尔洗衣机‘无所不洗’”整理。

六、“营销审计”概念

1959年，美国哥伦比亚大学教授艾贝·肖克曼首先提出了“营销审计（Marketing Audit)”这一概念。他认为，众多的公司被关在生产产品或推销导向的圈子里，不知如何去寻找公司的发展机会和途径；许多公司濒临倒闭、或正在走向死亡却浑然不觉。他还指出企业应定期审计，以检查它的战略结构与制度是否与其最佳的市场机会吻合。

此后，菲利普·科特勒进一步对营销审计进行了界定，指出营销审计是对一个公司或一个业务单位的营销环境。目标、战略和活动所作的全面的、系统的、独立的和定期的检查，其目的在于决定问题的范围和机会，提出行动计划，以提高公司的营销业绩。并详尽归纳了营销审计的六大组成部分：营销环境审计、营销战略审计、营销组织审计、营销制度审计、营销效率审计及营销功能审计的具体内容。

相关链接

市场营销审计范式

1. 营销审计的基本步骤

（1）确定审计的目标、范围。首先是审计人员与被审计企业共同讨论，就某次审计的目的、范围、深度、数据来源、报告形式以及审计的时间安排等问题达成协议。例如，一个有3家分公司的食品企业邀请一个管理咨询公司做食品营销审计工作。此次审计共设立了四个主要目标：确定公司的市场位置和它的竞争对手；提出价格策略；建立一个食品评估系统；确定提高销售能力的途径。

（2）收集数据。审计中的数据收集工作一般从对被审计公司文件的收集和研究开始。收集信息中还有一项重要的工作是识别组织中哪一个人能提供有价值的信息，审计人员可以根据组织结构图去寻找并编制一个人员清单，其中不仅包括食品企业的市场营销部门人员，而且还要包括如财务、生产、人事等其他职能部门的员工。

（3）提出改进意见报告。当数据收集阶段结束后，审计员就要分析数据并为公司的管理者提供书面的审计报告，它包括重新陈述审计目标，说明主要的发现及提出主要的建议。审计员提出来的建议应该按照实施的成本、重要性及难易程度排出顺序，以便于公司管理人员使用。审计报告一般要经过一次或若干次讨论才能最后定稿。这种在审计人员与公司管理人员之间进行的讨论很可能会产生一些新的更有价值的建议，这一点也是营销审计非常有价值的地方之一。

2. 营销审计的内容

（1）营销环境审计。营销环境审计包括宏观环境审计和微观环境审计。宏观环境审计是对宏观环境的状况及其对食品企业市场营销的影响进行的审计，主要包括对人口统计环境、经济环境、生态环境、技术环境、政治和文化环境等因素的审计；微观环境审计是对各微观环境构成要素及其对食品企业市场营销的影响作用的审计，包括市场、顾客、竞争者、分销和经销商、供应商、辅助机构和营销中介、公众等因素的审计。

（2）营销战略审计。主要从以下几方面进行审核：企业使命；市场营销目标和目的；战略，包括战略的内容和表述是否恰当、营销资源的配置是否合理等。

（3）营销组织审计。营销组织审计包括对组织结构、职能效率、部门间联系效率等方面的审核。

（4）营销制度审计。营销制度审计包括对市场营销信息系统、市场营销控制系统、新产品开发系统等的工作状态和绩效的审核。

（5）营销生产率审计。营销生产率审计主要有盈利率分析和成本效益分析。

（6）营销功能审计。主要是对产品、价格、分销、促销等营销功能的战略与执行情况、存在的问题等进行审核。

资料来源：wenku.baidu.com

第二节　20 世纪 60 年代的营销概念

20 世纪 60 年代，人们的观念发生了变化，从只关心产品销售到关心市场、关心需求。这一时期形成的营销观念是生产出以满足消费者需要为中心的产品。这一时期的概念主要有：

一、"4P's 组合理论"概念

1960 年，美国著名营销学大师、密西根大学教授杰罗姆·麦卡锡在其著作《基础营销学》中首次提出了著名的"4P's 组合"理论，即产品（Product）、价格（Price）、通路（Place）、促销（Promotion）。美国西北大学凯洛管理学院国际营销教授菲利普·科特勒则提出政治（Politics）和公共关系（Public Relations）两个 P，市场营销组合由 4P's 发展到 6P's。随后菲利普·科特勒又提出了"战略营销计划过程必须先于战术性营销组合的制订"的观点，战略营销计划过程也是一个 4P 过程：研究（Probing）、划分（Partitioning）、优先（Prioritizing）、定位（Positioning）。

相关链接

顺丰 4P's 组合策略

市场营销组合又称为 4P's 组合，即是产品、价格、分销、促销四大营销要素的综合应用与优化组合。顺丰市场营销组合的目标是占有较高的市场份额，能够实现稳健经营。

1. 卖点（PRODUCT）

顺丰可以提供全国高水准快递服务。国内速递，到同城速递，这些都是顺丰卖点的不断延伸。

2. 价格（PRICE）

顺丰坚信价格是价值的标签及价格要与产品的价值来对比才能看出是否合理，顺丰在同行中的价格属于中等水平。

3. 分销（PLACE）

速递市场通路建设，就是建立强大的市场营销高速路，保证时限质量，邮件安全和售后服务。顺丰可以按照寄件方客户与收件方客户达成的交易协议要求，为寄件方客户提供快捷的货物传递，并代寄件方客户向收件方客户收取货款，同时可以提供次周返还货款的服务。

顺丰实施便捷的实效服务：从客户预约下单到顺丰收派员上门收取快件，一小时内完成；从到达顺丰营业网点，到收派员上门为客户派送，两小时内完成。

安全的运输服务：自有专机和 400 条航线的强大航空资源，以及庞大的地面运输网络，保证各环节以最快发运实现快件今天收明天到（偏远地区将增加相应的工作日）。

顺丰的服务特色：先进的呼叫中心，方便快捷的网上自主服务，客户可以随时登录顺丰网站；享受网上自助下单和查询服务灵活的支付结算，如寄方支付，到方支付，第三方支付，现金结算，月度结算，转账结算，支票结算。

365 天全天候服务，多项特色增值服务：比如顺丰提供代收货款，保价、等通知派送、签回单、待付出入场费、限时派送，委托收件，ESG 短信通知，免费纸箱供应等多项增值服务，增新增夜间收件服务。

4. 促销（PROMOTION）

顺丰速运的促销运用在国内物流企业中首屈一指。包括：传统营销策略：顺丰通过电视、报纸、广告牌等进行品牌定位和产品与服务特色宣传，让新老客户及时快捷了解企业动态以及新的产品服务研发等情况；通过统一规格的运输车辆，统一的快件包装，对品牌及企业文化进行推广。

网络营销策略：在 Internet 飞速发展的今天，顺丰速运的网络销售更为突出，顺丰速运建立有完善的官网，对产品服务特色进行广告宣传；顺丰速运和多家需要快递服务的企业进行联合共同宣传，增强企业知名度信誉度。

资料来源：根据顺丰速递网络资源整理。

二、“营销近视症”概念

1960 年，美国市场营销学大师、哈佛大学管理学院资深教授西奥多·莱维特在《市场营销近视症》一文中提出了著名的“营销近视症（Marketing Myopia）”理论。他指出，有些行业在困难时期衰退的原因，在于它所重视的是“产品”而非“顾客需要”。任何产品都只是满足一个持久需要的现实手段，一旦好的产品出现，便会替代现有产品。

但是顾客导向目前也被认为是一种营销近视症，因为如果企业过分关注顾客满意，结果将忽视竞争，进而导致他们很难发现真正的竞争者，结果不自觉地陷入竞争近视症，也就是看不清竞争对手及其他的竞争策略。认为竞争近视症产生的原因就是这些企业拘泥于单一行业，或者长期有在单一行业中成长起来的管理者进行管理，这些管理者往往过于狭隘的持有一种观念，并在一个行业内度过了他几乎全部的职业生涯，这种状况限制了企业学习其他行业的经验的能力，使企业缺少了解真正竞争对手的能力。美国企业界流行着这么一句话，想要搞垮一个公司很容易，你只要向那里派出一个在同行业有 40 年管理经验的主管就行了。看是玩笑话，但有一定道理。

从理论上看，规避营销近视症并不难，只要企业从大局、从长远发展着眼，并具有战略眼光和权变思想，营销近视症就不容易产生，即使产生也能很容易矫正。其次以顾客为导向应该是扩大的顾客，包括消费者、内部员工，竞争者，供应商分销商以及影响者，提升整体满意度。另外还要学会跨界学习和经营，把组织变成学习型组织。

三、“生活方式”概念

1963 年，美国营销学家威廉·莱泽提出了“生活方式（Life Style）”理论，生活方式是洞察消费方式的切入点。企业需按照某一特定生活方式生活的群体的需要来设计产品。

相关链接

宝马公司的生活方式营销

宝马是用品牌核心价值全面统领一切营销传播活动的成功典范。宝马的品牌核心价值是"驾驶的乐趣和潇洒的生活方式"。因此宝马总是不遗余力的提升汽车的操控性，能使驾驶汽车成为一种乐趣，一种享受。

宝马公司的口号是"用宝马的产品来征服中国人的心"，但真正征服中国消费者的不是它的车。因为在很多商品都同质化的今天，真正的商品能打动人的情况太少了，而宝马公司刻意打造的"宝马生活方式"却感动和影响了不少消费者，在宝马公司这种"生活方式营销"的推动下，"宝马生活方式专卖店"随即在北京应运而生。宝马公司中国区总裁席曼毫不掩饰他们的目的：让顾客通过购买宝马的产品来显示他们的成功，把宝马品牌和消费者本身的成功很好地融合在一起，使选用宝马产品成为客户的一种生活方式。

非常有意思的是，宝马这个牌子也能延伸到服饰行业中，并且取得了相当不错的成绩。这也是宝马有意将情感营销延伸到生活中的例证——宝马之所以能延伸到服饰，是因为宝马不仅象征着非凡的制车技术与工艺，还意味着"潇洒、优雅、时尚、悠闲、轻松"的生活方式，车和服饰都是诠释宝马核心价值观的载体。

资料来源：根据"傅雷，宝马生活方式营销"等网络资源整理。

四、"买方行为理论"概念

1967 年，美国市场营销学家约翰·霍华德和他的学生、美国埃默里大学格兹塔桑学院市场营销教授杰迪什·谢斯提出了"买方行为理论（Buyer Behavior Theory)"，并于 1969 年在其合著《买方行为理论》一书中系统阐述了消费者购买行为和购买过程的一些重要概念。

相关链接

吉列公司消费者购买行为研究

消费者市场，提到"吉列"人们就会想到"掌控世界男人胡子的剃须刀"，在美国市场占有率 90%，占世界市场 70%。

把刀具卖给女人的吉列。通过对消费者的分析，吉列在消费者个性中找到共性，那就是对美的追求，男人追求干净利落，女人最追求洁净无瑕。在"掌控世界男人胡子的剃须刀"市场的同时，向女性市场推出刮毛刀，并获得成功。

根据顾客价值理论，吉列为顾客创造价值，提出几种诉求，供顾客选择：双刃刮毛，不伤玉腿，绝对安全，价格不超过 50 美分等。最后突出宣传"不伤玉腿"，赢得女性欢喜。

资料来源：根据网络资源"吉列公司消费者购买行为"研究整理。

五、"扩展市场营销"概念

1969 年，美国品牌专家西德尼·莱维和市场营销学家菲利普·科特勒在《扩展市场营销观念》一文中提出了"扩展市场营销（Broader Marketing)"概念。他们认为，营销学不仅适用于产品和服务，也适用于组织、人、地方和意识形态。所有的组织，不管它们是否进行货币交易，不管它们干得好或坏，事实上都在搞营销。

第三节　20 世纪 70 年代的营销概念

20 世纪 70 年代到 80 年代，是社会营销观念形成时期，人们的眼光从企业营销上跳出来，关注社会效益，这与 20 世纪 70 年代社会的动荡不安有关。

一、“社会营销”概念

1971 年，美国市场营销学家、哈佛商学院教授杰拉尔德·查特曼和菲利普·科特勒提出了“社会营销（Social Marketing）”的概念。促使人们在营销的同时，关注一些重大社会目标，如环境保护、计划生育、改善营养、使用安全带等。

相关链接

贝因美的社会营销

婴幼儿的健康关系到一个民族、一个国家的未来，所以它是一个特殊的朝阳产业，有着无穷的发展和开拓的潜力。无论是站在深远的人类发展的角度还是在纯粹商业的角度，对婴幼儿事业的关注、对婴幼儿产业的开发都有着极其重要的意义。贝因美集团敏感地意识到了这一点，从而果断地走进了婴幼儿产品市场。

国外品牌的进入，导致产品质量与国外同类产品趋同。但是适合国外婴幼儿的食品不一定就适合中国的婴儿。基于这样的认知，贝因美集团进行了更为深入的研究，发现市场上的一些米粉蛋白质含量只有 5%，而且以动物蛋白为主，乳糖含量很高，而将近有 10% 以上的中国婴幼儿对乳糖有不适应症，另外，中国婴儿容易患碘缺乏症，因而必须在辅食中补充，中国婴幼儿的特殊体质决定了他们需要的是含有碘的、蛋白质含量丰富又易于吸收的断奶期食品。若选用了不适合中国婴幼儿的食品，将在无形中影响到中国婴幼儿的健康成长，从而带来巨大的难以弥补的影响。

资料来源：根据百度文库“全面打造育婴工程——贝因美的社会营销”资料整理。

二、“低营销”概念

1971 年，美国品牌专家西德尼·莱维和市场营销学家菲利普·科特勒提出了“低营销（Low Marketing）”的概念。这是由于对当时不良经济状况的评价及对将来短缺经济的预测。低营销要求营销经理不但能扩大需求，还要在经济短缺时有选择地或全面地减少需求的技能。

三、“定位”概念

1972 年，美国营销战略家、工业协会会长艾·里斯和定位之父、特劳特咨询公司总裁杰克·特劳特在《广告时代》杂志上发表论文《定位时代的来临》，提出了“定位（Position)”这个富有吸引力的概念，指出公司如何运用定位去创立产品在顾客头脑中的特定形象，就像麦当劳，我们一想到它，就会想到黄颜色的大“M”及它所经营的汉堡、炸薯条等。这就是优秀的定位。

相关链接

华为高端手机的市场定位

每个品牌都有自己的产品线，通过划分不一样的产品线来区分目标用户，并通过定位，将自己的产品更精准的推送给用户。如小米的红米系列和魅族的魅蓝，均主打性价比，主要是为了抢占千元手机市场。而华为有 Mate、P、Nova 等系列手机的营销成功，也诠释了定位的重要性。

Mate 系列——高端商务，主要面对人群是商务人群，麒麟高级处理器，4000mAh 大电池，消费人群男性居多。

P 系列——时尚旗舰，以其出色的性能、强悍的拍照和惊艳的外观成为了不折不扣的安卓旗舰。整体比 mate 系列更加娇小，主要面对女性。

Nova 系列——年轻系列，主要面向年轻女性用户，且价格相对 Mate 系列和 P 系列便宜一些。处理器方面采用的华为中低端的处理器，升级电池，增强了电池续航能力和相机，主打拍照功能。

资料来源：根据“高端手机是怎么定位的”等网络资源整理

四、“战略计划”概念

波士顿咨询集团（The Boston Consulting Group）说服公司不要对其所有业务一视同仁，而应该根据各种业务的市场份额成长的情况，决定哪些业务必须建立，哪些业务应该保留或者淘汰。这就是“业务投资组合法”，它体现了“战略计划（Strategic Planning）”这一概念。

对营销者而言，营销并不仅仅意味增加销售额，从这一思想中产生了“战略策略”这个概念，它和“战术营销（Tactical Marketing）”的界线也明朗化。此时的营销活动就有策划的意味。

五、“人道营销”和“社会责任营销”概念

20 世纪 70 年代，人们日益感到企业应该有一定的社会责任。于是，便出现了“社会营销（Social Marketing）”概念，同时出现了诸如“人道营销”和“社会责任营销”这些概念，要求企业在决策时，不仅应该考虑消费者需要和公司目标，还应考虑消费者和社会的长期利益。

相关链接

营销之道就是人道

老子说“道，非常道”。道是什么呢？由于每个人的学识以及理解能力不同，感悟“道”的含义也不同，真是“仁者见仁，智者见智”。营销之道是什么呢？从“道”的角度

来说，营销之道就是人道。

人生之道是什么呢？从悟“道”中告诉我们，它就是不断地解决问题的过程。在现实生活中，有很多人学历很高，但生存能力很差，甚至找不到工作，为什么呢？因为学历高证明了学习能力强，但解决问题的能力差，生存就成为问题，连自己也营销不出去，可见，“学习与人生”之道成为问题的两个方面。

人们常说，方法总比问题多。营销就是解决产品如何销售的问题，而营销的关键是消费者需求，简单来说，营销是围绕人的需求为核心的。在互联网和个性化时代，从产品设计、生产、销售、体验、服务等任何环节，处处都要体现人性化，否者，营销很容易成为吆喝。

同时，人道是营销之道的根本。任何营销都不要违反常识，特别是人的道德底线，我们决不能乱来。有一些企业，为了产品好卖，甚至不择手段地营销，最终“搬起石头砸自己的脚”，得不偿失。

违反人道的营销模式，再好的包装和推广，只因一个小小的事件，就能名声扫地，多年塑造的“莆田系”民营医院品牌，瞬间倒塌，教训深刻。

总的来说，正如“长江滚滚东流去、大浪淘沙始见金”一样，如今营销个性化时代已经来临，营销之道即人道，将会越来越明显，“一切以消费者为中心”的品牌营销，势不可挡，人道就是营销之本，它也是赢得营销成功之道。

资料来源：根据江品醇，“营销之道就是人道”整理，中国营销传播网。

六、“宏观营销”概念

当代一些社会问题，如保护消费者权益主义和环境保护主义等促使营销专家将其注意力又一次转向营销活动的宏观效果。理德·莫那和迈克尔·赫特则在他著的《宏观营销学》一书中认为，宏观营销和微观营销有两个区别：微观与小规模的个别企业有关，宏观与总体有关；第二是在每个水平上所进行的活动的福利焦点的区别，一般来说微观营销活动面向的是企业福利，而宏观营销的焦点，是社会福利。科特勒认为宏观营销研究提醒我们要经常检查营销组合活动对消费者福利和价值的总体影响。

七、“服务营销”概念

20 世纪 70 年代后期，美国的服务经济发展迅速。1977 年，美国营销学家、美国花旗银行副总裁林恩·肖斯塔克在其论文《从产品营销中解放出来》中阐述了其对服务营销（Service Marketing）的独特见解，他认为，泛泛而谈营销观念已经不适应于服务营销，服务营销的成功需要新的理论来支持。

自 1981 年开始，营销学者开始注意对消费者对服务的购买行为模式的特点研究。其中，西斯姆 1981 年在美国市场营销协会学术会议上所发表的《顾客评价服务如何有别于评价有形产品》是这一阶段研究的代表作品。

自 20 世纪 80 年代开始，理论界在服务市场战略组合上达成了较为一致的意见，在传统的市场营销组合上，又增加了“客户维持（Retention）”“相关销售（Related Sales）”和“顾客传播（Referral）”，从而达到了 4Ps + 3Rs 组合。人们研究的兴趣主要集中在服务质量、服务接触、服务设计、客户保持、营销关系和内部营销学等方面。

20 世纪 70 年代的营销策划能使企业从劣势走向优势。一个企业在市场活动中，冒着种种危险，接受种种挑战，难免要在某些时刻处于劣势，处于竞争中的不利位置。这时需要一个完整、系统的营销策划，使企业绝处逢生，从劣势走向优势。

第四节　20 世纪 80 年代的营销概念

20 世纪 80 年代由于经济的滞缓发展，营销观念仍停留在“社会营销”观念上。

一、“营销战”概念

1981 年，莱维·辛格和菲力普·科特勒考证了“营销战（Marketing Warfare）”概念及军事理论在营销战中的应用。1998 年，A·里斯和 J·特劳特出版了他们关于营销战的书。书中对“营销战”进行了比较全面、深刻的阐述，他们认为，“营销即战争”，只把目标瞄准顾客是不够的。市场营销，其本质并非局限于为顾客服务，而是在与对手的竞争中，如何去防御、进攻、迂回和游击。在这场战争中，敌人就是竞争对手，而顾客就是要占领的阵地。此外，他们还重点分析了营销战中的四种常用战略形式，即防御战、进攻战、侧翼战和游击战，并针对每种形式提出了三条应遵循的原则，即兵力原则、防御优势原则、数学原则，以及在具体的营销战中如何运用这些原则。《营销战》一书的出版，标志着“营销战”概念的产生。

相关链接

营销向善，打好营销战“疫”

一场突如其来的疫情改变了所有人的生活，对各行各业都产生了不小的影响。

疫情对餐饮、交通运输、电影、KTV 等线下娱乐、地产、旅游等行业影响尤为明显。

很多企业通过迂回战术、游击战取得成功。如叮当快药等健康；美团、饿了么等外卖；美团买菜、每日优鲜、河马等生鲜电商；阿里、钉钉、腾讯文档、华为云 Welink 等远程办公；下厨房等美食；今日头条，腾讯新闻等资讯；微信，QQ 等社交；抖音、快手、爱奇艺等视频娱乐行业面临增长。

这些企业的逆势上扬，说明企业的敌人不仅有竞争对手，还有环境中对企业发展的不利因素。企业既要学会正面进攻、侧翼防御，也要学会迂回进攻、游击战术，懂得变通，方能战中取胜，逆势而生。

资料来源：根据网络资料整理。

二、“内部营销”概念

菲利浦·科特勒曾指出：“内部营销是指成功地雇佣、训练和尽可能激励员工很好地为顾客服务的工作。”

1981 年，芬兰赫尔辛基瑞典文经济与管理学院教授克里斯琴·格罗路斯发表了论述“内部营销（Internal Marketing）”概念的论文，“内部营销”首次出现在大众的视野中。克里斯琴·格罗路斯认为在培养公司经理和雇员接受以顾客为导向的概念的时候，要实施内部营销。公司有一个强有力的营销部门，并不意味着这家公司实施了营销导向，公司实施营销导向的关键问题，是要培养公司经理和雇员接受以顾客为导向的观念。

菲利普·科特勒进一步提出了“营销化”的理论，指出要使公司营销化，就是要在公司里创造一种营销文化，即培养和训练公司员工以满足顾客需求作为宗旨和准则，并逐步在意识上和行为上产生认同感。20 世纪 80 年代，“营销文化”“企业文化”成为世界各国理论界和企业界研究的热点问题。

相关链接

希尔顿酒店集团的内部营销

希尔顿酒店集团旗下的 homewood suites 的品牌经理霍尔特豪泽说：“我们一直认为内部营销同外部营销一样重要。”

在公司内部，homewood 品牌默默无闻。所以，homewood 必须激起内部员工对这个的品牌的兴奋度，让员工在这里不拘谨，工作很开心。把谢谢挂在嘴边，向员工提供很好的培训、发展机会和奖励机制。

通过大量的沟通工作，使团队中的每一个人都能全心全意地工作。当有员工表现突出时，霍尔特豪泽会发去书面感谢信，并致电表示祝贺。让团队成员都为 homewood 的品牌感到骄傲，他们希望客户也喜爱这一品牌。由于霍尔特豪泽为员工敞开了信息大门，他们的工作非常出色。不仅如此，员工在客户服务方面的表现也更上了一层楼，因为他们真正担起了促使公司品牌成功的责任。

连锁酒店加盟行业面临的最大问题是员工流失率高，但是 homewood 的优秀员工却一直没有离开那里。

这些员工关心客户，而客户也回馈他们以支持和赞赏，霍尔特豪泽说：“由于客户的好评，我们赢得了三项行业大奖。这些奖励是我们致力于营造企业文化的直接结果，在这种文化氛围内，团队成员满腔热情地实现着我们的品牌承诺。”

资料来源：根据网络资源“希尔顿集团”资料整理。

三、“全球营销”概念

1983 年，美国市场营销学大师、哈佛大学管理学院资深教授西奥多·莱维特在其刊登于《哈佛商业评论》上的一篇文章《全球化的市场》中明确提出了“全球营销（Global Marketing）”的概念，他呼吁多国公司向全世界提供一种统一产品，并采用统一的沟通手段。过于强调对各个当地市场的适应，将导致生产、分销和广告方面规划经济的损失。

莱维特称我们生活在技术王国时代，它的最高法则就是趋同。在商业领域，这种趋势已经将市场变成为全球性的共同市场，公司在每个地方以相同的方式销售标准化的产品，比如汽车，钢铁，化工用品等。

高科技和日益繁多的商业领域使用的生活用品，逐步在世界范围内消费，比如百事可乐和可口可乐把全球标准化的产品卖到了世界各地并受到大家的欢迎。他们成功的跨越了国界和地域，并将他们的饮料、味道、浓度，余味当地化，让每个人都喜欢他们的品位。香烟也是如此，尤其是美国制造的香烟，也是每年都拓展到全球其他地区并本地化。

世界上最有效率的竞争者，是将高质量、高可靠性预期与成本结构结合起来，他们在自己的国家市场，或其他最大的出口市场都销售相同的产品。他们在适当的价值与价格，质量可靠性与产品运输完美结合的基础上进行竞争，他们在全球范围内的设计功能甚至风格都是一致的。

莱维特认为，要想在世界上需求趋同的情况下获得成功，必须在全球范围内寻找相似的细分市场，以获得必要的规模经济进行竞争。那些缺乏明确的全球化目标和不严格要求简单化标准化的公司，总是麻烦不断，在迅速发展的世界潮流中处境最不利的公司，可能是那些只有很小国内市场的公司。随着运输费用的日益下降，远处的竞争者会在规模经济条件下，以更便宜的产品打入现在被保护的市场，全球性的竞争宣告了一个国内市场的结束，而无论这个市场区域有多么的小。当全球性生产厂家在国际上提供其更低成本的产品时，它的顾客数量将会成倍的增加，它不仅能打入原地的市场，而且能够吸引那些以前忠于本地产品，而现在转而为低价格所打动的顾客。

相关链接

雀巢思考全球化，行动本土化

一句“味道好极了”，令千千万万的国内大众认识了雀巢咖啡。在过去150多年里，雀巢在经过几代人的用心经营后已经成为世界食品行业的著名商标。

雀巢成功的营销之道就在于一直坚持“思考全球化、行动当地化”这个品牌，全球化战略。品牌全球化就是企业在全球市场有一个相同的基本定位，但可视当地的具体情况进行战略重组。其具体战略如下。第一是产品差异化，广告诉求形式多元化；第二是产品无差异化，促销全球化；第三是生产基地的无国际化，人才的本土化和社会贡献当地化。

产品差异化是指统一品牌下的口味差异，不同的国家消费者的口味会各有不同，雀巢咖啡现在已经有100多个品种，以适应各国消费者不同的口味，但是并不意味着雀巢的产品就很难被消费者识别，事实上雀巢咖啡这一品牌到处都是一样的，标签上的图案也是一样的，它所有的基本元素标准都也是一样的。

因为，雀巢认为要使一个品牌成为市场的领导者，就必须成为一个低成本的制造商。一个公司要在营销和广告中取得更高效率，就应该是他的产品和消费者之间信息沟通的方式更为一致和简化，如雀巢根据欧洲市场未来更加一体化的趋势，就采取了这样一种新策略，新产品达到更大的一致性，同时品牌呈现在各地也有细微差别。

雀巢公司的300多种产品不仅是咖啡，如果没有合理的经营方针和产品标准，雀巢的产品将会变得杂乱无章。这就意味着公司就要保持全面分散经营的方针，又要追求更大的一致性。为了达到这样的双重目的，必然要求保持一种微妙的平衡，这就是国际性经营和当地国家经营之间的平衡，也就是国际传播和当地国家传播之间的平衡。

为此公司提出了三大重要文件：①标签化标准；②包装设计手册标准；③品牌化战略。指导企业如何在全球市场有一个相同的基本定位，但可视当地的具体情况进行战略重组，以获得必要的规模经济进行竞争。

资料来源：根据雀巢思考全球化、行动本土化网络资源整理。

四、“当地营销”概念

由于细分市场的出现，到1984年，出现了“当地营销（Local Marketing）”的概念。日益增多的目标营销者，采用地区或本地化营销方法，把营销方案裁剪成符合本地顾客群所需的计划，比如花旗银行要求它的分支机构为各临近区域提供不同的银行服务组合；卡夫帮助连锁超市选择奶制品组合的货架位置，在低收入、中收入、高收入商品中配置奶制品，并满足各地不同民族社区的要求。

当然这种营销方案由于减少了规模经济，而相应增加了制造成本和营销成本，而且市场的后勤和服务体系也随之相应扩大。更多企业开始在全球化营销和当地化营销之间寻求平衡，在低成本竞争的基础上，寻求细微之处的差异化。

五、“直接营销”概念

直接营销（Direct Marketing）引起了公众注意。它是指在零售外向人们销售的一种新方式：上门推销和直接邮售。直接营销是一种不通过营销中间人、使用消费者直接渠道（consumer - direct）进行的送达和交付商品和服务的行为。直接营销现在已发展到集会推销、电话推销、家庭电视购物、计算机购货、网络营销等。

相关链接

三只松鼠的网络营销

三只松鼠股份有限公司成立于2012年，是一家以坚果、干果、茶叶等森林食品的研发、分装及网络自有B2C品牌销售的现代化新型企业。2019年7月12日，三只松鼠食品股份有限公司（简称“三只松鼠”）在深交所挂牌上市，股票简称为“三只松鼠”，股票代码为“300783”。

“三只松鼠”主要是以互联网技术为依托，利用B2C平台实行线上销售。凭借这种销售模式，“三只松鼠”迅速开创了一个以食品产品的快速、新鲜的新型食品零售模式。

三只松鼠的成功，主要在于他针对互联网营销的属性，开创了全新的品牌塑造方式——对话式营销。三只松鼠通过分析互联网营销的属性，提出三点结论：

（1）虚拟性。传统商业很多打造品牌招儿完全用不上。

（2）泛滥性。成功的营销模式瞬间也会被对手抄袭和超越；特色创新营销更重要。

（3）社交网络性。社交时代人们之间的联络表面上看起来似乎更加频繁紧密，但实际上却潜移默化地让人们越发孤独和焦虑。这种孤独不是个别行为，而是在网络环境的虚拟反馈下形成的群体性孤独。

三只松鼠通过虚拟社交服务，从消费者角度出发，制定与开发整个销售网络。针对互联网的社交服务特点，提出对话式营销的实招：第一招就是品牌虚拟化，选用最亲民的卡通人物虚拟；第二招，寻找比较大的目标市场，找到优质流量来源，比如当当、钻展、聚划算、双11；第三招，将撒大网式的用户沟通变为成千上万的单独形式的对话，提高转化率，然后集中优势兵力运营该渠道，扩大该优质资源。

三只松鼠的成功，正是抓住了互联网消费者的特点，借助对话式亲情营销，消除用户的孤独感，提升客户了的粘性。再加上品质地基打得好，赢得消费者的信赖。

资料来源：根据网络资源“三只松鼠营销策略”整理。

六、“关系营销”的概念

1985 年，美国著名学者，营销学专家巴巴拉·本德·杰克逊正式提出了“关系营销（Relationship Marketing）”的概念。他指出“公司不是创造购买，它是要建立各种关系。”关系营销的本质特征是企业与用户开展双向沟通、合作、双赢、亲密和控制，其中心是顾客忠诚。企业的成功不仅是开发新客户，而更重要的是巩固老客户。

相关链接

江小白的关系营销

过去几十年，对酒文化的塑造主要集中在两个字：高档。每瓶酒都在强调自己是古法酿造，都拥有深厚的历史文化根底，都地处粮食和泉水最优秀的地域，祖上都是皇帝的亲戚，结果：远离老百姓。

而根植于重庆传统酿造工艺的纯高梁新生代品牌江小白，则凭借对消费情绪的深度挖掘，用直达人心的文案表达，为中国酒类品牌带来了新的生命和活力。

江小白开创小而美，小瓶酒、小投入、小传播、小营销就成了江小白的模式，并定位年轻群体，在战略上实现与其他品牌的区别。

江小白瓶身文案，已经成为白酒行业一道独特的风景。

“跟重要的人才谈人生”“低质量的社交，不如高质量的独处”“手机里的人已坐在对面，你怎么还盯着屏幕看”“我是江小白，生活很简单”“一个人，喝酒不是孤独，喝了酒，想一个人是孤独”“兄弟间的约酒聚会，应该无关应酬和勾兑”“我把所有人都喝趴下，就是为了和你，说句悄悄话”……堪称句句经典。

江小白基本没有传统的营销方式，利用得最多的是免费的社交媒体。对于利用互动性很强的社交媒体，强调酿造的是酒，我们讲的是情怀，并用互联网思维经营品牌。

江小白的微博营销显示出几个鲜明的特点。

首先，长于文案植入，将有意思的话题与江小白的产品联系在一起。

其次，对应自己的品牌形象，将微博的运营完全拟人化。在所有的热点事件时发声，表明自己的态度。

最后，利用微博互动作为线上工具，组织线下活动，并与线上形成互动，以增强粉丝黏性。

微信也是江小白的营销渠道之一。相比微博，微信的私密程度更高，这种私密营销方式，巩固了企业与顾客的关系，培养了更多忠诚的粉丝。

资料来源：根据江小白的品牌营销之路资料整理。

七、"大营销"概念

1986年，菲利普·科特勒提出了"大营销（Mega Marketing）"，即大市场营销，提出了公司如何打进被保护市场的问题。优质产品和完美营销方案，不足以顺利进入某个特定区域，可能面临各种政治壁垒和公众舆论方面的障碍。当代营销者需借助政治技巧和公共关系技巧，以便在全球市场上有效地开展工作，也就是在"4P"的基础上加上"2P"即权力（Power）和公共关系（Public Relations），产品（Product）、价格（Price）、渠道（Place）、促销（Promotion）、公共关系（Public Relationship）、政治权力（Political Power），即6P。

第五节　20世纪90年代后的营销概念新发展

一、产品概念的变革

产品概念从本质上说就是产品卖给消费者的利益点是什么，即满足消费者的需求点是什么。任何产品都有其市场存在的理由，这些理由是因为消费者对该产品的利益存在着一定的需求。

在营销发展史上，人们最初将产品理解为具有某种物质形状、能提供某种用途的物质实体，它仅仅指产品的实际效用。在这种观念的指导下，企业往往将注意力只放在产品品质的改进上，从而忽略了消费者的其他需求。在卖方市场上，这种产品概念尚能指导企业的生产经营实践。如在20世纪初，福特创造了世界上的第一条流水线，使汽车的生产效率急剧提高，成本迅速下降。但福特公司只生产黑色的汽车。当公司职员建议生产其他颜色的车时，老福特认为顾客关注的是汽车的实际效用，而不是它的颜色。因此不论顾客喜欢什么颜色，福特公司只生产黑色的车。

20世纪50年代末以后，在第三次科技革命的推动下，生产日益科学化、自动化、高速化、连续化，随之而来的是市场上产品急剧增加，花色品种日新月异，市场已经从卖方市场转变为买方市场。在日益激烈的市场竞争中，一些企业逐渐认识到：一方面在科学技术日新月异以及企业生产管理水平越来越高的条件下，不同企业提供的同类产品在品质上越来越接近；另一方面，随着社会经济的发展和人民收入水平的提高，顾客对产品的非功能性利益越来越重视，在很多情况下甚至超过了对功能性利益的关注。于是一些企业逐渐摆脱了传统产品概念的束缚，调整了以往的竞争思路，那就是不仅通过产品本身，而且还通过在款式、品牌、包装、售后服务等各个方面创造差异来赢得竞争优势。它标志着产品整体概念的诞生。

这时的产品概念已不限于有形物质产品和劳务，还包括观念、思想等社会行为。美国的拉夫洛克和温伯格认为"以往的产品概念具有不完全的地方，过于强调了生产者的一面。"他们认为，产品不仅包括有形的物质实体，而且也包括无形的服务。具体地说，它由三个层次组成：

第一层次的产品是核心产品，是指产品能给顾客提供的基本效用，也就是传统意义上的产品；

第二层次的产品是形式产品，是核心产品所展示的外部特征，主要包括款式、质量、品牌、包装等；

第三层次的产品是延伸产品，是指顾客因购买产品所得到的全部附加服务与利益，如保证、咨询、送货、安装、维修等。

在现代市场经济条件下，企业只有从以上三个层次全面地理解产品的整体概念，才能在市场竞争中赢得优势。

二、合作营销

在市场营销活动国际化的背景下，科学技术不断发展，新产品不断涌现，信息传播媒介的增加和传播速度的加快，人们生活水平的不断提高和消费观念的迅速更新，使产品的生命周期越来越趋于缩短；在经济全球化的过程中，企业之间的竞争愈发激烈，要想在竞争中立于不败之地，企业必须提供区别于其他企业的产品即差异化产品，实现产品差异化的具体方法和途径很多，技术创新是最根本的途径，由于市场资源的稀少和企业数量的增多，单个企业能够投入技术创新的人力、物力、财力等方面的资源越来越稀少，这使得产品的研究与开发费用不断上升；此外国际贸易保护主义抬头，各国通过关税和各种非关税壁垒限制进口，以保护国内产业免受外国商品竞争的影响，在后金融危机时代，全球经济和贸易急剧下滑、各国就业压力增大、市场竞争更加激烈，由于国际需求萎缩，一些国家的出口下滑、企业亏损甚至倒闭，经济陷入了深度衰退，单个企业要想在国际市场竞争中立足，更是难上加难。在此背景下，各企业要想立于不败之地，就必须进行合作，“合作营销（Co－Marketing）”应运而生。

合作营销，又称协同营销、联合营销，主要是指厂商之间通过共同分担营销费用，协同进行营销传播、品牌建设、产品促销等方面的营销活动，以达到共享营销资源、巩固营销网络目标的一种营销理念和方式。合作营销的最大好处是可以使联合体内的各成员以较少费用获得较大的营销效果，有时还能达到单独营销无法达到的目的。

1966年，艾德勒在《哈佛商业评论》上发表的《共生营销》一文中首次提出了“共生营销（Symbiotic Marketing）”的概念。所谓的共生营销即由两个或两个以上的企业联合开发一个营销机会，这是合作营销的理论雏形。到了今天，世界经济一体化、企业面地大市场营销，对合作者的认识和利用已跨入新阶段。合作营销有如下特点：

（1）可以巩固原有的市场地位。美国三大汽车公司通过与日本及韩国企业的合作来提高市场占有率。他们分别以定牌生产的方式，购进日本和韩国的小型汽车，在国内市场销售，来满足一部分消费者需要。

（2）可以通过这种方式进入新市场。韩国的家电产品为了进入日本市场，采用与日本厂商合作的方式。

（3）有助于多角化战略的展开。企业能力有限，当采用多角化战略向新领域发展时，要承担很大风险，如果采取与该领域的企业合作营销的方式，则可能产生良好的效果，减少风险。

（4）减少无益竞争。同行业竞争加剧会造成成本增加，如果进行合作，则可能避免这种情况产生。

（5）增加企业竞争实力。目前世界上流行强强联合，共打天下的营销方式，这是合作营销的进一步发展。它极大地增加了企业的竞争实力。

合作营销主要有以下三种形式：

1. 水平合作营销

水平合作营销指的是企业在某一特定营销活动内容上的平行合作，如两个企业在开发某一新产品上通力合作，或者在对产品的广告和促销上进行合作，或者互相为对方产品提供销售渠道等。水平合作最有可能在同行业的企业中展开。

2. 垂直合作营销

垂直合作营销是企业在不同的营销活动内容上的合作。企业分别承担某一营销活动，最终组成合作优势。如丹麦的诺沃公司是生产胰岛素和酶的小企业，具有一定的生产技术优势，但是本身的销售能力却很差。为此，诺沃公司与美国的施贵宝公司合作，由施贵宝公司专门负责北美市场的销售活动，取长补短，取得了很好的效果。

3. 交叉合作营销

垂直合作主要是在同一行业的企业之间进行，交叉合作却是两个企业的综合，主要在不同行业的企业之间进行。随着企业多角化战略的不断应用，这种交叉合作已越来越为企业所喜好。交叉合作又被称为全方位合作或全面合作，它在国际营销中的重要性将受到更高重视。

相关链接

美国马克威尔牌咖啡与日本面包公司的合作营销

20 世纪 60 年代中期，美国的马克威尔牌咖啡在日本先后进行了 3 次大规模的样品派送，共送出咖啡样品 1800 万份，派送办法是把咖啡样品封在一斤装的面包包装内。

第一次派送时间是 1965 年 3 月 ~5 月。马克威尔牌咖啡的生产厂家与日本第一屋制面包公司合作，把咖啡样品夹在 1 斤装的面包包装内，送出了 200 万份样品，范围遍及日本全国。结果面包销量和咖啡销量都有惊人的增长，使得日本其他面包公司纷纷要求参加派送。

第二次派送时间是 1965 年 10 月 ~1966 年 1 月，共 4 个月。马克威尔牌咖啡的生产厂商与日本 7 个地区的 7 家面包公司合作，其中 6 家面包公司是：东京第一屋制面包公司、大阪的神户屋制面包公司、名古屋的敷岛屋制面包公司、福岗的粮友屋制面包公司、仙台的虎屋制面包公司、札幌的罗巴面包公司，7 个地区共送出样品 600 万份。

第三次派送是在 1966 年秋季。除第二次派送样品的 7 家面包公司外，新增加了静冈地区的惠比寿制面包公司、新泻地区的郁金香食品公司、福井地区的富士面包工业公司。10 个地区的 10 家面包公司共送出样品 1000 万份。

这一系列合作营销取得了巨大的成功，具体表现在：

（1）马克威尔牌咖啡销量猛烈上升，过去不卖咖啡的面包店都开始代销该产品，并把这种咖啡陈列在主要的、正面的货架上。

（2）面包店因销售附带了咖啡样品的面包，生意特别好。

（3）面包工厂的业务量因此增加了 35%，派送结束后，这种业务量仍持续了较久。

（4）消费者品尝样品后，才知道马克威尔牌咖啡是最好的，从此改变了消费习惯，认牌购买马克威尔牌咖啡。

这次合作营销之所以获得成功，主要原因是：

(1) 咖啡和面包有共同的目标消费者。一般来说，以面包为主食的人，绝大多数有喝咖啡的习惯，所以选择面包作派送咖啡样品的载体，非常合适。

(2) 合作双方互惠互利。附送咖啡增加了面包销量，选择面包派送能准确瞄准咖啡的目标消费者，双方有共同利益，当然一拍即合，同心协力。

(3) 这一联合营销降低了各方的费用，收到了更好的效果。

(4) 面包和咖啡搭配得当，符合人们的饮食习惯，从而能吸引更多消费者。

资料来源：根据百度文库美国马克威尔牌咖啡与日本面包公司的合作营销资料整理。

三、概念营销

概念营销（Concept Marketing），是20世纪90年代新兴的一种营销方式，是指将市场需求趋势转化为产品开发项目，提供符合消费者需求的信息，引起消费者关注、认同，唤起消费者对新产品的期待。

概念营销是对常规模式的突破，使消费者形成鲜明的印象，建立起功用概念、特色概念、品牌概念、形象概念、服务概念。

概念营销的作用：

(1) 观念促销，先声夺人；

(2) 缩短进入市场的时间。它从产品新、奇、特、美入手，适应消费者喜新厌旧的心理；

(3) 有利调整营销决策，使产品尽善尽美。

概念营销是一种先导型营销策略，适合新产品。

在现代商业竞争中，一个区域的企业往往是一个整体，他们共同致力于营销活动，形成组群营销。所谓组群营销，是指在保持内部差异化竞争的前提下，最大限度利用外部共性和共同理念，组成营销联盟，共同造势，以低成本获得市场高度关注。商业街、街区的形成，就是组群营销的结果。

在移动互联网时代，有了微信这样的高效率工具以后，又出现了社群营销的概念。

社群营销就是基于相同或相似的兴趣爱好，通过某种载体聚集人气，通过产品或服务满足群体需求而产生的商业形态。社群营销的载体不局限于微信，各种平台，甚至线下的平台和社区都可以做社群营销。

社群成功营销需要5步：

(1) 打造社群的中心内容，其中心内容必须能解决群内需求。

(2) 明确建立社群的目的。就是为满足人的某种需求而建立。比如：交友，学习，生活，商业等。也就是社群定位。

(3) 社群的模式。去中心化，人人都是自媒体。社群一定得满足成员被尊重，被关注的需求。

(4) 互动运营。拥有社群成员后要打造一个引导社群用户进行自运营、自传播、自组织。让所有操作这个营销活动的人满意。

(5) 搞好社群的情感营销，打造情感的认同。以微信朋友圈举例，凡在圈中，皆是朋友，要沟通、交流、关心、点赞、评论、解答，建立你和朋友的情感连接。要设身处地从用户的角度出发，做服务才是最终成功的必经之路。很多推广人把社群（朋友圈）看成单纯的营销平台，天天在朋友圈发布广告，推销自家的产品，却忽视了产品的品质、用户的体验，终难持久。只有保证你产品或服务的品质，让人可信任，基于此建立的社群才会是一个有情感、有温度、持久的、不断壮大朋友圈关系，你的推广才能得到发展和扩展。

关键词

市场定位　产品生命周期　共生营销　生态营销　概念营销

课后练习

1. 20 世纪 50 年代的营销概念有哪些？
2. 什么是共生营销？举例说明。
3. 什么是关系营销？举例说明。
4. 谈谈营销理论发展的趋势。

案例分析

小米的社群营销

其实小米盈利的秘密就是小米社群。回到 2011 年，小米 1 的价格是 1999 元，当时的小米采用了顶配：1.5G 的双核处理器，1GB 内存，800 万像素摄像头，大容量电池和 4 英寸屏幕。对比一下他的竞争对手：HTC 和三星：1.2G 处理器，HTC 的 Sensation 售价是 3575 元，对比的结论是：要么 HTC 和三星是暴利，小米薄利多销；要么小米剑走偏锋，但是前期必然赔本。

一、小米靠什么盈利？小米社群

小米做手机前先做用户。最初，小米在发布小米 1 前一年，发布了 MIUI，面对 IOS 和安卓的大军，小米选择自创门派。而 MIUI 本身就是在安卓系统上二次开发而已，但却因此在小米手机问世前先有了 50 万用户。

用户熟络了后，就会自然而然的聊到手机问题，“你做我就买”，于是小米手机横空出世。而这些用户的聚集，就是小米社群。

二、如何聚集社群？

一是定位核心人群，二是用 O2O 进行社群运营，之后利用参与感强化感情。

核心人群小米是实实在在去找的，通过各种社区挖掘。

因为互联网时代品牌养成模式发生了重要的变化。在工业时代，我们最熟知的品牌衍生模式是知名度、美誉度、忠诚度，所以在传统模式里必须要进行广告，但这种方式投资回报率并不客观，而且比较慢。但在互联网时代完全不一样，往往都是现有忠诚度，再有美誉度和知名度。而绝对忠诚的粉丝不在数量，更在质量。

第二步和第三步其实是放在一起的，即通过 O2O 社群运营来完善参与感。

就是线上线下双管齐下，一方面线上刷帖；一方面开展线下同城活动。

对于传统厂商，产品售出之后与用户接触结束，而对于互联网企业，产品的售出是与用户接触的开始。所以小米其实销售的就是参与感。

三、小米社群的营销

在工业时代 B2C 的商业模式下，先生产，再销售，永远都会有库存。但是在互联网时代，当企业和用户建立了联系以后再生产，就变成 C2B 的形式。产品直接卖给用户，自然没有渠道费，也没有了库存。所以，这种预售电商模式，核心在于信用：① 我相信你；②我愿意追随你。而这两点，都是积累于小米社群。这种看似情怀的文化却让粉丝和品牌产生了一种超越商业利益的情感关系。

零渠道，小米电商与其他电商的不同之处在于：①它有自有品牌电商；②预售电商；③社会化电商，社交化电商。

对于小米来说，产品就是广告，社群就是营销。具体来讲就是单品、微利、海量。

单品指机型少，每年只做一款；微利，指从不赚钱到薄利；海量，指通过铺开市场卖得多来降低成本。

小米内部一直有一个不成文的规则，一旦毛利率过了 15% 就降价，不给竞争对手跟进的空间。

四、小米到底怎么盈利的呢？

价值链递延，从手机内在的各种互联网服务，小米云，免费网络短信，消息推送服务等传递自己的价值。小米真的做到把手机的体验从单纯的硬件变成软件 + 互联网服务的整合。要想有免费模式，必须要有价值链的递延。这个递延在小米来说，就是“米粉”文化，以用户为中心，而这个中心恰恰就是社群营销的维护。

这就又引出了一个新的价值估值体系——用户估值。换句话说，传统衡量标准是出货量和纯硬件盈利模式，以经营产品为核心；而小米的衡量标准是互联网的估值模式，以经营数据看，从硬件卖出的那一刻，生意才真正的开始。小米手机本身走低毛利，配件走高毛利，获取利润。

如果互联网里有维度的概念，那么产品是第一维度，社群就是第二维度，社群的目的就是把产品的用户转化成产品的粉丝。

资料来源：根据小米社群营销网络资料整理。

问题：1. 什么是社群营销，小米是如何聚集社群的？

2. 小米是如何通过社群营销实现盈利的？

3. 小米的概念营销体现在哪里？

第三章　营销策划的操作系统

案例引入

国际知名营销策划组织——锡恩咨询公司

锡恩咨询公司于2001年9月16日在北京成立。公司致力于中国成长型企业的正规化、国际化、持续化，是一家专注于研究企业战略和团队执行力的一级咨询公司。

主要经营范围：企业管理咨询、企业策划、技术培训、软件设计。

锡恩为中国多家企业提供了咨询服务，客户遍布全国。如万科、波司登、TCL、美的、格兰仕、青岛啤酒、北汽福田、华北铝业、长青集团、立白集团、奥飞动漫、中化集团、京博集团、嘉宝莉化工、东鹏陶瓷、雅迪电动车……

锡恩公司总部设在上海，设有北京、深圳、广州、天津、青岛、杭州、成都等分公司。

文案策划总监是锡恩咨询公司非常重要的岗位，其职责如下：

(1) 协助总经理制定市场发展战略以及计划分解目标。

(2) 拓展公司的市场策略，完成公司在行业中的市场定位，建立信息反馈机制。

(3) 制定和实施市场推广计划和产品计划。

(4) 制定公司品牌策略，参与制定、实施各产品线价格体系及营销策略。

(5) 关注行业动态和竞争对手发展变化，及时做出市场报告。

(6) 负责相关事务的协调与沟通。

(7) 负责对团队成员进行指导和培训，对目标达成。

（资料来源：http：//baike. baidu. com/）

第一节　营销策划组织

一、营销策划组织的构成

营销策划是一个系统工程，营销策划行为是集思广益、广纳贤才进行写作创意与设计的过程，因而营销策划组织必须在充分发挥主创人智慧的基础上形成团结合作的组织系统。

营销策划组织一般称作营销策划委员会或营销策划小组。该组织设主任（组长）1名，副主任（副组长）2～3名，成员若干名。

营销策划组织的组成成员包括以下几类人员：

1. 策划总监

策划总监（Creative Director，简称为 CD），是在营销策划组织中根据企业的战略规划和营销目标，制定市场推广计划和策划方案，负责企业对外的沟通合作、商务谈判、项目策划和组织实施，管理策划项目的财务，对部门绩效进行考核的人员。

策划总监的岗位职责主要有：

（1）带领策划团队，协同相关团队共同完成品牌及其产品策划指标。

（2）指导策划部人员的业务、培训策划部人员的素质，具有良好的团队激励能力、组织协调能力和综合管理能力。

（3）具备良好的客户沟通协调、计划、谈判技巧，能够把握项目进程与流程控制。

（4）整合策划部团队、业务，保证各项工作有序开展，实现策划部预期目标。

（5）带领策划团队深入研究客户需求，负责项目开发阶段的策划与市场调研工作，协同客户部完成各种策划案和推广方案。

（6）整合项目顾问团队的意见和建议，提出策划意见。

（7）参与并执行企业制定的阶段发展目标，针对业务目标做好执行策略的制定，组织协调资源确保目标完成。

（8）持续分析相关市场动态，为项目策划和企业发展提出策略思路，协助业务健康扩展。

（9）定期主持召开企业策划工作会议，参与营销会议，协同相关部门推进公司的营销运营。

2. 主策划人

主策划人（Main Planner），是在营销策划组织中为了实现策划对象赢得较高经济效益和社会效益的目标，经过科学的调查研究，运用掌握的策划技能、新颖超前的创意和跨越式思维，对现有资源进行优化整合，并进行全面、细致的构思谋划，从而制定详细、可操作性强的，并在执行中可以进行完善的方案过程的人。

主策划人的岗位职责主要有：

（1）负责组织搜集相关行业政策、竞争对手信息、客户信息等，分析市场发展趋势。

（2）根据企业发展战略组织制定营销战略规划。

（3）负责市场调研、目标市场分析、市场营销定位的把握，根据需要撰写调研报告。

（4）负责营销策划方案的制定。

（5）组织、执行、协调营销策划活动，并在执行的过程中监控和调优。

（6）参与产品研发，对产品设计、销售策略提出合理化建议。

（7）负责营销体系管理制度和流程的建设。

（8）策划营销活动结束后，提交活动总结文档。

3. 文案撰稿人

文案撰稿人（Copy - writer），是在营销策划组织中从事文字工作的人，主要负责撰写商业文书，策划一件可以实行的商业活动，并预见其可行性，最后形成文字资料。

文案撰稿人应具备的素质主要有：

（1）良好的知识结构，包括广告学、市场营销学、消费行为学、传播学、心理学和社会学等方面的知识。

（2）对产品、市场有深入了解。

（3）对消费者有深入理解。

（4）熟悉广告表现手段。

（5）善于敏锐把握创意概念。

（6）善于对语言文字做多样化运用。

4. 美术设计人员

美术设计人员（Art Designer），是在营销策划组织中将构想或计划通过一定的审美观念和表现手法使其视觉化、形象化，以实现构想或计划的创作的人。

美术设计人员应具备的素质主要有：

（1）绘画基础与动画知识。

（2）摄影与表演知识。

（3）多样的外围知识，包括建筑、服装、宗教、艺术、语言、风俗、音乐、政治、经济、美学、哲学、道德伦理等方面的知识。

5. 高级电脑操作人员

高级电脑操作人员（Advanced computer operator），是在营销策划组织中使用电子计算机从事文字、图形、图像等信息处理工作，并对计算机系统操作、维护与管理的人员。

二、营销策划人应具备的基本素质

1. 合理的知识结构

常言道，策划别人先策划自己。如图 3－1 所示，知识是智慧的基础，智慧是谋略的基础，谋略是策划的基础。策划是一个"出谋划策"的过程，而策划师则是一个"出谋划策"的人。

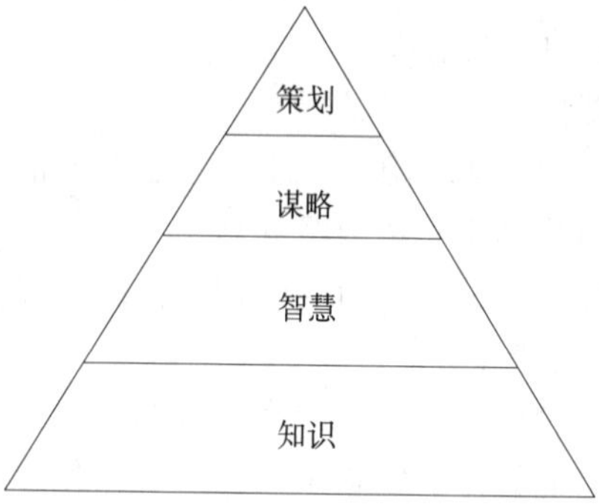

图 3－1　策划师的知识结构

策划是一门综合性学科，它与许多学科都有密切的联系。因此，策划师要有渊博的知识，合理的知识结构。渊博的知识要求策划师的知识范围广，包括自然知识、人文知识、社会知识、哲学知识、文学知识、历史知识、政治知识、经济知识、文化知识、科技知识、艺术知识等；而合理的知识结构要求策划师的知识结构深度与广度相结合，呈"井"字形、"米"字形，深度上要求策划师掌握策划的专业知识，广度上则要求策划师理解相关领域的知识。也就是说，策划师既要是掌握策划技能的专家，又要是具有一定广度知识的通才。

2. 高效学习，提高四种能力

策划师学习的关键是掌握和发现人类、自然、社会的最基本规律。

策划师要具备敏锐的市场洞察力、敏捷的思维联想力、准确的事物判断力和深度的潜力挖掘力。

对于策划师来说，高效学习可以从以下几个方面入手：

（1）提高悟性。悟性，在很多时候表现为一种跳跃性思维，如发散性思维、逆向思维，这种思维是可以培养和提高的。策划师要提高悟性，就必须学会领悟、醒悟、觉悟，会观察、会思考、会归纳，做到由表及里、去伪存真，由感性到理性，掌握实践、认识、再实践、再认识的规律。

（2）科学思维。科学的思维方式，是理性的、符合客观规律的，其包括系统思维、发散思维、创异思维、聚敛思维、超越思维、辩证思维、逆向思维等。

（3）提升综合素质。提高综合素质，要求策划师培养一流的智商和情商、渊博的知识、广泛的兴趣爱好、丰富的阅历、健康的心态、严密的操作力、可靠的信息源、良好的口头表达能力和书面表达能力。

三、营销策划人才的成长规律

成为一个成功的营销策划人不可能一蹴而就，要经历较长的积累过程。随着从事策划实践和时间的积累，策划经验的丰富，策划人会日益从成熟走向职业化发展阶段。

1. 策划人才成长阶段，包括相互关联的三个阶段。

第一，学习认证阶段。这个环节，营销策划人首先要积累专业策划知识，积极参与实战，在学习实战中学会总结与感悟；其次，策划人要借助专业策划导师的指导，将自我的策划经历提炼、总结成有效的经验，指引自我不断进步。

第二，经验积累阶段。策划经验决定了策划人的判断和预见能力。在这个阶段，营销策划人才要掌握策划思维三部曲（即整理——判断——创新），掌握三部曲所涉及的方法、工具、策划知识要点，及贯穿整体的策划思维的“总体描述”。另外策划人还要学习与运用“理论结合实际”的方法。

第三，成熟阶段。经过不断的锤炼，借助导师的指导，这阶段的商务策划人才应在专业的商务策划知识体系的基础上，结合变化的市场环境和不同的对象需求，以及自身或企业本身的状况和要实现的目标，运用专业的策划知识、方法、工具、相关的操作流程等，做出更有成效的营销策划案及结果。

成熟阶段的策划人能积极快速的领悟、总结与灵活运用专业知识，能理论结合实际举一反三地创造，以适应瞬息万变的市场环境及其需求，使其策划水平得到更有效的发挥。

2. 策划人才层次飞跃

当策划人走向成熟，具备全局观念和意识，就会由简单的操作层面的策划人才飞跃到管理层面，或进一步飞跃到决策层面，如图 3－2 所示。操作层面的策划人，一般会怀有全局观念和意识地参与操作，会使局部性策划产生成效并能使其与全局性策划成链接状态；管理层面的策划人，怀有全局观念和意识参与管理，会使整体策划过程实施与监督到位；决策层面的策划人，怀有全局观念和意识地参与决策，会使整体策划过程发挥成效、适应变化，并适时修正决策再实施，确保目标的实现。

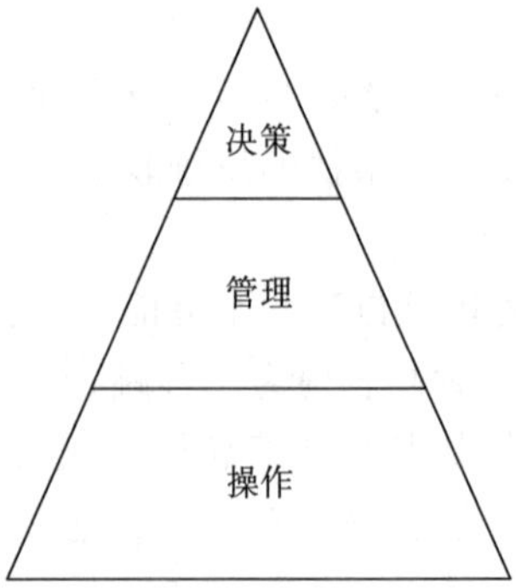

图 3－2　人才的跃升

营销策划人才的三层跃升中，一般是从学习和在基础实际操作中锻炼策划能力，完成实际操作，并懂得领悟与总结；在有一定的策划基础后，除了继续培养实战策划能力外，将自我领悟和总结的经历转化为有效的经验，形成“知识库”与“经验库”，规划好自我策划历程，促进自我的“知识管理”与“经验管理”，以提升自身的策划规划综合能力。

具有丰富知识管理与经验管理的人就会有更多的机会上升到管理层面，从事企业经营管理工作。积累更多的策划经历，丰富了自己的“知识库”与“经验库”以后，其策划思维就会从局部性决策上升到全局性决策，促使其向更高一层发展，以完成其职业生涯规划。

营销策划人才的成长与企业的发展是息息相关、互助共进的，作为营销策划人才，要注重自身品德的修养，还要提升自身的综合能力。

3. 策划人的职业发展路径

策划性人才有了综合策划能力后，就会转变为专职策划的经理人；专职策划的经理人高复合出“资本”后，转变为职业策划人才。资本用到策划上，就是指策划人取得收益的本钱。这里的高复合资本就是指策划人拥有了较强的策划能力、实战经验与成果。包括有形资本、无形资本、金融资本和人力资本。如有形的策划成功的案例与收益，无形的笃实、朴厚、诚恳、人脉。营销策划人才、专职与职业之间的关系如图 3－3 所示。

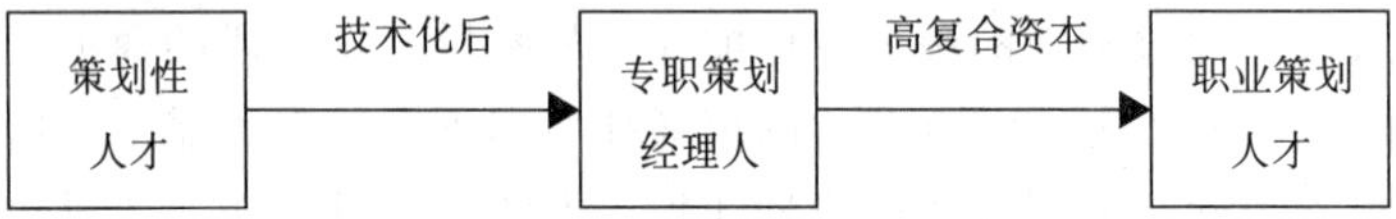

图 3－3　策划人职业发展路径

如图 3－4 所示，策划人员有了综合策划能力说明已具备整理技能和技术性参与策划的能力；通过技术参与能力，会产生创造性策划能力；创造性策划能力，会产生主持策划的能力。

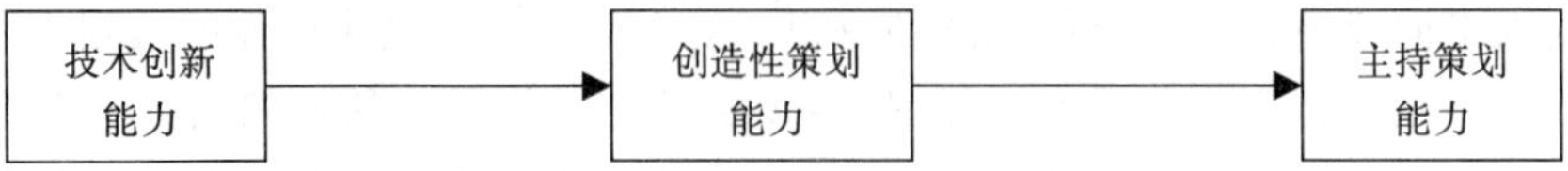

图 3－4　技术创新、创造性参与与主持之间的关系

在现实中，助理营销策划师应具备判断技能与创造性参与策划的能力；营销策划师应具备领导素质和主持策划的能力。营销策划人才的职业发展路径如图 3－5 所示。

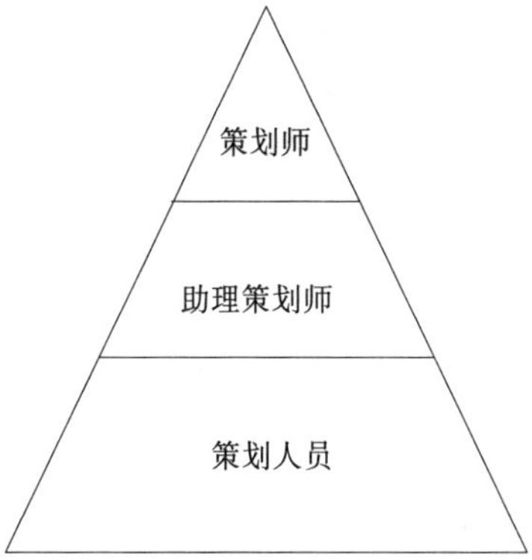

图 3－5　营销策划人才的职业发展路径

对应的工作岗位路径有：

（1）营销策划路径：营销经理——营销项目经理——区域营销经理；

（2）市场研究路径：分析师——高级分析师——市场研究经理——高级市场研究经理——市场研究副总监——总监——副总裁 VP（Vice President）——总裁 MD（Managing Director）；

（3）营销咨询路径：AE（Account Executive）客户经理——高级客户经理——分析师——市场研究助理——咨询顾问——高级咨询顾问——咨询总监；

（4）广告路径：AAE（Assistant Account Executive）助理客户经理——AE 客户经理——SAE（Associated Account Director）高级客户经理——Assoc. Director 客户副总监——Director 客户总监——VP 副总裁——Partner 合伙人；

（5）品牌管理路径：营销主管——助理品牌经理——品牌经理——经理——高级经理；

（6）其他路径，如客户关系管理、快消品代理等职业。

2005 年，中国颁布《中国企业企划部规范》，该规范是根据世界商务策划师联合会（World Business Strategist Association，WBSA）企业企划部规范的基本理论，结合中国企业经营创新的实际开发的一部企业企划类部门的业务标准和管理标准，旨在规范中国企业企划部门的策划行为，其目的是通过提高企划部门的业务和管理水平，进而提高企业整体策划能力，建立和保持市场竞争优势，实现企业的健康发展。

随着《中国企业企划部规范》的推广应用，中国企业会逐渐识别和应用经过资质认证的商务策划师来武装企划类部门，杰出的企业企划员将向职业策划人转化，为营销策划人才的发展奠定基础。

第二节　营销策划程序

资料链接

“野马”轿车的策划

1964 年，福特汽车公司生产了一种名为“野马”的轿车，新产品一经推出，购买人数就创出美国纪录。在不到一年的时间里，“野马”轿车风行美国，各地纷纷成立“野马”车协会，甚至很多商店出售的墨镜、帽子、玩具等都贴上了“野马”的商标。野马汽车的强劲势头正如一家面包店的广告所言：“本店的面包如野马汽车一样被一抢而光”。

是谁成功的驾驭了这匹“野马”？是谁塑造了野马轿车的成功营销呢？

雅科卡，1962 年担任美国福特汽车公司分部总经理。

第一阶段——概念挖掘。

首先，经过对市场的充分调查发现：福特汽车公司的“红雀”太小，没有行李箱，虽然很省油，但是外形不漂亮。由于“二战”以后生育率激增，到 20 世纪 60 年代，20 ~ 24 岁的人口增加了 50% 以上，16 ~ 35 岁的年轻人占人口增幅的一半以上。年纪较大的买主青睐于新款样式比较豪华的轿车。据此，雅科卡提出：

福特公司要推出一部适应即可市场的新产品，其特点是：款式新、性能好，能载 4 人，车身轻（最多 2500 磅），价钱便宜（最多 2500 美元）。他将这一创意交给策划小组讨论，最终形成了一个清晰的策划概念。

第二阶段——主题开发。

品牌名称——野马。从 A 字打头的土猪一直查到 Z 字打头的斑马，最后范围缩小到：西部野马、猎豹、小马、美洲豹。

策划人认为，“二战”中的野马式战斗机在美国家喻户晓，用野马作名称演示了车的性能和速度，又适合美国人放荡不羁的性格。

产品设计——豪华与经济相结合。车身白色，车轮红色，后部歪曲形成活泼的尾部将一匹野马。该车原有设计带有圆背座椅，尼龙装饰、车轮罩和地毯，经济富足的顾客可以另外购买大功率发动机和附加部件。

第三阶段——时空运作。

新车问世之前，福特公司进行了小规模的实验法：选择底特律地区的 52 对夫妇进行调查，邀请他们参观新车。这些被调查者属于中产阶级，都已经拥有了一部轿车。其中，白领对于车的款式很感兴趣；蓝领夫妇因车的豪华装饰而不敢问津。人们估计该车将售价 10000 美元以上，当雅科卡宣布“野马”的实际售价将在 2500 美元以下时，人们惊呼：一定要买。最终“野马”售价定在 2368 美元。

第四阶段——推销说服。

第一步，邀请各大报社编辑参加野马车大赛，百余名记者亲临采访，使其成为新闻界的热点话题。

第二步，上市前一天，让几乎所有的报纸用满版篇幅刊登“野马”广告，极大地提高了“野马”车的知名度。

第三步，从上市开始，让各大电视台反复播放“野马”车的广告，使其成为家喻户晓的轿车。

第四步，选择最显眼的停车场竖起广告牌，上写“野马停车场”。

第五步，在美国最繁忙的 15 个机场和最知名的 200 家酒店展览“野马车”，大大激发了人们的购买欲望。

第六步，向福特老顾客赠送新车的宣传品，表示公司的服务态度和决心。

营销结果：

“野马”上市的第一天，400 万人涌到福特专卖店准备购车。一年之内，销量达到 418812 辆，创下福特公司的汽车销售纪录。

资料来源：根据：野马轿车的策划等网络资源整理。

营销策划的全过程分为三个阶段、七个步骤，见表 3－1。

表 3－1　　营销策划全过程

营销策划三个阶段：	七个步骤：
前期准备阶段：问题界定	资料收集与分析
	造势宣传
中期主体阶段	方案设计
	费用匡算
	方案沟通
后期调整阶段	方案调整
	反馈控制

一、前期两个步骤

第一步，资料收集与分析。包括第一手、第二手资料收集、整理、分析。

第一手资料包括通过市场调查（观察、问卷、座谈、访问等）获得的直接的感性资料；第二手资料是通过查阅企业的有关文件、大事年表、领导讲话稿、报纸杂志、财务报表、统计资料、经营计划等文字材料获得。

整理与分析资料采取去粗取精、去伪存真的原则，通过清理头绪、抓住主干，以认清企业发展趋势，便于规划预测。

第二步，造势宣传：确定策划案的目的、意义、内容、运作方式。造势宣传的方法包括：领导动员、专家讲座、媒体宣传、开展各种公益活动和文娱活动。

二、营销策划的主体部分

包括三个重要步骤：

第一步，方案设计。方案设计是营销策划的实质性程序，也是极富创意的过程。方案设计要把握的原则是：准确精到，鲜明生动；别具一格，不同凡响；有的放矢，切实可行；不落俗套，匠心独具。

方案设计的具体内容包括：理念设计；目标选择和进入市场的方式设计企业成长阶段性战略设计；市场拓展方案设计；市场营销策略组合设计；产品的更新及产品策略设计；企业及产品宣传设计；企业公益行为设计等等。方案设计可根据企业营销策划的主题来确定设计的内容。

第二步，费用匡算。依据营销策划的主题及方案的大小，确定完成策划的任务实施所需的费用，精打细算，把钱用在刀刃上。

第三步，方案沟通。反复沟通，直到形成共识，谋求到最佳方案为止了解最高决策者的意图，最准确、最具体地体现决策者的理念、思想、风格等。沟通的过程既是一个整合的过程，也是一个贯彻的过程。

三、营销策划后期的调整阶段

包括两个步骤：

第一步，方案调整。磨合成形后，征求意见，对目标、措施、策略调整、修改。不伤筋动骨，而是作局部的更动或补充。

第二步，反馈控制。方案付诸实施后要经过第三方专家或委托方组织的实施人员的评估、鉴定。评估可设计系列评估指标，对设计、表达、实施的可行性、费用承受能力等评价、鉴定，一旦获得认可即坚持实施；如果有怀疑，需要提出修改或纠正的意见后重新投入实施。

第三节　营销策划文案

营销策划是为了改变企业现状，完成营销目标，借助科学方法与创新思维，立足于企业现有营销状况，对企业未来的营销发展做出战略性的决策和指导的过程。营销策划的程序如图 3－6 所示：

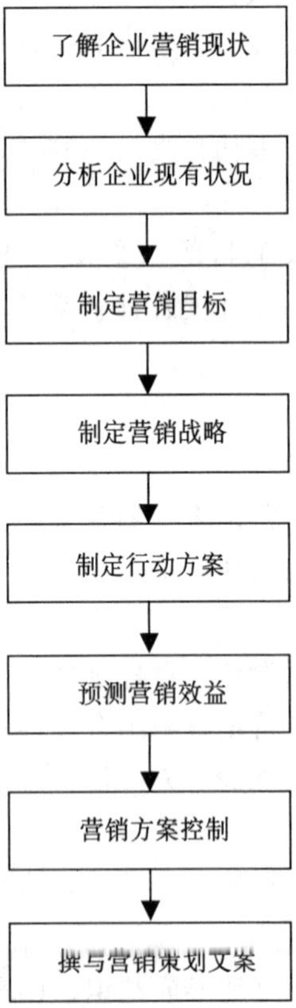

图 3－6　营销策划程序

一、了解企业营销现状

这阶段的主要任务包括了解企业的市场形势、以往营销活动情况、竞争形势以及分销情况等。

（1）企业的市场形势。所谓市场形势，是指企业市场当前的形态及未来的趋势。具体做法是列出目标市场近3年的数据，通过年度相对指标对比，得出分析结果。例如，某产品2017～2019年的历史数据见表3－2。

表3－2　　产品的历史数据

变量	栏目	2017年	2018年	2019年
1. 行业销量（单位计数）		2 100 000	2 205 000	2 200 000
2. 公司市场份额		0.03	0.04	0.03
3. 每单位平均价格（美元）		220	240	250
4. 每单位变动成本（美元）		125	140	150
5. 每单位贡献毛利（美元）	（3－4）	95	100	100
6. 单位销售量（单位计数）	（1×2）	63 000	88 200	66 000
7. 销售收入（美元）	（3×6）	13 860 000	21 168 000	16 500 000
8. 总贡献毛利（美元）	（5×6）	5 985 000	8 820 000	6 600 000
9. 管理费（美元）		2 000 000	3 500 000	3 500 000
10. 贡献毛利净额（美元）	（8－9）	3 985 000	5 320 000	3 100 000
11. 广告与促销（美元）		1 000 000	1 000 000	900 000
12. 销售人员与分销费用		1 000 000	1 100 000	1 000 000
13. 市场调研（美元）		120 000	150 000	100 000
14. 营业净利润（美元）	（10－11－12－13）	1 865 000	3 070 000	1 100 000

通过对表3－2进行数据分析：第一行显示了在2018年前，行业总销量每年递增5%，2019年略有下降，以此类推，逐项分析，得出分析结论。

（2）企业竞争形势。企业的竞争形势，是企业在市场上的竞争地位，主要体现在企业的主要竞争对手状况及相对于该企业的战略地位，以及主要竞争对手的特定优势与弱点。

“知己知彼，百战不殆。”这句话，意思是如果对敌我双方的情况都能了解透彻，打起仗来百战都不会有危险。商业竞争如同战争一样，企业要了解自己的竞争对手状况及相对于该企业的战略地位，以及主要竞争对手的特定优势与弱点，即企业的竞争形势，才能在市场竞争中立于不败之地。

了解企业的竞争形势，要全面了解竞争者情况，可从了解竞争者的市场占有率、采取的营销策略等方面入手。

市场占有率，又称市场份额，是企业的产品在市场上所占的份额，也就是企业对市场的控制能力。企业市场份额的不断扩大，可以使企业获得某种形式的垄断，这种垄断既能带来垄断利润又能保持一定的竞争优势。若竞争者的市场占有率非常高，则竞争者在市场中具有竞争优势；反之，则不具有竞争优势。

营销策略，是企业以顾客需要为出发点，根据经验获得顾客需求量以及购买力的信息、商业界的期望值，有计划地组织各项经营活动，通过相互协调一致的产品策略、价格策略、渠道策略和促销策略，为顾客提供满意的商品和服务而实现企业目标的过程。商场如战场，了解竞争者采取的营销策略，企业就可以运用博弈论的思想，并根据自身的条件，适时修正自己的营销策略，以做出对自己有利的市场竞争选择。

(3) 企业分销情况。产品从生产厂商到达消费者手中，必须经过分销渠道。通过了解分销情况，企业可以掌握其产品在分销地区的分销状况并预测其变化趋势，以了解企业产品在分销地区的需求状况。

(4) 宏观环境分析。描述宏观环境的主要发展变动趋势，包括人文、经济、技术、政治法律和社会文化变动趋势，并表述该趋势与本企业产品或策划项目相关的联系。

二、分析企业现有状况

1. SWOT (Strengths Weakness Opportunity Threats) 分析

通过 SWOT 分析，企业可确定自身的竞争优势 (strength)、竞争劣势 (weakness)、机会 (opportunity) 和威胁 (threat)，从而将公司的战略与公司内部资源、外部环境可以有机地结合起来。

优势与劣势分析，可以帮助企业认清自身的强项与弱项，在市场竞争中尽可能地发挥其优势，改正或弱化其劣势；机会与威胁分析，可以帮助企业分析其可能面临的冲击，以寻找机会和空档。

2. 总结结果

在 SWOT 分析的基础上，综合分析企业的市场状况，为营销目标、营销战略及营销措施的制定打下坚实的基础。

三、制定营销目标

1. 企业整体目标

整体目标，是企业未来一年到三年的发展方向。对于企业来说，其未来一年到三年的发展方向是提升产品或服务的市场竞争力，以获得较高的市场份额。企业整体目标是通过营销策划来提升产品或服务的市场竞争力。

2. 营销目标

营销目标是本次策划所要达到的目标盘，是营销计划的核心，其指导营销策略的制定和行动方案的确定。营销目标主要包括财务目标和营销目标。财务目标包括销售收入、利润额、市场占有率、投资回报率等；营销目标则包括销售收入、市场占有率、分销网络覆盖区域、渗透情况、价格水平等。

一般情况下，营销策划的营销目标的制定主要从销售收入、预期利润率和市场占有率三个方面入手。

3. 市场目标

市场目标，即采用何种方法、何种手段进入和占领企业选定的目标市场，也就是企业采用何种方式接近消费者、确定营销区域。

四、制定营销战略

营销目标说明企业在营销方面欲向何处发展，营销战略则说明如何达到营销目标。营销战略包括目标市场战略、产品开发战略、产品生命周期战略、竞争战略、多角化战略、国际市场营销战略等。策划人要根据策划项目选择相适应的营销战略。

（一）目标市场战略

1. 确定细分市场

市场细分，是营销者在市场调研的基础上，根据消费者的需要与欲望、购买行为、购买习惯等方面的差异，将某一产品的市场整体划分为若干个消费者群的市场分类过程。

通过市场细分，企业可以发掘和开拓新的市场机会，制定适用的营销策略并及时调整，将有限的资源合理运用到目标市场上。

细分市场的依据有很多，如地理、人口、心理、行为、社会文化、使用者行为等。

通过市场细分，企业将整个大市场细分为小市场，针对各小市场的不同需求，企业可以为其提供满足其独特需求的服务。

2. 选择目标市场

目标市场，是企业在市场细分后的若干“子市场”中，运用企业营销活动对市场进行的优选过程。

选择目标市场，企业要充分考虑产品特征、企业资源、竞争者战略、市场特征、产品所处的生命周期阶段等方面的问题。

明智的目标市场选择，不仅仅有助于企业的发展，还有助于消费者的选择。

3. 营销差异化

通常情况下，统一目标市场上有许多竞争对手，如儿童饮品市场有乐百氏、娃哈哈 AD 钙奶等，如何让自己的产品和服务与竞争对手区隔开来，就需要进行差异化营销，包括产品差异化、服务差异化、渠道差异化和形象差异化。

产品差异化（Product Differentiation），是指企业以某种方式改变那些基本相同的产品，让消费者相信这些产品存在差异并产生不同的偏好。产品差异化包括垂直差异和水平差异，垂直差异是指企业比竞争对手相比提供更好的产品；水平差异是指企业与竞争对手相比提供不同的产品。

服务差异化（Services Differentiation），是服务企业在面对较强的竞争对手时，在服务内容、服务渠道和服务形象等方面采取的有别于竞争对手而又突出自己特征的一种做法，是其战胜竞争对手、在服务市场站稳脚跟的一种做法。

渠道差异化（Channel Differentiation），可从渠道策略、渠道设计、渠道建立、渠道管理、渠道维护、渠道创新等方面进行差异化建设。渠道差异化包括服务差异化、结构差异化和价值差异化等内容。

形象差异化（Image Differentiation），是指在产品的核心部分与竞争者相同的情况下，通过塑造不同的产品形象以获得差别优势。形象差异化包括产品名称差异化和企业视觉形象（Corporate Identity，CI）。比如，“雀巢”表示一流的咖啡和奶制品，就是产品名称差异化的结果；而青岛海尔的“真诚到永远”的企业文化，使得它不断向世界上的新目标靠近，并在国际上继无氟冰箱后，通过 ISO 14001 环境管理体系认证，使海尔树立起关心爱护环境的绿色形象，极大地促进了海尔冰箱的对外出口，有力地加速了海尔创国际知名品牌的进程，这是企业 CI 的结果。

4. 定位

与竞争对手建立区隔除了差异化营销，最关键的是依靠定位。定位（Positioning），是让品牌在顾客的心智阶梯中占据最有利位置，使品牌成为某个类别或某种特性的代表品牌。

根据所处的战略形势，企业可采用的品牌定位方法有抢先定位、关联定位和为竞争对手重新定位。

抢先定位是指企业在进行品牌定位时，力争使自己的产品品牌第一个进入消费者心智，抢占市场第一的位置。如可乐中的“可口可乐”、凉茶中的加多宝、奶茶中的香飘飘、厨电中的方太等。

关联定位，是一种借力的定位，借力某品类的第一品牌位置进行攀附。如七喜，美国的消费者在消费饮料时，三罐中有两罐是可乐，于是七喜将自己定位为“非可乐”，使七喜一举成为饮料业第三品牌。

为竞争对手重新定位，即发现对手的弱点，从其弱点攻入，进而将其取代。

5. 自身定位

自身定位，即根据企业在市场竞争中所处的地位设计营销战略。企业在特定市场的竞争地位，大致可分为市场领先者、市场挑战者、市场追随者和市场补缺者四类。其对应的市场营销者战略包括市场领先者战略、市场挑战者战略、市场追随者战略和市场补缺者战略。

市场领先者（Market Leader），即产品在行业同类产品的市场上市场占有率最高的企业。市场领先者在行业市场上处于主导地位，其总体战略包括扩大市场需求量、保持现有市场份额和提高市场占有率。

市场挑战者（Market Challenger），即产品在行业同类产品的市场上处于第二、第三及以后位次的企业。市场领先者在行业市场上处于次要地位，其总体战略包括确定战略目标、挑战对象和选择进攻策略。

市场追随者（Market Follower），即产品在行业同类产品的市场上处于次要地位，但安于现有地位、不热衷于挑战的企业。市场追随者的总体策略包括紧紧跟随、保持一段距离的跟随和有选择跟随。

市场补缺者（Market Nicher），即产品在行业同类产品的市场上行业中处于不起眼地位的小企业，其在大企业的夹缝中生存和发展。市场补缺者的总体战略包括专业化市场营销和创造补缺市场、扩大补缺市场、保护补缺市场。

（二）市场营销组合战略（4P）

对选定的细分市场，分别制定包括产品、价格、渠道和促销等因素在内的一体化战略。

（1）产品策略．阐述产品体系、品牌体系、品牌管理、包装设计等内容；

（2）价格策略。说明定价原则、定价方法、价格体系、调价体系等内容；

（3）渠道策略。说明渠道建设指导方针、渠道开发步骤、渠道网络架构、渠道激励措施等内容；

（4）促销策略。说明人员推销、广告、营业推广、公共关系的方式方法。

五、制定行动方案

战略必须具体化，形成整套战术或具体行动。也就是进一步明确做什么（what）、为什么做（why）、何时做（when）、在哪里做（where）、谁负责（who）、如何做（how），以及花费的成本、达到什么要求，如何才能做得更好等方面，通盘考虑营销战略实施过程中涉及的各因素、每个环节以及所有内容。也可以用甘特图等工具，表明活动日期、活动费用、任务名称、负责人等，使整个行动方案一目了然，便于执行和管理。

行动方案的内容包括组织机构、行动程序安排和营销预算。

1. 组织机构

建立实施策划的组织机构并明确相应的职责。目的是加强营销管理，建立、保持与市场之间互利的营销关系，对设计项目进行分析、规划、实施和控制。

组建营销管理团队，即组建一支具备设计能力强、有长远目标、战略远大、结构完善、具有一定规模的营销队伍，并针对营销部门提供的信息对营销策划进行战略控制。

2. 营销行动的程序安排

对于常规的营销活动，一般把行动的程序、负责人、预算以及行动方案评估和控制方法等内容集中在一起，用甘特图列出，明确各项作业之间的关联性，见表 3 – 3。

表 3 – 3　　营销行动程序表

作业名称＼完成日期	1 月	2 月	3 月	4 月	5 月	6 月	7 月	8 月	9 月	10 月	11 月	12 月
作业 A	━	━										
作业 B	━	━										
作业 C			━	━								
作业 D			━	━	━	━						
作业 E								━	━	━	━	
作业 F											━	━

为了进一步明确行动负责人、费用和行动方案的评估和控制方法，需要再列一张行动方案安排表，见表 3 – 4。

表 3 – 4　　行动方案安排表

作业名称	负责人	行动地点	开始日期	计划结束日期	实际结束日期	费用预算	实际费用	备 注
作业 A								
作业 B								
…								

3. 营销预算

营销预算最常用的是“作业项目估计法”，即按照营销策划确定的作业项目列出明细，计算所需经费。见表 3 – 5。

表 3 – 5　　营销预算表

作业名称＼营销预算	1 月	2 月	3 月	4 月	5 月	6 月	7 月	8 月	9 月	10 月	11 月	12 月	合计
作业 A													
作业 B													
…													
合计													

六、预测营销效益

预测营销效益，包括效益定位和效益风险两方面的内容。

1. 效益定位

效益，即经济效益，是生产总值与生产成本之间的比例关系，生产总值减去生产成本的差额为正值，为有效益。企业是以盈利为目的而设立的组织机构，若一项活动不能为企业带来效益，企业绝不可能投入，策划也是如此。

每次策划活动，策划部门都要制定出该营销策划的经费，根据本次营销策划可能为企业带来的收益，预测策划收益效果。

2. 效益风险

风险，是在某一特定的环境下，在某一特定的时间段内，某种损失发生的可能性。企业在其生产经营活动的各个环节都可能遇到风险，营销策划过程也不例外。

在营销策划过程中，营销部门要制定出每次活动可能出现的问题，并针对这些问题做出处理方案并存档，尽可能降低营销策划活动的风险。

七、营销方案控制

营销方案控制，是企业为确保营销活动能按照计划目标运行，跟踪营销活动过程的每一环节，而实施的一套完整的工作程序。企业的营销控制，主要体现在进度管理控制和意外事件的应急计划两方面。

1. 进度管理控制

进度管理，即严格按照生产进度计划要求，掌握作业标准与工序能力的平衡。营销策划的进度管理要严格按照营销策划进行，掌握营销策划所涉及的各项内容。

营销策划的进度管理要求策划部门根据策划内容的设计及布置，对其执行过程、进度进行管理控制，掌握未能完成的部门、环节，分析原因，并制定相应的改进措施。

2. 意外事件的应急计划

应急计划（Contingency Planning，CP），是为处理意外事件做好准备的全部过程。意外事件是由于不能预见的原因造成的，其在企业生产经营的各个环节都有可能出现，营销策划过程也不例外。

对意外事件的应急计划，应包括列举可能发生的各种不利情况、发生的概率及危害程度、应该采取的预防措施及善后措施等内容。

八、附录的内容与写法

附录是策划方案的附件，附录的内容对策划方案起着补充说明作用，便于策划方案的实施者了解有关问题的来龙去脉，为营销策划提供有力的佐证。

凡是有助于阅读者理解策划内容的都可以考虑列入附录之中。例如，引用的权威数据资料、消费者问卷样本、座谈会记录等。作为附录也要标明顺序，以便查找。

九、撰写营销策划文案

（一）营销策划文案或称营销策划书，是营销策划的文字报告形式撰写要符合以下要求：

（1）营销策划文案从形式上要规范、鲜明、具体，具有形象性和可操作性。

（2）文案的篇幅要与策划内容的繁简相一致。

（3）文案的形式要图文并茂。

（4）文案的语言要简约、流畅、生动。

（5）文案的结构要严谨、完善、层层递进、环环相扣、彼此照应。

营销策划文案，没有统一的格式和内容，策划对象和策划要求的不同，都将产生不同内容和格式的营销策划文案。企业营销策划文案的主要内容和一般格式，包含封面、前言、目录、摘要、正文、结束语、附录等几方面的内容。

（二）营销策划文案编写要符合以下原则

（1）逻辑思维原则。策划的目的在于解决企业营销中的问题，按照逻辑性思维的构思来编制策划书。首先是设定情况，交代策划背景，分析产品市场现状，再把策划中心目的全盘托出；其次进行具体策划内容详细阐述；最后明确提出解决问题的对策。

（2）简洁朴实原则。要注意突出重点，抓住企业营销中所要解决的核心问题，深入分析，提出可行性的相应对策，针对性强，具有实际操作指导意义。

（3）可操作原则。策划案不是空穴来风，不是为了束之高阁供欣赏编制的策划书，是要用于指导营销活动，其指导性涉及营销活动中的每个人的工作及各环节关系的处理。因此具可操作性非常重要。不能操作的方案创意再好也无任何价值。不易于操作也必然要耗费大量人、财、物，管理复杂、显效低。

（4）创意新颖原则。要求策划的“点子”（创意）新、内容新、表现手法也要新，给人耳目一新、眼睛一亮的感觉，给人以智慧的启迪和精神的振奋。新颖的创意是策划书的核心内容。

（三）营销文案的撰写还注意以下问题

（1）确定新颖、扣题、醒目的标题。标题具有揭示策划案的中心思想、吸引人们的注意力、产生较强的感染力和号召力的作用。标题要新颖、醒目、紧扣题旨。好的策划案与好的标题是分不开的，如：龙腾计划、凤鸣计划、虎跃计划等；

（2）对企业简况的陈述要简约、重点明确。简介一般包括企业的行业性质、所有制性质、规模、特色、创建的历史、经营特色、主导产品、技术力量、行业地位等；

（3）明确策划案适用的时限。策划案适用的时限因产品而异、因营销策划的目标而异。有短线策划和长线策划。时尚品、季节性产品——时限短。技术强的高档性产品——时限长。时限短则 1 年之内，3 ~ 6 个月。时限长的 3 ~ 5 年；

（4）对企业的优势、劣势、机会、威胁分析可依据 SWOT 理论进行。

优秀的营销策划文案人员，必须能熟练撰写营销策划文案。撰写营销策划文案，不是一朝一夕的事，要求营销策划文案人员随时记录工作和生活中有意义的东西，把长文变成短文，反复推敲，学习和借鉴优秀的营销策划文案。

第四节　营销策划文案模式和范例

如前所述，企业营销策划文案的主要内容和一般格式，包含封面、前言、目录、摘要、正文、结束语、附录等几方面的内容。

一、封面

封面，是营销策划文案的脸面，是营销阅读者对营销策划文案的印象。

规范的营销策划文案封面应包含以下内容，如图 3－7 所示。

（1）营销策划文案的名称；

（2）被策划的客户；

（3）策划机构或策划人的名称；

（4）策划负责人及其联系方式；

（5）策划完成日期及执行时间段；

（6）编号。

编号 A123　　　　　　　　　　　　　　　　　　　　　　密级　C

PTCA 公司手机的分销渠道设计

策划委托人　PTCA

策划公司　　XJTU 营销策划室

策划负责人　马学文

联系电话　　0551－2924348

传　　真　　0551－2924349

时间：2022 年 1 月 1 日

本策划执行时间：2022 年 1 月 1 日至 2022 年 8 月 30 日

图 3－7　封面

二、前言

前言，对策划文案的性质做了简要说明，其主要内容包括接受委托情况、策划概况，其中策划概况主要介绍策划所要达到的目的及策划的全部过程。

相关链接

前言——PTCA 公司手机的分销渠道设计

本策划接受 PTAC 公司的委托，由 XJTU 营销策划室对 PTAC 手机的分销渠道进行设计。本策划要解决的主要问题是：随着手机市场从卖方转向买方市场，手机分销体系也开始了多元化，在此背景下，原代理分销体系的核心成员PTAC公司如何实现分销渠道体系的顺利转换？本策划从分析PTAC公司现有手机分销体系存在的问题入手，结合手机行业的特点，提出了PTAC公司分销渠道的新设计和备选方案，并给出了PTAC公司分销渠道转换的路径方案。

三、目录

目录是策划文案各部分内容的清单，能使阅读者很快了解整个策划文案的概况，方便其查找各部分的相关内容。

策划文案目录的编写，要下足功夫，要求其既能使阅读者了解整个策划文案的概况，又要引发阅读者的兴趣。

四、摘要

摘要是对整个营销策划文案所做的一个简单而概括的说明，其要说明的内容包括策划的性质、要解决的问题、结论。通过阅读摘要，阅读者可以大致了解策划内容的要点。

摘要虽然在策划书的最前面，但却是整个营销策划做完以后才写出来的。

五、正文

正文是营销策划文案中最重要的部分，其具体内容包括以下内容：

（1）营销策划的目的；

（2）环境分析，包括企业营销的内部环境分析和外部环境分析，其重点是对企业市场的分析和竞争者的分析；

（3）SWOT分析，通过对企业优势、劣势、机会、威胁的分析，发现市场机会和企业存在的营销问题；

（4）营销目标和目标市场；

（5）营销组合设计，即产品、价格、渠道、促销组合策略；

（6）规划营销战术，即5W1H，包括做什么、为什么、谁来做、什么时候做、在哪里做、如何做。

（7）预算，包括营销过程中的总费用、阶段费用、项目费用等；

（8）进度表与人员配置；

（9）营销执行与控制方法。

六、结束语

结束语是对整个策划的要点进行归纳总结，一方面突出策划要点，另一方面与前言相呼应。在撰写结束语时，策划者明确以下两个重要问题：

（1）策划能否解决前面提出的营销问题？

（2）策划怎样解决前面提出的营销问题？

如果不能很好地解决这两个问题，整个策划的逻辑就值得怀疑。

结束语属于“画龙点睛”之笔，绝非可有可无。

根据策划对象和策划要求的不同，营销策划文案的内容和格式也将不同。

关键词

营销策划组织　营销策划程序　营销策划文案

课后练习

1. 营销策划组织由什么构成？
2. 营销策划需要经过什么程序？
3. 营销策划文案包含几个部分的内容？

案例分析

“昂立”营销策划精要

××××年，上海交通大学昂立一号保健品，推向市场半年销售200万瓶，成为消费者选择保健品的第一品牌，其成功谋略可以从以下几个方面论述：

一、将才选择，直接关系到商战中的成败

《孙子兵法》中说：“将者，智、信、仁、勇、严也。”在现代企业里，将才的选择直接关系到企业的生存。营销广告部门的负责人，必须具备智、信、仁、勇、严等良好的素养和品质。这里的“智”是市场经营、广告策划的谋略，不但要具备丰富的广告专业水准，而且长远的眼光和战略家的思想，决定了企业经营广告策略的长期规划；“信”是在严守职业道德的情况下，对上级领导的忠诚和对消费大众都要讲究信用；“仁”对部下人员，无论从生活上，还是业务上，都应有所表现；“勇”，能够在市场的竞争中，冷静分析市场，检查和修正营销企划广告策略；“严”，生产上的GMP管理，同样贯彻到营销企划广告部门。

基于以上的认识，“昂立”的决策部门在选择营销企划广告部门总策划人时，提出了如下选择意见：

1. 丰富的企划专业经验。重任在身，专业经验和成功的表现，可以直接发挥专业特长。

2. 极强的业务操作水准。懂营销还需懂广告，更需要懂操作、懂摄影、懂绘画、懂设计、懂书法、懂电脑，样样精，样样拿得起。

3、精力旺盛有事业心。对市场足以迎接挑战，超负荷的工作压力不会知难而退，能创造一个新局面。

4. 敏锐的市场洞察力。营销企划广告计划的制定，具有对市场未来趋势的预测能力，以减少规划的失误。

5. 良好的媒介协调力。对媒介的选择和联络，具有众多的新闻界朋友的支持，卓越的沟通协调能力，便利工作展开。

6. 敏捷的思考力。面对各种市场信息、资料、报表能分析归纳，以敏捷的思路，提出最新创意和操作手段。

7. 冷静的应变力。市场瞬息万变，能冷静对待市场的突发情况，迅速制定抢救方案，克敌制胜。

8. 对企业的无私精神。掌握着庞大的广告费经费，稍有私心，则有损企业的利益，不拟选择亲属广告部门之公司，操守清正，是选择将才的首要原则。正是企业决策部门用人之标准，从而奠定了企业营销企划广告在“昂立一号”口服液销售大战中的成功。

二、情报，是商战中的胜利保证

商场如战场，商海的纷繁复杂，扑朔迷离，变幻莫测。面对竞争激烈的营养口服液市场，要在茫茫的商海中，寻找适于企业产品销售之道的策略，谈何容易。这里除了策划者所必须具备的胆识、智慧和才能之外，最重要的是经验。

了解市场，掌握市场情报，更要了解和分析竞争对手的营销广告策略。在这方面，“昂立”营销决策部门的做法是：市场调查在先，配合情报分析和营销广告策略，制定大纲，提出销售目标，充分发挥营销企划广告负责人的才能。具体做法主要在两个方面：静态情报和动态情报的收集。

1. 静态情报的收集

作为营销企划广告总策划，计划的制定，情报是第一动作。在这点上，通过政府机构公布的一些统计资料、财经指标、报纸杂志等，从中加以分类筛选，得出目标市场地区的人口统计、年龄结构、教育程度、消费收支、就业情况、物价指数、市民所得、经济增长率、营养品购买率、产品销售率等，从中加以佐证分析，为企业营销广告策略制定，成为销售市场的基本参考资料。

2. 动态情报的收集

针对同类产品在市场上的销售情况、消费层次、市场特征，采用不同的情报渠道进行收集。随着时间、地点、对象的变化，收集对本企业产品销售策略制定有关的情报，以掌握市场动态，顺应市场变化，便利“昂立一号”口服液的市场推广。通常情况下，我们采用了三种不同手段的收集方法。

（1）市场研究情报的收集（市场情报、通络情报、商圈情报）。

市场研究情报：主要分析同类产品的市场区隔和销售趋势，了解消费者及竞争者的消费需求和销售状况，以及广告定位、广告量、终端促销活动、Trade SP 活动，以及市场对广告促销的反应和销售回款递增率等。

通络情报：针对同类产品的需求，掌握和收集有关经销商、中盘、零售点各种不同销售渠道（通络）的情况，以及分析产品直销、分销、批发的新趋势。

商圈情报：针对不同的区域，不同的经销商，搜集其商圈特征以及消费竞争的手段，作为终端销售和广告策略、广告计划制定的依据。

（2）消费者消费状况情报的收集。

《孙子兵法》中说：“知己知彼，百战不殆”。对于决策者讲，有关消费者的来信、消费者的调查报告往往是营销企划的依据之一，同时还应有市场调查的主动出击。制定调查选题，主要表现方式有：

消费者购买行为调查：了解和掌握消费者对“昂立一号”口服液的购买动机，以及购买习惯、购买时间、购买对象。

消费者购买心理调查：了解和掌握消费者的消费心理、消费动机、消费习惯和对“昂立一号”口服液的认识和接受程度。

消费生活状况调查：了解和掌握消费者的购买用途（是自用还是送人？保健还是治病?）

使用年龄层次，收入状况以及是否同时使用其他同类口服液产品，以此区隔目标消费群体。

消费者接受媒体调查：根据不同消费目标，了解和掌握不同的文化层次特质，了解其对“昂立一号”口服液接受途径，判断和分析媒体合理组合以及消费者对媒体的喜好和接触频率，从而为选择广告媒体提供依据。

（3）产品研究情报的收集。

“昂立一号”经营策略，对产品在市场上的反应极为重视，以便了解目标消费市场对产品的看法，以确定广告诉求正确方向。

通常进行了下列几项产品研究的情报收集：

产品口味调查：对于“昂立一号”口服液的口味反应不一。良药苦口被大多数消费者接受，但“昂立一号”不是药也要众所周知，这对推出新产品、了解消费者对“昂立”系列产品接受度是个很好的参考数据。

产品服用调查：针对不同的消费目标，了解“昂立一号”口服液的服用效果，以获得消费目标对象对产品品牌和品质的看法和认识。

产品形象调查：分析不同消费目标，对“昂立一号”口服液外包装和内包装的形象评价，有利于“昂立一号”系列产品走向市场的定位。

产品家庭保存方法调查：除产品说明书上所述保存法之外，寻找其他更佳的保存方法，以获得产品在保存上的最新资料。

产品定点饮用调查：对人流量大的公众场所（如公园），选择目标对象，现场直接调查访问，以取得第一手资料。

产品消费者座谈会：分别不同的区域，不同的目标消费群，召开“昂立一号”口服液用户座谈会，深入挖掘典型消费习惯、产品认识、购买需求、产品功效，加强厂方与消费者间接沟通。

就是这样通过以上系统而成功的市场调查，“昂立”获得了大量准确有效的第一手情报资料，为其进一步制定、实施营销方案奠定了坚实基础。

三、销售手段，决定商战中产品的推广

销售市场的成功与否，决定了企业的生存，没有销售，就没有生命。而销售市场上的成功，那就是正确销售手段的成功实现。“昂立”在具体的销售动作中着力解决好如下各个销售环节。正是每一个环节的成功实践，才最终实现了“昂立一号”半年销售200万瓶的新纪录。

1. 销售前的准备

“昂立”的经营者要求每个销售人员必须熟知“昂立一号”口服液的产品知识，亲自品尝过“昂立一号”口服液，熟悉所要销售的目标，心理上有充分准备。他们应该准备商谈前的预演，地点、时间、销售商和推售产品工具，如笔、笔记本、名片、报价单、计算机、介绍函、样品和产品说明书等。同时，他们还必须准备接受商谈失败，并能泰然处之。

2. 深入消费者

目标确定之后，就要通过各种促销手段，让消费者了解“昂立一号”口服液。我们进行了大型的终端促销、专家咨询、宣传资料的赠阅等活动，让消费者更加了解“昂立一号”口服液，引起消费者的购买欲，同时也引起经销商销售“昂立一号”口服液的信心。同时，在深入消费者时，采用多种方法，以获得消费者对“昂立一号”口服液产品的信任；通过熟人介绍，接受推销人员的推销；通过样品赠饮，让消费者接受；通过搭关系接近消费者并获得其支持；通过解决问题法接近消费者；通过问卷调查，赠送礼品接近消费者；通过资料赠阅，取得消费者对产品的了解。通过种种锲而不舍的方式，“昂立一号”终于打动了消费者的心。

3. 接近销售商

做到胸有成竹，是“昂立一号”口服液销售人员的基本心理要求。我们要求在与销售商的接触中，每个推销人员切记赚钱互惠互利，赠品联络感情，幽默打动人心，赞美人人欢心，前景鼓舞人心，事实证明这种原则的实施能够很成功的说服销售商。

4. 实例证明

在深入消费者和接近销售商的过程中，“昂立”的推销人员还注重以大量的事实和消费者的来信，证明“昂立一号”口服液的神奇功效，以事实说明问题，取得工作对象对“昂立一号”口服液产品的信心。

5. 处理拒绝

每个“昂立一号”推销者，都知道如何处理被经销商拒绝，因为最终的成功往往是从拒绝开始的。化拒绝为接纳，之间的技巧是“昂立”营销企划广告的经营策略。

6. 促成签约

订单对每个“昂立”人来说，是最大的奖励。战争的目的，就在赢得胜利，而推销的目的，就是促成签约。

7. 处理投诉

昂立决策者对于消费者的投诉，绝对以真诚回报感谢消费者的诉怨，仔细倾听，找出诉怨所在，表示同情，绝不争辩，以“我还能为您做什么?”取得消费者的谅解，解决问题。

8. 售后服务

这是主动提供的售后服务，“昂立”决策者知道，营销策略的成功，离不开消费者的支持，而售后服务是企业商誉表现，是获得消费者信赖和支持的保证，也是获得源源不断订单的秘诀。

四、合理的广告媒体组合

“昂立”决策部门和决策者深深懂得企业所付出的每一笔广告费都倾注了生产第一线工人和销售人员的汗水。通常所知，产品的销量与利润成正比，产销越大，获取利润越多，企业为此投入的广告费也就越多。如何使用利用好广告费是决策者的经营策略。

孙子兵法中有云：“凡战者，以正合，以奇胜。”就是用兵作战，总是以正兵迎敌，以奇兵取胜。我们的产品策略，就是以“奇正战法”出奇制胜，“正”在抓好产品质量下，赢得消费者的信任，产品信誉的建立，就是最强大竞争力；“奇”则在提高产品款式品种和包装质量。

同样，合理的广告媒体组合，应该避开对方锋芒，出奇制胜，没有必要耗费大量的资金硬拼，以新奇独特的终端宣传展开攻势，以最小的投入，换取最大的收获。

从以上“昂立”的营销战略及其有效实施可以看出：企业市场营销之战，其本质就是一场智慧的竞争。商场如战场，所不同的，战场之胜更重在勇，商场之胜则在智争。

问题：

1. 从昂立一号案例中谈谈策划人的高复合资本?

2. 成功的策划需要哪些要素?

第四章　营销策划的工具与原理

案例引入

“向毛主席学策划”

1. “星星之火，可以燎原。”在井冈山最困难的时期，有人提出来自己的怀疑“红旗到底能够撑多久?”毛泽东在回信中写道“星星之火，可以燎原。”对营销策划的启发是要从区域性品牌发展成为全国性品牌，企业要有宏大的愿景和必胜的意志。

2. “谁是我们的朋友，谁是我们的敌人，这是革命的首要问题。”这句话告诉我们，企业不要幻想把你的产品卖给所有的人，只有找到你的目标消费者，产品才能成功。因此市场细分、找准目标市场很重要。

3. “没有调查就没有发言权。”市场营销不能“闭门造车”，必须洞察消费者的真实需求。因此，搞好环境分析、消费者购买行为分析等很重要。

4. “从实践中来到实践中去。”市场是检验营销策划案科学与否的唯一标准。因此，一套好的策划案要能够经得起市场的检验，发现问题及时解决，并在实践中发展。

5. “向雷锋同志学习。”榜样的力量是无穷的，做市场首先是做样板，发挥灯塔效应。

6. “为人民服务。”营销的核心就是让消费者满意，满意的消费者是建立品牌忠诚度的前提和基础。

7. “做一件好事并不难，难的是一辈子做好事，不做坏事。”知名品牌都是建立在持之以恒的提升企业的知名度、美誉度和形象度。

资料来源：根据部分资讯整理而成，2020. 07。

第一节　营销策划的工具

凡事欲则立，不欲则废。说的就是策划的重要性，大到对组织、人生长远规划的策划，小到工作、生活中具体事情，无不需要进行策划“计划先行”，此乃一切事物成功之基础。作为企业，要想在对手如林的今天，为你的员工备有足够的奶酪，让你的公司有足够的发展空间，对公司的前途进行策划是不可或缺的一项重要工作。那么，企业应如何进行策划呢?

一、营销策划的理论基础

（一）周易论——万学之祖

在中国传统文化中，《易》被推为源头活水、群经之首。《易》经的核心价值在于其启迪中华民族智慧，激励炎黄子孙自强不息、厚德载物的民族精神。它包括文王《易经》，孔子《易传》。是人类第一部预测学、运筹学、数学和宇宙学著作。

易经的“三易说”是营销策划重要的指导思想。三易就是简易，变易，不易，意在揭示宇宙万物的道理。

简易，也就是简单容易。简易是一种自然规律。万事万物都自觉不自觉地按照简易的方式和方法去动作。世界上的事物再复杂再深奥，一旦人类的智慧达到，就可以把它们转换成人们容易理解和处理的问题。用到策划上，就是要善于发现事物发展变化的规律，认清事物的本质，把复杂的问题简单化，明了化。《周易·系辞上》认为乾卦通过变化来显示智慧，坤卦通过简单来显示能力。把握变化和简单，就把握了天地万物之道。正如老子《道德经》所说：大道至简。就是说最高的道理往往是最简明的。比如世界上所有最复杂的事物，可以用最简单的符号来概括。

变易，指改变，变化。语出《易论》，指宇宙、天地运动的变化，是比拟、象征宇宙万物实相的原理。世界上的万事万物每时每刻都在变化发展着，没有一样东西是不变的，如果离开这种变化，宇宙万物就难以形成。“易穷则变，变则通，通则久。”营销策划也是如此，要顺应社会的变迁，做到与时俱进。

不易，是指在宇宙间万物皆变的前提下，还有唯一不变的东西存在。所谓变，只是现象而已，变的背后一定有不变的东西，想到不变的时候，一定要想到变，“一阴一阳之谓道”。两者是分不开的。不变是原则，万变是现象，现实生活中我们要站在不变的立场来变，就不会乱变。在变的时候也要注意三点：第一，权不离经。所有的变不能离开规矩。第二，权不损人。所有的变都不可损害别人的权益。第三，权不多用。偶尔用，常用，就表示你的规矩要改。总改规矩，就说明规矩本身制定的不科学。用到营销策划上，就是你企业的核心价值观、理念是不能变的，但实施价值观、理念的方式方法是与时俱进的。总之我们要记住：简中有变，变中不易。

（二）矛盾论——分析神器

矛盾论源于《韩非子》寓言故事：“楚国人卖矛和盾，抓起矛赞誉说：无物不克，抓起盾说：物莫能克。有人问他：用之之矛攻之其盾，如何？”那人张口结舌，一句话也答不上来。什么都不能刺穿的盾与什么都能刺穿的矛，不可能同时存在于这个世界上。寓意是说话办事要一致，不能违背了事物的客观规律。万事万物都有对立、对立统一，矛盾遍布人生、社会、卖场，利用矛盾论分析事务之间的利害关系，才能找到问题关键，把握胜负。

营销策划过程中也存在着一些辩证法的矛盾论：如正策划与反策划，善策划与恶策划，实策划与虚策划，厚黑策划与薄白策划，正向策划与负向策划，作用策划与反作用策划，速度策划与加速度策划，物质策划与精神策划，美策划与丑策划，离散策划与连续策划，结构策划与功能策划，混沌策划与有序策划，主策划与副策划，原策划与亚策划，因策划与果策划，对称策划与非对称策划，确定性策划与不确定性策划……用好策划的辩证法、矛盾论，才能从复杂的问题中找出事情发展变化的脉络，抓住问题的关键，纲举目张，迎刃而解。

（三）符号论——标新立异

任何事物都可用符号来表示。语言文字、美术形象、运行轨迹、商业图表都是符号。思维、思想、创意本身都可用符号表示。最早符号是图腾，如徽标、招牌、商标。符号一旦形成，自成体系，自我运行。

图形符号的运用和发展，是企业视觉形象设计的一个重要部分，代表着企业形象的浓缩，是能与企业核心价值观最有效搭配的工具，在强化品牌个性、视觉和内涵延伸、优化企业形象美感方面起着关键作用，更是企业理念识别系统、行为识别系统和视觉识别系统的联络官，是克服企业同质化现象的重要手段。

二、营销策划的主要工具

（一）PEST 分析模型

PEST 分析是指宏观环境的分析，宏观环境又称一般环境，是指影响一切行业和企业的各种宏观因素。对宏观环境因素作分析，不同行业和企业根据自身特点和经营需要，分析的具体内容会有差异，但一般都应对政治（Political）、经济（Economic）、社会（Social）和技术（Technological）这四大类影响企业的主要外部环境因素进行分析。简单而言，称之为 PEST 分析法。

（二）利益相关者分析模型

利益相关者是指与客户有一定利益关系的个人或组织群体，可能是客户内部的（如雇员），也可能是客户外部的（如供应商或压力群体），属于微观环境分析的范畴。大多数情况下，利益相关者分析模型如图 4－1 所示，供应商提供商品或服务给本企业或者竞争对手，企业再通过自销或者借助批发企业、代理商、零售企业把产品最终销售给顾客。

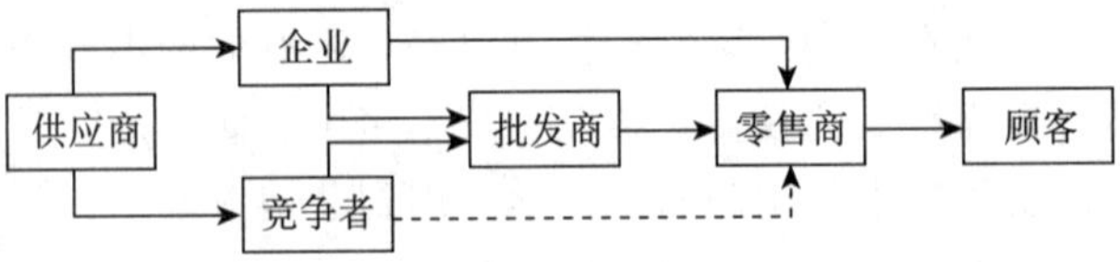

图 4－1　微观环境分析模型

这些利益相关者能够影响组织，影响产品的销售，他们的意见一定要作为营销策划时考虑的因素。所有利益相关者不可能对所有问题保持一致意见，其中一些群体要比另一些群体的影响力更大，这是如何平衡各方利益成为营销策划案制定时考虑的关键点。

（三）价值链分析模型

价值链分析模型是由美国哈佛商学院著名战略学家迈克尔·波特提出的，也是营销策划使用的最重要模型之一。把企业内外价值增加的活动分为基本活动和支持性活动，基本活动涉及企业生产、销售、进料后勤、发货后勤、售后服务。支持性活动涉及人事、财务、计划、研究与开发、采购等，基本活动和支持性活动构成了企业的价值链（见图 4－2）。

不同的企业参与的价值活动中，并不是每个环节都创造价值，实际上只有某些特定的价值活动才真正创造价值，这些真正创造价值的经营活动，就是价值链上的"关键作业"。企业要保持的竞争优势，就是发挥企业在价值链某些特定的关键环节上的优势。运用价值链的分析方法来确定核心竞争力，就是要求企业密切关注组织的资源状态，要求企业特别关注和

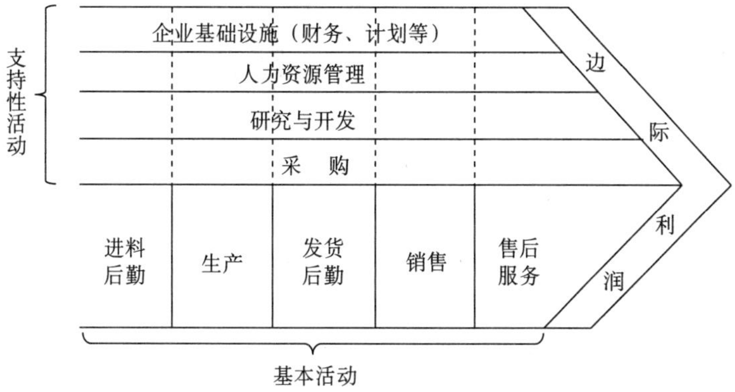

图 4－2　波特价值链模型

培养在价值链的关键环节上获得重要的核心竞争力，以形成和巩固企业在行业内的竞争优势。企业的优势既可以来源于价值活动所涉及的调整，也可来源于企业间协调或合用价值链所带来的最优化效益。

（四）波特五力模型

五力模型由迈克尔·波特于 20 世纪 80 年代初提出，它认为行业中存在着决定竞争规模和程度的五种力量，这五种力量综合起来影响着产业的吸引力。五种力量分别为进入壁垒、替代品威胁、买方议价能力、卖方议价能力以及现存竞争者之间的竞争。

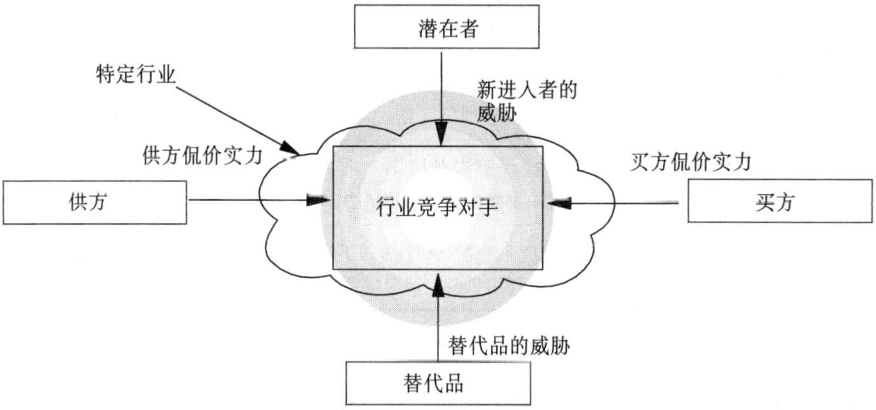

图 4－3　五力模型

竞争战略从一定意义上讲是源于企业对决定产业吸引力的竞争规律的深刻理解。任何产业，无论是国内的或国际的，无论生产产品的或提供服务的，竞争规律都将体现在这五种竞争的作用力上。因此，波特五力模型是企业制定竞争战略时经常利用的战略分析工具。

表 4－1　波特五力模型与一般战略的关系

行业内的五种力量	一般战略		
	低成本战略	差异化战略	集中型战略
进入障碍	具有规模经济效益阻挡对手进入	培育顾客忠诚度挫伤进入者的进入	独具特色，阻挡潜在者进入

续表

行业内的五种力量	一般战略		
	低成本战略	差异化战略	集中型战略
买方侃价能力	边际效应能力突出。如低成本带来更低价格	独特产品削弱对方讨价还价能力	独一无二使大买家削弱谈判能力
供方侃价能力	抑制大卖家的砍价能力强	通过提价转移成本压力	高价能转移成本提高带来的压力
替代品的威胁	能用低价不被替代	差异化、高技术不易被替代	独特产品与核心能力不易被替代
行业内竞争对手	能很好进行价格竞争	顾客忠诚度高忽略竞争对手	一招鲜吃遍天，对手望尘莫及

（五）SWOT 分析模型

SWOT 分析模型，又称为态势分析法。SWOT 分析代表分析企业优势（strength）、劣势（weakness）、机会（opportunity）和威胁（threats）。因此，SWOT 分析实际上是将对企业内外部条件各方面内容进行综合和概括，进而分析组织的优劣势、面临的机会和威胁的一种方法。

优劣势分析主要是着眼于企业自身的实力及其与竞争对手的比较，而机会和威胁分析将注意力放在外部环境的变化及对企业的可能影响上 。在分析时，应把所有的内部因素（优劣势）集中在一起，然后用外部的力量来对这些因素进行评估（见表 4－2）。

表 4－2　　机会威胁矩阵

内部分析 / 外部分析	优势 S 列出优势：	劣势 W 列出劣势：
机会 O： 列出机会：	SO 战略 ： 发挥优势、利用机会	WO 战略： 克服劣势、利用机会
威胁 T： 列出威胁	ST 战略： 利用机会、回避威胁	WT 战略： 减少劣势、回避威胁

（六）波士顿评价模型

波士顿矩阵模型是波士顿咨询公司（BCG）于 1970 年提出的一种规划企业产品组合的方法。

图 4－4 中，纵坐标市场成长率表示该业务的销售量或销售额的年增长率，用数字 0 ~ 20% 表示，并认为市场成长率超过 10% 就是高速增长。横坐标相对市场份额表示该业务相对于最大竞争对手的市场份额，用于衡量企业在相关市场上的实力。用数字 0.1（该企业销售量是最大竞争对手销售量的 10%） ~10（该企业销售量是最大竞争对手销售量的 10 倍）表示，并以相对市场份额为 1.0 为分界线。需要注意的是，这些数字范围可能在运用中根据实际情况的不同进行修改。

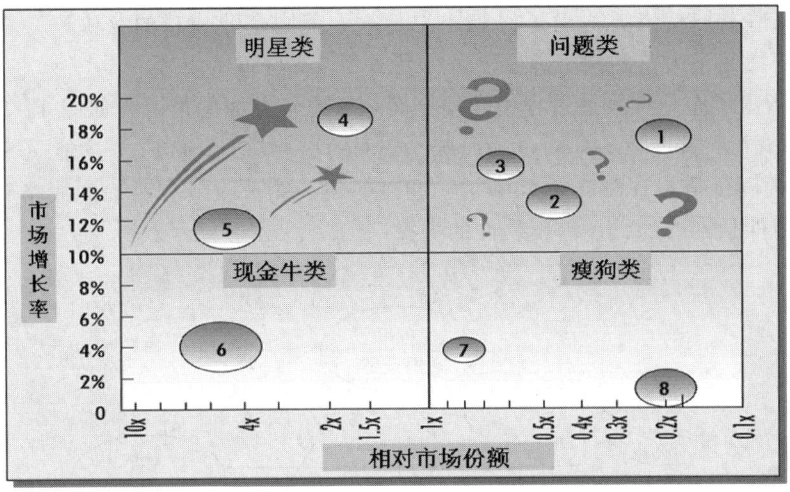

图 4-4　波士顿评价图

波士顿矩阵模型将一个公司的业务分成四种类型：问题类、明星类、现金牛类和瘦狗类。

按照产品在象限内的位置及移动趋势的划分，形成了波士顿咨询集团法的基本应用法则。

第一法则：成功的月牙环。在企业所从事的事业领域内各种产品的分布若显示月牙环形，这是成功企业的象征，因为盈利高的产品不止一个，而且这些产品的销售收入都比较高，还有不少明星产品。而问题产品和瘦狗类产品的销售量都很少。若产品结构显示散乱分布，说明其事业内的产品结构未规划好，企业业绩必然较差。这时就应区别不同产品，采用不同策略。

第二法则：黑球失败法则。如果在现金牛区域一个产品都没有，或者即使有，其销售收入也几乎近于零，可用一个大黑球表示。该种状况显示企业没有任何盈利大的产品，说明应当对现有产品结构进行撤退、缩小的战略调整，考虑向其他事业渗透，开发新的事业。

第三法则：西北方向大吉。一个企业的产品在四个象限中的分布越是集中于西北方向，则显示该企业的产品结构中明星产品越多，越有发展潜力。相反，产品的分布越是集中在东南角，说明瘦狗类产品数量大，说明该企业产品结构衰退，经营不成功。

第四法则：踊跃移动速度法则。从每个产品的发展过程及趋势看，产品的销售增长率越高，为维持其持续增长所需的资金量也相对越高；而市场占有率越高，创造利润的能力也越强，持续时间也相对长一些。按正常趋势，问题产品经明星产品最后进入现金牛产品阶段，标志了这个产品从纯资金耗费到为企业增加效益的发展过程，但是这一趋势移动速度的快慢也影响到其所能提供的收益的大小。

（七）7S 分析模型

由托马斯·J·彼得斯和小罗伯特·H·沃特曼，这两位斯坦福大学的管理硕士，以麦肯锡顾问公司研究中心设计的企业组织七要素（简称 7S 模型）为研究的框架，总结了这些成功企业的一些共同特点，写出了《追求卓越——美国企业成功的秘诀》一书，使众多的美国企业重新找回了失落的信心。

7S 模型指出了企业在发展过程中必须全面地考虑各方面的情况，如图 4 - 5 所示，包括结构（Structure）、制度（Systems）、风格（Style）、员工（Staff）、技能（Skills）、战略（Strategy）、共同价值观（Shared Values）。也就是说，企业仅具有明确的战略和深思熟虑的行动计划等硬件是不够的，还需要软件的支撑。

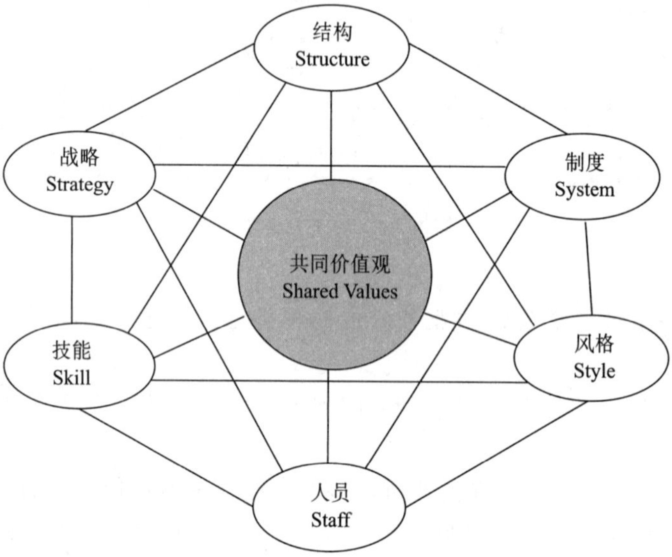

图 4 - 5　7S 模型图

在模型中，战略、结构和制度被认为是企业成功的“硬件”，风格、人员、技能和共同价值观被认为是企业成功经营的“软件”。其中战略（Strategy）就是对组织资源配置进行的总体规划。结构（Structure）即目标、协作、人员、岗位、相互关系、信息等组织要素的有效排列组合方式。制度（System）即岗位职责、办事程序、奖惩制度、工作承诺制度。人员（Staff）指培训、素质。共同的价值观（Shared Value）具有明显的导向、约束、凝聚、激励及辐射作用。技能（Skill）人际交往、团队协作、口语表达、计算机应用、读写、课堂讲座。

（八）平衡计分卡模型

平衡计分卡（Balanced Scoreboard）是将组织的远景转变为一组由四项观点组成的绩效指标架构来评价组织的绩效，如图 4 - 6 所示。之所以称为平衡计分卡，因为他有财务（Financial）、顾客（Customer）、企业内部流程（Internal Business Processes）、学习与成长（Learning and Growth）四方面构成，兼顾财务与非财务之间、短期与长期的目标之间、落后的与领先的指标之间，以及外部与内部绩效之间的平衡（见表 4 - 3）。能够多方面为企业提供信息，综合反映公司的业绩。

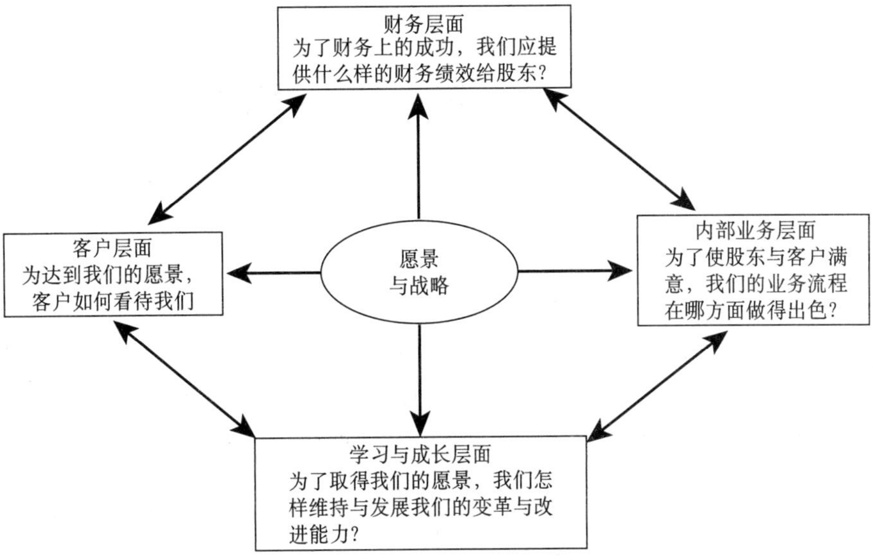

图 4-6　平衡计分卡模型

表 4-3　平衡计分卡

远景与战略	衡量指标
财务层面：股东如何看待我们	长期股东价值（增收节支）：新收入来源、原有客户挖潜收入，改善成本结构改善资产营运效率
客户方面：顾客如何看待我们	客户价值驱动因素：优化价格、及时服务、品牌形象、质量、性能、关系等，以创造出优秀的财务回报
内部流程方面：我们的优势是什么	创新程序：优化运营程序、客户管理程序优化，满足股东对卓越财务回报的期望
学习成长方面：能否继续创造价值	员工满意度、员工保持率、员工培训和技能等，以及这些指标的驱动因素

另外还有：雷达图模型、通用电气（GE）评价法、经济增加值（EVA）评价法、竞争态势矩阵（CMP）、战略地位与行动（SPACE）矩阵等。

相关链接

EVA 评价的作用

经济附加值模型，简称 EVA（Economic value added），是一种新型的公司业绩衡量指标，比较准确反映公司在一定时期内为股东创造的价值。公司每年为股东创造的价值等于收入减去全部成本和费用后的剩余。是所有成本扣除后的企业剩余收入。在公司内部管理中引入经济附加值指标，可以较好的解决管理人员的短期行为，搭便车现象等问题，促使管理人员为股东创造更大价值。

第二节　营销策划一般原理

一、创新出奇原理

所谓“奇胜”，就是以奇谋诡道制胜，即孙子所说的“凡战者，以正合（常规），以奇胜。故善出奇者，无穷如天地，不竭如江河”。例如戴尔反木桶思维，提出直销模式，发挥优势，从 IBM 挖走客源。与木桶原理求稳固的保守思想不同，反木桶原理是一种提倡特色突显的创新战略，要求企业能打破思维定式，一切向前看，找准自己的特殊优势，开辟一个崭新的天地。特色凸显是挣脱束缚的创新思维方式，不是简单的差异化战略。差异化战略实际上是一种对抗性的竞争，利用同质产品的细微区别，在有限的市场夹缝里你争我夺求生存。特色凸显就是要跳出狭隘的竞争圈，打破旧的框架，创造一种新的市场模式。DELL 创造性的开辟了电脑销售的新模式，为自己找到了安身立命之点，这就是它最长的那板木板，在此基础上，其他木板也顺势而上，不断的向纵深处发展，虽然它的底盘没有 IBM 大，但是经过其孜孜不倦的努力，高度远远超过了 IBM 的木桶，所以整个容积也不容小觑。这就是凸显的力量。

营销创新内容包括：渠道、促销、产品、价格、组织、服务等方面创新。戴尔以渠道创新闻名，苹果的成功源于产品创新。20 世纪 20 年代，通用汽车规模变大，效率低下。管理者斯隆认为企业效率低不是规模问题而是管理问题，为此提出“基于协调控制的分权管理”，即分权式组织结构创新，挽救了美国通用汽车公司。在随后的五年之内，通用汽车成为美国汽车工业的领先者。海底捞在服务价值上从顾客利益出发，一切以顾客消费体验为核心的诸多创新，包括人性化及更加丰富内容的等位区（水果、小零食、游戏、涂指甲、擦鞋等），热情的服务，对顾客的细致关怀，使顾客享受到了“超于预期”的优质服务。可以说，抓住了服务创新的本质。使差异化服务成为海底捞当前的核心竞争优势。

二、集约化序参量原理

在营销策划方案设计过程中，必须注意策划的方案应尽量简单易行，能迅速从千变万化的参量找出主导变量——事物变化的有序程度、规律。抓纲办事，纲举目张，见解明了。

集约化序参量原理类似奥卡姆剃刀定律（Occam's Razor，Ockham's Razor）。由德国教士提出，称为“如无必要，勿增实体”，即“简单有效原理”。认为“切勿浪费较多东西去做用较少的东西同样可以做好的事情。”指出许多东西是有害无益的，我们正在被这些自己制造的麻烦压垮。组织正不断膨胀，制度越来越烦琐，文件越来越多，但效率却越来越低。就需用“奥卡姆剃刀”，采用简单管理，化繁为简，将复杂的事物变简单。

策划之道就是简化之道，简化才意味着对事务真正的掌控与取舍。通常有三种措施帮助我们化繁为简：一是精兵简政，不断简化组织架构。二是关注组织的核心价值，始终将组织资源集中于自己的专长。三是简化流程，避免不必要的环节。

相关链接

（1）“高露洁”火的原因？

高露洁厂商所采取的极其高明但又简单得让普通人都不去劳神想的一项营销策划方案。据说此设想是该厂一名忧心于成品库存太多，并认为消费者对牙膏的消费总量基本固定的职工提出的。此营销方案是：既然消费者不可能一天刷七、八遍牙，那么我们增加消费者购买新牙膏的频率，加快牙膏消耗，高露洁牙膏的厂商把牙膏袋的开口悄悄加大了一圈儿。这样，一位普通消费者现在每天用的份量无形中比过去多了一半。这样，消费周期就相应地缩短了。高露洁牙膏也很快清理掉了库存。

（2）复印机除臭氧罩的妙用。

经常在复印机边工作的人可能有过这种感觉：头晕耳鸣，呼吸困难，呕吐厌食。这些症状实际上是复印机在工作过程产生的臭氧和粉尘所造成的。目前市场上随处可见一种被称作“含高科技”的复印机除尘防臭隔离护罩，单价500元左右。实际上这种防护罩的设想和制作都非常简单，也不存在高难度的技术及生产工艺问题，这种防护罩生产总成本只有几元人民币，这就是厂商看准了市场上的商机，不用多么新奇或复杂的设想，只是脑筋一急转弯而已，简单平常的设计却带来了滚滚财源。

资料来源：根据百度文库资料整理。

三、整体制胜原理

优秀的策划案要求企业用系统论的联系观、层次观、结构观、进化观来分析事物的演变规律，正确地预测市场的动向，能够为决策从战略整体上把握和驾驭全局，要高屋建瓴、多角度、全方位、完整的提供一套切实可行的，安全系数高的设计方案。它不会计较局部的得失，追求整齐制胜才是他向往的目标。谁笑到最后谁才笑得最好。营销策划的整体制胜原理是营销基本原理中至关重要的一个组成部分。它要求营销策划方案能够高瞻远瞩，深谋远虑。

在谋攻篇中，孙子提出“全胜”的基本观念。追求全胜的手段包括：上兵伐谋，其次伐交，其次伐兵，其下攻城 。不战而屈人之兵是最理想的境界。“故善用兵者，屈人之兵而非战也。拔人之城而非攻也，破人之国而非久也，必以全争于天下，故兵不顿，而利可全，此谋攻之法也。”

《孙子兵法》认为要取得全胜，要掌握知胜有五之巧窍：知可以战与不可以战者胜，识众寡之用者胜，上下同欲者胜，以虞待不虞者胜，将能而君不御者胜。

四、发展原理

“变则通，通则久。”市场的胜利者总是属于那些以发展原理制定营销策划案，适应力强，能相机而动的商家。

1963 年，柯达公司研制成了“傻瓜相机”，使照相简单化了，一时引起了世界性的购买狂潮，可就在其相机打围走俏的时候，柯达公司却公布了傻瓜相机的专利技术。难道柯达真是傻瓜吗？原来，柯达却有自己的发展打算：即使不公布技术，其他公司业已研制出来。另一方面，相机是耐用品，可重复使用，而胶片是一次性使用的，于是，柯达借机造势，转行到生产高质量的胶片上来。

柯达是全球最成功的影像解决方案供应商。但发展到21世纪，柯达因为违背发展原理，不能对影响市场的发展前景和需求趋势做出正确的预测，痛失数码技术，因而失去市场。

相关链接

“白加黑”的营销思想

当康泰克宣传早一粒晚一粒就可消除感冒带来的困扰时，盖天力公司没有鹦鹉学舌，而是用发展的眼光提出：“白天吃白片，不瞌睡；晚上吃黑片，睡得香”。

广告充分把握住了消费者的心理：多数人在抗感冒时往往会受感冒中主要成分之一的息斯敏的作用的困扰。在“白，黑”的营销运作过程中把药片推广的诉求点就设定在“白黑”与众抗感冒药的不同点——“白片”不含息斯敏成分上，这样服用“白片”就不用影响正常的学习工作；而服“黑片”却可以安享梦境。

“白，黑”的广告就体现了营销“落地”的思想，它把消费者购买行为发生后的消费过程再进行了细分，充分考虑到消费者的需求心理和与竞争对手比较中的优势所在。把自己融入到市场的变幻中，不是撕心裂肺地喊“‘白，黑’就是好”，而是发展地看自己，发展地看市场，把自己的营销“诉求点”扎根在市场的需求点。

资料来源：根据白加黑网络资源整理。

五、高段位原理

段位就是棋力的标尺，最高段位为九段。高段位用于策划中就是指在策划的过程中，要使思维超越时间，空间的限制，把眼光放远一点，立足点站得高一点，视角调整新一点。同时营销策划的内容本身也要求必须是高质量、高层次的，以高段位的智能去震慑驾驭控制事物发展的全过程及运行状态。

例如，有的企业为了求个“新、奇、怪”，起名字或广告宣传与高段位的思想背道而驰，不顾企业应负的社会责任，一味追求低级趣味，污染了视觉环境、听觉环境，也给人的心灵造成了损害，这样的恶性操作，通过不健康的策划内容妄想占领市场，势必会使企业在市场中碰个头破血流。

企业是否做到了高段位营销，一般用三个标准衡量：

1. 销售效率最优化

这个最优化有两个评估参照系，一个是企业内部的人均销售效能，即销售额与销售人员总数的比率；另一个是同行或跨行业之间人均销售效能的比较。

2. 投入产出比最优化

营销不是有效果就是好，而是要花小钱办大事才是好。费用投入止不住，销售产出却停滞不前，意味着营销模式尤其是传播与推广手段出现了问题。动辄线上线下、狂轰滥炸，或许可以有短时期的成功，但长远来看难以为继。中国日化企业的尴尬，其实都是因为营销战略思维与模式长期停留在投入大产出少而又不知的陷阱里，前有红极一时的雅倩的消失，最近有霸王的过山车，都是这个原因。

3. 可持续增长性

高段位营销必须具备可持续增长性，无论是顾客、市场布局与拓展、渠道拓展等，都具有“滚雪球增长”的特点。可持续增长力，需要企业深切明白增长的驱动力体系与结构，并明白适应不同市场环境的增长驱动力组合是怎样的。否则，机会来时有增长，竞争大时马上搁浅。

创意、设计、广告、促销等当然是营销的重点内容，但是，高段位营销的思维与智慧，才是企业“一直能赢”的真正秘密。

相关链接

绝对伏特加的高段位广告创意

绝对伏特加产自一个人口仅有一万的瑞典南部小镇 Ahus。多年来，绝对伏特加不断采取富有创意而又高雅及幽默的方式诠释该品牌的核心价值：纯净、简单、完美。

绝对伏特加家族拥有了同样优质的一系列产品，包括绝对伏特加（Absolut Vodka），绝对伏特加（辣椒味）Absolut PEPPAR，绝对伏特加（柠檬味）Absolut CITRON，绝对伏特加（黑加仑子味）Absolut KURANT，绝对伏特加（柑橘味）Absolut MANDRIN，绝对伏特加（香草味）Absolut Vanilia，绝对伏特加（红莓味）Absolut RASPBERR，以及绝对伏特加（红柚味）absolut ruby red。

创意策略：从“文化”到“完美”

广告委任给 TBWA 广告公司，TBWA 提出的广告概念是揭示绝对牌与市场上其它品牌的差异点。以“ABSOLUT”为首词，并以一个表示品质的词居次，如“完美”或“澄清”。更重要的是，与视觉关联的标题措词与引发的奇想赋予了广告无穷的魅力和奥妙。

1. 绝对的产品——以酒瓶为特写。例如 TBWA 制作的第一则广告是在酒瓶上加个光环，下面的标题为“绝对的完美”。第二则广告则在瓶身加上一对翅膀，标题为“绝对的天堂”。

2. 绝对的物品——将各种物品扭曲或修改成酒瓶状。例如某滑雪场的山坡，从山顶至山脚被滑出一个巨大的酒瓶状，标题为“绝对的山顶”，意味着酒的品质是绝顶的。

3. 绝对的城市——1987 年，绝对牌伏特加在加州的热销，TBWA 小组制作了一座酒瓶状的泳池，标题为“绝对的洛杉矶”，以感谢加州对此酒的厚爱。没料到全美不少城市纷纷要求也来一张该城市的特写广告。于是就有“绝对的西雅图”“绝对的迈阿密”等佳作。

4. 绝对的艺术——波普艺术大师 Andy Warhol 率先为绝对酒瓶作画，并制成广告，一夜之间为绝对牌塑了一个全新的形象。往后与 Carillon 进口商签约作画的大小艺术家多达 300 余位。

5. 绝对的口味——除了以蓝色为标准色的纯伏特加外，绝对牌还有柑橘、辣椒等多种口味。BTWA 使出浑身解数，例如将一只橘皮扭成酒瓶状，标题为“绝对吸引人”。

绝对牌广告所做的就是为产品创造一种外观上持久的时尚。“总是相同，却又总是不同”广告创意哲学，产生杰出又持久的效果。1980 年，绝对牌在美国还是一个微不足道的品牌，每年销售不过 1.2 万箱，而到 21 世纪初暴增至 300 万箱，在美国市场上的占有率为 65%，名列第一，成为进口伏特加酒市场的领导品牌。

资料来源：360 百科，绝对伏特加。

六、营销策划的整合原理

整合原理即系统整体可以大于各孤立部分的机械相加，即 1 +1 >2。整合原理要求在营销活动中，把涉及市场和自身的各种元素、各个层次、各种结构、各个功能按照营销创意、营销策划总目标和阶段分目标整合起来，扬长避短，避实就虚，发挥综合效应。

相关链接

营销渠道打造完整的电脑产业链

凭借对行业前沿科技应用和目标人群需求的精准把握，海尔电脑整合全产业链资源，以笔记本、一体机、台式机、周边产品等系列新品为矩阵，发布了聚焦商务办公的全新品牌战略，实现了自品牌创立以来，从单一为用户制造产品，到为以用户需求为导向，不断进行产品迭代升级的第四次转型升级。

自 1998 年海尔进入 PC 市场以来，采用白电和 IT 相结合的思路，通过坚持“不卖产品卖体验，不卖性能卖健康”的策略和理念，走差异化和精品化路线，与英特尔、微软、英伟达等多家上游 IT 供应商建立战略合作关系，开发出了润眼电脑、体感笔记本、钢琴一体机等多款备受消费者追捧的差异化精品。

海尔电脑一方面利用集团的国际资源优势展开市场攻势，将触角伸向欧美等发达国家，另一方面积极部署电脑体系的国际营销架构，建设国际渠道体系。

2007 年 11 月，海尔电脑与全球最大的 IT 分销商——英迈（Ingram Micro）签订了“总价值 2.5 亿美元，合计大约 40 万台电脑”的 2008 年全球经销协议，启动 2008 海外市场扩张战略。

海尔电脑充分利用英迈全球范围内的物流、信息流、资金流的各项资源大力提升海外市场份额。同期，海尔集团与英特尔公司签订了“全球范围全方位战略合作协议”，英特尔公司和海尔集团在电脑领域进行联合开发，双方将利用英特尔公司全球资源共组技术研发团队，进行产品创新和设计等。

海尔和渣打银行签署协议，由渣打来收购海尔的海外应收账款。海尔只负责产品出口，渣打负责审查应收账款账户，帮助海尔辨别信誉度差的企业，同时发现优质客户资源。

启示录：

海尔创造全球前列的核心竞争力在于其为获取最多的用户资源而进行的全球资源整合的能力。

首先，海尔把目标定位于“世界第一”。为了实现这个目标，海尔实施“走出去”战略。“走出去”的目的不是卖产品，而是满足用户需求。例如海尔冰箱就是从最初的缝隙产品进入美国市场，满足大学生需求开始。海尔冰箱在实施国际化与全球化战略的过程中，努力寻找海外消费者的需求并整合全球资源满足他们。

靠什么去寻找全球用户的需求并满足他们。海尔的答案是其遍布全球的 29 个三位一体的运营基地，每一个基地都是一个资源整合中心。例如他们在美国的工厂不是简单地一个制造基地，而是海尔在美国的窗口，依托这个窗口可以整合到美国最好的专家团队，研发美国人最喜欢的产品。

靠什么获取比对手更多的用户资源？靠的是从“创新产品”到“创新生活”的转变。例如海尔卡萨帝意式三门冰箱就是其进行全球资源整合后满足不同市场的创新产品。

从“创新产品”到“创新生活”的能力的跃升，反映了海尔从一个单纯的产品制造商向生活品位定义者身份的转变。从“创新产品”到“创新生活”的变革背后，始终不变的是满足用户需求的目标：那就是如何给消费者带来美好的生活而进行持续地创新。

海尔适应全球化要求，整合全球资源，真正实现无边界管理。在世界范围内形成了研发、销售到售后服务的团队，相互协作，共同解决客户的需求，改变既往“中国制造”蜗居产业链低端的局面，并因此获得世界主流市场舞台的新“绿卡”。

资料来源：根据科技·逆生长　海尔电脑整合全产业链资源打造办公生态群，2019，以及杜芸，海尔：运用“拼积木”原理整合全球资源，天津大学出版社，2009－09－01等资料整理。

七、奇门作局原理

奇门作局思想源于《奇门遁甲》。相传为鬼谷子所著，认为地球的磁场就隐藏在奇门遁甲之中，其理论应用天干、地支、八卦、八门等元素，来判断掌握胜负关键的趋势，利用时间、空间，分主客主导时机，善用自然的力量，增强自己的能量、气势、人缘，运筹帷幄。

用于营销策划就是指对市场动态进行预测判断，在此基础上进行谋划，即避凶趋吉、运筹决策、整合资源，整合出特别的创新出奇的奇局，以最少成本，最低风险达到最大的商业目的。它包括开局、析局、创局、选局、布局、运局、馈局等步骤。一个大的营销策划、大的市场攻坚都是有一连串的“局”一气呵成的。以房地产策划为例：

开局：就是知彼，知道竞争对手的信息；“知己”了解自身的实力，风险承受力；“知天”把握开局的时机；“知地”所处地理环境信息。

析局：就是要分析和预测未来一定时期内各种房地产环境的需求量，并将这种需求量同现有实际的供应量相对比。房地产市场环境分析一般可分为两种类型：一是专项房地产市场分析，即行业环境包括竞争者、消费者、供应商等要素。二是定点房地产综合分析，如项目市场定位、土地项目市场评估、目标市场客户群分析（销售对象，市场价格定位）、对竞争对手的分析、形象目标确立、调查成功的明星楼盘、对滞销楼盘的分析等。

创局：创局有两个意思：一是创造欲望，另一方面是创造意想不到的、能带来巨额效益的解决问题的方法。也就是创造性组成的一连串的“点子”。

选局。选局主要是要解决好三个问题：要做好怎样的选择？有哪几种方案可供选择？哪种方案最佳？如时机的选择，地点的选择（学区房、海景房），质量的选择定性（高端、经济型）等。

布局要坚持四大原则：即从实际出发量力而行；遵循系统性，发展性，效益性原则。布局太大，超过自身实力，后期配套跟不上，导致阑尾工程。或者是布局太小，没有发展余地，也没效益可言。

运局的四大原则：集中原则；协同原则；士气原则；权变原则。“术业有专攻”“水滴能穿石”“伤其十指不如断其一指”。有效的管理还强调协同作战，兼顾公平和效率，调动员工积极性，随机制宜或因情况而异的管理。

馈局：是对整个房地产策划活动、开发活动、管理活动进行的检查、衡量和纠正，以确保策划得以最终实现。法国著名的管理学家法约尔指出：控制就是检查一个企业中所发生的每一件事是否符合规定的计划，已发布的指示及所制定的原则是否正确。其目的是要指出计划实施过程中所出现的缺点和错误，以便改正和避免再犯。对一切事、人和活动都要控制。

八、顾客为中心的原理

即满足消费者需求上，以顾客为中心，生产出符合消费者要求的高质量、低成本、低价格的产品、提供舒适宽松的购物环境和良好的售后服务。其中反映出营销理论由“生产中心论”到“销售中心论”再发展到以“消费者的满足”为企业宗旨的营销思想。

第三节　营销策划理念

一、知识营销理念

（一）知识营销理念的含义

指企业在营销过程中，将企业所拥有的对用户有价值的知识（包括产品知识、专业研究成果、经营理念、管理思想以及优秀的企业文化等）注入企业的产品、广告、宣传、公关中，帮助消费者增加与商品相关并实用的信息与知识，并逐渐形成对企业品牌和产品的认知，从而达到推广产品、树立形象、提升品牌力的目的。

经营成功的企业都以理念创新（科技或文化）为世人所欣赏和崇敬，如：表现企业科技水平的理念：“世界失去联想，人类将会怎样”（中国联想）；表达社会责任感的理念：“以振兴民族工业为己任”（中国长虹）；表达人本管理的理念：“创造人与汽车的明天”（日本日产）；表达服务宗旨的理念：“为顾客创造价值，为员工创造机会，为社会创造效益”（中国格力）；强调创新精神的理念：“没有最好，只有更好”等等，都是知识营销的典范。

（二）知识营销的内容

1. 开展学习型营销，使用户在消费的同时学到新知识

通用电机计算机辅助保养系统（CAMS），该系统恰如一位老师，能够帮助新手进行机械诊断和汽车修理，同时又能使专家的技术更臻完善。所以，无论新手还是专家都能得益于此系统，也就大大扩大了其产品销售。

2. 以网络交易为手段，以互联网为基础开展营销活动

网络营销主要通过在 Internet 上建立虚拟商店和虚拟商业区来实现。它具有成本低廉、无存货样品、全天候服务和无国界区域界限等特点。另外，在网络上还可同步进行广告促销和市场调查以及收集信息等活动。Internet 为企业和客户间建立了一个即时反映交互式的信息交流系统，拉近了企业与消费者之间的距离，具有很好的发展前景。

3. 推行“以科普为先导，以知识拉动市场”的营销模式

格兰仕董事长兼总经理梁庆说，别人是在用轰炸式的广告来强占市场，而格兰仕则是在用知识和文化来培育市场。比尔·盖茨的“先教电脑，再卖电脑”的做法是典型的知识营

销。他斥资2亿元，成立盖茨图书馆基金会，为全球一些低收入的地区图书馆配备最先进的电脑，又捐赠软件让公众接受电脑知识。如电脑产品宣传期间介绍电脑基本结构，介绍与电脑相关的最普通的网络知识，介绍电脑界的最新趋势，电脑常见故障的排除与维修，防病毒与杀毒知识，介绍厂商技术服务方式。可能的情况下还可以成立电脑爱好者俱乐部，建立会员档案，使会员间相互交流、共享最新电脑信息等。

上海交大昂立公司“送你一把金钥匙”科普活动，通过在社区举办科普讲座，向市民赠送生物科学书籍，举办科普知识竞赛等，提高了市民的科学健康理念，引发了人们对生物科技产品的需求，达到了其他任何形式的产品营销所达不到的目的，使微生态试剂市场从零发展到如今近百亿级，创造了广阔的市场。上海交大“昂立一号”的成功实际上是知识营销的成功，这个产品是一种生活保健用品，实际上和其他产品没什么两样，但是他以知识作为切入点，说每一个人他常年累月在吃东西喝东西以后就排泄，其中好的东西吸收了，不好的东西就留在体内，这个不好的东西长期积累下来人就会生病，“昂立”就提出来“清理体内垃圾”，用什么来清除呢？就用“昂立一号”，其实他是一个知识卖点。用最通俗的语言告诉消费者，取得了市场的成功，“昂立”就是用知识营销推动市场的发展。20世纪80年代末，当国外奶粉进入中国市场时，也不是靠大规模的广告打开市场的，它们采取了更为细致的知识营销。外资奶粉又进一步细分，出现了按年龄段划分的各阶段奶粉，同时，他们派发大量的科学育婴手册，来帮助消费者建立科学的育婴观念。强生公司为了强化其在婴幼儿护理用品市场的地位，在许多专业刊物上开辟科学育婴专栏，开展宝宝护理知识大奖赛，印制育婴手册，使中国父母重新认识科学育婴的重要性，中国的婴幼儿用品市场才得以开启。

二、辩证营销理念

（一）辩证营销的含义

企业在营销活动中的哲学思想和运作方法充满了辩证思维。敢于和善于正视市场的发展变化，并采取相应举措；在强调共性的同时也能敏锐地捕捉个性，创造营销机会；不把市场看作铁板一块，不把营销手段视作亘古不变的东西，不囿于某种固定的营销模式之中。不为现象所迷惑，不为教条所束缚。

孙子兵法中有言“因形用权，则不劳而功举 。”因地制宜、因势制宜、因情制宜是辩证法的重要法则。市场如同波澜起伏、变幻莫测的人海，驾驭这样的市场容不得因循旧例，容不得刻舟求剑，而要运用辩证思维。

（二）辩证营销的内容

1. 辩证营销要求企业要善于抓住关键环节

企业驾驭市场的成功集中表现为企业产品销售呈现旺盛的势头。企业销售的旺盛势头是企业产品扩大市场占有率、赢得消费者普遍欢迎的一种景象。企业销售的旺盛势头的出现要抓住三个环节：

（1）当企业产品进入市场的初始阶段时，企业辩证营销的重点是分析市场威胁和市场机会，制定趋利避害的营销战略，以促进销售势头的形成；

（2）当企业销售处于疲软状态时，企业辩证营销的重点是促使矛盾转化。

首先要分析分析原因。宏观上银根紧缩；产品花色、款式过时；定价过高价格不合理；分销渠道不通畅，新的渠道未开通；促销手段单一、程式化，缺乏针对性；企业形象陈旧，缺乏吸引力，等等。

其次，关键是找准问题的症结，找准问题的突破口。比如，金利来领带，当初销售不旺的原因就在于原来的品牌名为“金狮”，这在粤语中谐音为“光输”，不吉利，后更名“金利来”，便财源滚滚来，于是，更名成为该企业的突破口。

又如健力宝集团，在20世纪90年代初健力宝的销售一度出现颓势，经分析发现广告费投入削减使广告宣传削弱，这样增加广告费用的投入就成为健力宝集团的突破口，寻找突破口就是寻找矛盾转化的契机。

（3）长期保持企业营销的销售势头。保持不是静止的、消极的、被动的行为 。需要采取下列措施：加强对俏销产品的宣传，提高服务质量，以产品质量与服务质量双优取胜；拓展营销的覆盖面，或密集营销，或产供销一体化营销，或多角化营销，增强后续力量；改变促销中的短期行为，着眼于树立企业形象来加大促销力度。

2. 辩证营销核心是倡导创新

企业要善于采取“人无我有，人有我优，人优我廉，人廉我转”的灵活措施，争取市场主动权。辩证营销强调依据企业在市场上的地位和自身实力来创新企业的发展道路，大型企业可以走跨国集团的道路，中小企业则可以走连锁经营的道路；生产企业可以采取直销方式，经销企业则可以通过超级市场、电话购物、上门服务、电视杂志等形式。辩证营销更强调营销手段、产品设计、企业形象、包装商标、促销方式的创新。总之，企业营销尽管有一般规律可循，有一定的模式可供借鉴，但又不应拘泥于凝固的模式，而要因时、因地、因条件而异。

（三）辩证营销理念的具体表现为以下矛盾对

1. 产品营销与观念营销

“产品营销”是低层次的被动销售，是传统的消费思维。观念营销就是把新的消费理念、消费情趣等消费思想灌输给消费者，使其接受新的消费理念，改变传统的消费思维、消费习俗、消费方式，使消费更上一个新的层次的营销行为。“观念营销”则是快于市场一拍、引导市场消费的主动营销行为。如法国每年都按季举行国际水准的时装展，就是为了引导时装的潮流。

2. 后营销管理与先营销管理

“后营销管理”是企业以维持现有客户为目标，达到低营销成本、高营销效率扩大市场的目的。“先营销管理”则是把营销放到制造产品之前的服务创新行为。海尔把为消费者服务放到了产品营销的前面。海尔企业推出的“市场链”经营新模式，突出了“先服务后制造”的重要营销新理念。

3. 竞争营销与竞合营销

竞争营销是零和博弈，竞合营销强调竞争中的合作，达到双赢。世界著名经济战略伙伴研究专家詹姆斯·穆尔在《竞争的消亡》一书中说：“企业竞争不是要击败对手，而是要联盟广泛的共同力量创造新优势。”苹果公司建立了“苹果生态联盟系统”，提出要像“生态链”那样集成企业产销群体，充分发挥销售商、供应商等协作者们的积极性，从而使苹果公司率先走出困境，实现跨国经营高速发展。

4. 商品营销与文化营销

商品营销为硬文化，文化营销为软文化。可口可乐在中国推出了12生肖产品包装，“大阿福”贺岁包装、“阿福”小姐妹怀抱可口可乐贺岁广告等营销方式，体现了本地化的文化风情，企业与产品在中国消费者中颇具情和力。我们时常听到宝洁有这样的营销广告：“你会洗头么？我来教你怎么洗！”“你洗得好么？让我来教你怎样洗得更好！”这就是软文化的典范，未成曲调先有情，最后达到硬文化即商品的成功交易。

5. 价格营销与价值营销

精明的企业经营者则主动减少“价格营销”的传统做法，实行“价值营销”的新思维。春兰公司坚持产品创新和质量保证，不卷入价格战之中，以创新产品和高质量品牌与售后服务，赢得了国内外广大消费者青睐。“价值营销”不同于“价格营销”，它是通过向顾客提供最有价值的产品与服务，创造出新的竞争优势。菲利普·科特勒认为：“顾客是价值最大化者，要为顾客提供最大、最多、最好的价值”。

6. 独占营销与共享营销

独占营销是排他性的营销思维；“共享营销”就是企业把市场视作一个生态体系，企业与市场之间、企业与消费者之间是相互依存、相互发展的关系。美国科用公司提出“三赢经营”新策略，更加重视产品的最终用户、原料及配套产品供应商和自身三方利益的同时实现，建立企业“三赢”利益循环体系。他们把经营利润分为三部分，一部分让给消费者，一部分划归销售商和供应商，一部分留给自己。由于坚持“三赢”原则，使企业迅速成长为全美排名第 41 位的企业。

7. 营销是卖与营销是买

海尔公司张瑞敏说，营销说到底不是“卖”，而是“买”，营销买的是客户对企业的忠诚度。海尔坚持广泛买进客户意见，培养更多的忠诚客户。海尔派出了大量营销力量进行市场调研。海尔的定制产品、左开门冰箱等都充分体现了“买忠诚”的企业营销本质。前者注重的是把产品卖出去，而后者则注重赢得顾客的心。菲利普·科特勒精辟地说：“营销说到底是营销一种需求，是营销潜在的需求”。

8. 营销企业与营销社会

“营销企业”就是千方百计把企业推销出去。“营销社会”则是将企业作为社会的一分子，通过企业的公益营销活动，确立回报社会的战略经营观，树立良好的企业形象，实现企业与社会共同发展。沃尔玛公司在每年的业绩评价会议上，不仅总结经营业绩，还要检查为社会做了多少公益事业，救助多少残疾人，向社会福利基金捐了多少款等。

相关链接

辩证营销的 10 点思考

1. 低价促销与高价促销。如高铁票价客源少低价促销，高峰时高价促销。

2. 竞争取胜与不竞争取胜。《孙子兵法》（谋攻篇）曰：“是故，百战百胜非善者也；不战而屈人之兵，善之善者也”。如外资进入中国，从最初的合资，发展到后期的以控股将“对手”的品牌“消灭”。

3. 赚与赔。红牛开发中国市场现赔广告费占市场，带来后期盈利。

4. 薄利多销与厚利少销。市场量小厚利，市场量大薄利。

5. 质量是企业的生命与品种是企业的生命。企业发展初期质量是生命，企业扩张器，在质量保证的基础上，品种是生命。

6. 热情服务与冷淡服务。济南某一商场靠优质产品，冷面孔服务取胜。

7. 先发制胜与后发制胜。如松下跟随超越取胜，索尼奉行一路领先取胜。

8. 促销与克销。杉杉集团采取限量生产增效益。

9. 创新与保守。可口可乐在古典可口可乐基础上推出新古典可乐。

10. 择优宣传与露缺宣传。劳斯莱斯宣称车内最大的噪音来自电子仪表。顺华抽油烟机宣称：国家A级品牌，总比别人牌子贵一点，工厂努力降低成本，但做不到，因为只有把油烟抽干净才是最重要的。美国墨西哥州高原的一个苹果园园主，一直以盛产高质量的苹果而闻名，但有一年一场大冰雹使其苹果斑痕累累，但他冥思苦想之后，干脆就给这些苹果照实写上说明："这些苹果个个带伤，这是冰雹打的，是高原地区出产苹果的标记"，结果畅销。

三、可持续发展理念

（一）可持续发展营销理念的定义

可持续发展营销理念是指以可持续发展作为企业营销的指导思想的一种新理念。巴伯在其著作中，对可持续发展的定义为"在保护自然资源的质量和其所提供的服务的前提下，使经济发展的净利益增加到最大限度，以保证维持最多人数的生存"。雷德利夫特指出："可持续发展的本质在于维持生产和经济系统的恢复性，即寻求经济与环境之间的动态平衡。"布伦特兰在她提交给联合国世界环境与发展委员会（WCED）《我们共同的未来》报告中，将可持续发展定义为"既满足当代人的需要，又不对后代人满足其需要的能力构成危害的发展。"蒂坦伯格更明确地指出，可持续发展的核心在于公平性，使后代的经济福利至少不低于现一代，即现一代在利用环境资源时不使后代的生活标准低于现一代。

（二）可持续发展营销理念的必要性

1. 自然环境恶化给人类敲响了不可持续发展的警钟。

表现为森林毁坏、水土流失、温室效应、酸雨增多、臭氧层破坏，全球许多地方出现"赤潮"。同时大气的污染使空气中汞含量以平均1.32%的速度增长，导致动植物蛋白质被破坏，形成慢性中毒；由某些药物、塑料、油漆所产生的氧气自由基成为60多种疾病的催化剂；汽车释放的铅、一氧化碳、二氧化碳毒害人的呼吸道、心血管、神经；新型反光材料造成的噪光，伤害着人的角膜、虹膜，引起视力下降；合成纤维服装诱发心律失常、皮肤病等。

2. 工业文明带来的不可持续发展的经济问题加剧了人类生存危机

（1）对资源的利用采取掠夺性开发。发达国家占世界1/5的人口，消耗世界资源总量的2/3；

（2）工业发展对资源的索取、掠夺、污染、破坏的循环往复；

（3）社会财富分配不均，贫富两极分化加剧，极度贫穷的国家丧失了经济活力。

3. 可持续发展战略是人类针对环境恶化而提出的警策性的共同战略

1962年，美国海洋生物学家R·卡逊就在他著述的《沉默的春天》中揭示了人类与自然间的矛盾，提出"人与自然不应对立而应和谐，'人主宰自然'的思想必须摒弃！"

1972 年，英国经济学家 B · 沃德在其著作《只有一个地球》中发出呼吁：“目前人类生活的两个世界——他们所继承的生物圈和他们创造的技术圈——业已失去平衡，正处在深刻的矛盾之中……我们要承担保护人类环境的责任，学会明智地管理地球。”

1987 年，挪威前首相格 · 布伦特兰向联合国环境委员会提交了倡议实施可持续发展战略的报告，对可持续发展战略作了这样的界定：既满足当代人的需要，又不对后代人满足其需要的能力构成危害。

（三）实施可持续发展理念的营销对策

1. 实施绿色营销

包括：引进绿色技术；实施绿色设计；生产绿色产品；引导绿色消费；实行绿色 4Ps 组合；绿色营销管理。

2. 唤醒人类绿色营销的意识，推行环保认证制度

1972 年，联合国在瑞典的斯德哥尔摩召开了人类环境大会，通过了《人类环境宣言》。一年后，又发布了《内罗毕宣言》，呼吁建立绿色文明。

推行环保标志和 ISO 14000（企业环境管理体系）认证制度 。1997 年 5 月提出了中国国家级的可持续发展统计指标体系，该体系分为经济、社会、人口、资源、环境和科技六大子系统。对中国可持续发展状况实施全方位的统计描述、监测和评价，为中国可持续发展的宏观管理和决策提供依据。

关键词

五力模型　波士顿矩阵分析　SWOT 分析　平衡积分卡　创新出奇　集约化序参量　奇门做局　大整合　核裂变　辩证营销　知识营销　可持续发展

课后练习

1. 20 世纪 50 年代的营销概念有哪些？
2. 什么是共生营销？举例说明。
3. 什么是低营销？举例说明。
4. 营销的发展趋势有哪些？
5. 为什么说知识营销理念是新时代的主导理念？
6. 营销策划时怎样根据不同的要求表达不同的理念？
7. 确立辩证营销理念对企业营销活动有何意义？
8. 企业营销策划为什么要强调树立可持续发展的理念？
9. 怎样在可持续发展理念下实施绿色营销？

案例分析

屈臣氏在互联网背景成功裂变的“魔方”

在互联网背景下，出现“新零售”概念，从线上到线下全渠道覆盖，从技术创新到模

式创新，从人工智能到大数据应用，无论是实体零售企业还是电商都在悄然布局。“新零售”就是利用互联网和大数据等新技术将“人、货、场”等传统商业要素进行重构的过程包括对生产流程、商家与消费者的关系和消费体验的重构。

新零售最出名的标杆自然是“盒马鲜生”，通过重构生鲜消费购买体验，这个新物种在很短的时间里就获得了消费者的广泛认可。深究来看，盒马鲜生的核心在于线上和线下的融合，即传统线下零售的数字化转型，线上品牌的线下渠道扩展，以互联网的思维来探索实体零售与线上的结合模式。

屈臣氏面对新零售的挑战，又是通过什么神奇的魔杖玩转了屈臣氏成功裂变的魔方？

一、全渠道打通，线上线下一体化

互联网用户的崛起改变了传统零售的一切，消费升级推动了更多高品质和个性化需求的出现，信息的透明丰富和智能也彻底改变了用户认知和购买行为，但没有线上和线下的融合，就谈不上新零售。

为了迎合这种消费趋势，屈臣氏开始强势开拓电商平台，并先后完成了掌上商城，官网商城、天猫、京东以及亚马逊旗舰店的平台搭建，实现线上线下一体化。与此同时，屈臣氏还开通了各大电子支付渠道，如支付宝、微信支付等，实现支付无障碍。同时与微信强强联手，建立屈臣氏微信卡包服务，加强微信手机版会员卡的功能，让消费者拥有便捷潮流的购物途径。

屈臣氏还上线了“莴笋”，定位为年轻人的美妆问答购物平台。这款 APP 定位年轻化、潮流化，在功能、设计、交互等方面，均以当下年轻人的喜爱为标准。交互、设计方面，莴笋签约了许多专业的美妆达人，针对售卖商品进行试用测评，为不同肤质的消费者进行个性化推荐；功能方面，莴笋已实现全国范围内查找附近门店，将线上顾客引流到店铺。这其实就是屈臣氏将自身线下的优势平移到线上一个最好的例证。

更重要的是，莴笋 app 还上线了“全球购”功能，这意味着，屈臣氏未来将可以真正实现“买全球卖全球”，线上线下充分融合。通过这些布局，屈臣氏构建出了一站式的购物体验。

与此同时，屈臣氏最新推出的“门店自提”和“闪电送”服务，打通了线上线下的配送服务。顾客如今可通过 APP 线下单并到指定门店自提取货，或选择“闪电送”4 小时内送货到家。

二、门店升级，完成消费场景重构

传统零售时代，物质极大丰富后，“场”占据了核心位置，唯有争取到商场的黄金位置，品牌才能在商品的汪洋大海中脱颖而出；但在新零售时代，以“人”为本，终于得到了落实，而消费者需要在个性化的场景中进行消费。

基于此，屈臣氏一改过去门店的标准化模式，开始强调差异化和个性化。今年 4 月，屈臣氏宣布实现“3000 家门店”的目标，新门店的产品结构开始向潮流时尚化靠拢。在最新的潮流店里，屈臣氏推出了两项有趣服务，分别是“Style Me 来彩我”和“Skin Test 来试我”。前者借助 AR 技术推出的“虚拟试妆”；后者通过专业分析，为顾客分析皮肤状态并予以专业护肤指导。在店内则设有自助收银机，让顾客的自主性更强。

与此同时，屈臣氏还开始尝试对店铺进行分级，像上海等一线城市的店铺，会让出更多空间提供购物体验，满足不同消费者的需求。另一方面，屈臣氏的 BA 服务也发生了改变，消费者需要获得尊重感，所以他们不愿意再听BA推销，而是希望自己拿主意，希望在获取服务之前先征得许可。

在这样的背景下，屈臣氏对BA服务进行了调整：减少品牌BA的介入，令BA专业化。重视体验升级，吸引年轻一代重新回归屈臣氏，让专业性的服务替代导购型服务。“在全新潮流店里，我们增加了专业的皮肤护理专家及彩妆师，提升了顾客到店体验的满意度，做好专业的售前服务。”

三、重新定位用户群，构建新会员体系

屈臣氏能够在过去十几年成为长盛不衰的美妆连锁实体店，很大程度上得益于屈臣氏对用户群的清晰定位。从一开始，屈臣氏就针对的是80后消费群体，并用一致的消费体验来吸引他们购买。为此，屈臣氏建立起了一套行之有效的会员CRM体系。

在很长时间里，屈臣氏的会员体系都是这家连锁品牌能脱颖而出的一个很关键因素，屈臣氏的会员卡不可以为消费者提供优惠和促销信息，还建立了一套完善的积分体系，而这也成为消费者复购的关键影响因素。

不过在新零售时代，会员体系作为连接消费者的最好的桥梁，企业必须重构与消费者之间的关系，实现由“经营商品”转向“经营顾客”。如今屈臣氏的会员体系也完成了进一步升级，不仅能积分换购，还能提供跨商家的合作，实现积分共享。会员通过微信线上的绑定，可以有实时的积分变动状态，领取优惠券，个性化卡面。在线上会员方面，屈臣氏在天猫也实现了会员通，消费者在天猫的屈臣氏店消费也可以累积屈臣氏积分和享受会员的权益。

不过最关键的还是在于，屈臣氏开始借助新会员体系接触消费者更多的生活形态，比如，有些年轻人喜欢音乐，屈臣氏就会和一些音乐平台去合作。通过这些数据，屈臣氏得以对会员的生活形态进行画像，了解会员购买的产品，分析其消费行为，最终让精准营销成为现实。

四、大数据驱动升级，加速产品更新升级

新零售更加注重消费者的体验，依托线上线下一体化平台获得大数据信息，然后将大数据高效、精准、及时地反馈给生产企业，给消费者提供个性化的定制服务，更好地满足个性化、差异化、定制化需求。

如今实体零售的困局，表面上看是因为线下门店人流减少、电商冲击价格体系、租金上涨等痛点，但更深层的其实还是缺乏对上游供应链的控制、对下游消费者的触达以及全数字化运营的能力。而大数据正是桥接企业和消费者“对话”的有效工具。

这个痛点对美妆行业来说同样存在，而屈臣氏正是利用大数据的佼佼者。大数据的运用不仅帮助屈臣氏实现更懂消费者，充分了解什么样的产品更适合消费者，进而提升实体店的销售，还能反向加速产品的更新和创新。

如今屈臣氏的商品不再是一成不变，而是不断跟随时尚潮流的变化而进行转变，满足消费者日渐多样化的消费升级需求。韩日产品、彩妆产品、美发产品、药妆护肤等领域都成了屈臣氏在护肤美妆领域的重点关注对象。此外屈臣氏还将加速引进独家产品、进口产品等费者喜爱的产品。

正是通过这些尝试，屈臣氏彻底改变了消费者对这家连锁企业的刻板印象，开始变得更为年轻化、时尚化和个性化。

屈臣氏的成功，给零售业带来的启示是：新零售是一个崭新的时代，过去的零售一直都是以商品的整合调配和市场的流量为核心，但新一轮零售的变化却由“人”所引发的变化。

新一轮的消费升级，其实主要是消费者从安全和情感需求阶段，开始向“尊重需求”升级，而相对应的供给侧的升级，则是从商品经济开始向服务和体验经济升级。

如今年轻消费者的购物理念已不再单纯靠价格来判断，而是受个性化和时尚潮流需求的驱动，随着购买力提升，高质量的国际品牌才能满足他们的需求。屈臣氏积极跟进这种潮流，并迅速调整自身产品结构的做法值得借鉴。

资料来源：根据屈臣氏网络资源整理，2020. 07。

问题：1. 根据新零售变革时代，屈臣氏如何完成华丽转身？

2. 互联网背景下屈臣氏是如何完成裂变的？

3. 屈臣氏成功的启示？

第五章 营销策划的思维创意与方法

案例引入

海尔洗衣机的神奇创意

杰克·韦尔奇说："未来，重要的将是振聋发聩的创意。创意和智慧、经验、知识一样，同具有资本的属性。"策划需要创意，需要点子，出主意，但又不仅仅是创意。创意只是策划程序中的一部分，是可以在瞬间产生的突破 。而策划是在调查、谋划、评价、反馈等复杂程序上的综合过程，它是系统有序的创造性活动。但毫无疑问，创意是策划的核心。

1996 年，一位四川成都的一位农民投诉海尔洗衣机排水管老是被堵，服务人员上门维修时发现，这位农民用洗衣机洗地瓜（南方又称红薯），泥土大，当然容易堵塞。服务人员并不推卸自己的责任，而是帮顾客加粗了排水管。顾客感激之余，埋怨自己给海尔人添了麻烦，还说如果能有洗红薯的洗衣机，就不用烦劳海尔人了。农民兄弟的一句话，被海尔人记在了心上。1997 年海尔为该洗衣机立项，成立以工程师李崇正为组长的 4 人课题组，1998 年 4 月投入批量生产。洗衣机型号为 XPB40 - DS，不仅具有一般双桶洗衣机的全部功能，还可以洗地瓜、水果甚至蛤蜊，价格仅为 848 元。首次生产了 1 万台投放农村，立刻被一抢而空。

一般来讲，每年的 6 至 8 月是洗衣机销售的淡季。每到这段时间，很多厂家就把促销员从商场里撤回去了。难道天气越热，出汗越多，老百姓越不洗衣裳？调查发现，不是老百姓不洗衣裳，而是夏天里 5 公斤的洗衣机不实用，既浪费水又浪费电。于是，海尔的科研人员很快设计出一种洗衣量只有 1.5 公斤的洗衣机——小小神童。在不到两年的时间里，海尔的小小神童在全国卖了 100 多万台，并出口到日本和韩国。张瑞敏告诫员工说："只有淡季的思想，没有淡季的市场。"

在西藏，海尔洗衣机甚至可以合格地打酥油。2000 年 7 月，海尔集团研制开发的一种既可洗衣又可打酥油的高原型"小小神童"洗衣机在西藏市场一上市，便受到消费者欢迎，从而开辟出自己独有的市场。这种洗衣机 3 个小时打制的酥油，相当于一名藏族妇女三天的工作量。藏族同胞购买这种洗衣机后，从此可以告别手工打酥油的繁重家务劳动。

在 2002 年举办的第一届合肥"龙虾节"上，海尔推出的一款"洗虾机"引发了难得一见的抢购热潮，上百台"洗虾机"不到一天就被当地消费抢购一空。

海尔更是创意出"世界第四种洗衣机"——海尔"双动力"是海尔根据用户需求，为解决用户对波轮式、滚筒式、搅拌式洗衣机的抱怨而创新推出的一款全新的洗衣机，由于集合了洗得净、磨损低、不缠绕、15 分钟洗好大件衣物、"省水省时各一半"等优点于一身，迎合了人们新的洗衣需求，产品上市一个月就创造了国内高端洗衣机销量、零售额第一名的非常业绩，成为国内市场上升最快的洗衣机新品。

在手机上下载一个海尔“U +”APP，关联洗衣机，手机界面上就能出现识衣、识水、识洗衣液、识语音四大选项，页面简洁，操作简便，点击相应按键，“U +”就能识别衣物，并通过定位获取所在区域的水质、水温，匹配最佳的洗涤程序。通过“U +”APP 的“识洗衣液”功能，智慧洗衣机扫描洗衣液的二维码，根据要洗的衣服数量判断该加入多少洗衣液合适。然后，就只剩下晾晒衣服。

海尔以全球 10 大研发中心为基础，依托 10 + N 全球开放创新模式，以聚合全球的创新资源和遍布世界的制造中心为触手，充分发挥“三位一体”的本土化战略优势，将用户需求和全球科技资源迅速对接，生产出差异化的高质量产品，不仅满足国内用户的洗护需求，更为全球用户提供全方位解决方案。

实际上，海尔直驱洗衣机引领行业“安静洗”趋势，免清洗洗衣机能洗地瓜、土豆、不用洗衣粉、自动添加洗衣液，引领行业“健康洗”趋势，“智慧洗”趋势。这些不可思议的创意洗衣机，都已成为现实。2018 年 1 月 1 日，世界权威市场调查机构欧睿国际发布 2017 年全球洗衣机市场品牌份额数据，海尔洗衣机以 14.6% 的市场份额连续 9 年蝉联全球第一。

资料来源：根据海尔洗衣机创新平台引来“中国好创意”等网络资源整理，2020. 12。

第一节　创意在营销中的解读

一、创意的内涵

（一）创意的含义

创意指点子、主意。著名广告大师韦伯·扬在《产生创意的方法》中指出：创意是人们经济、文化活动中产生的思想、点子、主意、想象等新的思维成果，或是一种创造新事物、新形象的思维方式和行为。创意的核心是创新性思维。

（二）创意的特征

1. 积极的求异性

营销创意策划倡导求异思维，独树一帜。求异性贯穿于创意形成的整个过程，创意过程中要对耳熟能详、司空见惯的想象持批判和怀疑的态度，在此基础上还要积极探索事物发展的客观规律，在尊重规律的基础上创新思维。

2. 睿智的灵感

灵感是受外界触动而闪现出的智慧之光，是建立在知识、经验、智慧基础上的依靠直觉和判断激发出来的灵感。换句话说，灵感是知识、经验、智慧积淀的结果。

3. 敏锐的洞察力

洞察力是指以批判眼光，入木三分的观察并认识复杂多变的事物，从中辨析事物之间的相互关系，构想出解决问题的方式和方法。缺乏洞察力的创意者会把好的创意资源束之高阁而不知。

4. 丰富的想象力

想象力包括联想、设想、幻想，它是思维的无拘束的自由驰骋，也是智慧的发散和辐射。想象力应该奇妙。只有出奇，才能在“山重水复疑无路”时，“柳暗花明又一村”。

（三）创意在营销策划中的解读

1. 创艺

创造商业传播过程中的基本艺术美感，无论是产品工业设计、商品形态、包装设计、服务形式、广告表现等，只有具有艺术美感的商业形态才是具有魅力的，甚至传播手段都要讲究“艺术”；讲究营销手段的美感，创意的艺术性 。例如商品名字的创意“百年润发、美的”，就是美的体现。创意切记恶意炒作，赚取噱头、粗俗、庸俗、不切实际，最终搬起石头砸自己的脚。

2. 创易

商业品牌名称、品牌口号，或商品理念设计、广告诉求、广告表现、公关活动主题等都要尽可能的单纯化，只有简单明了的品牌信息才容易进行广泛传播。广告文案写作的基本原则：KISS 原则，即 Keep it simple and sweet（stupid），是指广告语言要力求简洁和美感。例如，威力洗衣机献给妈妈的爱，红豆代表相思等、白大夫就是让你白，999 等，都体现易记、易传播的特点。

3. 创异

要与商业竞争对手在一定程度上建立品牌差异化传播，进而使品牌与竞争对手之间尽量有所区别，形成自身独特的品牌主张、品牌策略、品牌营销模式、品牌运作风格等，以及提炼与众不同的商品或服务卖点是至关重要的因素。如农夫山泉针对乐百氏 27 层净化突出“有点甜”，柒牌男装创意“中华立领”新概念，利郎面对七匹狼创意“中国利郎”。营销策划就是将相同的产品卖出不同！根据酒文化创造出酒的差别。金六福的“福”文化，酒鬼酒的“传奇”文化，孔府家酒的“家”文化，杜康酒的“传统”文化等。

4. 创忆

创造出个性鲜明的记忆点，再加上行之有效的记忆元素，才能达到让目标消费者长期记忆、有效记忆或者联想记忆的传播效果。丰田与中国唐诗联姻创意“车到山前必有路，有路就有丰田车”，喜之郎美好时光“海苔”借用吉祥三宝的歌曲打广告等，都是为了让消费者记住自己。

5. 创议

尽量创造、嫁接或借用热门话题所引发议论，对于商业品牌是极为有利的传播因素，但是应该避免过度炒作，凡事过犹不及；如矿泉水、纯净水之争，农夫山泉碱性水之争，长安汽车禁小之争等等，通过议论、争议引起消费者关注。

6. 创益

这个“益”有两个层面的意思：一是要为消费者创造切实有益的商品或服务，带来正面而有益的品牌感受和体验；二是要为商业品牌的成长和企业的销售与发展带来实际资本效益，直白说就是利字，稳步实现品牌增值。

营销策划中的创意就是要从创艺、创易、创异、创忆、创议、创益六个辐射展开面来思考问题。正如哈尔·斯特宾斯所说：“创意者是这样一种人：他们对事实进行加工，将其化为一种创意构想，注入感情，让感情打动大众，促使大众去购买”。

资料链接

引发创意一般要具备以下 11 个条件：

(1) 即刻反应的灵敏反应能力；

(2) 卓越的图形感觉；

(3) 丰富的情报信息量；

(4) 清晰的系统概念和思路；

(5) 娴熟的战略构造和控制能力；

(6) 高度的抽象化提炼能力；

(7) 敏锐的关联性反应能力；

(8) 丰富的想象力；

(9) 广博的阅历与深入的感性体验；

(10) 多角度思考问题的灵活性；

(11) 同时进行多种工作的能力等。

二、营销策划创意的基本步骤

著名的策划人陈放认为：创意是有能量的，这种能量被称为创意能；创意过程就是个体或组织从开始创意到产品落实的一段心智历程。创意本质上应该是丰富多彩、灵活多样、不受拘束的。它不应该墨守某种陈规和固定某种模式。但为了便于初学者领会创意过程，学者们还是归纳了若干步骤。

(一) 1926 年，英国心理学家沃勒斯提出创造性思维的四阶段理论

他认为艺术创造都要经过准备阶段、酝酿阶段、明朗阶段和验证阶段

准备阶段即设计创意方向的发散式寻觅阶段。包括：①确定课题；②深入调研，全方位收集相关资料和相关信息，了解现有基础，发现问题等；③寻求创意方向，并多角度确立创意点，确定设计定位。

酝酿阶段即创意方向的方案设计阶段。包括：①运用发散式思维，多角度为设计的各个创意点、问题点提供大量的具体解决方案；②把上面优秀的创意改进方案结合设计要求，设计大量初步的草案。如思维受阻，可暂时搁置。

明朗阶段即创意方向的集中、确定最佳方案阶段。包括：①在设计初步方案的基础上，从各个方面评估出较佳的几个方案；②深入设计，再次评估，确定最优方案。

验证阶段即设计论证。如逻辑验证、理论验证、实践验证。包括：①论证最优方案的实现可行性；②从市场的角度评估其经济价值；③通过实验、模拟等形式多方面展现设计的合理性和价值体现。

(二) 美国当代著名创造工程学家、创造学奠基人奥斯本的三阶段论

即发现问题——分析问题（假设问题）——解决问题。

宝洁公司推广得宝纸巾，就是奥斯本创意三阶段在实践中的体现。广告画面是：首先提出问题。代言人说：相信许多人都遇到过这样的尴尬场面：炎炎夏日，汗流满面，你取出一块纸巾，擦去脸上的汗水，却意外地发现，自己的脸上已沾满纸巾屑，惹来旁人频频注目，确是够尴尬的。其二分析问题，提出假设。产生以上问题的主要原因就是纸巾质量不好，韧

性不够，我们在生活当中，为了防止类似的尴尬的场面出现，就需要我们用韧性更强，质量更好的纸巾。最后解决问题。得宝纸巾可为你解决以上的问题。得宝纸巾拥有独一无二的柔韧素，这是宝洁公司的一项专利，加到得宝纸巾中可增强纸巾在湿时的韧度，纸巾不易断裂，同时保持纸巾的柔软性。以上是宝洁公司的“得宝”纸巾的品牌战略思路，其“得宝”纸巾“加了四层柔韧素、湿的更坚韧 4 倍”的独特的功能诉求，打动了众多的消费者，成了“独特的功能性诉求（USP)”的品牌霸主，其他品牌要想直接与其在功能性定位上对抗，难度很大。

（三）苏联学者加内夫提出的五阶段论

即提出问题——努力解决——潜伏——顿悟——验证。

提出问题。爱因斯坦曾经说过：“提出一个问题往往比解决一个问题更重要。因为解决问题也许仅是一个数学上或实验上的技能而已，而提出新的问题，却需要有创造性的想象力，而且标志着科学的真正进步。”

努力解决。他是创意性思维的最初阶段，这个时期创造者收集资料、整理资料形成概念、储存经验，为创造性思维提供必要的思维条件。

潜伏阶段。这个阶段在本质上是一个消化时期，在此过程中创造者可能会没有任何进展，像一个作家，可能是静静坐在书房的思考，不见他写作；一个发明家，可能整天看起来无所事事。这个时期可能是短暂的，也可能是漫长的，甚至可能延续好几年，在这个时期的创造者的观念仿佛是在冬眠，等待着复苏。

顿悟阶段。这个阶段似乎是恍然大悟的时期及灵感到来期，这种恍然大悟初看起来是同直觉、灵感一样，不宜为人操纵，可遇而不可求的。它突如其来如闪电般的顿悟，往往在意想不到的时刻到来，事情仿佛是构思的各个部分，一下子突然各就各位，一种新的关系突然被觉察出来，如像一个作家突然间得到灵感，这种灵感就是突如其来的，来到了他的思想中。

验证阶段。这个阶段为表现阶段，在这个阶段中创造者要把头脑中新的观念加以验证，差不多就像检验假设一样。

（四）本书将创意过程划分为 6 个步骤

第一步，明确目标、提炼出主题，避免南辕北辙。明确目标就是创意者必须弄清委托者的本意，它是进行创意工作的第一步，只有界定了策划的主题才能进行下一步工作。那么，如何提炼主题呢？例如企业 A 产品销售额下降，针对这一问题，就可按 5W1H 的原则界定清楚一些问题。

What（促销什么产品），本次重点促进 A 产品；

Why（为什么促销），为了提高销售额；

How（如何促销），本次用广告宣传；

Where（促销地点），文具店前；

Who（促销对象），以高中女生为对象；

When（促销时间），在 8、9 月份。

Budget（预算）：×××元。

第二步，环境分析。企业的内外部环境是进行创意的依据。因而要借用 PEST（政治、经济、社会文化、技术），SWOT（优势、劣势、机会、威胁）对企业的内外部环境进行分析，以引发趋利避害的创意思想。

第三步，开发信息。创意者要充分利用一手资料和二手资料开发信息。开发信息过程中要坚持调查研究，反复论证，善于归纳、整理、演绎，去粗取精、去伪存真，结合主题开发出有用的信息。要养成随时随地收集信息的习惯。还要身体力行，参加各种展会、商品、技术专家交流会，深入现场寻找线索，收集竞争产品的员工手册、产品说明书，阅读相关专业的报纸、杂志、报告等。

第四步，产生创意。有了有用的信息，就要积极寻找创意的线索。创意过程中要打破定势思维，善用发散思维、逆向思维、组合思维、类比思维、顿悟、冥想等创新思维方式激发创意灵感的产生。

第五步，形成创意文案。即营销策划书（见本书第三章）。

第六步，总结。创意文案付诸实施后半年或一年要进行总结，对执行文案前后资料进行对比分析，以总结经验、汲取教训，使创意案实施中创出更好业绩。

资料链接

梅高（MeiKao）商业创意7S

1. 检测生态（Eco - System）

梅高坚信，适者生存而非强者生存。不是您不强大，也许是您选错了利于您生存和发展的地方。生态检测系统，要抛去繁杂的营销八股，以敏锐的视点快速揭示企业的生态误区，如，进入了不擅长的领域。检测内容包括：社会生态、文化生态、行业生态、市场生态、消费生态、品牌生态、渠道生态、终端生态。

2. 搜索资源（Resource - System）

企业身边有宝藏，我们未必能发现。例如企业的产品资源、历史资源、人脉资源、科技资源、通路资源、权力资源、资本资源、事件资源，看似平常的东西，一经整合善用将产生不同凡响的能量。重新组合，盘活资源，令企业产生十倍速的成长，给自己和客户带来可观的收益。

3. 洞察机会（Opportunity - System）

广告投入不少，促销花费巨大，产品不比对手差，请来营销大师发过功，为何业绩未见突破？利润反而缩水？就是因为缺少洞察力。洞察就是不仅仅是知道，关键是要知道为什么。在中国这巨大而又纷繁复杂的市场中，洞察力必不可少。透过现象看本质、举一反三、触类旁通这些古老的智慧今天仍然有效。梅高在商业上，鼓励机会主义，坚信奇迹是靠抓住机会创造的，而非是靠解决问题来获得的。

4. 想象突破（Imagination - System）

想，是大胆假设，构建梦想；象，是细心求证，成竹在胸。想象力是中国企业走向成功的最稀缺资源。我们所在的市场，产品同质化，销售手段同质化，品牌传播同质化，最后只能拼价格。行业中甚至看不到赢家。而联邦快递的“第二天到达”，戴尔的“直接”，可乐的“无处不在”，这些商业神话都是人类想象力的推动所至，中国市场创意策划更需要想象力。

5. 再造基因（Gene - System）

要翱翔太空就需要鹰一般的翅膀，要身手敏捷就要拥有豹一样的骨骼，要深海游弋就要长成鲨鱼般的鳃鳍。让战略实现，梦想成真，小到一个产品的创新，大到推动战略的团队，再造基因，超越自我，是必不可少的前提。基因是什么，基因就是组织存在的理由，存在的价值。

6. 演绎传奇（Legend - System）

口号式的叫卖，也许暂时有效，却难以让“品牌”成为故事叫人流传，今天的投资可能很快就会付之东流。情感，信任，愉悦，这些令消费者难忘的体验才是企业不断演绎的关键。

7. 持续动力（Momentum - System）

持续成功是企业的一次长跑，短暂的成功往往是可怕的陷阱，持续动力才能成就百年企业的辉煌。持续洞察，持续想象，持续着地，这是唯一在激烈和残酷的商业竞争中生存的法则。罗马不是一天建成的，可口可乐不是一天卖遍全球，微软也不是一天让90%的人都使用它的。不断发现动力，创造动力，增强动力，梅高深信，商业创意才是企业持续发展的推动力。

资料来源：梅高商业创意7S系统，中国广告网。

第二节 营销策划的一般方法

一、战略性思维法

（一）战略性思维内涵

创意的战略性思维是指企业要善于处理持久动力和眼前利益之间的关系，把眼前利益看成是“标”，把持久动力看成是“本”，按照急则治标，缓则治本的原则来处理二者之间的关系。当持久动力和眼前动力发生矛盾时，要把持久动力放在第一位，眼前利益放在第二位。

企业持久动力一般来源于：企业形象度、企业美誉度、企业机器设备的现代化程度、企业研发能力、企业管理水平、企业盈利能力等。企业眼前动力包括：企业经济效益、工资、奖金、福利等。当企业的形象价值与企业的经济效益不能协调发展时，必须把企业的形象价值放在第一位，必要的时候要用牺牲经济利益的方法来换取企业的形象效益。

（二）战略性思维的特点

1. 目标的一致性

即策划案能始终围绕一种声音去运作。能够画出一个清晰的战略地图的企业，成功的概率远远大于摸着石头过河的企业。美国的西南航空连续30多年盈利，就在于西南航空的诸多举措，包括航油期货、采购单一机型、使用二线机场、飞短线、快速周转、简化机上服务、快乐员工策略、与工会搞好关系等，完全可以排列成一个金字塔形状的战略地图。西南航空正是围绕他的低成本战略思维，构筑企业的财务指标、目标客户、内部运营流程和人力资源管理的互动、互利平台。

2. 对资源的敏感性强

一个对资源敏感性的策划者，他会关注三大资源：财务资源、技术资源以及人力资源。

他意识到财务资源是企业的生命线，技术资源是企业核心竞争力的基础，人力资源是实现战略目标的保障。

3. 时代感强

策划者对产品和商业模式的生命周期有着良好的直觉，知道什么时候该终止什么事情，什么时候该开始什么事情。个人电脑刚刚开始普及的时候，对于有时代感的人，看出传统打字机退出历史舞台是一个明显的趋势。曾经是打字机制造商的IBM的几次转型，体现了其领导层卓越的时代感。互联网的普及，在毁灭某些商业模式的同时，也给新的商业模式带来巨大的机会。

二、时空运筹法

《史记·高祖本记》中言："运筹于帷幄之中，决胜于千里之外"。筹，策划也。"欲识天下分鼎处，先生笑谈画图中"。这是后人赞颂诸葛亮隆中策划，运筹帷幄，助刘备成就霸业的诗句。刘备当时一无立锥之地，二无精兵粮草，空有雄才大略，并没有运筹操作的实际能力，处处被动，诸葛亮的"策划方案"使其目标具体化、阶段化和现实化，最后终成伟业。

策划的关键在于整合各种资源，达到更理想的目标。在营销策划中，最重要的是审时度势，在营销活动开展的时间和空间上进行巧妙的运筹。

（一）时间运筹

时间运筹，就是策划者根据事态的变化，把事情分成轻重缓急，把有限的资源集中使用在最重要、最具有决定性的任务和目标上。时间运筹遵循的原则是：轻重相权选其重，急缓相衡择其急。在时间运筹上，应审时度势，最大限度地保存和释放能量。

现在的双11、618大促销也是把握了消费者的时间心理，让消费者把平时中意的商品放到购物篮，等节点到来时再享受打折购买。

（二）空间运筹

事物的运行是在一定的时间和空间上展开的。空间运筹时，策划的重心仍然是找出决定事物成败的关键点。关键点往往是事物发展变化的决定性因素，抓住关键环节，次要的问题会迎刃而解。

营销策划中必须重点运筹以下七个问题：

①营销策划实施中的人际关系。策划要活用别人的钱财和智慧，就要有一张四通八达的"关系网"——市场上基于经济利益而互联起来的关系，这种关系常常需要那些神通广大、耳目众多、路子宽广的策划者搭建桥梁，故称之为人际关系；②有利害关系的组织或团体对策（供应商、消费者、竞争者）；③资金对策（自筹、合资）；④同大众传播媒体的关系对策；⑤障碍因素及消除对策；⑥有关的政府对策；⑦有关的法律对策。

相关链接

史旺森公司

史旺森公司是冷冻食品业中最古老而又成功的品牌。1953年，抢先推出在炉子上温热一下即可食用的冷冻食品"电视餐"而大获成功。数年当中，史旺森执市场之牛耳，使电视餐成为美国生活中不可缺的一部分。但是，没过多久，美国人的口味逐渐有了改变，电视餐和零售的正菜销售额开始下降。上班的女性和过单身生活的人士，显然不喜欢史旺森用肉和马铃薯调配的老掉牙食谱，而宁愿吃更具异国风味、品质更好的正餐。

应时代的变化，雀巢公司的品牌“史都华”及皮尔斯伯力公司的品牌“绿巨人”，相继推出。自1978年以来，5年中史旺森餐类商品的销售额滑落了23%。

史旺森食品该怎样卷土重来？是提高产品质量呢，还是跟竞争对作手作正面冲突？

史旺森公司专门做了市场调查，以从中期望了解到一般大众口味的变化，经过分析研究，他们发现：大众远比以前更注重饮食，越来越多的人对现成食品中食盐神经过敏，因微波炉的出现，对老式冷冻食品的喜欢增强，以前被消费者排斥的点心重新获得认可。

史旺森公司立即据此做出战略部署：集中全力发展高级冷冻餐，同时在低热量、代盐分的领域及包装、食谱等方面，面对竞争对手的弱点展开攻击。史旺森公司给这项战略取了个代号，叫做“Project fix”（专案定位），并分三个阶段来推出一系列新产品。

史旺森公司的战略原则：把优势的战斗力集中于决定战争胜负的地点。营销专家定位小组深知集中优势兵力原则三个关键：

首先，在即将来到来的市场争夺战中，设定了胜败转折点的战场。这项决定作为作战的要旨，使美味冷冻食品成为项目的盘点；

其次，小组正确认识了对手的长处和弱点；对方的长处在于食谱有想象力，还异国风味，而弱点是包装粗糙且不受一部分年轻人和注重身体保健的消费者的青睐；第三，他们把攻击的主力集中在美食市场和小吃食品市场。

史旺森公司马上攻击对方的薄弱点，很快，该公司的战略和战术在市场争夺战中获得了戏剧性成功，公司集中优势兵力击中了竞争对手的薄弱点，占领了市场大部分份额。史旺森公司的餐点类和单项菜肴，在第一线焕然一新，大受欢迎。崭新的设计及美军风格的老式浅盘的全面革新，有助于吸引新的消费群体，而注重健康和不使用食盐的保存贮藏方法，也引起了热烈的反响。

史旺森公司战略战术的成功，正印证了集中优势兵力，趁其不备，攻其弱处的道理，是兵法运用于商战中的典型原则。

运用这一原则，要弄清楚以下三点：

1. 辨出胜败关键的战斗地——易于进入市场切口。

2. 摸清对手长处和弱点，知己知彼，百战不殆。

3. 集中企业的人、财、物、抓住对手弱点猛攻，不给对手喘息反击的机会。

4. 抓住时机，在决定性的地点投入决定性的力量。明智的营销策划者，无机则造机、有机则乘机、见机则借机，抓住时机毕其功于一役，从对方最薄弱的环节一举击溃对手。

资料来源：根据潘远，专攻对手的弱点——史旺森公司的专案定位计划整理，华商，2002. Z2期。

三、金三角策划法

金三角模型是由孙黎在1993年提出，它是一种巧妙运筹势、时、术的策划方法。“势、时、术”构成了一个谋略的金三角，如见图5－1所示。

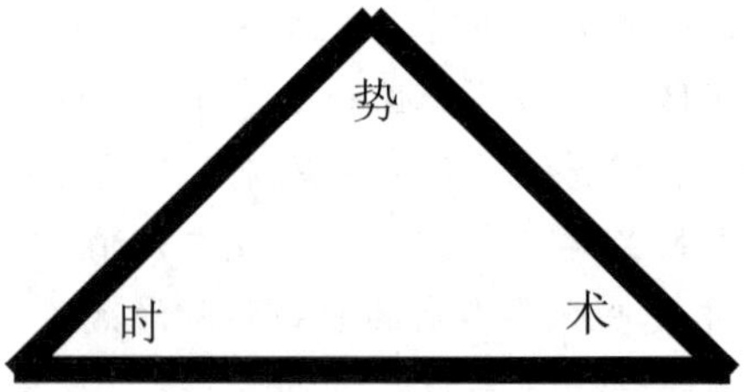

图 5-1　谋略金三角

势是指组织本身环境形势的发展变化，对势的运演，其实便是对谋略所处空间的筹划。时是谋略运演的最佳时机。术是方法、招数，是对谋略行使方式的筹划。三者相互作用，互为影响，缺一不可。

(一)“势”的概念及特点

1. 概念：用势、借势和造势

大家常说：“三流企业做事，二流企业做市，一流企业做势”。营销就是在市场中审时度势、顺势而为。“谋势者”方能执市场之牛耳，花小钱办大事。

正如孙子兵法所云：“故善战人之势，如转圆石于千仞之山者，势也”。势，即企业所处市场的条件、局势和趋势，企业通过对这些客观的空间因素的创造、利用或驾驭，有效及更高效率的实现自己的营销目标，创造更大的营销业绩。

具体而言，处在不同发展阶段的企业，谋势的重点又有不同，具体包括：用势、借势、造势。

(1) 用势营销。用势营销就是指在充分了解和把握自有或可用优势资源的前提下，明确目标，把握时机，制定并实施策略，利用或放大优势，并达成既定的营销目的。常见的用势营销途径有：品牌延伸，如海尔的同心多元化，在海尔冰箱基础上，推出海尔空调。奇瑞的小型家用车系列开发；收购与兼并：联想收购 IBM 个人 PC，金融危机条件下的海外购并与上市；政策导向（沼气工程，新能源开发，高校扩招政策下的大规模扩建）；其他优势：地理、水源、矿产、特产、民俗、资金等独有资源，服务外包等。

(2) 借势营销。借势营销就是借助于政治、经济、社会潮流或具有影响力的人物、事件、产品、故事、传说、环境，策划出对自己有利的重要行动的策划方式。借势营销的要点在于能够抓住亮点、热点和记忆点，从而带动卖点。

常见方式有：借事：蒙牛借航天，联想借奥运；借人：用智囊团，用猎头公司聚拢人才；借钱：蒙牛借势摩根士丹利、鼎晖投资、英联投资。

(3) 造势营销。所谓“造势营销”，就是举办活动，或制造事件，再通过大众传播媒介的报道，引起社会大众或特定对象的注意，造成对自己有利的声势，达到企业扬名的目的，进而提高品牌的知名度，在公众中建立良好的企业形象，以及改变那些对企业不友善的态度或者不利于企业的看法。

常见方式有：公关活动造势：法国轩尼诗公司的 XO 白兰地抢滩中国市场很注意用公共关系造势；广告宣传造势：如空间之势（广告覆盖范围）、时间之势（广告播出时间）、心理之势（广告用语要说出顾客心里想）；营销活动造势：如促销方法，经营模式，服务设计等；CI 策划造势：如 IBM，可口可乐的造势等。

相关链接

案例1：20世纪50年代初，IBM公司经过40多年的经营，已经使IBM成为电脑的代名词，宣传公司知名度的诉求已无必要。怎样使IBM公司跻身于世界性大企业之列？当时的IBM公司董事长小托马斯·瓦特逊认为：必须在世界计算机行业树立一个引人注目的IBM形象，而这个形象的灵魂应该是公司奉行的开拓和创造精神。他就此事与该公司的首席设计顾问艾略特·诺伊斯进行商讨。诺伊斯当时作了一番富有哲理的阐述，堪称CI设计的经典之语："虽然贵公司具有较强的开拓精神和现代意识的创造精神，如果不被大众了解，就等于什么都没有！"

贵公司在今后参与市场竞争、开发世界市场的工作中，应有意识地在消费者心目中留下一个具有视觉冲击力的形象标记；也就是说，需要设计一个足以体现贵公司的开拓精神、创造精神和富有鲜明个性的公司标志。

贵公司的全称是"INTERNATIONI－BUSINESS·MACHINES"，这样长的名称不但难记忆，而且不易读写，显然，这是贵公司在形象宣传上的一大障碍，非解决不可。

把贵公司的诸多优势进行横向分析，选择出一个共同的焦点而提炼升华，然后达到设计图案的完美统一，那么，其标志的视觉感染力和理性内涵是不言而喻的。

诺伊斯的阐述使瓦特逊深受启发，随即委托著名设计师保罗·兰德设计出了一直沿用至今的IBM字体标志，并把这个标志展开使用在所有的应用项目上。八条纹的IBM标准字，鲜明地表现了IBM的经营哲学：品质感与时代感，可以说是"先锋、科技、智慧"的代名词，以蓝色构成的标志也成功地树立了高科技"蓝色巨人"的形象。

IBM公司通过CI设计塑造企业形象的经营用法，使IBM成为美国计算机行业首屈一指的霸主。于是，美孚石油公司、东方航空公司、西屋电气公司、RCA公司等纷纷仿效。

案例2：国美借势而为。2020年6月在北京通州开业的"美＋生鲜"生活超市，是国美开出的首家社区生鲜超市，采用线上线下一体化经营，既有到店业务，也有到家、社群业务。

生鲜只是引流，国美的社交电商大局已在形成。

国美在社交电商领域进一步发力，主动邀来拼多多认购2亿美元可转债，由此双方结盟。公开资料显示，拼多多平台现已汇聚近6亿的年活跃买家和400多万活跃商户，显然能为国美引入庞大的流量资源，为国美产品找到更多展示出口，带来更高曝光率、点击量、成交量。国美将向拼多多输出供应链、物流服务体系，全面提升拼多多平台的商品品质和服务质量。

"GDP"三方联合：远防阿里、近攻苏宁。

"GDP"（国美、京东、拼多多）三方联合，各取所需的优势互补下，对应的正是国美的转型战略——从零售平台向整体方案提供商、服务解决商和供应链输出商转型。国美与拼多多、京东平台的流量、数据、品牌系统打通之后，又把3C家电最主要的物流配送服务打通，在两大平台的流量支持下，由国美出面，三方联合做大规模的采购。

三家一拼，对"阿里＋苏宁"联盟无疑会形成两极争霸格局。

资料来源：根据：国美＋拼多多＋京东的"零售新势力"大棋已经布下网络资源整理。

2. 营销造势的特点

（1）先声夺人。

（2）出奇制胜。

相关链接

案例 1：希尔兹销售术：在市场竞争中，经营者在经营方式上标新立异，可以取得奇效。美国人希尔兹开了一家小店，开始时，生意萧条，后来他经过精心的计算，决定只要顾客拿出一美元，便可以任意选购店里的一件商品，于是招来大批顾客，销售额超过附近几家大的百货公司。后来他改行经营绸布店，又在经营方式上出新意，决定凡是在该店购买 10 美元的绸布赠白券一张，积白券 5 张可兑换蓝券一张，积蓝券 5 张可兑换红券 1 张，积红券 5 张的，可任选价值 30 元的商品作酬谢。这种"希尔兹销售术"，使他成为百万富翁。

案例 2：日本绳索大王岛村方雄在起步之初，深感厂商与客户群体的培养对商家的重要性。于是，他决定要不惜一切代价，建立起自己的客户群。经过 69 次的艰苦努力，他从银行贷款 100 万元，然后在麻绳原产地大量采购麻绳，再以原价售出。一年之后，"岛村的麻绳确实便宜"的名声四处传颂，订单源源不断地飞来。于是，岛村就开始亮开底牌了。他拿着发票收据对绳索生产厂商说："我这么长时间也没赚你的一分钱。"厂商很受感动，就把每条绳索的价格降低了 5 分钱。当那些用绳索进行纸袋生产的客户看了收据后，也都感到很吃惊，因为天底下根本没有这么做买卖的。一年之内白白为大家服务，分文不取；真是不可思议。于是，他的客户们又心甘情愿地把货价提高了 5 分钱。这样一来，岛村一条绳索就赚了一角钱。而他当时一天就有 1000 万条绳索的订货；其利润就有 100 万日元。几年之后，他就成了日本绳索大王。

（3）声东击西。

（4）抓主要矛盾。

（二）"术"的概念及特点

1. 术的概念

术指策略、谋略等。即为有效达成营销目标，基于空间条件与时间性机会而设计和采用的具有创意性的办法与手段。《孙子》说见胜不过众人之所知，非善之善者也；战胜而天下同善，非善之善者也。故举秋毫而不为多，见日月不为明耳，闻雷霆之声不为聪耳。古人所谓善战者，胜于易胜者也。故策划者须独具慧眼，别出心裁，办法独特，方能出奇制胜。

2. 用术的要点

（1）以快取胜。

（2）新颖别致。

相关链接

P&G 的"象牙肥皂"

P&G 公司的名字和产品渗透在世界上每一个角落。"P&G"是世界上最著名的商标之一。翻开 P&G 公司的发家史，我们首先看到的是它成功的关键——营销造势。

①细心的发现。一个晚上，两个好朋友在院子里乘凉。突然普洛斯特发现了什么，大叫

起来："那些肥皂制造商怎么搞的，造出了这么恶心的肥皂"！他盯着好朋友盖姆的夫人手中一块又黑又粗的肥皂。盖姆打趣道："你脑筋一向好使，为什么不在肥皂上下功夫，让天下女人都幸福呢?"

言者无心，听者有意。于是，两个好朋友决定成立一个公司，"P&G 公司"，其中"P"代表普洛斯特名字的第一个字母，同样，"G"为盖姆名字头的一个字母。P&G 就这样诞生了。

②绝妙的名字。公司成立后，普洛斯特坚持那天晚上得到的启发，产品一定要洁白，美观。这一设想得到了一致的认同。经过一年的艰苦研制，果然不负众望，终于研制出洁白的肥皂。但如何让顾客知道呢？要起一个好听的名字！

一天，普洛斯特在教堂做礼拜。教父读到了"你来自象牙似的宫殿，你所有的衣物沾满了沁人心脾的芳香！"这句圣诗。普洛斯特的眼睛一亮。对，这叫"象牙肥皂"！怎样推向市场？普洛斯特拟定了一个庞大的计划：在俄市两家最畅销的杂志上，在当地发行量最大的报纸上，在繁华的马路边等做广告，进行大规模的宣传，当然这要花费一大笔钱。普洛斯特的计划遭到盖姆等人的强烈反对，因为年轻的 P&G 公司承受不起这笔钱；再者，谁敢保证花出去的钱不是石沉大海？在一片反对声中，杂志上还是登出了许多人在使用"象牙肥皂"的广告，非常吸引人，广告取得了巨大的成功。

（3）揽势用时，不拘任何框架与教条模式。

（三）"时"的概念及特点

（1）时的概念：时指时机，包括季节、事件、环境与形势变化过程中的时间性要素。在时机点上推行策划活动，以使其获得最大成功。例如，神五上天，蒙牛抓住了机会，而飞亚达丢失了机会。统一润滑油在伊拉克战争爆发的当天，在央视《伊拉克战争报道》之后，播放了一则五秒的"多一点润滑，少一点摩擦"的广告片，共连续播出 10 天。此广告播出后，一下子就因其不同凡响的创意，含蓄、贴切的语言及清新的风格吸引了媒体和大众的注意，形成了空前的品牌影响力。

（2）用时的要点。

①先知，即预见性。充分占有资料，认真分析各变数间的关系。以好记星为例，电子词典市场萎缩，品牌格局相对稳定；有潜在需求未被满足，而需求的迫切性已充分展现。

②先备，充分策划和准备。也就是算，对有可能出现的机会，在利用上认真计算得失关系，以便准确把握。

③适时而动，高人一筹。所谓"静如处子，动若狡兔"。

相关链接

《阿凡达》活用势、时、术

一、《阿凡达》之"势"

所谓"势"是营销谋略应根据组织本身环境形势的发展变化，对"势"的驾驭，其实便是对谋略所处空间的筹划。

《阿凡达》之所以如此火爆，主要还是利用了人们的好奇心，以及那种巨幕数量有限的"饥饿"营销手法。"先做大规模的广告宣传，然后在几个影院限量投放，观众不得不排长队提前订票。”这在营销学上叫饥饿营销，越是吃不饱，观众的观影热情越高。

在市场营销学中，所谓“饥饿营销”，是指商品提供者有意调低产量，以期达到调控供求关系、制造供不应求“假象”、维持商品较高售价和利润率的目的。可见饥饿营销就是通过调节供求两端的量来影响终端的售价，达到加价的目的。饥饿营销的操作很简单，定个叫好叫座的惊喜价，把潜在消费者吸引过来，然后限制供货量，造成供不应求的热销假想，从而提高售价，赚取更高的利润。《阿凡达》还未上映，就已提前用各种版本的预告片，宣传近半年时间。仅预告片就发布了3个不同版本层层推进：2D版、3D版和IMAX版。

中国市场是一座巨大的“金矿”，将“中国元素”融入影片，以迎合中国的13亿影迷的胃口，成为《阿凡达》吸金手段之一。有网友评价，影片中蓝色皮肤、身材颀长的阿凡达脑后留着的长辫子，让人联想到中国古代人的长辫。除人物造型上融入的“中国元素”外，影片中所展现的神奇景色，尤其是“潘多拉悬浮山”——哈利路亚山则“非常中国”，导演卡梅隆谈到：“我们从（黄山的）形状等各方面找到了灵感，然后在电影中让它飘浮在空中。我自己从来没有去过这地方，但总觉得似曾相识。”此语一出，黄山官方立刻打出：欢迎大家走出影院到黄山寻找真实的“哈利路亚山”的口号。而湖南网友却认为哈路亚山的原型应该是张家界的著名景点“南天一柱”，并拿出照片比对。张家界几个旅行社立即推出了“阿凡达之旅”“阿凡达——潘多拉神奇之旅”“阿凡达——悬浮山神秘之旅”等旅游线路。有相关报道，张家界市已决定将“南天一柱”命名为“阿凡达悬浮山”或“哈利路亚山”。焦点引发热议，热议吸引媒体，媒体跟踪报道，助推眼球经济。

二、《阿凡达》之“时”

所谓“时”是指营销谋略要根据形势的发展变化而决定预演最佳时机，其实便是对谋略所处时间的筹划。

早在去年6月，导演梅卡隆在阿姆斯特丹电影节就丢出重磅炸弹，公布了《阿凡达》长达24分钟的片花，随后7、8月，又相继发布了15分钟片花及IMAX影院的16分钟片花，未映先火，其片花在各大网站的点击量一路狂飙。他在诱导更多的影迷去了解电影。业内人士称，《阿凡达》突破以往电影以透露剧情来宣传的思维定势，引发不少影迷在不同版本片花间相互比较、衡量、分析、猜想，几乎到了极致的程度。

在导演这种营销谋略的推导下，《阿凡达》IMAX3D电影票一票难求。上海一位母亲为给儿子买票，在天寒地冻中彻夜排队等候；东莞IMAX影院被连续的放映弄“瘫痪”了……传媒专家认为，《阿凡达》的火爆，媒体、影视传播起了很大推动作用。媒体的自愿加入，无疑将这一事件进一步放大，于是《阿凡达》成为一种事件便不足为奇。导演卡梅隆亲自到中国宣传，其曾经执导《泰坦尼克号》等经典影片形成口碑效应，这足以吸引媒体和大众的眼球，形成焦点。此外《阿凡达》上映时，正是国产电影扎堆时，没有国外大片与之抗衡，而3D电影发展多年，已被越来越多的观众所接受，在这种情况下，推出一部轰动大片，成功也是顺理成章的事情。当然，10年打造时间、5亿美元成本、还有3DIMAX技术，都引起了巨大的眼球关注度。竞相传播3D和IMAX效果、精彩的场面、逆市飞扬的票价。排队购票的火热场景；接连不断的话题；全球各地的票房数字；卡梅隆能否超越自己的影史票房冠军《泰坦尼克号》的疑问等，借力媒体营销，《阿凡达》铺天盖地在传播。

从众心理成就《阿凡达》，当一个文化产品成为社会话题时，人们往往害怕自己落伍，因此不管自己喜欢不喜欢，一味地趋之若鹜。从众心理是流行文化的心理基础。不可否认，

《阿凡达》的成功很大程度是从众心理的外在表现。

这就不难解释《阿凡达》电视、互联网等媒体的广告信息对人们的心理产生的“控制”的效果：如果去看了，“我”就能得到超级感官体验，这就是来自《阿凡达》的“奖赏”；如果不去看，那么“我”就可能落伍了，就再也得不到这种超级奇幻体验了，这就是不去看《阿凡达》的“惩罚”。

三、《阿凡达》之“术”

所谓“术”是营销谋略所采用的招数，简言之就是对谋略运作方式的策划。

观看片花就是体验营销，不可否认的是，这种地毯式的片花轰炸，取得了预期的效果。据媒体报道在2009年8月21日预告片正式发布时，网站十分钟内就被访问到瘫痪，仅仅三天，此预告片的浏览量就达到创纪录的400万次，不少看过预告片的用户，甚至飞到香港抢先观看。而不少看过2D甚至3D版《阿凡达》的影迷则表示“一定要看看IMAX版本的电影”，“看多少遍都是享受”。由于2D屏幕效果不如3D，福克斯甚至自掏腰包送票给观众，希望更多人通过预告片来了解该影片，感受《阿凡达》里用3D技术特效营造的潘多拉星球，带给观众无与伦比的视听享受和审美体验。

资料来源：根据网络资源整理。

第三节　营销创意思维的技法

营销策划的创意技术方法很多，本节主要介绍几种典型的创意技术方法：移植法、分解法、组合法、重点法、实证法、伏笔法、背景转换法、捆绑连接法、逆向法、回避法。策划团队可结合营销策划活动的具体问题，创造性、灵活性的运用。

一、移植法

（一）移植法内涵

移植法指是指将某一领域的原理、方法、技术或构思移植到另一领域而形成新事物的方法。包括直接移植和间接移植。

1. 直接移植

就是把成熟的事物原理根据相似性复制到其他商务思维中。当年曹操引83万大军陈兵长江北岸，欲征讨东吴。面对强敌，东吴联合刘备，决心决一死战，他们深知硬拼不行，得以奇取胜。东吴统帅周瑜与刘备的军师诸葛亮两人一同出计策，同时在手心写个“火”字，意思是得用火攻。这个火攻之计是曹操万万没有预料到的，因为曹操当年就是一把火烧掉了强敌袁绍的屯粮之地乌巢而扭转了不利的战局。

2. 间接移植

把成熟的产业理念、原理、方法、功能、结构等应用于新的产业设计思路中。原理移植就是把思维原理、科学原理、技术原理、艺术原理移植到某一新领域的方法。如把反馈原理应用于电子线路中，形成了系统的控制论。把价值工程应用于市场营销实践，便形成了营销价值分析法，把社会化大生产原理用于改造传统零售商业，就创造了连锁经营的形式等。

方法性移植就是把某一领域的技术方法有意识地移植到另一领域而形成创造的方法。如意大利歌剧《图兰朵》被移植成中国川剧《中国公主杜兰朵》等。功能性移植就是把某一种技术或艺术所具有的独特功能以某种形式移植到另一领域的方法。例如，蜂窝是一种用料少但强度高的结构，把这一结构用于制砖，做成的蜂窝砖既能减轻墙体的重量，又能保暖、隔音。

（二）移植法运用要点

1. 移植法的前提是“相似性”

正如史宪文所说：企业的竞争性经营与下棋有着原理上的某些相似性。“小型企业经营如下跳棋，中型企业如下象棋，大型企业如下围棋”。下跳棋的游戏规则就是“跳”，小型企业发展之路就是寻找市场机会，哪里有机会就跳到哪里去，“船小好掉头”。中型企业往往是业务模型已经成熟，这时，自己的地盘确定了，对手也就确定了，与对手分立“楚河汉界”两边，竞争不再靠单个棋子的跳，而是要靠“车马炮”——团队整体配合，靠比对手多想一步，少一些机会主义，多一些长远打算。到了大型企业阶段，竞争状况犹如下围棋，占先手是第一位的，不能计较一城一地的得失，谁能“长途奔袭”“另辟蹊径”“出其不意”就能获得战略利益。总之，发现与利用事物的相似性，形成联想，这是运用移植法的要领。

2. 移植时要注意四个切入点

即物质性切入、利益性切入、信息性切入、时间性切入。所谓“物质性切入”是指对事物进行物理结构或外在功能的突破。例如，“圆珠笔改进”，不去改进笔尖，而是把笔芯截断一节，这是从结构切入的。所谓“利益性切入”是指对商业利益进行突破，以提高价值感。例如，商场常用的买一赠一促销就是从利益切入的。所谓“信息性切入”是指对同一客观事物或现象变换诠释形式或内容，实现沟通效果的突破。如化妆品诉求出售美丽就是信息切入。所谓“时间性切入”是指通过时间转换赢得竞争空间突破。如春、夏、秋、冬商品展销会就是一种时间上的切入。

四种切入点并不是相互独立的，有时一个切入点的选择具有多重性。在具体的创新思维中，究竟选择哪个切入点呢？这要看具体的竞争环境。如展销会，既是一种时间切入，也是一种信息、利益和物质的切入。展销什么商品、给客户带来什么利益、还要有有形展示。

二、重点法

（一）重点法内涵

重点法就是从多要素中，寻找、确定具有带动作用的关键性要素，从关键性要素着手突破，以最小的投入，解决整体问题。

（二）重点法运用的要点

1. 要找到具有“带动作用的关键性”要素

找到“牵一发动全身”的操作机会，就能达到事半功倍的效果。所谓兵马未动，粮草先行。

2. 善于“聚焦”性策划思维

思想的范围可以广阔无边，但有限的行动力量必须集中于关键点。所谓在关键的环节投入决定性的力量，使事物向着有利于自身的方向发展。

3. 坚定性和灵活性相结合

坚信解决重点问题是解决全部问题的前提。还要注意灵活性。重点不是一成不变的，在一定的情况下，重点可能位移，原来的重点已不是重点，原来不是重点的变成了重点。所以，要密切注意重点的位置变化，出现重点位置变化时，作用点也应相应地变化。

三、组合法

（一）组合法的内涵

组合法就是按照一定的内在关系，将多个要素联系起来，形成有机的整体，使整体价值大于各个要素的简单加和。

（二）组合法运用要点

1. 善于找到事物发展变化之间的“内在关系”

例如，汽车行业就是一个生态系统，20 世纪 70 年代的两次石油危机在很大程度上改变了全球汽车的需求结构。人们的选择热点开始由大型车转向了节省燃油的小型车，丰田正是抓住这一机会，推出节能型小轿车进入缺少小型车的美国市场才赢得成功。而美国汽车厂家没有意识到石油涨价和汽车之间的关系，一味追求豪华型汽车，厂家逐渐地失去了往日的竞争优势。

2. 找到事物之间组合的“增值效应”

组合法的“合”是有其目标的，那就是整体价值人于各个要素的简单加和，也就是我们经常讲的“1 +1 >2”，我们称之为“增值效应”。美国一位画家变成百万富翁得益于组合法的运用。一天在用铅笔画画，画错了，去找橡皮擦，可是，不知把橡皮丢到哪里去了，找了很长时间才找到。为了不再发生找不到橡皮的事，他把铅笔和橡皮用铁丝捆绑在一起。这时，一个创意浮现在脑海——将铅笔和橡皮组合成一个产品！这就是现在的铅笔。他将自己的发明申报了专利，将专利出售给了专业制笔公司，获得了数十万美元的转让费！当前企业盛行的业务流程再造也是组合法的具体运用。“增值效应”与“内在关系”是密不可分的，前者是目的，后者是手段。

四、分解法

（一）分解法的内涵

中国先贤有句名言：“一尺之棰，日截其半，万世不竭”，一切事物都是可分的。分解法可以理解成组合法的逆过程，即把看似一个整体的商务过程分解成多个步骤或多个相对独立的商务子过程，或把看似一个整体的商务内容分解成多个内容或多个相对独立的商务子内容，把粗分类、分步的商务内容进行多级细分。

相关链接

希尔顿饭店创始人的创业故事

著名的希尔顿酒店产业创始于 20 世纪 20 年代，希尔顿 20 岁那年，美国发生了严重的经济危机，几乎一夜之间，他变得一贫如洗，被迫离家出外闯荡。那天，他饥肠辘辘地踌躇在达拉斯市街头，已经两天没有吃一顿饱饭了。

突然，草丛中一个红苹果映入他的眼帘：“这也许是上帝送给我的早餐吧。”他的心一阵狂跳，双手颤抖着把苹果拾起来，正想大咬一口，可又不舍地把苹果放回了口袋中。“还是留到最关键的时候再吃吧。”

中午，他用那个苹果跟一个背着画板路过的小男孩儿换了1支彩笔和10张绘画用的硬纸板。不久，人们便看到一个满面阳光的年轻人在接站的人群中，兜售一种用纸板做的东西：“出售接站牌，一美元一个。”此时他口袋中有6美元。两个月后，他的接站牌由硬纸板变成了制作精美的迎宾牌，还雇了3个人给他打下手。一年后，他的存折上有了5000美元的存款，可是他仍认为这样赚钱与他的理想差距太远。

有一天创始人希尔顿在达拉斯商业街上漫步，发现这里竟然没有一家像样的酒店，于是萌生了建一家高级酒店的想法。希尔顿是一个创造力与行动力都很强的人，想到就去做。他很快就看中一块“风水宝地”。酒店属于典型的服务业，对这个产业，影响最大的因素就是地脚，选择一个好的地脚，即使初始投资较大，也会很快在后续的有利经营中收回。所以，希尔顿决心一定要买下这块风水宝地。

这块地出让价格为30万美元，而他眼下可支付的资金仅仅5000美元！况且，解决地皮之后，还要筹集大量的建设资金。所以，表面上看，这个项目显然不可行。但他没有放弃，他把这个难题进行了分解。首先，他把30万元的地皮费用分解到了每年每月。他对土地拥有人说：“我租用你的土地，首期90年，每年给你3万美元，按月支付，90年共支付270万美元，一旦我支付不起，你可以拍卖酒店……”对方感到占了个大便宜。

签订了土地租赁协议，希尔顿马不停蹄，将自己开酒店的方案以及诱人的经营远景讲给投资商听，很快与一个大投资商达成了协议，合股建设酒店，酒店如期建成，经营效益超出先期预料，获得了巨大成功，从此，希尔顿走上世界级酒店的王者之路，一度跻身全球十大富豪之列。

点评：分解可以使复杂问题简单化，它拥有化腐朽为神奇的力量。

资料来源：根据网络资源：希尔顿酒店创始人的创业故事整理。

（二）分解法运用要点

1. “分”要有根据

即根据事物内部之间的联系去分解。

2. “分”要有效果

其效果就是把复杂的问题简单化，便于实施和操作。

3. “分”要有最终目的

分解的最终目的是各个击破，从局部胜利走向整体制胜。衡量局部战役的成功与否，在于能否达到战争的总体目的。

五、实证法

（一）实证法的内涵

实证法就是用令人信服的真实场景与实效展示，实现低成本高效率的对外宣传与动员。如有一家化工厂，一直生产有毒化学品，按政府规划要搬迁到城外，工厂指望新旧厂区的土地差价能给企业减少搬迁损失，甚至能实现盈利，所以，很快就搬迁了。可是，搬迁后，寻求房屋开发商合作开发旧厂区时，房屋开发商并未表现出预期的积极性，因为市民存在一个习惯认识——这片土地里有毒！

工厂无奈，只好进行换土改造，改造后，经过严格检测，土地根本没有毒。但是，人们的习惯认识还是难以克服。为了克服这个认识上的问题，厂子决定在旧厂址中心的低洼处蓄水，形成一个微型水库，撒上鱼苗儿，岸边栽下树木，与市垂钓协会联合举行赏鱼活动和钓鱼比赛，“鱼摇头摆尾地从水里被钓出来”，这个场景通过电视报道传遍整个城市，不久，人们便消除了“有毒”的错觉，工厂与房屋开发商顺利地开发了土地，获得了预期效益。土地的物质特性可以通过科学检测显现出来，但对于客户来说，数字是抽象的，是难以取信的，而“鲜活的鱼”——实际效果才是直观的、可信的。

（二）实证法运用的要点

1. 取信于人

上述案例中的钓鱼比赛就是取信于人的方法，以此消除人们对土地有毒的担心。

2. 见机行事

实证法运用时要掌握好时机。比如学区房的一般选择每年的上半年造势，就是为了迎合家长的预期。

3. 根据“实事”来“求是”

耳听为虚，眼见为实。例如卖场促销就讲究衣服、鞋子试穿，帽子、手套试戴，食品试吃。通过亲身体验，证明商品的价值。把实实在在的“事实”展现给客户，让自己欲说的道理不言自明。

六、回避法

（　）回避法的内涵

回避法指不以原策划课题为解决对象，改换问题的内容，重新设立策划课题，再加以策划。三国里面有这样一个故事：诸葛亮六出祁山之时，司马懿在上方谷固守不出，以逸待劳。诸葛亮派使臣送“女裙”激其出兵，但司马懿不为所动。司马懿对诸葛亮可谓知根知底，知道诸葛亮的身体不能打“持久战”，就改变战术，以逸待劳，放弃军事竞争，与诸葛亮比耐力，果然，诸葛亮积劳成疾，病死在了五丈原。把军事竞争改为精力消耗竞争，司马懿靠自知之明取得了最后的胜利。

（二）回避法运用要点

1. 善于提出新的问题

爱因斯坦说，提出问题等于解决了问题的一半。立意本身错了，所有的努力都将是没有意义的。因为立意问题是方向性问题，方向都错了，努力程度越高给组织带来的损失越大。

2. 认清新课题实施中存在的困难和解决困难的途径

例如赤壁大战用火攻，需要 10 万支箭，东吴缺箭，这就是困难，是自己打造箭还是借箭是解决缺箭这一困难的两个途径。困难只有一个，而可能面对解决困难的途径是多个，采取任何一个途径都可以解决困难。选择解决困难的途径时要坚持两害相权取其轻，两利相权取其中的原则，以低成本地克服困难，取得更大的效果。诸葛亮的“草船借箭”就是回避法运用的结果。

3. 在“换”字上做文章，即寻找解决困难的途径、方法时，主动地探索更换方法的可能性

回避法揭示了策划的“灵活”特性，打破常规思维，去寻找深入问题本质的最佳途径。它不主张回避困难，而是通过换方法去面对困难，想方设法去解决困难。

七、伏笔法

（一）伏笔法的内涵

伏笔法就是用表面行为与活动隐蔽、掩护、铺垫真正的行为与活动。打伏笔是为了奠定未来操作的基础。所以，运用伏笔法需要有一个前提，那就是对未来有所打算、有所预期、有所决策。把“伏笔法”应用到企业营销策划中，就是“可持续发展”的理念——兼顾当前与未来利益。20 世纪 50 年代，日本丰田公司汽车业务兴隆。这时，丰田公司本应加大对汽车业务的投入，然而，公司却投入大量资金兴建汽车学校。这个决策在当时不被人们理解，然后，十几年之后，人们才恍然大悟：在丰田汽车学校学驾驶，自然用的是丰田车，学会驾车的人们自然对丰田车的性能十分熟悉，当这些“毕业生”具有购买汽车的经济能力时，也自然去选购丰田汽车。原来，丰田公司当初的决策立足未来市场考虑，为未来的销售打下了坚实的伏笔。先把“熟悉”汽车当成利益，奉献给潜在客户，换取的是客户的消费习惯，潜伏在市场中的消费习惯必然在市场显化时变成可靠的利益。只有经过铺垫的市场才是真正的市场。

（二）伏笔法运用要点

1. 强调策划思维的“预见”

好的策划一定是面向未来的，把未来的胜机掌握在现实格局之中。上例中丰田的汽车驾校是为丰田车的销售做铺垫。宝洁公司的你会洗头吗？让我来教你，是为宝洁的洗发用品销售做铺垫。

2. 准备行动秘而不显

大道贵隐，秘而不显。伏笔法中的“伏”就是事前要做好充分准备，同时做好保密工作。韩非子也提出：法莫如显，术不欲见。即法一定要让人明了，而术一定不能被人觉察。曹操在与刘备煮酒论英雄时，曹操面前的刘备正是深藏不露，才成就了魏、蜀、吴三足鼎立的格局。

八、逆向法

（一）逆向法的内涵

逆向法就是把当前的思维角度、方向、内容、途径、目标等反过来，寻找解决问题的方案。世界上的一切事物都是从“因”到“果”，从“果”到“因”的关系，但是，当一“因”多“果”的情况下，因果逻辑思维就可能发散，容易迷失方向。而反过来从“果”到“因”思维，就可能快速找到最短的思维途径，进而拟定出最简捷的操作路线。

（二）逆向法运用要点

1. 必须深刻认识事物的本质

所谓逆向不是简单的表面的逆向，不是别人说东，我偏说西，而是真正从逆向中做出独

到的、科学的、令人耳目一新的超出正向效果的成果。

2. 坚持思维方法的辩证方法统一

正向和逆向本身就是对立统一，不可截然分开的，所以以正向思维为参照、为坐标，进行分辨，才能显示其突破性。

九、背景轮换法

（一）背景轮换法的内涵

背景轮换法就是寻找、融入、发挥出背景的力量，以改观自身形象、提升自身价值、放大自身力量。美国著名商人摩根年轻的时候生活很艰难，主要靠卖鸡蛋谋生。每天早出晚归，用他那张大手，握着鸡蛋，见人就叫卖。可是生意一直不好。观察后，想出奇招，让妻子负责卖鸡蛋，因为妻子的手小，打这以后，自己的鸡蛋就好卖了。手是鸡蛋的背景，鸡蛋的大小是比较出来的。

（二）背景轮换法的运用要点

1. 用好一个“转”字

从一个背景到另一个背景，需要转移、转变、嫁接。而具有决定性力量的背景往往在身后，所以，策划时要多观察企业和产品的身后。例如逆向定价法，重点不是考虑产品成本，而重点考虑需求状况。依据消费者能够接受的最终销售价格，逆向推算出中间商的批发价和生产企业的出厂价格。把定价的背景由成本转向顾客需求。

2. 注意背景的变化

背景往往是在变动中，策划者一定要预测到背景变化给企业带来的是有利影响还是不利影响，学会及时化解。例如，一个咖啡店老板给三十多位朋友每人四杯浓度完全相同的咖啡，但盛装咖啡的杯子颜色则分别为：咖啡色、红色、青色、黄色。结果朋友对完全相同的咖啡评价则不同：认为青色杯子中的咖啡“太淡”；黄色杯子中的咖啡“不浓，正好”；咖啡色杯子以及红色杯子中的“太浓”，而且认为红色杯子中的咖啡“太浓”的占90%。从此，老板将其店中的杯子改为咖啡色、红色和黄色，对喜欢浓咖啡的顾客用红色或咖啡色杯子，浓度一般的用黄色杯子。结果顾客越来越多，生意也随之蒸蒸日上。杯子的选用依据的是顾客需求背景的变化。

十、捆绑连接法

（一）捆绑连接法的内涵

捆绑连接法就是把两个或多个事物，通过某种纽带关系，联系起来，进而使一事物借助了其他事物，增进该事物的自身价值。好的企业策划往往是借助了企业之外的势力和资源，与背景建立一定的关系。某出版商有一批滞销书急于出售，便给总统寄去一部，并三番五次地要总统提提意见，出于应付，总统随便回了个便条：“这书不错”。出版商如获至宝，大肆传扬：“总统喜欢的书！”，于是，支持总统的选民把书抢购一空。不久，出版商又出了一本书，如法炮制。总统吃一堑长一智，不再上当了，便批了一句“这书糟糕透了！”。没想到，出版商又一轮广告刊登出来：“这是总统讨厌的书！”猎奇的读者把这本书抢购一空。出版商第三次给总统寄书，总统干脆一言不发，没想到，出版商又利用了总统——“这是总统难以下结论的书”，一批研究者把书买走了。

（二）捆绑连接法的运用要点

1. 善于在“借”字上做文章

诸葛亮借东风、草船借箭等，“借”是捆绑连接法的核心。如外向型企业通过“猪驮式”“代工生产”“合资合作”等方式借船出海，成功进入国际市场。

2. 强调参与合作的各方共同受益

即参与各方互相帮助，相得益彰，携手共进，共建共享。注意捆绑要自然，不能搞拉郎配。

第四节　营销策划力的培养和提升

策划力就是运用创意思维去解决某一难题的能力。简单的说思维就是思考的可能维向。包括：思考的空间、思考的时间、思考的角度、思考的广度、思考的深度、思考的方向、思考的内涵等。创意泛指一种新想法或新点子，重要的是，它们必须能或多或少地影响企业的运作方式——不管是指产品改良或流程上的创新。创意具体指综合运用各种天赋能力与专业技术，从现有的商品、服务与活动、组织文化与组织结构、生产与服务作业及经营管理过程之中，寻求新的概念、新的方法、新的商品、服务、活动的过程。创意的目的在于协助组织解决发展中的瓶颈问题，进而使企业的远景和经营目标得以实现，提升企业的竞争力。创意思维能力是提升策划力的前提条件，一般从三方面入手：

一、善于用脑的能力

（一）善于用脑

善于用脑就是善于思维。培养你的激情和好奇心等动脑习惯是培养策划力的首要方法。

（二）脑皮质控制脑髓质

人脑如冰山，浮出海面的是脑皮质，称为意识脑或新脑，掌管人的思维和智力等意识活动，海面下的脑髓质，称下意识脑或旧脑，掌管人的血压、体温、心跳、消化、呼吸等非意识活动。意识活动影响非意识活动。如生气会导致心跳加速。

（三）开发右脑

研究结果发现，右大脑的能量大概是左大脑半球的一万倍以上。所以，举凡在物理学、文学、音乐，乃至于其他各领域有惊人成就而被称为“天才”的人，大概都是充分活用右大脑的结果。著名的科学家爱因斯坦就是一个好例子。他热爱科学和音乐，左右脑并用，成就惊人。他曾说：“我所有的发现，都是以某些符号和图像出现，而非文字。”换言之，他先用右脑产生灵感，得到某些符号和图像，再用左脑推理和演算的功能写出方程式。左脑主管语言、写作、演算和逻辑，主理性分析；大脑右半球建立想象，产生节奏、色彩感、幻想、感觉和直觉，发挥综合性，艺术性的作用。右脑控制着自律神经与宇宙波动共振等，因此造型能力优越，而且五感敏锐，具有绝对的音感，因此被称为“艺术脑”，和潜意识有关。

（四）学会运用自我暗示实现目标

学会积极的自我暗示。1983 年，有一位美国击剑运动员，知道在将举行的比赛中会遇到一位曾经两次击败过自己的古巴选手，因而缺乏信心。心理学家为他反复播放一段讲话，叙述在未来的比赛中，为什么那名古巴选手反而一见他就害怕的理由。他听了十几次，越听越有道理，便从害怕的情绪中解脱出来，并在泛美运动会上战胜了对手，夺得了冠军。因此，策划人员尤其是在策划执行过程中要学会运用一些积极的心理暗示方法，如：微笑，设计振奋人心的语言，多肯定少否定等。

二、恢复想象的能力

想象本身是一种心理过程，它以人所已有的经验为基础，通过对这些经验的改组，创造出一个新的形象来。想象并不是胡乱猜想，而是具有内在的逻辑必然性，是思维统摄下人类理性的一种存在方式和表现方式。而想象大多能预示着可能的逻辑后果，并被证实。想象力是策划之源！提升想象力的技巧有：

（一）打破习惯

即打破惯性思维。16 世纪中叶，人们认为西红柿有毒，便给它取了个生畏的名字——狼桃。有一位画家，他家门前就种了一株狼桃树。他自己一看，发现狼桃旁边有许多虫子在爬来爬去。画家想：怎么小虫子吃了狼桃没事，画家冒险地吃了一个狼桃，发现狼桃并不像人们所说的那样可怕，而是味道鲜美的果子。画家的一个举动，打破了人们的惯性思维，使西红柿得到了应有的美名。

（二）拾回童心

童心是一块未经雕琢的玉石，在优秀策划人的手上，它会成为一块无瑕的玉；苹果里真的会有星星吗？按照一般成人的想法，怎么可能？但孩子的想象力是无穷无尽，他们看到的世界总是七彩斑斓的。也正是因为有这份可贵的想象力，孩子才能够看到一颗苹果里面隐藏着的星星。

（三）保持好奇心

爱迪生一生有众多发明创造和他的好奇心有关。美国雷神公司（Raytheon）工程师珀西·斯宾塞又是一位著名的电子学奇才。1945 年斯宾塞正在测试用于雷达装备的微波辐射器（磁控管）时，突然感觉西裤的口袋里有点不对劲，甚至听到了嗞嗞的声音。斯宾塞停下手里的工作，结果发现是它口袋里装的一块巧克力融化了。他猜可能是磁控管发射的微波烤化了巧克力。由此他立刻意识到也许可以把微波应用到厨房烹饪上，于是微波炉诞生了。

（四）善于考察

实践出真知。后汉书云：不入虎穴，焉得虎子。徐霞客正是亲历中国的名山大川、奇山秀水，才留下了具有很高学术价值的《徐霞客游记》。营销策划同样需要调查研究，望闻问切。

（五）巧设假想

实现假想就是发明。假想就是无中生有，天马行空无拘无束的凭空想象。透过想，不但能打破人们习惯性的思考，而且人们的想象力将从既有的法律、规章、传统等束缚中解脱。如：望远镜——雷达——飞机——火箭——潜艇。千里眼——顺风耳——腾云驾雾——嫦娥奔月——龙宫探宝。牡丹——富贵无边。“世界珍珠大王”日本商人御木本幸吉，看到游客为得到一颗珍珠而争吵，就突发人工养殖珍珠的假想，并经过坚持不懈的努力，取得成功。

（六）运用联想

激发想象，触类旁通，举一反三。碗——饭——饭桶——水桶——水——水荒——干旱——黄沙——黄山——旅游……。联想的类别：相似联想（类比联想）：从签字笔到钢笔，狗到狼；对立联想：从胖子到瘦子，从穷人到富人；连接联想：碗——筷子，床铺——棉被；因果联想：下雨——地温，WTO——汽车市场开放；自由联想：道氏股价理论，随机漫步理论，猫掌——钉鞋，蜘蛛网——吊桥，物理原理——经济现象。

（七）喜爱梦想

非凡成就来自非凡梦想。梦想是理想的状态，也是活力的泉源，它能激发我们想象的潜能，指引我们勇于做自己喜爱的事，最后达成非凡的成就。换言之，一个平凡的人必须有不平凡的梦想，才可能有非凡的成就。

实现梦想四步骤：①决心改变自己；②列举梦想；③找个见证人，有动力去进化；④立刻行动。

三、激发创意的能力

创意具体指综合运用各种天赋能力与专业技术，从现有的商品、服务与活动、组织文化与组织结构、生产与服务作业及经营管理过程之中，寻求新的概念、新的方法、新的商品、服务、活动的过程。激发创意能力常用方法有：

（一）组合法

詹姆斯·韦伯·扬提出“创意完全是旧元素的新组合。”旧+旧=新。

亚瑟·凯斯勒提出“二旧化一新”的构想。其意为一新构想常出自两个想法相抵触的再组合。两个构想常常都是不相关的，甚至是冲突的，但经过冲突而产生另一个使人更加瞩目的构想。例如，澳大利亚一家航空公司想推出一则广告吸引顾客：“下雨，免费旅游”。“下雨”和“旅游”是两个相抵触的事件。创意者把这两个相抵触的事件放在一起，形成了“下雨旅游”的新组合。为了避免公司收入因免费过多而遭受损失，另在广告里附加一条内容：下雨时间必须在连续三天以上。意即下雨时间不满三天，旅游者不能享受免费优待。而这一规定却远不如大标题那样醒目，往往被顾客忽略了。人们心目中最深的印象只有一个：下雨旅游时乘飞机可以不花钱。这一由“二旧化一新”导致的广告创意，使该公司每年营业额增加30%，且数年兴旺不衰。

（二）改良法（变更法）

改良法指改变形状，放大、缩小、增加，或在产品上附加其他东西，以激发创意的一种思考方式。索尼的袖珍收音机，诺贝尔发明的安全炸药等，都是在原产品基础上经过改良个人一种新产品的感觉，获得创意成功。

（三）替代法（转换）

变更法偏重在产品形状的改变，或在产品上附加其他东西；而替代法则偏重在产品的材料、成分、零件、能源等之替代。例如，曹冲称象：“置象于船上，刻其水痕所至。称物以载之，则校可知矣。复称他物，则象重可知也。”还有分粥的故事，轮流分粥的方法不变，但分粥的人要等其他人都挑完后拿剩下的最后一碗。运囚犯到澳洲，由装船时按囚犯人数给船主酬劳，变为目的地付船主酬劳。只进行制度创新，问题就迎刃而解。

（四）颠倒法

就是不按牌理出牌，把事情颠倒过来思考的一种方法。上下、左右、前后颠倒，主客易位，事物倒置、正反倒置等等，用逆向思考解决难题。

（五）新用途法

就是发现产品的新用途，或改变产品的用途，以激发创意的一种思考方法。产品本身不变，只是用不同的角度去看该产品。此种认知上的改变，往往能激发出绝妙的创意。19 世纪中叶，德国著名化学家霍夫曼把试验不成功的奎宁用作染料，他进一步加工，制成了“苯胺紫”，开辟了人造染料的新工业部门。

（六）头脑风暴法

头脑风暴法是一种集体研讨行为。通常由三个阶段构成：选定主题；脑力激荡；筛选与评估。“头脑风暴法”传入德国后，鲁尔巴赫根据德民族习惯于沉思的性格，创造了书面阐述的方法：规定每次会议由 6 人参加，要求每人在 5 分钟内提出 3 个设想，所以又叫 635 法。

（七）专家意见法

又称德尔菲法，是采用背对背的通信方式征询专家小组成员的预测意见，经过几轮征询，使专家小组的预测意见趋于集中，最后做出符合市场未来趋势的预测结论。主要用于重大复杂问题的决策。

（八）相似类推法

就是以形体相似的东西，来刺激自己产生创意的一种思考方式，或者用别人的构想：取法大自然，如鸟与飞机、蜂巢式设计、蔷薇与带刺铁丝等，都属于相似类推法在实际创意中的运用。

（九）触类旁通法

就是拿他物来刺激自己，以便从中获得启迪的一种思考方法。可口可乐瓶就是工人克普鲁曼·鲁特看到女朋友的裙子与身材创意出具有女人曲线美的可口可乐瓶，并获 10 亿美元以上专利费。

打字机的诞生就是钢琴调音师索尔斯，在调音过程中根据琴键原理发明打字母，最后创意出打字机，1874 年美国雷登公司依此生产。

（十）属性列举法

它是运用联想来思考问题的一种方法。先列举产品的属性以后加以改变，它的基本假设是基于“如果把问题变得越小，一定愈容易激发创意”。

（十一）类别列举法

指列举产品类别之后，再加以组合与变更，它融合了组合加变更法的双重特点。日本普拉斯公司 1984 年 10 月推出“迷你文具组合”，带来抢购风。迷你文具就是组合与列举的有效组合：列出所有文具（铅笔、铅笔刀、尺子——将上述项目缩小——组合——放入盒子。

（十二）多面向思考法

就是面对某一问题时，抛开思路的重重束缚，从许多不同的角度去思考以激发创意的一种方法。

关键词

战略策划法　时空运筹法　金三角法　重点发　逆向法　组合法　策划力

课后练习

1. 简述战略思维法、时空运筹法和金三角法的内涵以及特点。
2. 简述一般的创意技术方法有哪些？如何运用？
3. 论述如何提升营销人员的策划能力。

案例分析

互联网时代的营销创意

随着80、90后全新一代的崛起，互联网下半场的开始，年轻人通过不同于以往获取信息的途径，渐渐掌握了时代的话语权，倒逼各大品牌不管是在运作模式，还是品牌营销上，大力创新变革、与时俱进。

三只松鼠

三只松鼠作为依托互联网发展起来的零售新品牌，其目标客户群体定位为80、90、00后新用户。目标人群个性张扬，有自己的主见和行为准则，追求时尚、享受生活。三只松鼠注重契合目标消费者的特点，给产品贴上符合客户群体心智的超萌动漫标签，以此来打通自己的销售渠道。

在当下的休闲食品零售行业中，产品同质化严重，同行之间的竞争也走向白热化，除了通过产品异质性圈定一部分消费者外，率先打出情感牌，让品牌能够在消费者的心中占据一席之地，成为三只松鼠重要的营销策略。

和淘宝的“亲”文化明显不同，三只松鼠的客服化身为鼠小弟，亲切地称顾客为“主人”。

而热衷各种段子，重口味、无底线和无下限的，则由丧心病狂组负责招待。这些定位于目标消费群体的营销方式，极大地满足了顾客的消费体验。

通过拟人化的沟通，将消费者与客服的关系演变为主人与宠物的关系，让顾客觉得更萌，更被尊重，增加了品牌的趣味性、独特性和互动性，更加注重产品的服务价值与体验价值。

三只松鼠坚果通过拟人化的鼠小酷、鼠小美形象，把握住当前的流行文化、社交文化，有效与消费者建立起情感共鸣，迅速拉近了双方的关系。

文化与情感的共鸣刺激消费者“晒”的欲望，而将品牌相关的“晒”上社交媒体，无形中就为品牌的口碑宣传添砖加瓦，品牌拟人化的形象与性格也由此深入人心。

褚橙，本来生活网

褚橙从2012年开始，生鲜电商逐渐成为电商领域的新热点，褚橙进京的生鲜电商本来生活网今年仍在进行他的褚橙爆款营销。

本来生活网的褚橙营销走入了幽默营销路线，在预售期内本来生活网站上就推出一系列青春版个性化包装，那些上印：母后记得一颗给阿妈；我很好，你也保重等幽默温馨话语的包装箱，推出没多久就在本来生活网上显示售罄，可见其受欢迎的程度。

江小白

江小白几乎从不在主流媒体做广告。除去地铁广告，江小白基本没有传统的营销方式，利用得最多的是免费的社交媒体。对于利用互动性很强的社交媒体，江小白的微博营销显示出几个鲜明的特点。首先，长于文案植入，将有意思的话题与江小白的产品联系在一起。

其次，对应自己的品牌形象，将微博的运营完全拟人化。在所有的热点事件时发声，表明自己的态度。

最后，利用微博互动作为线上工具，组织线下活动，并与线上形成互动，以增强粉丝黏性。

除了微博，微信也成为江小白的营销渠道之一。

相比微博，微信的私密程度更高。江小白公关总监舒波表示，除了微信公共账号，江小白还运营着“小白哥”的私人账号，该账号由专人负责维护，并不属于江小白的任何一个员工。“因为有些粉丝会给小白哥说一些自己的隐私，所以这个账号除了负责运营的人，内容是不公开的，包括我也不知道。”舒波称。

定位于年轻一代，让江小白很快脱颖而出，但是仅仅做年轻人这个细分市场，又会显得空间过于狭窄。究竟应该如何拓展市场空间？通过举办2013年底的同城约酒大会，江小白的团队开始重新思考这个问题。

江小白的粉丝经营得很细致，这场千人聚会的人员，由舒波从上万名线上报名者中筛选出来。粉丝信息主要来源于两个网络和在微博互动中抽取的粉丝。还有一部分，舒波甚至会一一浏览粉丝的微博内容来确认个人信息。

点评：联网时代的本质特征就是互动、连接、网络。互联网思维就是符合互联网时代本质特征的思维方式，即活动的本质是民主，连接的本质是开放，网络的本质是平等。从三只松鼠到江小白品牌创意中不难发现，围着用户来体验，让公众的话语以娱乐营销的方式出现，强化公众参与互动，体现个性和文化精神，，然后用互联网方式推广，发挥粉丝经济的作用，成为互联网创意范式。

资料来源：根据互联网时代营销经典创意案例整理，2020. 12。

问题：

1. 互联网背景下体现个性化特征的创意在本案例中的体现？
2. 你认为互联网创意营销注意哪些问题？结合案例谈谈你的看法。
3. 谈谈泛娱乐化在营销创意中的运用？没有信仰的娱乐化营销能让企业持续成功吗？

第六章　企业形象与 CIS 策划

案例引入

江小白 LOGO 升级！新包装更“年轻”了！

首先，最明显的当然是颜色变了，新的形象色调提取了饱和度更高的蓝色。官方将其命名为“愉悦蓝”，使整体视觉更加明亮，显得更有活力更能激发人的愉悦情绪，符合江小白自身“创享愉悦”的企业文化。字体图形方面。在保留原型 LOGO 字体的基础设计上。对字体字形以及酒瓶图形都进行了优化。“江小白”的字体都进行了细微的优化调整。

江小白秉持着“简单纯粹”的原则，原先为白色盖子、深蓝色标签的 纯饮表达瓶。应用了此次变化明亮且高饱和的“愉悦蓝”色系，整体更活泼年轻，传递出具有煽动性的愉悦情绪 。还使用了全新方标和蓝白棋盘格瓶盖，瓶身上还添加了德国工艺防伪浮雕，以及“江记酒庄出品”印记，进一步体现每瓶酒的品质感，正方形的 LOGO 居于瓶子的正中央，一个“纯”，突出其品牌单纯高粱酒的定。添加三条水波纹作为装饰，象征着纯饮系列的清爽纯粹。

褪去纸套后，瓶身采用透明包装，元素更少。比起旧包装复杂的酒瓶、人物图像，以及产品信息，新包装在视觉上更为清晰明了，让人神清气爽，少了一丝江湖多愁的气息，更多的是积极愉悦、年轻朝气 。除了“愉悦蓝”的瓶身设计，江小白还针对不同产品匹配了不同色彩：象征春日的淡饮绿；手工精酿的质感黑。

点评：新兴消费群体崛起以来，用户不断追求多元化、个性化的消费体验，江小白的 LOGO 升级，产品换代则是一种迎合潮流消费市场的做法。清香型的酒体，满足了消费者想要小酌的愿望，又通过更换清新、纯净的“愉悦蓝”作为新包装，达到升级消费者品牌感知的目的，同时也给予了年轻人创造愉悦感的体验，满足了消费者对于口味和审美升级的需求。

资料来源：根据网络资源“江小白的包装设计”资料整理。

第一节　企业形象与 CIS 的内涵

一、企业形象与 CI

（一）企业形象的含义

从心理学的角度来看，形象就是人们通过视觉、听觉、触觉、味觉等各种感觉器官在大脑中形成的关于某种事物的整体印象，简言之是知觉，即各种感觉的再现。形象不是事物本身，而是人们对事物的感知，不同的人对同一事物的感知不会完全相同，因而其正确性受到人的意识和认知过程的影响。由于意识具有主观能动性，因此，事物在人们头脑中形成的不同形象会对人的行为产生不同的影响。

企业形象（Corporate Image）是企业内外对企业的整体感觉、印象和认知，是企业状况的综合反映。具体来讲，企业形象是指社会公众（包括企业员工）通过企业的各种标志和行为（如产品特点、营销活动、人员风格等）而建立起来的对企业的总体印象，是社会公众与企业通过传播媒介或其他接触过程而形成的。企业形象是企业文化的一种外在表现形式。企业形象能否真实反映企业的精神文化，以及能否被社会各界和公众舆论所理解和接受，在很大程度上取决于企业自身的主观努力。

企业形象具有下述功能：

1. 规范与导向功能

企业形象为企业自身的生存和发展树立了一面旗帜，向全体员工发出了一种号召。这种号召一经广大员工的认可、接受和拥护，就会产生巨大的规范与导向作用。像日产公司强调的“品不良在于心不正”，德尔塔航空公司倡导的“亲和一家”等，都是在教育、引导、规范着员工的言行、态度，让他们在工作中注意把自己的形象与企业的良好形象联系起来。

2. 资产增值功能

企业形象是企业的无形资产。良好的企业形象有助于扩大企业的销售量，使企业在与竞争者相同的条件下，获得超额利润，从而形成了直接的利益，企业形象自身因此也就具有了价值。企业形象的良好与否可以从品牌中看出，它具体体现为品牌的价值。

3. 关系构建功能

从企业内部来说，企业因不同的人从事不同的工作，人的性格、爱好、追求又不一样，如果没有一种精神力量把他们“黏合”起来，企业就会成为一盘散沙。企业形象确立的共同价值观和信念，就像一种高强度的理性黏合剂，将企业全体员工紧紧地凝聚在一起，形成“命运共同体”，产生“集体安全感”，使企业成为一个协调和谐、配合默契的高效率集体。从企业外部来说，只有塑造好企业的形象，才能为企业构建良好的公众关系打下基础，才可以从根本上留住顾客。

4. 激励功能

一般而言，企业具有良好的形象，会使企业员工产生荣誉感、成功感和前途感，觉得能够在企业里工作，是一种值得骄傲的事情，由此就会形成强烈的归属意识和奉献意识。在这个意义上，好的企业形象可以视作一个激励员工的重要因素。

5. 辐射功能

企业形象的建立，不仅对内有着极大的凝聚、规范、号召、激励作用，而且能对外辐射、扩散，在一定范围内对其他企业乃至整个社会产生重大影响。像我国 20 世纪 60 年代大庆油田的“铁人精神”以及在日本企业界经常听到的“松下人”“丰田人”等说法，都是企业形象对外辐射的典型范例。

6. 促销功能

企业形象的最终确立是以达到公众信赖为标准。只有在公众信赖的基础上，公众才有可能进一步购买企业的商品或服务。这一机制是企业形象能够产生市场促销的根源。通常，在相同的质量水平下，好的企业形象，可以使企业的产品成为公众购买的首选商品。

7. 扩张功能

良好的企业形象可以为企业赢得良好的社会信誉，使企业能够在短时间内实现市场扩张，赢得大批经营资金，吸引更多的合作者，从而扩大自己的社会影响力。

（二）CI 的含义

1914 年，德国著名建筑学家比德贝·汉斯受聘为德国 AEG 电器公司的设计顾问，并为其进行了统一的商标、包装、便条纸和信封设计，这为统一企业视觉起到了积极作用。这些商标、标识统一设计虽还不能视为严格意义上的 CI 设计，但却可以看作 CI 视觉识别的雏形。CI 理论自诞生至今，各个学科的专家学者对其有着不同的理解，加之研究的侧重点不同，因而对 CI 的定义域解释不尽相同。CI 是英文 Corporate Identity 的缩写。Corporate，是指一个单位、一个团体、一个企业。Identity 有如下两层含义：其一是指主体的识别性，即主体有区别于其他同类的个性化特征；其二是指主体的个性化特征要有完备的统一性，共同表达主体的识别性。可见，其基本意义是识别。因此，在大多数场合 CI 被译为“企业识别”。由企业识别的战略思想指导而规划出整套识别系统，也就叫作“企业识别系统（Corporate Identity System），简称 CIS”。

CI 或 CIS 最初的表征就是：设计与展示一整套区别于其他企业，体现企业自身个性特征的标识系统，以突出企业形象，并以此达到在市场竞争中获胜的经营战略。CIS 与工业设计（Industrial Design）有一定历史渊源。工业设计指以工学、美学、经济学为基础对工业产品进行设计，除了研究产品性能，还强调通过合理的造型手段，使产品能够具备富有时代精神，具备符合产品性能、与环境协调的产品形态，使人们得到美的享受，所以，它是现代科学技术与现代文化艺术融合的产物。CIS 脱胎于工业设计，又有以下区别：

表 6－1　　CIS 和工业设计的区别

区别	企业识别系统（CIS）	工业设计（ID）
设计的基点不同	基点是企业，是对企业整体的软件设计，即从经营理念、行为到视觉识别的系统设计	基点是产品，是对产品的材料、结构、外观、形态、色彩、包装与装饰等进行设计
行为层不同	是企业整体战略行为	属于企业具体操作层次的行为
设计目标不同	是以强化企业整体形象从而提高企业整体竞争力为目标	以提高产品的市场竞争力为目标

第二次世界大战后，世界经济开始复苏，各行各业又进入蓬勃发展时期。由于营运范围日益拓展，企业经营开始迈向多元化、国际化的大市场，企业形象问题受到欧美先进企业的重视。企业经营者感到建立统一的识别系统，以及塑造独特经营观念的重要性。CI 正式出现于 20 世纪 40—50 年代的美国。在此期间，美国先后有三家企业采用 CI 设计，他们分别是哥伦比亚广播公司、美国国际商用计算机公司和西屋电器公司，其中以美国国际商用计算机公司的标志设计最为著名。1956 年，美国国际商用计算机公司以公司文化和企业形象为出发点，突出表现制造尖端科技产品的精神，将公司的全称“International Business Machines”设计为蓝色的富有品质感和时代感的造型“IBM”。这八条线纹的标准字在其后半个世纪中成为“蓝色巨人”的形象代表，即“前卫、科技、智慧”的代名词；也是 CI 正式诞生的重要标志。但是，直到 60 年代中期，对于这种崭新的战略在名称上、概念上都还没有形成共识，到后来才有了统一的名称：Corporate Identity，即 CI。

早期的欧美 CI 更侧重视觉设计，日本在引进欧美的 CI 时，并没有完全照搬，而是将民族理念与民族文化融入其中，它发展和强化了“理念识别”，不仅创造了具有自己特色的 CIS 实践，而且对 CIS 进行了结构上的革命与完善。

日本 CI 专家山田理英指出，美国的 CI 定义与日本 CI 的定义是大相径庭的。前者认为：CI 是以标准字体和商标作为沟通企业理念与企业文化的工具。后者则认为：CI 是一种明确地认知企业理念与企业文化的活动。对 CI 概念不同的理解，必将产生不同的结果，这就是日本 CI 发展的根本原因。

综上所述，CI 不是一个不变的概念，其内涵在随着时代的变革、企业的发展而不断创新与变革。同时其概念内涵也随着不同民族文化而更新。但是，无论怎样变，其基本精神是始终不变的。CI 无论怎样发展与变革，它始终围绕着一个理念核心在运动，这就是为企业解决问题，更明确地说是解决企业与社会、自然的关系问题，它所使用的工具就是塑造企业形象，它解决问题的方式就是不断变革，创造新的企业形象以改善和推进企业与社会、自然的关系状况，并以此推动社会发展，维护企业、社会和自然的动态平衡。因此，CI 战略的根基始终是放在企业自身形象的设计与开发上。所以日本的加藤邦宏说：“CI 就是对企业整体进行设计，以企业整体的活动作为设计对象，使企业本身、个性的表现合乎时代潮流。”从这种立场出发，加藤邦宏认为：“为了形成企业的形象而以设计开发为中心的活动，才是所谓的 CI”。

（三）企业形象与 CI 关系

企业导入 CI 的目的是为了塑造良好的企业形象。CI 是与企业形象紧密相关，但绝非同一概念。CI 的英文全称 Corporate Identity，是企业识别的意思。企业形象英文全称 Corporate Image，有时也简称 CI，但其英文的表述截然不同。

CI 设计的起点是将构成企业形象的要素转化成统一的识别系统，然后再借助于信息传达将其准确、清晰地展示在公众面前，在信息传送者和接受者之间反复的相互作用过程（信息传递与信息回馈）中形成符合 CI 设计原则的企业形象。可见，“企业”既是 CI 的出发点，同时也是 CI 达成的目标。

企业形象是指社会公众和企业职工对企业的整体印象和评价，也是企业的表现和特征在公众心目中的反映。这种印象和评价是公众综合认识的结果。企业形象并不是一成不变的东西；相反，随着环境的变迁、社会价值观的改变，企业必须通过企业再定位，调整经营理念来塑造新的企业形象。如果 CI 仅仅是对企业本身形象的社会传送，其作用就只限于为那些本来就具备良好的形象素质、但信息传递力不强的企业进行信息传达设计。但事实上，大量的企业是因其形象不适应于正在发展的信息时代形象竞争日趋激烈的需要，才求助于 CI 这一系统的手段，这也正在 CI 产生和发展的深厚基础。因此，可以说，CI 是传达、塑造企业形象的基本工具与手段。CIS 是企业建立和维护良好形象的一个系统工程。

“CIS”即企业识别系统，将企业经营活动以及运作此经营活动的企业经营理念或经营哲学，利用视觉沟通技术，以视觉化、规范化、系统化的形式，通过传播媒介传达给企业的相关者，包括企业员工、社会大众、政府机关等团体和个人，以塑造良好的企业形象，使他们对企业产生一致的认同和价值感，以赢取社会大众及消费群的肯定，从而提高企业的竞争力，为企业带来更好的经营绩效。

CIS 的意义：对内，企业可通过 CI 设计对其办公系统、生产系统、管理系统以及销售、包装、广告宣传等形成规范设计和统一管理，由此调动企业每个职员的积极性和归属感、认同感，使各职能部门能各司其职、有效合作。对外，通过一体化的符号形式来形成企业的独特形象，便于公众辨别、认同企业形象，促进企业产品或服务的推广。

二、CIS 的构成

企业识别系统（CIS）构成要素，有三个基本的子系统：即理念识别系统 MIS（Mind Identity System）、行为识别系统 BIS（Behavior Identity System）和视觉识别系统 VIS（Visual Identity System）。

资料链接

双星商标图案为圆圈上闪耀着两颗巨星，英文字母“DOUBLE STAR”（双星）位居圆圈上方，圆圈寓意为地球，象征着双星人紧密团结、奋进，让双星事业遍布世界各地。两颗星的不同含义：“物质文明一颗星，精神文明一颗星”“东半球一颗星，西半球一颗星”“双星企业一颗星，双星朋友一颗星”“企业一颗星，体育一颗星”“年轻人一颗星，老年人一颗星”。

美的中衍生出来的椭圆形代表美的致力于创新，完美，和谐，椭圆同时也传达日夜、天地之间能量与平衡，尖角和平滑圆弧的融合寓意着美的对尖端科技和生命关怀的追求。

“方正品牌”。汉语“方正”一词，源于《汉书·晁错传》：“察身而不敢诬，奉法令不容私，尽心力不敢矜，遭患难不避死，见贤不居其上，受禄不过其量，不以无能居尊显之位。自行若此，可谓方正之士矣!”。它指人的行为、品性正直无邪；即方方正正，规规矩矩，既体现了公司依法经营、诚实经商的经营之道，又反映了公司从领导到职工的朴实无华、诚恳待人的处世态度和严谨、求实的科学精神。

同时“方正”一词又有一方之中、一方之主、八方之正的寓意，体现了方正集团广采世界最新技术的开阔视野和吸纳天下一流人才的博大胸怀。英文主要意思为：奠基者、创立者、缔造者。

方正的图形商标是一个充满动感的立方体。标识既反映了公司的产品特点，又体现了公司的企业精神。达到了形神兼备的境界。从立体角度上看，右上角和左下角的黑色部分像两个箭头，向上的箭头表示科技顶天；向下的箭头表示市场立地。这意味着方正集团的高科技产业是顶天立地的事业。两个阴影部分似接非接，给人一种冲击感，体现了方正集团锐意进取、不断开拓、永远创新的企业精神。

（一）企业的理念识别（MI）

MI（理念识别系统）。是 CIS 最抽象、最深层的组成部分。其核心内容是企业精神，亦即企业经营活动中长期形成的、并为员工所认同的价值观念和群体意识，所以，可以说，企业文化是企业形象识别系统的原动力和基石。

企业理念是企业在开展的生产经营活动中的指导思想和行为准则。它包括企业的经营方向、经营思想、经营道德、经营作风和经营风格等具体内容。企业理念，对内影响企业的决策、活动、制度、管理等等，对外影响企业的公众形象、广告宣传等。所谓 MI，是指确立企业自己的经营理念，企业对目前和将来一定时期的经营目标、经营思想、经营方式和营销状态进行总体规划和界定。

如麦当劳经营思想："顾客永远是最重要的，服务是无价的，公司是大家的。" IBM 经营宗旨："尊敬个人，服务顾客，追求完美。"第一投资公司的企业精神是："人是我们的第一投资。"声宝公司的口号是："商标就是责任。"统一公司的口号是："你方便的好邻居。"

企业理念形象设计的主要方法：

1. 从企业优良传统中提炼个性化语言，反映出时代内涵

过于大众化的语言如"团结""开拓""进取""务实""高效"等最好不要用。比较好的如平安保险的"以心感人，人心归"；九芝堂的"九州同济，兰芝同芳"及"九分情、一分利"；科龙电器的"科技巨龙"与"五湖四海"。

2. 从企业众多观念中选择出核心观念，并加以新颖的表述

核心理念要统揽全局、面向未来。如微软公司在摈弃官僚主义、构建学习型组织、鼓励个性化发挥等理念中，提出其核心理念为"以人为本，追随智慧"。大唐集团的"人为本、和为贵、效为先"。

3. 企业成功行为习惯的典型总结

如海尔集团的"赛马不相马""日清日高"理念；沃尔玛的"帮顾客节省每一分钱"。

4. 发挥员工大众的智慧，由员工评比决定企业理念

（二）企业的行为识别（BI）

BI（行为识别系统）。体现着企业精神指导下的企业行为准则，它规划企业内部的组织、管理、教育，以及对社会的一切对外交往活动。企业精神是抽象的，而企业行为是动态的，通常要物化为具体的形式表现出来。如通过厂容、厂貌、企业内部各种仪式、员工对内对外行为规范等来体现。

BI 则直接反映企业理念的个性和特殊性，是企业实践经营理念与创造企业文化的准则，是对企业运作方式所作的统一规划而形成的动态识别系统。包括对内的组织管理和教育，对外的公共关系、促销活动、资助社会性的文化活动等。通过一系列的实践活动将企业理念的精神实质推展到企业内部的每一个角落，汇集起员工的巨大精神力量。

BI 包括以下内容。对内包括组织制度，管理规范，行为规范，干部教育，职工教育，工作环境，生产设备，福利制度等等；对外包括市场调查，公共关系，广告宣传，流通对策，产品研发，公益性、文化性活动等。

企业的行为识别几乎涵盖了整个企业的经营管理活动。不同的企业，在内涵上又有所不同，如银行业重视外观形象和社会形象；销售企业重视外观形象和市场形象等。在企业行为中能直接作用到公众，形成公众的印象与评价的因素，主要可分为 7 种形象 24 项因素，

包括：

（1）技术形象：技术优良，研究开发能力旺盛，对新产品的开发热心。

（2）市场形象：认真关注消费者，对顾客服务周到，善于广告宣传，消费网络完善，很强国际竞争力。

（3）公司风气形象：清洁，现代感，良好的风气，和蔼可亲。

（4）未来性形象：未来性，积极形象，合乎时代潮流。

（5）外观形象：信赖感，稳定性高，企业规模大。

（6）经营者形象：经营者具有优秀的素质。

（7）综合形象：一流的企业，想购买此公司股票，希望自己或子女在其公司工作。

企业的行为识别偏重于行为活动的过程，消费者对其的认识也需要一定的时间。而且随着时代的变化企业的行为识别内容也在不断的进行调整，以符合整体企业识别系统的变革。

（三）企业的视觉识别（VI）

VI（视觉识别系统）是 CIS 三个组成部分中最外在、最直观的部分，也是具体化、视觉化的传达形式。它通过组织化、系统化的视觉方案，传达企业的各种信息，主要包括企业标志、标准字、标准色和象征图形、吉祥物等基本要素，企业为公用品（信纸、信封、名片、文具）、车辆外观、办公室装饰、户外招牌、员工制服、产品包装、各种广告媒介等都可以成为 VI 的延伸推广的载体。

VI 是以标志、标准字、标准色为核心展开的完整的、系统的视觉表达体系，它将上述的企业理念、企业文化、服务内容、企业规范等抽象概念转换为具体符号，塑造出独特的企业形象。在 CI 设计中，视觉识别设计最具传播力和感染力，最容易被公众接受，具有重要意义。

VI 系统包括：第一，基本要素系统：如企业名称、企业标志、企业造型、标准字、标准色、象征图案、宣传口号等；第二，应用系统：产品造型、办公用品、企业环境、交通工具、服装服饰、广告媒体、招牌、包装系统、公务礼品、陈列展示以及印刷出版物等。

在 CIS 所有活动中，企业的视觉识别效果最直接，在短期内表现出的作用也最明显。统一的 VI 设计可以在企业对外宣传和企业识别上获得最有效最直接的具体效果。也正因为如此，很多人把视觉识别（VI）等同于 CIS，甚至把 VI 等同于“企业形象”。在企业视觉识别（VI）中，视觉的设计是论证 VI 成功的关键。

一个良好的视觉识别设计应该注意满足以下 4 个要求：①要能反映企业的理念识别（MI）基本特征。②能反映企业基本经营性质。③视觉设计必须容易辨认和记忆，具有系统性及严格区别于其他同类企业。④视觉设计必须符合美感，赏心悦目，能被绝大多数人接受并能引起他们的好感。

一个良好的视觉识别设计应该遵循的基本原则有：

1. 统一性原则

为了达成企业形象对外传播的一致性与一贯性，应该运用统一设计和统一大众传播，用完美的视觉一体化设计，将信息与认识个性化、明晰化、有序化，把各种形式传播媒体上的形象统一，创造能储存与传播的统一的企业理念与视觉形象，这样才能集中与强化企业形象，使信息传播更为迅速有效，给社会大众留下强烈的印象与影响力。

对企业识别的各种要素，从企业理念到视觉要素予以标准化，采用统一的规范设计，对外传播均采用统一的模式，并坚持长期一贯的运用，不轻易进行变动。要达成统一性，实现VI设计的标准化导向，必须采用简化、统一、系列、组合、通用等手法对企业形象进行综合的整形。

同一性原则的运用能使社会大众对特定的企业形象有一个统一完整的认识，不会因为企业形象的识别要素的不统一而产生识别上的障碍，增强了形象的传播力。

2. 差异性原则

企业形象为了能获得社会大众的认同，必须是个性化的、与众不同的，因此差异性的原则十分重要。

差异性首先表现在不同行业的区分，因为，在社会性大众心目中，不同行业的企业与机构均有其行业的形象特征，如化妆品企业与机械工业企业的企业形象特征应是截然不同的。在设计时必须突出行业特点，才能使其与其他行业有不同的形象特征，有利于识别认同。其次必须突出与同行业其他企业的差别，才能独具风采，脱颖而出。

3. 有效性原则

有效性是指企业经策划与设计的VI计划能得以有效地运用，VI是解决问题，不是企业的装扮物，因此能够操作和便于操作，其可操作性是一个十分重要的问题。

企业VI要具有效性，能够有效地发挥树立良好企业形象的作用，首先在其策划设计必须根据企业自身的情况，企业的市场营销的地位，在推行企业形象战略时确立准确的形象定位，然后以此定位进行发展规划。在这点上协助企业导入VI计划的机构或个人负有重要的职责，一切必须从实际出发，不能迎合企业领导一些不切合实际的心态。

企业在准备导入VI计划时，能否选择真正具有策划设计实力的机构或个人，对VI计划的有效性也是十分关键的。VI策划设计是企业发展一笔必要的软投资，是一项十分复杂而耗时的系统工程，是需要花费相当经费的。要保证VI计划的有效性，一个十分重要的因素是企业主管有良好的现代经营意识，对企业形象战略也有一定的了解，并能尊重专业VI设计机构或专家的意见和建议。

4. 审美性原则

好的VI设计能将原本枯燥的语言通过具有艺术性和趣味性的视觉图形表现出来，生动活泼的VI设计能吸引读者的视线，引发读者的好奇心．给人美感，让人心动，所以完美的VI设计有巨大的审美价值。

优秀的VI设计应其有强烈的视觉冲击力，且形式完美、装饰性强、创意独特，使人赏心悦目，让人们在愉悦中牢记其品牌含义。具有审美价值的VI设计，更能贴近人们的生活，有强烈的亲和力，让人们喜欢、耐看、易认、易记。VI设计在品牌时代广泛应用于各种传播媒体，它能有效引导大众的审美观念，领导视觉艺术的时尚潮流。

一个完整的CIS系统必须包括MI、BI与VI三个要素。其中MI主导要素，是企业在长期发展过程中形成的、具有独特个性的价值观体系，是企业宝贵的精神资产和不断成长的原动力。MI的视觉化体现便是VI，而BI则是MI的行为化延伸和展现。三者完善的融合和组织是塑造企业形象的有效手段。

若BI丧失MI，企业职工就会说不清本企业怎样发展，也道不明怎样去做，企业行为很可能陷入不自觉状态。若VI不能表达MI，则缺乏精神内涵的视觉冲击力，犹如无根之花草。反过来，MI离开了BI与VI，也就成了一句空头口号或一张废纸。换而言之，CIS

是由 MI（理念识别 Mind Identity）、BI（行为识别 Behavior Identity）、VI（视觉识别 Visual Identity）三方面组成。在 CIS 的三大构成中，其核心是 MI，它是整个 CIS 的最高决策层，给整个系统奠定了理论基础和行为准则，并通过 BI 与 VI 表达出来。所有的行为活动与视觉设计都是围绕着 MI 这个中心展开的，成功的 BI 与 VI 就是将企业的独特精神准确表达出来。

第二节 导入 CIS 的模式及时机策划

一、导入 CIS 的模式

一般而言主要有三种模式：

（一）预备性 CIS 导入模式

这是针对新建的企业而言的。设计和策划包括对企业经营思想、口号、信条、标志、吉祥物、标准色、标准字体、企业形象的社会定位、战略选择、计划实施方案、管理办法以及应用系统的设计与策划等。

（二）扩张性 CIS 导入模式

该模式是企业在成长过程中为了实现资本扩张，把企业带进新的高一级的发展阶段而导入 CIS 的模式。它能使企业革新换面、脱胎换骨。形象策划应该立足于企业原有基础而着眼于发展层次和境界

（三）拯救性 CIS 导入模式

也称医疗性 CIS 导入模式。对于众多传统型企业来说，为了重塑形象，改变旧貌而重新调整经营理念、经营行为、经营者的视觉形象，以通过 CIS 的导入拯救企业的生存与发展前景。

二、导入 CIS 的时机

1. 企业名称老化，易被误认、误解。
2. 企业实施多角化的经营后，企业形象的一贯性、统一性逐渐丧失。
3. 与其他企业合并后，须重塑企业形象。
4. 企业名称与商品形象不符。
5. 在同行业竞争中，本企业形象竞争力处于不利地位。
6. 企业知名度低。
7. 企业形象不好，员工士气低落。
8. 企业形象因营销活动中某种事故受损，产生负面效应。
9. 旧的企业形象有碍于进军新市场。
10. 缺少能代表企业的统一性标志。
11. 企业某种特定的商品形象，成为其他商品的障碍。
12. 人才吸引力差。

13. 企业股票筹划上市，或股票走势显示企业处于劣势或遇障碍。
14. 商品与商标形象出现分歧。
15. 企业形象赶不上国际化形象的潮流。
16. 当前的营销战略与企业形象无法配合。
17. 创业周年或若干年纪念日。
18. 新产品的开发与上市。
19. 解脱经营危机，使停滞的事业得以活络。
20. 经营理念的重整等等。

三、企业导入 CIS 后的几种状态

经过 CIS 武装的企业，在市场上依据其发育状态往往呈三种境界。

第一层次，耳目一新，独具特色。这是成功地开发 CIS 的最初境界。这样的企业偏重于 VIS（视觉形象），设计 MIS（行为识别）和 BIS（理念形象）尚处于初始阶段。它们往往致力于对自身新形象的宣传，通过各种媒体把本企业的标志、标准色、口号、商标、企业形象应用系统的特色等外在的东西渗入到公众心目中去，它们给市场、给各类传媒带来新气象，显示了经济发展的活力和起色，给人耳目一新之感。

第二层次，如鱼得水，风生水起。这是成功地开发 CIS 的第二境界。在此情境下，企业完成了 VIS 的对外宣传而偏重于 BIS 的策划与实施，企业通过若干真心真意地为消费者、为社会服务的重大举措造成社会影响，扩大知名度，提高企业声誉和魅力，从而广泛地赢得了赞誉、赢得了市场。

第三层次，桃李不言，下自成蹊。这是成功地开发 CIS 的目标境界。企业的 VIS、BIS、MIS 的实施均已定型，企业形象牢牢树立在市场上和公众心目中，市场占有率扩大，企业拥有大批忠诚的消费者，在盛名之下趋之若鹜。

这三种境界是循序渐进的。任何企业只要不故步自封，就能把 CIS 开发从表面引入里层，从形式引向实质，从设计引向实施，从投入引向产出，从而在 21 世纪的市场上，呈现出各类企业色彩纷呈的局面。

企业在导入 CIS 过程中，由于对 CIS 的整体性、统一性、目的性、科学性认识片面，往往容易陷入误区。如单纯靠企业标志图案代替企业形象，企业形象仅靠征集企业标志来提高；企业标志图案运用不合规范；以为完成了 VI 设计即是完成了 CIS 设计；在对出口商品进行 VI 设计时忽视了相应的外文标志，或是盲目地迎合潮流、忽视企业的个性特色等等。CIS 是一个整体战略系统，导入这个系统是企业发展的战略行为，绝不是某种权宜措施。因此，导入 CIS 时，一方面要对本企业的历史、现状、未来发展前景有周详的调研；另一方面要对 CIS 作出整体规划和设计，即对 MI、BI、VI 作出彼此照应的、形成耦合整体的策划，仅仅停留在 VI 作表面文章就会陷入误区。

第三节 企业形象策划的程序

企业 CIS 战略是企业的一个长期的战略，不是一蹴而就的行为，必须设计出一种可控制的、能实际操作的机制。

相关链接

CIS 在发展过程中，有相关人士提出企业听觉识别（Audio Identity，简称 AI）和企业环境识别（Environmental Identity，简称 EI）概念。

企业听觉识别系统（AIS），它是通过听觉刺激传达企业理念、品牌形象的识别系统。听觉刺激在公众头脑中产生的记忆和视觉相比毫不逊色，从理论上看，听觉占人类获取信息的 11%，是一个非常重要的传播渠道，颇受广大企业青睐。

企业环境识别（EIS）是对人所能感受到的组织环境系统实行规范化的管理。在此，环境不仅是一个区域概念，而且应视为一个空间概念，一个社会学、生态学的概念，一个涉及心理学、营销学、公共关系学、竞争学、伦理学、未来学的概念。长期以来，我们对环境重视不够。随着商品经济的发展，环境意识也已逐渐为大家所接受。根据系统科学的原理，环境对系统的发展是起很大作用的。因此，将其隐藏或捆绑在企业视觉识别中是远远不够的，有必要把环境作为企业识别系统的一个要素子系统单独研究。企业环境识别系统的内容：

1. 内部

门面是否标明单位名称、标志展示；

通道是否美观、实用，是否有宣传设施；

楼道、室内的指示系统管理；

配套家具、设施的风格、质量、价格；

智能化通信设施；

空气清新度；

安全设施。

2. 外部

环境艺术设计；

生态植物、绿地；

雕塑、吉祥物；

建筑外饰如广告、路牌、灯箱；

组织环境风格与社区风格的融合程度。

企业形象策划即 CIS 导入的程序是个系统工程，简言之可以概括为“789”工程，其中，“7”意指整个过程分为 7 大步骤；“8”即前期调研的 8 个方面；“9”即设计的视觉、理念、行为及其应用系统所涉及的 9 个方面。

一、调研

调研的内容包括：企业的历史、企业的经营现状、企业的发展战略、企业法人代表及高层管理人员的经营风格、企业组织文化氛围、市场同业竞争形势与市场同类产品竞争形势、企业知名度、市场地位及产品力等问题调查、分析与评估。

二、策划

企业形象策划主要围绕企业形象的社会定位、市场定位与风格定位，企业形象的表现战略的选择，企业形象的计划实施方案及管理办法方案等方面进行。社会定位，是因为企业不仅是经济人，它还具有社会公民的身份，应当具备社会公民道德，承担社会责任。企业的社会责任涉及企业利益、消费者权益、员工福利、纳税义务、环境保护和公益事业等诸多方面。根据设计的企业形象进行市场定位，以保证企业在消费者心目中占据适当的位置，赢得顾客的厚爱。

三、设计

CIS 设计包括三个基本要素（见前述）和六个应用系统。

相关链接

视觉设计相关理论

2012 年，定位理论的卓越继承人劳拉·里斯女士在其新书《视觉锤——视觉时代的定位之道》里，从企业品牌传播的角度提出了视觉锤的概念。用以弥补传统的“语言概念”这颗钉子在当前“视觉时代”遭遇到的定位乏力。心理学中说人有两个大脑，左脑是理性的，记忆基于词语（word），右脑是感性的，情绪化的（emotional），以视觉形象为记忆单元。劳拉·里斯认为，在数字媒体时代信息太多，以致消费者开始用右脑思考。所以在现在这个时代，“语言定位”不能完全搞定，需要“视觉锤”（the visual hammer）以形象的方式表演出来。比如可口可乐的“钉子”是“开启快乐”，但是要传递出去，可口可乐就用了“女性身形瓶子”这样一个“视觉锤”；比如麦当劳的是“钉子”是“为快乐腾点空间”，但是传播时用了“金色拱形门”那样一个“视觉锤”。另外，像耐克的钩子、target 的圈圈，都被认为是简洁而鲜明的“视觉锤”。她列举了十种方式创造视觉锤（形状 shape，颜色 color，产品 product，包装 package，动态 action，创始人 founder，符号 symbol，名人 star，动物 animal，传承 heritage）。

企业形象设计的六个应用系统，包括：办公室内陈设系列、办公用品系列、交通工具系列、员工制服系列、产品包装系列、广告用品系列等。

四、定位

根据设计的企业形象进行市场定位，以保证企业在公众心目中占据适当的位置，赢得顾客的厚爱。

五、宣传

对拟定的 CIS 实施计划进行整理，编订成册，召开新闻发布会，借助各种传播媒体全面宣传企业形象。

六、培训

有领导、有步骤地对企业内员工进行 CIS 系统培训，包括 CIS 知识启蒙教导、高层管理人员 CIS 沟通研讨、部门经理集训、员工礼仪训练、企业内外环境改善计划、企业公共关系及公益活动计划研究等。

七、CIS 策划的落实与保持

CIS 策划落实及保持方法主要有：

1. 企业建立根本制度作为保障

如方太厨具在落实 CI 过程中制定了“企业宪法”，从制度上保障每名员工的责任和权利，把公司利益和员工利益紧密地联系在一起。

2. 建设配套的管理机制

如沃尔玛为落实“员工是合伙人”理念，相应的建立了“利润分享机制”“员工购股机制”“损耗奖励机制”。

3. 企业领导者推动

包括领导者率先垂范、以身作则以及建立专门的 CIS 推进与管理机构。

4. 规范工作与生活细节

英特尔让一些资深管理者担任“清洁大使”在办公楼内检查卫生。

5. 实行项目管理方式

将 CIS 的落实分解为针对性强、目标任务清晰、措施具体的若干“工程”，在某一阶段集中力量解决某一方面问题。

6. 反复强化

CIS 往往打破企业员工旧习惯，进一步形成新习惯。新习惯的形成需要不断地对相关人员进行强化。包括情景强化、活动强化、风俗强化、奖惩强化。企业形象设计流程及纲要（见表 6－2）。

表 6－2　企业形象设计流程及纲要

流程	内容
调研	企业的历史、企业的经营现状、企业的发展战略、企业法人代表及高层管理人员的经营风格、企业组织文化氛围、市场同业竞争形势与市场同类产品竞争形势、企业知名度、市场地位及产品力等问题调查、分析与评估。
策划	企业形象策划主要围绕企业形象的社会定位、市场定位与风格定位，企业形象的表现战略的选择，企业形象的计划实施方案及管理办法方案。

续表

流程	内容
设计	1. 企业精神形象设计 (1) 企业理念（经理思想）。(2) 企业精神信条。(3) 企业标语口号。(4) 企业歌曲。 2. 企业视觉形象设计 (5) 企业标志画法：企业标志的意义、企业标志使用规范。(6) 企业标准字体：中文标准字体、英文标准字体。企业标准字体的意义。(7) 企业象征图形（如吉祥物）：画法、意义、用途及使用规范。(8) 企业标志与企业标准字体组合系统：组合方式、使用规范。(9) 企业标志、企业标准字体、企业象征图形组合系统：组合方式、使用规范。(10) 企业标准色调系统：主色系统、辅助色系统、标准色意义、用途及使用规范、主辅色组合。 3. 企业投资赞助的选项原则及媒体选择 (11) 选项原则。(12) 投资期限（长期、中期、短期）。(13) 投资方向（工业、高科技、学校、房地产、旅游、公益事业）。(14) 赞助项目（文化体育活动、公益事业、学校、道路修建）。(15) 媒体选择。(16) 联谊活动。 4. 企业对内外行为规范 (17) 员工训练：礼仪训练、素质训练、技术训练。(18) 内部机构规范。(19) 公关活动规范。(20) 外来活动规范。 5. 企业形象应用系统设计 企业形象应用系统设计之一：办公用品系列 (21) 名片：纸质、颜色、用途、设计样式（中文式、英文式）。(22) 公司职员识别证。(23) 信纸信封（中式、西式）。(24) 便笺纸。(25) 邀请函。(26) 贺卡。(27) 证书。(28) 明信片。(29) 有价赠券。(30) 票券。(31) 入场券。(32) 贵宾卡。(33) 贴纸。(34) 公文卷宗。(35) 公文信封。(36) 公文纸。(37) 报表。(38) 资料卡。(39) 笔记本。(40) 旗帜。 企业形象应用系统设计之二：广告用品系列 (41) 报纸广告：整版样式，半版样式，报头（专栏）样式。(42) 杂志广告：跨页设计样式，整页设计样式，半页设计样式。(43) 直邮广告：横式、竖式，二折式、三折式。(44) 车厢广告。(45) 墙面广告。(46) 日历广告。(47) 月历广告。(48) 年历广告。(49) 海报（宣传画）。(50) 气球广告。(51) 横式路牌广告：直式广告，立地式广告，霓虹灯广告，告示、指示广告，建筑屋顶广告塔，广告吊旗。(52) 立体传播媒体广告：电视媒体广告，电台媒体广告，多媒体广告，幻灯片广告，灯箱（静态、动态）模型。(53) 礼品广告。(54) 社会公益性建筑广告。 企业形象应用系统设计之三：交通工具系列 (55) 公司交通车：造型（外部造型与色调），车体（广告）标志。(56) 公司工程车、工具车：车体（广告）标志。(57) 小车：造型，车用饰物与示牌。 企业形象应用系统设计之四：制服系列 (58) 公司职员夏季办公服装。(59) 公司职员冬季办公服装。(60) 管理人员礼服系列。(61) 职员休闲运动服（夏季）。(62) 职员休闲运动服（冬季）。(63) 职员服饰系列（徽章、饰花）。(64) 职员服装配件系列（领带、皮鞋、饰带、袜子、钥匙链等）。(65) 公事包。 企业形象应用系统设计之五：办公室内布置 (66) 办公室环境空间设计。(67) 办公室设备（式样、颜色）。(68) 照明灯。(69) 壁挂 (70) 绿色植物与盆景。(71) 橱窗。(72) 部门牌。(73) 标志符号。(74) 告示牌。(75) 记事牌。(76) 公告栏。(77) 茶具、烟具、清洁用具。(78) 办公桌及其桌上用品。 企业形象应用系统设计之六：包装系列 (79) 包装用封套。(80) 包装纸。(81) 手提袋。(82) 包装盒。(83) 包装箱。(84) 包装造型与图案色调。

续表

流程	内容
宣传与培训	对拟定的 CIS 实施计划进行整理，编订成册，召开新闻发布会，借助各种传播媒体全面宣传企业形象。 有领导、有步骤地对企业内员工进行 CIS 系统培训，包括 CIS 知识启蒙教导、高层管理人员 CIS 沟通研讨、部门经理集训、员工礼仪训练、企业内外环境改善计划、企业公共关系及公益活动计划研究等。
控制	监督；检查；评估；修正。

关键词

企业形象（corporate image）　理念识别（mind identity）
行为识别（behaviour identity）　视觉识别（visual identity）
企业识别系统（corporate identity　system）

课后练习

1. 什么是企业形象和企业识别？二者关系是怎样的？
2. CIS 与工业设计有何区别？
3. CIS 由哪几个部分构成？各子系统分别包括哪些内容？
4. CIS 是怎样兴起与发展的？
5. 中国为什么要导入 CIS？
6. 导入 CIS 有哪几种模式？有哪些时机适合导入 CIS？

案例分析

鄂尔多斯集团 CIS 手册（节选）

1. 司徽为红色象征火，体现了企业奋发向上，富有强大生命力和竞争力的性格。同时也代表我们集团全体员工将始终以火的热情，让“鄂尔多斯羊绒衫，温暖全世界”。

2. 司徽形象为汉语拼音〈e〉，即鄂，代表鄂尔多斯。

3. 司徽上部形象代表山羊角，象征着集团是以山羊绒起家、以山羊绒为基础发展壮大，下部两平行杠代表多种产业并存。整体象征我们鄂尔多斯集团是以羊绒一业为主，多种产业并存的大型企业集团。

4. 司徽整体形象是以零为起点，从无到有，从小到大发展的，象征集团从无到有，从小到大的发展历程。

5. 司徽的圆形环状形象象征我们鄂尔多斯集团公司呈滚动发展态势，像滚雪球一样越滚越大。

6. 司徽形象像海浪，象征着在改革的浪潮中，鄂尔多斯集团勇立潮头，蓬勃发展。

7. 司徽的形状没有闭合，象征我们集团的发展是开放性的螺旋上升式，在大胆引进、吸收、开放搞活的基础上前进的。

8. 司徽的形象又像地球，象征着我们集团公司的事业要走出国门，走向世界，创世界名牌。

公益事业：

鄂尔多斯集团在二十多年的发展历程中，始终坚持与社会共同进步，积极参与社会公益事业，为回馈地方、促进地区经济发展做出了巨大的贡献。这些年来，鄂尔多斯集团共计为社会捐款3000多万元，主要用于各产绒区的抗旱救灾。

捐资援建鄂尔多斯集团希望学校是鄂尔多斯集团贸工牧一体化战略的重要举措之 一，主旨在于感谢各产绒区人民对鄂尔多斯羊绒事业的长期支持，密切产绒区和企业间鱼水之情，传播鄂尔多斯集团的经营理念，以真情回报社会。

考察一个企业的企业形象，可以洞察文化的系统概貌和整体水平，也可以评估它在市场竞争中的真正实力。随着“鄂尔多斯”品牌的盛名远扬，随着集团事业的不断壮大，对企业员工素质提出了新的、更高的要求和标准，为此，制定了职员行为准则。

第一章　道德准则

一、社会公德

1. 树立正确的人生观、价值观、世界观。爱祖国，爱人民，爱国旗，爱企业、热爱劳动。勇于进取、乐于奉献。

2. 遵纪守法，自觉维护公共秩序。

3. 待人诚实和气，微笑迎客，讲文明，讲礼貌，礼遇外宾，不卑不亢。

4. 乐于助人，尊老爱幼，家庭和睦，团结邻里。

5. 养成良好习惯，不酗酒、不赌博、不吸毒，不做危害社会的事。

6. 美化环境，爱护公共设施，维护公共卫生，养成不乱扔果皮纸屑、烟头，不随地吐痰的良好习惯。

7. 严格遵守交通规则。

二、职业道德

1. 热爱集团事业，为集团事业做贡献。与企业同荣辱、共命运的情感是热爱企业、献身企业的集中表现，也是员工做好本职工作的思想基础和力量源泉。

2. 安全生产，爱岗敬业。每个员工的工作质量都会不同程度地直接或间接地影响企业的安危。安全是企业内部各个部门工作的综合反映。

3. 尊重客户，文明服务。尊重客户，文明服务是全心全意为企业、为客户服务的基本道德要求。

4. 遵章守纪、廉洁奉公。

5. 顾全大局、团结协作。正确处理国家、企业、个人三者的利益关系，以大局为重，团结协作，相互尊重，文明交往，共同维护集团荣誉，树立一盘棋思想。

6. 勤俭节约，艰苦创业。

第二章　着装准则

基本原则：端庄、大方、整洁、得体，便于工作。

1. 男性的着装和仪容：(1) 头发整洁：不蓬头、不留胡子；(2) 脸部要刮干净；(3) 服装要整洁；（4）衣服的颜色和花纹不要太华丽；（5）工作时间要着工作装，禁止穿短裤、背心上班；（6）原则上工作时间禁止佩戴首饰；（7）手部要干净，指甲不应过长；（8）衣服要烫好；（9）要穿暗色袜子；（10）皮鞋要擦亮；

2. 女性的着装和仪容：（1）头发要整洁，长发要束起，禁止散发；（2）化妆要自然，禁止浓妆艳抹；（3）服装要整洁；（4）衣服的颜色和花纹不应太华丽，不穿露、透的服装，不着超短裙、背心或露脐装；（5）工作时着工作装；（6）首饰要得体；（7）手部要干净，指甲的长度适中；（8）衣服要烫好；（9）长筒袜的颜色不应太显眼（不应有花边或花纹），夏季不宜不穿袜子；（10）皮鞋要擦亮，鞋后跟高度应为3～5CM，可穿平跟鞋，不穿拖鞋及前露脚趾的凉鞋。

3. 着装仪容应注意以下情况：（1）不要卷上袖子；（2）与客人见面时应尽量穿正装，不穿露肩露背装。

4. 员工参加下列活动须着工作服：外事活动、接待重要客人、赴外参加会议、重大节日、重大活动及有统一要求等。

第三章　举止准则

基本原则：端庄、大方、得体、优雅。

一、员工举止准则

1. 仪表端庄大方，不卑不亢，举止文明，神态自然，面带笑容。

2. 接待客人一般要起立，脸部自然，眼睛平视着对方。若因工作需要坐着时，要抬起头，面向对方，但不要上下打量客人。

3. 上岗时坐姿要端正。当坐着与客人谈话时，座位最多不要超过椅面的前半部，身子略前倾，眼睛注视着对方面部，并不时地点头。

4. 在岗位上站立迎宾时，对站姿的一般要求是：女士两脚并立，双手虎口交叉自然放在身前；男士若是两脚并立，则两手放在身后，若是两脚开立，两手定要放在身子两侧。

5. 与客人迎面相遇时，要靠右侧行走，若道路较窄，应主动让路；与客人同行时，要让客人走在前面，并主动为客人开门；如遇客人在通道或其他地方谈话时，不要从中间穿过，若因路窄，应先说“对不起”，然后通过。

6. 客人之间谈话，不要随便打断或探听，如需插话时，应等客人讲完一句话后，说声“对不起，打扰一下”，再插话。

7. 给客人端茶送水，水不要斟得过满或太少，七、八成为宜。捧茶时，用右手端着杯子下半部，左手扶杯，送到客人面前，若使用杯碟，则用双手捧着，杯把手应对着客人右手。

8. 给客人递送客票、单据或现金时，边“唱收唱付”，边轻轻放在台上或递到客人手中。需要签收的，要将签收单放在客人面前，不要随手乱抛或用力摔在台上。

9. 同女性客人握手，一般不要先伸手。握手时，姿势要端正自然，用力要适当，时间不宜过长。

10. 与客人站着谈话时，要面向客人，保持约一米的距离，不要将手插在口袋里，双手可自然地放在身子两侧；也不要一面谈话，一面看表；说话时注意时间，简单明了，语气谦和，不说大话，不责备客人，不露厌烦神色。

11. 上班时，不得在客人活动场所乱跑、高声喊人或放声大笑，不要聚集在一起闲谈、追逐打闹、大声喧哗，不准在客人面前吃东西、吸烟。

12. 不得在客人面前闲坐、脱鞋、换袜或更衣。

13. 不得在客人面前拉手、扒肩、背手、抄手、挎胳膊、吹口哨、打响指等。

14. 不得随意翻阅和摆弄客人的文件、书籍、食品、衣物等东西，如因工作确需移动客人物品时，应先征得客人同意，再轻拿轻放，整理完后要放回原处。

二、呈受名片礼仪

1. 递送名片应择机准备好。名片正面向上、正向，双手呈上，说声“请！这是我的名片”或“您好，我叫×××”。

2. 接受名片应双手接过后，认真仔细看一遍，说“谢谢”，不要随便乱放。

讨论题：1. 结合 VI 设计原则，鄂尔多斯企业标志有什么值得借鉴之处？

2. 从鄂尔多斯对内、对外交往过程中的行为规范，可以看出它的哪些企业理念？

第七章　企业进入市场策划

案例引入

某楼盘为快速回笼资金的进入市场策划

案例背景：

楼盘，平均户型40平米，是一个小公寓的楼盘，楼盘的均价在1.1万元左右。因为成功的入市策划，第一天就成功引流437人，成交了113套，收款大约有5000万元。

成功的关键因素在于成功的入市策划：

1．前期的造势

依靠会员系统的力量，找了100辆爱心豪车助阵本次活动，100辆豪车绕城转几圈，吸引很多人知道这个活动。

2．企业与用户进行投入产出分析，建立可信度

你买了这套公寓从第三年就可以享受分红，第八年就可以回本，回本后，你还能享受长达30年的稳定租金，这些都要在合同里写清楚，免得以后纠纷。

3．继续挖掘盈利点

整合了一个价值27000多元的综合大礼包，里面有汽车部分装饰、选配、保养等服务。通过挖掘其他盈利点，保证本次活动实现双赢。

点评：企业进入市场包括新成立的企业进入已有的市场和老企业进入待开拓的新市场。企业入市是企业生存与发展的基本命题。新成立的企业进人已有的市场，是企业生存与发展的开始，是企业初步经受市场考验、获得适应市场的能力或积累关键资源的关键阶段，良好的开始对于之后的成功非常重要；老企业进入待开拓的新市场则往往是企业持续壮大或重获新生的重要途径，也是企业迈向事业长青征程中的一个特别时期。同时产品基础要好，不能在产品基础太差的情况下想通过营销就能做好，就像这个楼盘的案例，首先要楼盘各方面情况要好，产品有吸引力，可以说产品质量是万丈高楼的奠基石，是击垮一切竞争对手对有力的武器。

企业入市也是企业获得消费者和其他社会公众认知、认同、认可的过程。企业入市的策划是在对市场进行充分调研的基础上进行产品、市场决策的过程，一般包括入市程序的决策、国内国际市场的分析、入市条件及市场风险的分析以及企业进入市场的规范行为策划等内容。

第一节　企业进入市场前的市场调查策划

一、市场形势的判断与分析

企业进入市场包括两类情况，即新成立的企业进入已有的市场和老企业进入待开拓的新市场。不论是哪种情况，企业进入市场策划首先要进行市场形势的判断与分析。

（一）市场形势判断的一般思路

1. 对市场形势作出判断

市场形势主要包括两个方面：市场状态处于卖方市场还是买方市场；市场平稳还是波动，就波动程度而言，是轻度波动还是恶性波动；就波动性质而言，是处于过热（即波动的顶峰）还是低迷、疲软（波动的谷地）。

2. 判断市场形势主要依据的标准

（1）市场总供应与总需求的比例。

（2）市场供应结构和需求结构的适应性。

（3）主要商品的供应比例。

（4）市场商品量与仓储量的比例。

（5）市场价格总水平的稳定状态。

（6）货币流通和币值稳定状态、货币供应比例是否协调等。

当市场商品从总量到结构都处于供不应求的态势，价格呈上升趋势，市场形势对卖方有利，这样的市场形势是卖方市场，反之是买方市场。当经济发展循环着不平衡——平衡不平衡循环往复地运动，反映到市场就出现了波动——平衡——波动的态势。

改革开放40多年来，我国的生产力显著提升，在许多领域供需比例发生改变，如天宫、天眼、墨子、悟空、蛟龙、919大飞机、高铁等重大科技成果相继问世，覆盖城乡居民的社会保障体系等，使供需结构的质量不断提升。但人民日益增长的美好生活需要和不平衡不充分的发展之间还存在矛盾。如生态环境恶化威胁人的健康，环境保护任重道远。民生领域仍有许多短板，脱贫攻坚任务十分艰巨，城乡区域发展，收入分配差距依然较大。广大人民群众在就业、教育、医疗居住、养老等方面有诸多难题，社会矛盾、问题交织叠加。公共物品、公共服务供给类数量、质量不够充分，难以满足人民群众对充足优质公共服务的紧迫需要，尚未有达到人民美好生活需要标准。人的需要是指人感受到的自身内在的物质和精神的缺乏引起的。马克思认为人的需要具有现实性和未来性，个体性和社会性以及确定性和变动性。从需求层次来看也可以分为生存需要、发展需要、享受需要。正因为人们的需要有多层次性和历史变动性，人们不仅物质生活上提出更高要求，而且在民主、法制、公平、正义、安全、环境方面需求会日益增长。因此，需要用市场的需求牵引供给侧结构性改革，提升供求的相对平衡水平。

3. 改革开放以来我国的主要经济波动基本情况分析

第一阶段，1978－1990年的经济波动。这一时期主要是供不应求，宏观经济的突出矛盾是社会总需求扩张速度快于社会总供给的增长能力，出现了投资和消费的双缺口，引起物价总水平的较快上升，产生了比较严重的通货膨胀。1988 年以后，针对巨大消费和投资需求最终引起了物价全面、较大幅度上涨局面，宏观调控采取了严厉而全面的紧缩措施。

第二阶段，1991－1997 年的经济波动。1993 年初，经济过热的问题开始表现出来。特别是在市场化改革推进过程中，一些新的规则未能及时建立，基于各种利益驱动的房地产开发、金融创新活动等总体处于一种无序状态行为，造成了大量风险隐患，并直接推动了经济的过快升温。"房地产热""开发区热"愈演愈烈，大量的乱集资、乱拆借，造成金融秩序混乱。社会总供求严重失衡，投资规模失控，通货膨胀压力加大，宏观经济环境不稳。宏观调控的主要措施是：坚持执行适度从紧的财政货币政策，根据经济运行的情况，进行适时、适度的微调；支持符合国家产业政策、有市场、有效益的生产建设和出口；在制定和执行宏观经济政策中，综合运用计划、财政、金融的功能，重点是金融手段；从整顿金融秩序入手，采取"堵邪门、开正门"的措施，规范融资渠道，调整资金投向；加强金融立法等。在适度控制需求，努力增加供给的综合调控措施下，1997 年的经济增长率仍然达到了 8.8%，而商品零售价格指数涨幅已经由 1994 年的 21.7% 回落到 0.8%，出现了高增长与低通胀并存的良好态势。

第三阶段，1998－2000 年的经济波动。在全面引入市场机制以后，经过 20 多年的持续高速增长，我国社会生产力有了巨大发展，短缺经济基本消失，代之以初步的买方市场。在这样背景下，有效需求不足成为经济发展的主要制约因素。特别是 1997 年发生的亚洲金融危机，使我国的外部需求进一步受到抑制，供大于求的矛盾就更加突出了。针对这一形势，宏观经济政策的重点是扩大内需，同时努力保持出口的增长。

第四阶段，2001－2010 年的经济波动。2001 年开始，我国经济进入了新一轮增长周期，从经济周期的角度看，进入了周期的上升阶段。与此同时，也出现了局部过热的苗头和一系列不稳定、不健康因素。主要是投资需求过大、货币信贷投放过多和外贸顺差过大等问题，引起煤、电、油供应紧张，能源、原材料价格上涨。经济增长由偏快转向过热的苗头时时威胁着宏观经济的稳定，商品价格、住房、股票等资产价格涨幅不断提高。从 2003 年下半年开始，中央政府采取了有针对性的宏观调控措施。调控的重点一是地方政府的土地开发和批租；二是银行系统的资金供给。既调控这些要素供给的总量，也调控其投向（明确了控制发展的行业）。

第五阶段，2011 年以来，国内房地产市场持续多年的量价齐升的火热状况开始降温，出口规模及顺差开始减少，家电下乡、汽车下乡等刺激内需政策面临到期，加之受美国次贷危机不断发酵、影响面扩大的影响，国民经济从高速增长转向中高速增长。但中国经济规模不断增长，2019 年中国经济总量占世界的比重达到了 16.3%，2020 年国内生产总值（GDP）突破 100 万亿元人民币，在世界经济增速大幅下滑，主要经济体普遍低迷的情况下，中国经济成为全球经济增长的主要动力源。

此外，中国的经济结构持续优化。中国制造不断向创新、智慧、开放迈进，服务业的稳定器作用持续增强。

企业应对宏观经济形势作出正确的判断，正确的判断是作出正确决策、制定明确的战略规划的前提。经济形势的变化既有一定的规律性，又受多种因素的影响而难以完全预料。这就要求企业家随时把握市场动态、洞察变化形势，提高自身的应变能力，适应经济形势的变化。

二、企业入市应遵循的规律与原则

企业入市应遵循市场规律，坚持市场原则，恪守市场道德。

1. 市场规律

包括：时间节约规律、价值规律、供求规律和竞争规律。

（1）时间节约规律。要求社会生产适应社会需要，社会资源的配置形成最优化组合，产品的实现得以在最短的时间进行，防止劳动时间的浪费。

（2）价值规律。是商品价值量由社会必要劳动时间所决定的规律。要使企业的个别劳动低于社会必要劳动才能获取超额价值和利润。

（3）供求规律。供求变化引起价格变化；价格变化引起供求变化；供求和价格相互作用引起对方变化，到达临界点后向相反方向运动。

（4）竞争规律。要求企业营销过程中必须以质优价廉、形象佳、业态独特超出同类以获取优势。竞争是处于相互对立和独立的商品生产者的最高权威，是形成社会价值的法宝。

2. 市场原则

（1）自愿让渡原则。即买卖双方可以在没有外来干预的情况下自愿的让渡商品。具体有三层含义：①排除倚仗非经济实力的强买强卖；②抵制政府、行会和经济共同体的干预，限制封锁，禁止行政垄断；③贸易自由，但不等于取消贸易保护，对国际贸易仍要审时度势采取合适的贸易保护政策。

（2）等价交换原则。马克思说：商品是天生的平等派。这一原则表明商品交换既是使用价值的交换，又是商品所有权的交换，交易双方在市场上处于同等地位。当交换双方实力悬殊，或是供不应求，或是存在垄断时，等价交换会因供求规律作用而遭破坏。在双方交易过程中，价值是价格的轴心，价格围绕价值波动。等价交换原则对企业在市场上采取暴利行为或低于成本的强行倾销行为是一种约束。

（3）公平竞争原则。市场上的经济主体在市场竞争中要有公平的外部环境和条件，以便使竞争得以正常进行。市场上无论经济主体规模大小、行业地位高低，在政治、社会、法律、文化等环境中均享有公平的待遇，在同一起跑线上展开竞争。在市场上违背上述原则的事情时有发生，企业一方面要自身恪守这些原则，另一方面发现对手违背这些原则时，应据理维护上述原则。

3. 市场道德

市场道德是人们在市场活动中应该恪守的、靠社会舆论、传统习惯和内心信念来维系的行为规范的总和。市场道德的基本准则是：

（1）自愿。购买者有挑选权和退换权。市场视强买强卖、不准挑选、不准退换、强行搭售为不道德。

（2）公平。市场买卖双方应互利互惠，等值交换，平等竞争。市场视哄抬物价、弄伪售劣、商品贿赂、窃取商情、贬低竞争对手为不道德。

（3）诚实。购买者有认知权，营销方应保证购买者知晓真实情况。市场视虚假的特价、减价，夸张的“还本销售”，隐瞒产品的缺陷或副作用为不道德。

（4）信用。市场上买卖双方应信守承诺，严格履行合同或约定。市场视毁约或违约为不道德。

市场道德是意识形态。市场道德的后期形成是对市场法规的补充。只有法律、法规与道德行为相结合，才有助于市场秩序的规范，以及市场软环境的改善。企业营销应自觉进行道德规范，讲究、维护市场道德应是参与市场活动的所有企业应尽的义务。

第二节　企业进入市场的程序策划

一、企业入市的行为及过程

市场入市，是企业根据自己的启动或扩张战略而决定进入到一个本企业尚未涉足的产业领域或目标市场的行为或过程。包含以下要义：一是企业营销战略行为的启动；二是企业面对的是新市场；三是入市的主体是企业；四是企业入市既是一种行为（活动），也是一个过程。

企业入市作为一个过程，包括三个阶段及相应的入市活动，具体见表 7－1。

表 7－1　　企业入市过程分期表

企业入市阶段	入市活动状态
启动期	试探性进入
开业期	正式进入
立足期	初具规模进入

企业入市的行为及过程：

（1）试探性进入，包括调研、启动市场策划和试销等。

（2）正式进入，包括成立分支机构或确立合作关系、针对当地进行广告宣传、办妥许可证手续等。

（3）初具规模进入，包括连续稳定地向新市场追加销售，进行市场渗透和初期扩张等。

企业入市就内容言，主要解决以下问题：为什么要进入这个市场？采取什么样的方式和途径进入这个市场？入市后预计和实际会产生什么后果？入市后采取哪些相应的战略战术和措施？

二、企业入市的能力分析

企业入市策划，除了明确相关概念和过程外，还要对企业的入市能力进行分析。

1. 市场进入能力的内容

包括市场调研与策划能力、启动能力、冲破阻力能力、落地生根能力、驱逐竞争对手能力等。具体内容如下：

（1）调研与策划能力：指企业侦查市场、行业等情况，动员内外各种力量，进行有创意、有实效的入市战略战术策划方面的能力。

（2）启动能力：指多大程度上能够集中起进入市场的各种力量。

（3）冲破阻力能力：指作为新进入者进入障碍和阻力有许多，多大程度上能够突破这些障碍。

（4）落地生根能力：指企业入市后能否存活下来。

（5）驱逐竞争对手能力：指企业能否和多大程度上挑战领先者的能力。

2. 市场进入能力主要体现

（1）选择突破口的能力：一个成功的企业总是能选准“市场切口”轻松进入。

（2）有效突破能力：一个企业在进入市场时的“组织进攻”能力和组织调度“火力”，即产品品种、供货量、渠道建设、促销活动和服务保障等的能力非常重要。

（3）排除干扰和反排挤能力：市场进入常常遇到除了体制、习惯、文化等干扰以外的原有企业制造的各种排挤。企业应了解这种排挤力量的来源和原因并找出解决办法。

相关链接

20 世纪 80 年代，由于印度国内软饮料公司反跨国公司议员们的极力反对，可口可乐公司被迫从印度市场撤离。与此同时，百事可乐就开始琢磨如何打入印度市场，百事可乐明白：要想占领印度市场就必须消除当地政治力量的对抗情绪。百事可乐公司认为要解决这个问题就必须向印度政府提出一项是该政府难以拒绝的援助。百事可乐表示要帮助印度出口一定数量的农产品以弥补印度进口浓缩软饮料的开销；百事可乐公司还提出了帮助印度发展农村经济转让食品加工、包装和水处理技术，从而赢得了印度政府的支持，迅速占领了印度软饮料市场。

显然，百事可乐成功的关键不在于产品口味比可口可乐好，也不在于广告技术比可口可乐高超，而是在于它在选择进入印度市场的“突破口”（即援助印度农业部门）方面比可口可乐要胜一筹。

资料来源：根据百度文库“百事可乐与可口可乐在印度市场营销策略分析”资料整理。

3. 市场进入的深度

市场进入的深度是指企业市场进入的影响范围。作为衡量市场进入深度的标准有两个，一是消费群体的面积，二是消费者心理上的认知程度，见表 7－2。

表 7－2　市场进入深度类型

	消费群体面积大小	
消费者心理认知程度高低	A：认知程度高、消费群体面积大	B：认知程度高、消费群体面积小
	C：认知程度低、消费群体面积大	D：认知程度低、消费群体面积小

其中，A 是理想的双高区域类型，表示企业进入市场的深度很大；D 是应该力求避免的双低区域，表示企业入市失败；B、C 两个区域需要做针对性的改善才表示企业入市基本成功。

三、企业入市策划的流程

（一）企业入市策划是系统工程，策划过程一般包括

①评估产品；②市场调查与分析；③确定目标市场和突破口；④选择进入路径；⑤市场

营销组合要素策划；⑥落实策划方案，实施经营；⑦监督并修正策划方案。

当新成立的企业计划入市时，由于许多生产、营销因素可以较为容易地改变，所以上述第一环节“评估产品”就要放到“确定目标市场和突破口”之后，而且相应地应该叫作“设计与评估产品”。

总的来说，前四个环节主要是针对市场、行业和企业自身特征，把宏观和微观因素结合起来进行分析，以确定适当的市场营销组合。前四个环节从决策角度来讲，可以看做企业入市的战略决策，就分析工具而言，主要有 SWOT 分析、STP 分析。

（二）企业入市的战略决策分析

1. SWOT 分析

SWOT 分析是分析企业自身在资源和能力方面的优势（strength）和劣势（weakness），并结合外部环境中蕴藏的机会（opportunity）和威胁（threat），试图发现有针对性的发展战略。

表 7－3　　SWOT 矩阵涉及的 4 种战略

SWOT 矩阵	O（机会）： O1；O2	T（威胁）： T1；T2
S（优势）：	SO 战略： 利用自身优势，抓住机会	ST 战略： 利用自身优势，化解威胁
S1		
S2		
W（劣势）：	WO 战略： 利用机会，克服自身弱点	WT 战略： 撤退收缩，规避危险
W1		
W2		

2. STP 分析

STP 即市场细分（Segmenting）、选择目标市场（Targeting）和产品定位（Positioning），这三个分析步骤需依次进行。STP 是整个营销组合设计的基础，是指企业根据一定的标准对整体市场进行细分后，从中选择一个或者多个细分市场作为自身的目标市场，并针对目标市场进行市场定位。

Segmentation（市场细分）主要内容：

（1）确定市场细分因素；

（2）描述细分市场特征。

Targeting（目标市场选择）主要内容：

（1）评价各细分市场；

（2）选择目标细分市场。

Positioning（产品定位）主要内容：

（1）为各细分市场定位；

（2）向市场传播和送达市场定位信息。

（三）在企业入市策划中重点要解决好以下问题

1. 拟销产品的评估

（1）拟销产品的竞争力如何？优势与劣势是什么？
（2）能满足哪方面的需要？在拟进入的市场上，是否存在同类需要？
（3）创新卖点有哪些？面临的竞争程度如何？
（4）使用是否需要售后服务或互补性产品？能否具备相应的条件？
（5）是否需要在实体样式、包装、服务等方面作出适合于拟进入市场的更新？

相关链接

蓝月亮洗手液的产品包装设计

1999年当时的洗手液市场还处在启蒙阶段，产品生命周期长，市场潜力非常可观。但要改变人们传统的洗手观念需要借助大力宣传。蓝月亮洗手液自身有很强的优势：快速除菌的功效、柔韧护手的感觉、气味芬芳，但当时的蓝月亮旧瓶签表现手法陈旧，产品卖点不突出，视觉流程不清晰，难以替代传统产品肥皂。

经研究，决定从包装设计：瓶型和色彩入手给消费者带来视觉冲击力。

流线型的瓶体，向轮满月，美观大方，与竞争对手比显得与众不同；深绿色的洗手液加透明的瓶身，体现出环保的理念，更显示出时尚和雅致。

新瓶签为白色的产品名称在绿色的背景下显得醒目干净。芦荟图案支撑了柔润护手的卖点。

蓝月亮的瓶子，简直成了形象代言人。

资料来源：根据百度文库“蓝月亮案例”整理。

2. 拟进入的目标市场选择

3. 发现市场空缺

第三节　企业进入市场战略、战术策划

一、企业入市战略类型的选择

战略是使各个局部行动朝着一致性的方向努力的计划，战略的全面性、深刻性、系统性、指导性长期支配着企业的市场营销行为。一般而言，战略指导战术。

企业入市场战略战术类型的选择是企业能否实现成功入市场的关键。企业入市战略一般包括：

（一）渗透战略

指新产品上市时以微利、无利甚至亏本的低价推向市场，待产品在市场上打开销路和站稳脚跟，再逐渐将价格提高到一定水平的策略。一般适宜于市场潜力较大、需求弹性较大、规模效益明显的商品，如易耗品、生活必需品等。

考虑促销费用支出水平的高低，又进一步分为快速渗透策略和缓慢渗透策略。

快速渗透策略。给产品制定较低的价格，花费大量资金做大规模的广告宣传，以迅速取得最大的市场占有率，着眼于利润的长期获得。快速渗透策略适用的市场条件是：①潜在消费者对产品不了解，但该产品的价格需求弹性较大，因此，既要大规模地宣传，又要谨慎地制定价格；②市场容量相当大，应当做大规模的推销，以便吸引更多的潜在的消费者来购买；③新产品的成本可因大量销售大批量生产而降低，这为制定低价格提供了条件；④潜在的市场竞争将十分激烈，必须进行大规模的推销。

日本丰田汽车20世纪60年代后期开始打入美国市场，其目标不在于获取单位产品的高额利润，而在于最迅速攻入市场。为了争取潜在的顾客群，制定大大低于竞争对手的价格，花冠车在进入美国市场时售价不到2000美元，而后降低到1800美元以下。同类车型和功能的轿车，丰田车比美国车低400~1000美元。低廉的售价，加上质量稳定，性能好和维修费用低，为丰田车树立起物美价廉的良好形象。另外，丰田公司促销策略的核心是集中全力直接针对目标市场大量做广告。作为外来者，为了树立丰田汽车的形象，利用电视大做广告使丰田家喻户晓。这一时期丰田广告支出大大超过竞争者的水平。丰田汽车广告的内容由专家精心设计，为避免刺激美国的竞争者和引起日美贸易矛盾尖锐化，尽量迎合美国人的喜好，在大力宣传交通工具在美国的重要性的同时，提到丰田汽车种种良好的功能和给消费者带来的利益。这种“具有美国精神的先进汽车”广告战，加之产品价廉而物美，终于使丰田轿车在美国市场竞争中大获全胜。

缓慢渗透策略。采用低价格，只花费少量的资金进行推销活动，着眼于长期的最大限度的市场占有率，从低价中获取最大利润。采取缓慢渗透策略相适应的市场条件是：①市场容量很大，在短时间内不易被消费者接受或短期内市场不会饱和，须着眼于长期策略的实施。如果市场容量在短期内饱和，采用慢渗透策略便得不到预期的效果；②购买者对新产品已基本了解，通常只是改进型新产品之类，所以不必进行大规模地推销；③该产品的价格需求弹性较大，高价格容易引起销售量急剧减少；④存在某些潜在的竞争者，但威胁不大。

以小米手机为例。小米却把价格压到最低、配置做到最高。对于那些囊中羞涩的机友们来说小米无疑是最佳选择。买不起“苹果”“三星”，就买“小米”。一方面小米价格低，作为一家互联网公司，小米更在意用户的口碑，只要有足够多的用户，盈利自然不是问题，最后也许小米公司只卖出100万部手机，但是却吸引到了几千万的移动互联网用户，用户就是利润源。

（二）撇脂战略

即在产品刚刚进入市场时将价格定位在较高水平（即使价格会限制一部分人的购买），在竞争者研制出相似的产品以前，尽快的收回投资，并且取得相当的利润。然后随着时间的推移，再逐步降低价格使新产品进入弹性大的市场。一般而言，对于全新产品、受专利保护的产品、需求的价格弹性小的产品、流行产品、未来市场形势难以测定的产品等，可以采用撇脂策略。考虑促销费用支出水平的高低，又进一步分为快速撇脂策略和缓慢撇脂策略。

快速撇脂策略。即以高价格、高促销费用推出新产品。实行高价策略可在每单位销售额中获取最大利润，尽快收回投资；高促销费用能够快速建立知名度，占领市场。实施这一策略须具备以下条件：①产品有较大的需求潜力；②目标顾客求新心理强，急于购买新产品；③企业面临潜在竞争者的威胁，需要及早树立品牌形象。

以脑白金为例。脑白金生产商上海健特生物制品公司由于总体经济实力较弱，在进入保健品市场之初，实行高价格，高额的广告促销费用，每逢节日都会有促销活动推出，并尽快回收货款，再进行下一轮广告促销。在竞争日趋激烈的保健品市场，脑白金的崛起大可归功于其快速撇脂策略。

缓慢撇脂策略。以高价格、低促销费用推出新产品，目的是以尽可能低的费用开支求得更多的利润。实施这一策略的条件是：①市场规模较小；②产品已有一定的知名度；③目标顾客愿意支付高价；④潜在竞争的威胁不大。

以德国大众汽车为例，德国大众可以称得上是汽车领域内的知名品牌了，在汽车领域内的竞争力也是屈指可数的，再者德系汽车以安全著称，也为其虏获了大多数顾客的心，所以德国大众采用缓慢撇脂策略，以较低促销费用，获得高额利润。

（三）借船出海战略

即借助相关企业的渠道或者其他资源进入市场空当，然后逐步扩大市场份额的战略。借船出海战略有三种形式：

1. “猪驮式”出海

即中小企业通过为大型企业的产品生产相关的配套产品。大型企业是负重者，而中小企业是乘客，对大型企业来讲，进入市场的产品有了中小企业附加产品，在市场上竞争力会更强，对中小企业来讲，在大型出口企业产品出口的同时，自己的产品也随之出口到国外。

2. 代工生产

即中小企业为某些大公司定牌生产，然后，借助大公司的强大销售网络进入目标市场。耐克虽然是个美国品牌，但是其代工厂在全球各地都有，中国的耐克代工厂占据了耐克公司在世界鞋类市场份额的90%，主要集中华南地区和东南沿海地区，分布在福建、广东、山东、江苏、江西和台湾省。

3. 与大企业合资或合作

借用大企业的资金、技术、渠道和管理资源进入市场。珠江啤酒集团借助跨国啤酒巨头的力量，不仅进一步加强了自己在国内市场的话语权，还顺利地迈向欧美等主流海外市场。2004 年 5 月 20 日，珠江啤酒集团与比利时英特布鲁集团代表在广州签订了一份国际市场合作谅解备忘录。根据该备忘录，珠江啤酒集团可以利用英特布鲁集团在国际市场上庞大的销售网络，将珠江啤酒销往海外市场，借以实现“借船出海”的目的。英特布鲁旗下“贝克”啤酒则可以借助珠江啤酒销售渠道，进一步打开中国高端啤酒市场。

（四）强势开发战略

即凭借自身的资金实力，聚集各方力量，对某一目标市场进行大刀阔斧地、风风火火地猛烈开发的战略。对抗战术、紧逼战术、围歼战术都是对强势开发战略的很好诠释。

相关链接

娃哈哈的终端阻断与包围

娃哈哈在攻打湖南邵阳市场的时候，其制胜一招就是进行二批阻断。当年这个市场上的第一品牌是太阳神水，从批发商到消费者都获得认可，销售状况也非常好。作为新进入的著名品牌，娃哈哈想要占领市场，怎么办呢？经过市场调研、策划，娃哈哈找到了当地最有特色的二批商，就是三轮车夫。由三轮车夫组成二批商，向经销商提货，直接送达零售商。

由于三轮车夫对当地所有的零售商店非常熟悉，并且网络关系也特别好，娃哈哈想占领终端，于是决定把二批商买断，以比竞争对手更优惠的条件与三轮车夫签订协议，半年之内只送娃哈哈的产品，不送同类竞品。这样就形成了二批阻断，零售店内只能见到娃哈哈的产品，而见不到别的厂家的产品，再加上高空的广告宣传等的包围，消费者逐渐接受了娃哈哈的产品。

终端包围坚持看得见、摸得着、听得见、带得走。

看得见包括：海报、灯箱、电视播放宣传片、横幅、吊旗、产品陈列、网络宣传；

摸得着包括：资料架、展架、展台、样品；

听得到包括：促销员推荐、营业员介绍、电视、互联网播放宣传片；

带得走包括：手提袋、单张、宣传页、自印小包、促销小礼物、网上支付系统与物流配送。

娃哈哈通过二批阻断与包围，制胜终端，成为当地的第一品牌。

资料来源：根据网络资源：终端战术之“抢、逼、围”策略整理。

（五）总成本领先战略

即企业在进行充分市场调研的基础上，进行周密筹划以获取规模经济，以低成本、低价位战胜竞争对手赢得市场份额的战略。在与竞争对手进行竞争时，由于自己的成本低，对手已没有利润可图时，自己还可以获得利润，就是胜利者。

（六）差别化战略

即致力于创造与同类产品有显著差别的特色产品、服务和别具一格的营销方案，使客户形成对自己品牌的忠诚，从而处于竞争优势的战略。

相关链接

海尔展出差异化“场景生态”

海尔向世界宣布，已转型成为物联网生态品牌。与此同时，面向全球用户的海尔智家App正式亮相。

各家巨头切入生态布局的角度各不相同：以智能手机起家的小米，杀手锏是供应链制造能力，为用户提供丰富的SKU选择，核心是以手机为核心连接设备；从App端进入的腾讯，则提出“人+物联网+智能网”三张网的概念；传统手机巨头三星推出SmartThings家用物联网平台。

不管从何切入，“生态”的作用是在发挥自身价值的同时吸引更多合作伙伴加入。因此，单一产品的边界是有限的，而智慧家庭生态的“造梦”空间是无限的。海尔是以各个产品线为脉络整合产业链上的生态资源。

从纵向来看，海尔智家已覆盖服装、家纺、洗染、食品等行业的1200多家资源方，并形成了衣联网、食联网、空气网等生态圈建设，让智慧产品具备独有的生态服务能力。

例如，以衣联网为例，以RFID+AI等物联识别技术为载体的衣联网，吸纳了4800多家相关领域资源加入，当用户把衣物投入洗衣机，洗衣机会自动识别衣物的身份标签，识别出服装品牌、材质、色彩、款式，并通过扫描识别洗涤剂控制洗衣液的精准投放剂量，做到专衣专洗；如果洗涤剂快用完时，洗衣机还会智能提醒，一键下单后就能享受洗涤剂送货到家服务；同时，衣物的存储、搭配也能通过连接智能护理柜给出智能推荐。

从横向来看，海尔生态体系不只局限于“家电”，甚至不只是“家庭”。海尔智家App的定位是面向全球亿万家庭用户的生活平台，包括设计师在线、店家在线、直播在线、服务在线……这些“1+N”个生态覆盖各个行业，已远远超出了App应用本身，甚至超出智慧家庭本身，而是代表了一种生活方式。

生态带来了一种新的商业模式。财报显示，2019年三季报显示，“海尔智家”食联网、衣联网、空气网生态收入分别增长40%、46%、79%，达到7.3亿元、16.2亿元、9.4亿元。其中，衣联网在服装、家纺行业推广物联网技术的应用提升生态资源方企业的商品管理效率、收发货效率提升10倍、人员成本降低50%。

资料来源：根据“海尔智家App将场景接入亿万家”。

（七）密集性入市战略

即集中力量为可能的一个或几个细分市场服务，以更高的效率、更好的效果为某一狭窄的战略对象服务，而不是追求在所有市场上的份额的战略。

二、企业入市战术类型的选择

战术即实行战略的各种具体部署和方法。战术具有时效性、局部性、具体性和奇异性等特点。战术不能与战略相分离，每个入市企业都必须寻找并选择符合战略的战术。

企业入市战略确定后要配合施以适当的战术，战术更是千变万化的，一般来说有以下战术可供选择。

（一）对抗战术

即企业与原市场力量的直接对抗。直接对抗包括正面对抗、特定对抗、价格对抗、开发对抗等，见表7-4。

表7-4　对抗战术的类别及含义

（1）正面对抗	即入市企业与竞争对手以产品对产品、价格对价格、宣传对宣传的方式展开较量。
（2）特定对抗	把进攻重点集中在特定的消费群体上，全力以赴地把这部分顾客从竞争对手那里争取过来，然后逐步巩固和扩大市场占有率。
（3）价格对抗	即企业入市时着力实现规模效益降低成本，实行有竞争力的低价。
（4）开发对抗	即入市企业不断开发新的工艺，生产全新产品或提高产品性能和信誉。

正面对抗即入市企业与竞争对手以产品对产品、价格对价格、宣传对宣传的方式在各个目标市场上展开较量。采取这种战术必须十分谨慎，不是自己的各方优势绝对超过竞争对手不宜采用这种战术。

特定对抗是正面对抗的一种修正形式。这种战术采取把进攻重点集中在特定的消费群体身上，全力以赴地把这部分顾客从竞争对手那里争取过来，然后逐步巩固和扩大市场占有率。

相关链接

1969年，迪布·汤姆斯在美国俄亥俄州成立以其女儿名字命名的温迪快餐店。在当时，美国的连锁快餐公司已比比皆是，麦当劳、肯德基、汉堡王等大店已是大名鼎鼎。与他们比起来，温迪只是一个不起眼的小弟弟。但从一开始温迪就决心以赶上快餐业老大麦当劳为目标！一开始，迪布·汤姆斯把进攻重点集中在特定的消费群体上，麦当劳把自己的顾客定位于16岁以下的青少年，温迪就把顾客定位在20岁以上的青壮年群体。为了吸引顾客，迪布·汤姆斯在汉堡肉馅的重量上做足了文章。在每个汉堡上，他都将其牛肉增加了零点几盎司。这一不起眼的举动为温迪赢得了不小的成功。温迪一直以麦当劳作为自己的竞争对手，终于，一个与麦当劳抗衡的机会来了。

1983年，美国农业部组织了一项调查，发现麦当劳号称有4盎司汉堡包的肉馅，但重量从来就没超过3盎司！这时，温迪快餐店的年营业收入已超过了19亿美元。迪布·汤姆斯认为牛肉馅事件是一个问鼎快餐业霸主地位的机会，于是他请来了著名影星克拉拉·佩乐为自己拍摄了一则后来享誉全球的广告，质疑“牛肉在哪里?”，对麦当劳大加打击。美国民众对麦当劳“肉馅在加工制作前是4盎司”的辩解本来就有了许多不满，这则广告适时而出，马上引起了民众的广泛共鸣。温迪快餐店的支持率也得到了飙升，营业额一下子上升了18%。凭借针对麦当劳的不懈努力，温迪的营业额年年上升，1990年达到了37亿美元，发展了3200多家连锁店，在美国的市场份额也上升到了15%。温迪坐上了美国快餐业的第三把交椅。

资料来源：根据百度文库“牛肉在哪里等”资料整理。

价格对抗即企业入市时着力实现规模效益降低成本，从而在入市的时候以低价、降价作为主要手段，特别是对于其它条件基本旗鼓相当的竞争对手，以便顺利巩固和占领市场。

开发对抗即入市企业不断开发新的工艺，生产全新产品或者是提高产品性能和信誉，生产出优势产品，以开发和创造新的价值取胜竞争对手。

相关链接

苹果 App Store 生态

苹果能发展成为如今的科技巨头，与 App Store 的诞生以及其与开发者良好的合作机制分不开的。App Store 生态的概念也从2008年起诞生。12年过去，到了2020年，App Store 的生态值多少钱？答案是：仅在2019年，在全球范围内，App Store 创下5190亿美元的销售额。按照国家 GDP 排行，App Store 创造的经济规模在全球各国的 GDP 排行中，大概能排在25名左右，和泰国整年的 GDP 相仿。5190亿美元中，来自实体商品和服务的销售额所占份额最大，达4130亿美元。而在该类别中，移动商务 App 占据了销售额的很大部分，而这其中零售所占的份额最大，达2680亿美元。其他类型的移动商务 App 是实体商品和服务的最大销售来源之一。包括携程旅行，航旅纵横和飞猪旅行在内的旅行 App 占了570亿美元。诸如滴滴出行和首汽约车等网约车 App 占400亿美元销售额，美团外卖和饿了么等送餐外卖服务类 App 占310亿美元。

来自数字化商品和服务的款项及销售额占610亿美元，此类别包括音乐和视频流媒体、健身、教育、电子书和有声读物、新闻和杂志、约会服务等 App。游戏是 2019 年下载量最大的 App 类型，也占据了数字化商品和服务类别款项及销售额的最大比例。

App 内广告销售额占 450 亿美元，其中 44% 来自于游戏。

中国占到最大的部分其实是实体经济，也就是由移动支付牵动的电商消费。而美国的主要消费点其实主要集中在线上订阅。

资料来源：根据网络资源“苹果靠什么吸引开发者？挣钱极多”资料整理。

（二）紧逼战术

即入市企业对竞争对手采取步步为营、步步紧逼的战术，在一步步消耗竞争对手的有生力量和侵蚀其市场地盘后，最后达到从实力上压倒对方再战而胜之的目的。

实施紧逼战术的入市企业必须具备以下条件：

（1）对竞争对手的情况了如指掌；

（2）制定了明确的发展战略和市场开发方案；

（3）具备了开展积极的市场活动所必需的资金和技术；

（4）企业入市的发展态势较好。

企业入市实施紧逼战术要把握以下要点：集中资源投向市场范围明确的产业市场，切忌投向范围模糊不清的市场；在运用此战术的过程中要十分注重培植自身的竞争优势、修补自身的缺陷，认识紧逼不是目的，实现自身的长期发展战略才是目的，调动企业各种职能，组织着眼于集中实现企业发展的长期目标。

（三）围歼战术

围歼战术的两种方式。

（1）产品包围。这是一种对竞争对手在价格上采取控制手段、在产品的种类、款式、型号、规格、花色等方面推出层出不穷的新产品以使竞争对手陷入重重包围之中的战术。

（2）市场包围。即在竞争对手毗邻的市场上全场设置网点扩大销售，迫使竞争对手沦为被动防守者。

围歼战术的成功要树立入市企业的战略目标和企业长期作战的营销理念。企业只有坚持长期的投入，才能使用围歼战术坚持下去，并使企业的战略构想受其营销理念的支配，只有具备长期作战和持续发展的营销理念的引导，才能取得这一战术的成功。

入市企业对竞争对手可以采取两种包围方式，对于实力强的企业也可以两类方式混合使用。

（四）迂回战术

即是指入市企业不把竞争的目光只盯在个别产品的局部地区或某一时段的胜败得失上，而是把眼光放在更长远的目标上，在市场竞争中则采取退一步进两步的方法，从其他侧面与对手展开竞争的战术。

迂回战术就其竞争范围而言更为广阔；就其竞争的内容而言则更为深刻；就其形式而言更为多样。一般来说迂回战术有以下三种形式：

（1）产品迂回，即用新产品打开新市场，以取代原有产品领域的竞争。

（2）市场迂回，即实施跨行业经营，从单一行业转向多种新领域。

（3）地域迂回，即向新的地区扩张。

迂回战术形式的选择，要根据竞争领域迂回程度的不同而定。

相关链接

韩国现代车打入美国市场

20世纪80年代初，贸易保护主义在美国盛行，美国对日本汽车实行进口配额限制，加之美国本土汽车厂家为求利润而提高价格，这使得在美国小型经济车市场出现巨大缺口(据现代公司测算缺口约为200万台)。韩国现代汽车进入美国的路线有别于一般厂家直接从生产国到美国的“两点一线”途径，而是先出口加拿大，由于美、加两国市场极为相近，故将加拿大作为练兵场，实地检验、完善打入美国的营销计划。1983年，韩国现代公司新改款小马汽车问世，大量外销加拿大，佳评如潮。1985年，为回应北美地区需求而研发的卓越小轿车，一上市就被北美地区的消费者接受，1985年以8.5万辆的空前销售量，创下加拿大当年进口车的冠军纪录，同年在美国则卖出17万辆的佳绩，从而奠定了现代汽车公司的国际地位。

资料来源：根据百度文库“韩国现代车打入美国市场”资料整理。

（五）游击战术

即打一枪换一个地方的灵活机动的战术，置身于暗地，便于自我保护，对手则处于明处，易于攻击。游击战术以逐步削弱和瓦解竞争对手、挫伤其斗志、改变双方力量的对比为目的。

游击战术一般分为市场中心和非市场中心两种形式的战术。所谓市场中心的游击战术即是从几个子市场同时发起进攻袭击对手，然后建立自己的市场地位的一种战术。所谓非市场中心的游击战术是着眼于非市场的因素突袭竞争对手的战术，如从拉拢对手的优秀管理、技术人才，收集和占有对手绝密资料和信息，巧取对手的流通渠道等。

相关链接

不管走到大型超市还是小的杂货店，美国的洗洁精和家庭清洁用品市场都已经被宝洁和高露洁这两家家用产品巨头给垄断了，这类产品极其均质化，各个产品、各个品牌之间其实都没有本质上的区别。尤其是包装上，清一色形状相似、容量接近的瓶子，唯一不同的就只是瓶子上的品牌标识，这种强大同质性大大超越了其他产品类别。

新成立的Method洗涤品公司，设计出的包装是如此地优雅纤细，让人爱不释手，很多使用的人都有意识地把它放在水槽的边上以便欣赏和炫耀，而不是像对待传统洗洁精那样：有意地把它放在水槽底下的柜子里，防止被人看见。为了和这些商店的产品有所区别，Method还提供各种不同的诱人芳香，有诸如薄荷、薰衣草、曼陀铃和黄瓜等各种香味，给人清新的感受，而且其产品的价位并不很高。

最开始，为了让自己的首批产品能摆放在各个商店的柜台，两个人在公司所在的旧金山开始走街串巷，一个接一个商店地上门推销。好不容易在2001年2月，他们接到了第一个来自当地一家名叫Mollie Stone的杂货店的订单。METHOD创始人们乘胜追击，每一周去拜访一次这家商店，补充货架上的产品，仔细地记录下每一周卖掉的产品。有了这批初步的销售数据作为证据，他们开始劝说当地的其他一些商店接受并摆放Method的产品。从一家店发展到20多家店后，又如法炮制，将这20家的数据作为证据向一些大型的连锁商店发起了进攻。Method最早获得了排名全美前几位的Albertson连锁超市的宝贵的货架空间，后来又扩展到Safeway这样名列前茅的大型连锁超市。随着进入这些全国性的超市，Method面临着突飞猛进的市场需求，为了既满足不断增长的订单，同时又能尽量地缩减运输和配送的成本，Method采取了和各个地区的生产商合作的方式，这样可以以较低的费用将产品及时地发送到各个销售渠道中去。

在公司蓬勃发展的情况下，年轻创业者的头脑依然很清醒，他们希望公司能保持低调，缩减不必要的开支。Method基本不用广告来推销，他们将宝押在了产品独特的包装上，希望包装能成为销售的最主要卖点。进入Target可说是Method的经营活动的一个里程碑，进入一年不到，产品就延伸到了Target的1100家商店。他们的产品，尽管只卖2~3美元，但却是商店里最能激发消费者临时购买欲望的产品之一，展现出以往那些洗涤类产品根本不具备的吸引力和销售力。从某种程度上说，正是因为Method相对较小的规模使之有着那些大型公司所没有的优势，最突出的就是反应的敏捷性，他们能及时推广和递送产品，并及时调整或优化产品。

资料来源：根据百度文库：曾军，洗涤用品行业未来突破的可能性文章整理，2014－12。

（六）“样板市场”强攻入市

在全面市场进入之初，先集中力量开发某一小块区域市场，熟悉消费者、建立经销网络、加强推广宣传，精耕细作，取得该区域市场“点”的优势。然后，发挥“样板效应”，形成对其他区域市场的辐射。一般而言，样板辐射更适用于具有独特功能、技术的新产品。

（七）点、线、面三点进入法

这一策略是德国大众汽车公司有名的市场开拓方法。企业在开拓某一区域市场时，首先按照自然的和人文的地理条件、人口集中度、人口移动规律等情况对区域进行细分，随后选择可连成三角形包围该区域的三个最有利点，个个攻破，使每个“点”占有率达到40%的相对安全值。面积形成后，从三个方向向最终目标的正中央推进，使竞争对手瓦解在环形区域中。点、线、面进入法提供了区域战略的基本原理和实施步骤。

相关链接

三星在中国的成功与失败

韩国的三星集团从1995年起，运用点线面策略思想构筑起进军中国的战略框架，其对中国市场的开发是先以华东城市为中心，继而扩大到华东区域农村。然后向中国其他地区城市和农村扩散。为此，该公司先在中国北部天津投资生产电视机、录像机等“黑色”家电，随后在华东苏州投资生产冰箱、微波炉、洗衣机、空调器等“白色”家电。在先后获得成功后，该公司又在南方的广东建立音响工程的基地。三星集团通过弧形开发带上的三个关键“点”，形成对中国主要人口区域的包围和辐射，在中国从北到南打出三星品牌，使广大的消费者喜欢和接受其产品。虽然在2019年10月2日，三星在关闭了在中国的手机工厂、PC工厂，但三星屏幕、闪存芯片却在国内市场大获成功。

（八）寻找市场机会进入法

利用“产品—市场”矩阵法，在企业的现有产品、现有业务中，寻找未来发展机会，见表7－5。

表7－5　　产品—市场矩阵涉及的4种策略

市场＼产品	现有产品	新产品
现有市场	市场渗透	产品开发
新市场	市场开发	多角化

市场渗透。企业采取各种措施，在现有市场上扩大产品的销售量，可通过降价、扩大宣传、使现有的顾客增加购买量，并吸引其他品牌顾客。

市场开发。企业采取各种措施，在新市场上扩大产品的销售量。

产品开发。企业向现有顾客提供新产品，包括：新包装、新品牌、新口味等。

多角化。在现有产品、现有市场基础以外，开展新的业务，扩大企业经营。

除了市场渗透策略之外，其余三种策略都对企业寻找市场机会以进入市场有指导意义。

例如，某化妆品公司可以考虑在新地区或者国外设立新的商业网点，或利用新分销渠道、加强广告宣传等，以扩大洗发水在新地区或者国外的销售，这是市场开发。公司还可以考虑改进洗发水包装、成分，增加花色品种、规格、型号以满足市场需求，扩大销售，这就是产品开发。最后公司可以考虑进入服装、家用电器、甚至电脑、通信等热门行业，跨行业经营多种产品，实行多角化经营。

（九）市场领袖进入法

这是一种利用市场领袖的影响力而进入市场的方法。现代市场商品种类繁多，新产品日新月异，广告宣传花样翻新，消费者对产品的质量、效能要求难以判断，只能寻求专业人员、学者或具有权威性的机关、团体的协助，听取他们的意见。这种在消费者心目中具有重要影响力的个人或单位，我们称之为市场领袖。

市场领袖大致包括4种类型：

（1）管理与大众传播单位。例如市场管理部门、行业协会、消费者协会、新闻传播单位等，他们对消费者的购买意向与购买决定有着重要影响，在我国人们对这些单位发布的信息、提出的意见是重视的，如中国家用电器协会定期向社会发布的有关产品的产量、销量以及市场地位的上榜品牌的信息，都在不同程度上左右了人们的购买决定。

（2）直接影响人。主要指与消费者直接接触的各种专业人士，如医生、护理人员对药品，建筑师对建筑材料，美容师对化妆品等都有直接影响力。

（3）间接影响人。这些人员不直接接触，但有左右消费者购买行为的影响力，如科研人员、专家、学者等，消费者对他们的研究结果和建议是重视的，在购买中常常引用他们的建议。

（4）渴望群体。主要指消费者渴望加入或作为参照体的个人或组织，如影视歌星、体育明星、社会名流、达官显贵等。消费者个人虽然不是这个团体的成员，但对渴望群体的崇拜和效仿，使许多消费者以渴望群体的生活方式和消费行为作为自己的生活准绳。如“李宁牌”服装和体育用品的畅销，就属于这一现象。渴望群体的消费行为往往是导致商品流行的主要因素。企业应充分重视消费者的崇拜心理，利用渴望群体，引导流行消费，拓展产品市场。

企业在拓展和进入市场时，要注意发挥市场领袖如下一些作用：①分析与预测产品发展趋势；②通过各种形式解释产品的性能、用途，提高消费者对产品的认知度；③利用市场领袖本身的威信，发挥其专业影响力；④通过市场领袖听取市场信息反馈；⑤虚心听取市场领袖意见，改进营销工作。

（十）广告宣传先行进入法

在打进市场的早期阶段，通过广告宣传争取第一批顾客是十分重要的。第一批顾客是商品消费的带头人，他们起着连锁反应作用。如何加强商品推销宣传？首先，要加强与批发商和经销商合作，或是配合他们，从侧面起掩护作用，或是联合广告宣传，实行联合正面进攻，这样可确保产品进入市场的渠道畅通，从而使产品顺利进入市场。其次，加强对企业与商标的宣传，通过大力宣传自己的商标，树立企业的形象，给消费者以好感，给人以良好的第一印象，最后再谋求产品销售量的提高。

这是目前企业中应用比较广泛的一种方法。许多企业通过这一方法都成功的拓展了市场。

三、企业入市的路径

（一）企业进入新的目标市场主要路径

1. 收购现成的产品或企业

收购现有产品或企业原因：企业企图进入目标市场但行业知识掌握不够；尽快进入市场并树立品牌形象、对创造企业效益有很大好处；收购现有产品或企业对企业发展有利。

2. 以内部发展的方式进入目标市场

以内部发展方式进入目标市场原因：有利于巩固该企业市场地位，扩大市场竞争力；没有适当的企业可供收购；收购对象竞争激烈，规模有限，要价过高；存在其他收购现有产品或企业的障碍。

3. 与其他企业合作进入目标市场

与其他企业合作进入目标市场原因：合作的方式可以使市场风险降低；合作的企业将在各方面相互支持以增强企业开拓市场的机会；合作的企业可以互补长短，发挥协作的作用，使经营能力超过单个企业。

（二）企业进入新的目标市场注意问题

进入一个新的产业市场，它首先要面对各种必须经历的客观问题。解决这些问题是企业入市战略成功的先决条件。问题包括：①产品同质化；②企业经营未达到规模经济；③资本存量的限制；④流通渠道不畅；⑤政府政策的限制；⑥目标市场经济发展程度较低；⑦文化、亚文化冲突。

相关链接

日本大米生产成本至少是美国的7倍，然而美国大米却迟迟打不开日本市场，原因是日本通过一整套复杂的法律和行政壁垒来排斥美国大米的进口；美国建筑行业是世界上最有竞争力的，但由于同样的原因在日本建筑项目投标中屡屡失败。因此，营销人员要注重当地政府政策方面的限制，想办法克服或以变通的方法绕过这些限制。

关键词

市场原则（market principle）
市场道德（market morality）
企业入市（market - entering of enterprises）
入市战略（market - entering strategy）
入市战术（market - entering tactics）
入市能力（market - entering capacity）

课后练习

1. 如何对市场形势进行分析和判断？
2. 市场规律、市场原则有哪些内容？市场道德包括哪些方面的要求？
3. 企业的入市能力表现在哪些方面？
4. 企业入市可进行哪些战略选择？
5. 企业入市可采取哪些战术？

案例分析

三只松鼠的入市策划

2012 年，“三只松鼠”横空出世，仅仅半年之后，“双十一”单日销售额突破 800 万元，2013 年 1 月份单月业绩突破 2000 万元，轻松跃居坚果行业全网第一。“三只松鼠”快速入市并迅速成长背后的秘密有哪些？

一、“三只松鼠”的核心战略定位符合大环境

安徽三只松鼠电子商务有限公司，位于安徽芜湖高新技术产业开发区西山路软件园大厦。作为一家在三四线城市办公的企业，地理位置不占优势，而相对成熟的互联网环境，为三只松鼠的趋利避害战略实施提供了天然条件。利就是互联网，互联网能极大缩短了厂商和消费者的距离与环节，避开位置不够优越的弊端。产品体验是顾客体验的核心，互联网的速度可以让产品更新鲜、更快到达。因此“三只松鼠”坚持定位为：做“互联网顾客体验的第一品牌”和“只做互联网销售”。

三只松鼠的核心战略是：一个核心，四个“要点 + 四化”，其中一个核心是让品牌和消费者更近，始终围绕这个中心部署战略。四个要点分别是品牌，速度，服务，品质。其中品牌注重和消费者更好地沟通。考虑到消费者可能会拒绝帅哥美女偶像，但很少会拒绝童真和可爱。因此品牌设计是三只可爱的小松鼠。为了与消费者更好地沟通，使用的互联网宣传工具也是利用了微博，旺旺等进行沟通，话语方式也是采用了松鼠的口吻拟人化沟通，另外做一些与销售无关的杂志，其实是一种情感沟通。在速度方面有效地提高了坚果从树枝到消费者客厅的速度，追求速度就是在追求产品的新鲜和更好的消费者体验。服务方面，努力做到更加个性化，基于大数据的收集和挖掘，充分了解消费者，从而做到更个性化的服务。最后就是追求品质，追求美味与健康。而“四化”，主要有品牌动漫化，这样可以更好地为消费者所接受，也展现了品牌可爱开朗的一面；数据信息平台化，三只松鼠就是抓住了数据海量的互联网平台，数据的碎片化，可以通过客户遗留在微信、微博和天猫等平台的数据，借助IT系统，将数据信息打通，将客户资源有效地运营起来；仓储物流智能化，有利于提高单位容积的仓储效能，提高货品的周转速度，进一步提升消费者体验，同时也是提升企业核心竞争优势的关键因素；视频信息可追溯化，用物联网的技术实现农产品从采购到餐桌的全程溯源，强化食品安全和保障食品品质。

二、竞争策略明确、清晰、针对、有效

1. 明确的定位

与传统企业相比，三只松鼠将品牌定位于纯电商，依托电子商务及互联网网数据大环境，从而在新的一轮潮流中脱颖而出。

2. 优良的团队

与传统企业那种职业经理人带队营销相比，纯电商品牌则是由老板亲自带队，带领一群激情满满，充满活力的年轻一族一起创业，控制力和活力要远远高于传统企业，而且团队实战能力强，更加灵活。

3. 合理的定价

纯线上企业可以根据消费者消费趋势发生的短周期内的变化进行快速反应，绕过经销商。

4. 高质的产品

纯线上企业积累了大量的消费者数据，可以根据这些数据来进行产品的设计，而满足核心人群需要，让产品设计的更贴切，更灵活。

三、营销策略

渠道：采取线上B2C品牌销售，拒绝分销，不做线下分销。三只松鼠企业定位于互联网销售的第一品牌，目的就是因为网络可以缩短与消费者的距离，而线下分销必然增加流通环节，会破坏产品的新鲜度，进而影响消费体验，削弱品牌力。除非未来O2O的融合产生能解决这一问题的模式或技术。现在最烦恼的事就是每天要不断去拒绝来自全国各地要求线下加盟的商友。不做线上分销，主要还是坚果的发货。

三只松鼠的坚果都是统一仓储在低温仓，一般线上分销商不具备这个条件，那么分销合作势必还是影响新鲜度。

宣传：

（1）电脑端的宣传活动：最近天猫店铺首页做的促销活动有最低两折，满69元包邮，优惠券发放，满99加0.99换购。其中满多少包邮和发放优惠券是一直存在的，用来促使顾客多买东西，提高客单价。折扣和换购是限时的，用来调动顾客的积极性维护老客户，也使得很多新客户在折扣的大力促销时下单购买。

（2）微淘端的宣传活动：微淘主要是针对老客户做的维护活动，很多时候售卖的并不是商品，而是和公司文化有关的纪念品。

具体方法：

①互动游戏。互动游戏是对话式营销中比较典型的，通过参加小游戏，顾客会加深对店铺的认识像松鼠物语中的投票系列，有奖竞猜系列，提高忠诚度和回购率有助于培养铁杆的“鼠粉”。

②店铺动态播报。

③ 做一些促销活动，促进老客户的回购率。这也是一个留住老顾客的好方法。促销力度可大可小，根据实际情况进行合理安排，从而增加客户。

（3）无线端的宣传活动：无线端设有中秋专场的手机专项活动，利用节假日大部分人不会守在电脑边上，而是拿着手机出游的特点开展专项活动，促使吃货们在感受到优惠之后下单购买。

（4）其他平台宣传活动：像微信，微博等方面，三只松鼠也是不会错过的。像微博里面开展的促销活动，如免费试吃，9.9 狂欢购，新品发布会等等，和微淘有着相似之处。

资料来源：知乎，“三只松鼠”市场营销计划案例分析，2020－06。

讨论：

1. 三只松鼠进入市场采用了什么样的入市战略，你认为他成功的原因是什么？

2. 随着环境的变化，互联网企业的增加，三只松鼠最初的“只做互联网企业”的定位是否需要改变？如果需要，请帮他制定一个追踪营销计划。

第八章　产品市场推广策划

案例引入

“谭木匠”的品牌之路

梳子虽然普通，但作为人人必备的物品，具有很大的市场潜力。近年来，随着保健、防静电等功能要求的提出，木梳和牛角梳逐渐成为主流。梳子市场上的一些小品牌，都停留在最基本的顺发功能上，产品式样单一，品牌形象不突出，在高端市场上，更是一片空白。这时，“谭木匠”横空出世，以差异化经营方式塑造了独特的品牌形象。谭木匠的品牌塑造与销售非常好地结合在一起，广告投入不多，但由于正确整合了一系列品牌塑造要素，获得了很高的品牌知名度，这在“梳子”这个行业内绝无仅有，也是中小企业低成本塑造品牌的典型案例。

谭木匠公司曾经用“三峡”“先生”等作为产品品牌，但是效果都不理想，经过仔细推敲，最后才推出“谭木匠”这个品牌。“谭木匠”是一个很好的品牌名称，“木匠”是对中国传统木工手艺人的称呼，“木匠”前冠以“谭”字，符合中国传统商号的取名习惯，念出来，就给人一种沧桑厚实的历史感。另外，这三个字的造型也称得上匠心独运，“谭”用隶书，“木”是几块木板搭成，“匠”则配以木工作坊劳作图，极具中国传统文化特色。

“谭木匠”梳系列，将传统工艺与现代专利抛光技术、插齿技术结合起来，用料考究，具有防静电、保健、顺发等基本功能。目前其产品主要有以下类型：

（1）按产品开发概念划分的系列。有牡丹、翠竹组成的“花开富贵，竹报平安”系列，有“凤求凰”系列，突出了民族特色，符合中国人的欣赏习惯，为产品增添了文化特色。

（2）按照木材质地划分的产品系列。黄杨木系列、各种檀木系列、牛角系列。

（3）按照用途划分的产品系列。有普通桃木梳、护发梳、合家欢、婚庆梳、“凤求凰”系列、“鹊桥仙”系列等，以及相关的发夹、镜子、佛珠等木制系列。

（4）按包装划分的系列。高档木梳有礼品盒包装；普通的木梳的外包装是黑色或篮底白花的中式小布口袋。非常富有中国传统特色。礼品袋、礼品盒的设计使谭木匠的产品不仅有实用价值，还成为馈赠佳品。

丰富的产品系列不仅使消费者有了更多的挑选余地，也扩大了消费群体，还能体现“谭木匠”优秀的产品研发和设计能力，这又是高档次品牌应该给客户留下的印象。

现在，谭木匠在全国的连锁专卖店已经超过100家，遍布主要城市的商业区。能把木梳这种家常使用、司空见惯的小商品做到这样的规模和这样的层次确实非常不容易。

“谭木匠”公司作为一个小企业，用于宣传的费用很少，却能够获得这样高的品牌知名度很不容易。其成功之处在于综合应用了品牌接触理论中的各种关联要素，从而使“谭木匠”这个品牌获得了创新性的定位，并得到良好的传播。

资料来源：包兴安，《三农中国·A版》[J]，2007年第1期。

第一节 产品品牌构建策划

一、品牌及其相关概念

（一）品牌的概念

品牌（Brand）是用以识别某个销售者或某群销售者的产品或服务，并使之与竞争对手的产品或服务区别开来的商业名称及其标志，通常由文字、标记、符号、颜色和图案等要素或这些要素的组合构成。品牌是一个集合概念，包括品牌名称（Brand Name）和品牌标志（Brand Mark）两部分。

（二）与品牌相关的概念

（1）品牌名称。是品牌中可以读出的部分——词语、字母、数字或词组等的组合。如海尔、红双喜1999、TCL等。

（2）品牌标志。是品牌中不可以发声的部分——包括符号、图案或明显的色彩或字体，如耐克的一勾造型，小天鹅的天鹅造型，IBM的字体和深蓝色的标准色等。

（3）品牌角色。是用人或拟人化的标识来代表品牌的方式，如海尔兄弟、麦克唐纳、米老鼠、康师傅等。

（4）品牌文化。是指品牌在经营过程中逐渐形成的文化积淀，代表了企业和消费者的利益认知、情感归属，是品牌与传统文化及企业个性形象的总和。

（5）商标。受到法律保护的整个品牌、品牌标志、品牌角色或者各要素的组合。当商标使用时，要用“R”或“注”明示，意指注册商标。

相关链接

品牌的由来

品牌的英文单词Brand，源出古挪威文Brandr，意思是“烧灼”。人们用这种方式来标记家畜等需要与其他人相区别的私有财产。到了中世纪的欧洲，手工艺匠人用这种打烙印的方法在自己的手工艺品上烙下标记，以便顾客识别产品的产地和生产者。这就产生了最初的商标，并以此为消费者提供担保，同时向生产者提供法律保护。16世纪早期，蒸馏威士忌酒的生产商将威士忌装入烙有生产者名字的木桶中，以防不法商人偷梁换柱。到了1835年，苏格兰的酿酒者使用了“Old Smuggler”这一品牌，以维护采用特殊蒸馏程序酿制的酒的质量声誉。

在《牛津大辞典》里，品牌被解释为“用来证明所有权，作为质量的标志或其他用途”，即用以区别和证明品质。随着时间的推移，商业竞争格局以及零售业形态不断变迁，品牌承载的含义也越来越丰富，甚至形成了专门的研究领域——品牌学。

资料来源：MBA智库百科，http://wiki.mbalib.com/wiki/品牌。

二、品牌设计

(一) 品牌名称设计的方法和原则

在现代市场经济社会中，产品的多样化和同质化现象逐步加剧，品牌作为区别产品的重要工具的存在就有其更加特殊的意义。一个品牌成功的第一步，就是要起个好名。一位企业家甚至说，企业能否发达，关键在于品牌名起得好不好。名字的重要性可见一斑。一个音节响亮、易读易记、意象美好的品牌名字能够使企业与消费者同时受益。

1. 品牌名称设计的原则

(1) 合法原则。合法是指能够在法律上得到保护，这是品牌命名的首要前提，再好的名字，如果不能注册，得不到法律保护，就不是真正属于自己的品牌。

(2) 符合文化差异原则。世界各地区消费者的历史文化、风俗习惯、价值观念等存在一定差异，使得他们对同一品牌的看法也会有所不同，品牌名称设计时必须注意文化差异和冲突现象。

(3) 易读易记原则。只有易读易记才能充分发挥其识别功能和传播功能。具体要求是简洁明快，音节响亮，个性独特，新颖别致，高雅出众。如“娃哈哈”就是一个易读易记的好名字。

(4) 暗示产品属性原则。品牌名称还应该暗示产品的某种性能或用途，如高露洁牙膏等。品牌名称的暗示性越强，品牌延伸就越困难，如果企业实行多样化，品牌名称与产品属性的联系越紧密，则对其多样化的发展越不利。

(5) 易于产生正面联想原则。品牌名称要能够使消费者产生正面的联想，例如“美的”，让人联想到美好的生活；“金利来”原来取名“金狮”，在香港人说来，便是“尽输”，香港人非常讲究吉利，面对如此忌讳的名字自然无人光顾。取名“金利来”之后，情形大为改观，吉祥如意的名字立即为金利来带来了好运。

(5) 支持标志物原则。标志物是品牌中可被识别但无法用语言表达的部分，当品牌名称能够维持或刺激标志物的识别功能时，品牌的整体效果就加强了。例如，“苹果”的品牌名称与其被咬了一口的苹果标志。

(6) 利于品牌延伸原则。品牌发展到一定程度可能要进行多元化，如果品牌名称和某类产品联系太紧，就不利于品牌今后扩展到其他产品类型。通常，一个无具体意义而又不带任何负面效应的品牌名，比较适合于今后的品牌延伸。例如索尼（SONY），不论是中文名还是英文名，都没有具体的内涵，仅从名称上，不会联想到任何类型的产品，这样，品牌可以扩展到任何产品领域而不至作茧自缚。

2. 品牌名称设计的方法

(1) 造势命名法。所谓“造势命名法”是指品牌的名字说出来也要铿锵有力、挟着一股气势。造势命名法一般不超过三个汉字，英文长度一般不超过八个字母，发音呈现上扬的风格，发出的音调洪亮清晰，有气魄、有气势，且发音在结构上相互对称，大有豪情万丈、一览众山小的文字韵味。例如：长江、长城、悍马、奔驰等。

(2) 醒势命名法。“醒势命名法”是指品牌命名时，清晰产业背景、吻合行业特征，暗含商品属性与服务定位的寓意，或者清晰锁定目标群体，并与之相互协调。例如：云南白药，品牌名称定位于药品；Microsoft 微软公司，品牌命名定位于软件（Software）；NetEasy

网易，品牌命名定位于网络（Net）平台，并且品牌命名强调了一种趋势（越来越易于使用）和所承诺的利益。

醒势命名法要注意回避市场上雷同的中文和英文名称，而且最好将品牌与目标客户直接联系起来，进而使目标群体产生认同感。

（3）取势命名法。所谓“取势命名法”是一种根据已知的、潜在的关联命名品牌，集美好祝福与愿望于品牌名称之中的命名方法。例如：“好彩头”水果蛋糕、“可口可乐”“全家福”等。

这种取势命名法取势要巧，否则不但容易落俗套，甚至会给品牌带来意想不到的负面效应。

（4）审势命名法。指客观审视自己的长处、审视已有资源的优势，把企业产品或品牌与自身所独有的这种优势（或潜在优势）结合起来，由此命名品牌。

具体命名时，可以审视企业所处的地理位置、地理优势，即：与当地地名（青岛、茅台、燕京等）、或当地特色（“蒙牛”）、特产（“宁夏红”）联系起来，通过人们对于地域的信任、进而衍生为对产品和商业品牌的信任感；也可以与产品类型直接结合，巧妙挂钩，使品牌传播出去易于连带到产品，而且具有完整的感觉。

善于审视自己的长处，审视已有资源的优势，不单局限于地区资源，还可以挖掘产品内在资源优势，传递产品信息，或者带给消费者的直接利益。例如，两面针（牙膏）、西瓜霜（牙膏）、六必治（牙膏）、康齿灵（牙膏）等就是利用牙膏的配方原材料，或对牙齿的防治护理功效来进行品牌命名的。

（5）预势命名法。客观有效地预测品牌未来，建立着眼于未来的品牌战略，并由此命名品牌，即“预势命名法”。很多时候，预势也是一种极为重要的商业能力。

好的品牌名字不仅要简洁明了、便于传播和联想、具有时代感，甚至更要建立符合国际一体化商业趋势以及对未来市场扩张的有效品牌策略，根据品牌策略来客观预设未来发展再确定品牌名称。早在多年前，埃克森美孚（ExxonMobil）美国这家石油公司为了设计出既适应世界各地风俗、又符合各个国家法律的名字和图案，邀请了多方面专家和机构，历时六年、耗资一亿美元调查了55个国家和地区，最后才确定了埃克森（Exxon）的命名，并且从设计出来的一万多个商标中筛选出一个，如今这个品牌通行全球，品牌价值已达千亿美元。

（6）借势命名法。天生本无势，天下皆可用之势，巧取豪夺，为我所有，不必组字构词，直接借用、挪用、占用已有传播影响力基础的词汇，类似这种命名方法，是谓“借势命名法”。这种商业品牌命名方法的最大优势是：在开拓市场时，用草船即可借箭，大大减小了品牌推广阻力，节省大量广告费用，降低品牌推广成本。

福建七匹狼品牌命名就是借用了一部台湾电影《七匹狼》的名字，巧借其名，聘请台湾知名歌手齐秦（当年以流行歌曲《北方的狼》成名）做品牌形象代言人，使此狼与彼狼相互映衬，大红大紫。

（7）融势命名法。融合当地文化背景与当地消费者接受习惯，融入品牌已有的产品功能或者品类优势，取一个恰如其分的好名称即“融势命名法”来命名。

国外的产品进入中国，在品牌命名时要融合中国文化。最典型的创新名词为品牌命名、奠定成功基础的例子当属宝洁，在宝洁的众多子品牌中，品牌名称几乎个个都是既符合中国文化又朗朗上口的：飘柔、帮宝适、护舒宝、舒肤佳（Safeguard）、汰渍等。中国产品打入国外市场同样需要在品牌命名时融合国外市场的文化和消费习俗，例如“海尔”的“Haier”音同英语里的“higher”，寓意更高、更好；雅戈尔（服装）的品牌名称用“Younger”的英文音译作为中国商业品牌名称的，英文单词 Younger 是年轻者的意思，不仅对应了主要目标人群，而且还使品牌感觉年轻起来。

相关链接

品牌命名常见方法

人名命名类型，如狗不理、麦当劳等；

地名命名类型，如茅台、燕京等；

字首组合命名类型，如 TCL、LG、IBM、3M、NEC 等；

企业名称命名类型，如海尔、格力、飞利浦、联想等；

数字命名类型，如 999、555、505、666 等；

寓意命名类型，如耀华、轻骑、金利来等；

吉祥命名类型，如双喜、长寿、幸福、永久等；

民俗命名类型，如神龙、凤凰、熊猫、英雄、红旗、东风、万家乐、大中华等。

（二）品牌标志设计的方法和原则

品牌标志，是指品牌中可以被认出、易于记忆但不能用言语称谓的部分——包括符号、图案或明显的色彩或字体，又称“品标”。品牌标志与品牌名称都是构成完整的品牌概念的要素。品牌标志自身能够创造品牌认知、品牌联想和消费者的品牌偏好，进而影响品牌体现的质量与顾客的品牌忠诚度。

品牌标志是一种“视觉语言”。它通过一定的图案、颜色来向消费者传输某种信息，以达到识别品牌、促进销售的目的。因此，在品牌标志设计中，我们除了最基本的平面设计和创意要求外，还必须考虑营销因素和消费者的认知、情感心理。

1. 品牌标志设计的原则

（1）简洁明了。物质丰富的社会，品牌多如牛毛，人们不会特意去记忆某一个品牌，只有那些简单的标志才留在了人们的脑海中。例如苹果、耐克。

（2）准确表达。品牌的标志，归根到底是为品牌服务的，标志要让人们感知到这个品牌是干什么的，它能带来什么利益。比如食品行业的特征是干净、亲切、美味等，房地产的特征是温馨、人文、环保等，药品行业的特征是健康、安全等，品牌标志要很好地体现这些特征，才能给人以正确的联想。例如麦当劳。

（3）设计有美感。造型要优美流畅，富有感染力，保持视觉平衡，使标志既具静态之美，又具动态之美。例如百事可乐的圆球标志，是成功的设计典范，圆球上半部分是红色，下半部分是蓝色，中间是一根白色的飘带，视觉极为舒服顺畅，白色的飘带好像一直在流动着，使人产生一种欲飞欲飘的感觉，这与喝了百事可乐后舒畅、飞扬的感官享受相一致。福特的标志设计体现了同样的设计原则。

（4）适用性与扩展性。标志的设计要兼具时代性与持久性，如果不能顺应时代，就难以产生共鸣，如果不能持久，经常变脸，就会给人反复无常的混乱感觉，也浪费了传播费用。

（5）讲究策略。字体首先要体现产品特征，例如食品品牌字体多以明快流畅的字体，以表现食品带给人的美味与快乐；化妆品品牌字体多为纤细秀丽，以体现女性的秀美；高科技品牌字体多为锐利、庄重，以体现其技术与实力；男人用品字体多为粗犷、雄厚，以表达男性特征。其次，字体要容易辨认，不能留给消费者去猜，否则不利于传播。再次，字体要体现个性，与同类品牌形成区别。

在色彩的运用上，首先要明白不同的色彩会有不同的含义，给人不同的联想，适用于不同的产品。其次，相同的颜色也会因为地区、文化、风俗习惯的差异而产生不同的联想，所以在品牌标志设计时也必须考虑各国各地区的文化、审美、风俗习惯等差异。

（6）防止雷同。品牌标志主要的功能之一就是用以区别于其他产品或服务品牌，所以我们在设计时，既要与企业的形象、产品的特征联系起来，又要体现构思新颖，别出心裁的风格。

2. 品牌标志设计的方法

（1）以企业或品牌名称为标志。直接传达公司、企业的名称，含义明确、信息充分、卖点功能强，是近年来标志设计的趋势。如“糖人街”甜品、“361°”。

（2）以企业或品牌名称的首字（或首字母）为标志。此类设计选名称的首字母作为造型设计的题材。因其造型元素的单纯、简洁、形式感强，所以显得生动活泼。如“IBM”。

（3）以企业或品牌名称或首字与图结合为标志。此类标志设计是综合字体标志与图案标志而成，兼具文字的说明性与图案的表现性的双重优点，因此具有视听同步的效果。如“雨竹”“海尔”。

（4）以企业或品牌名称的含义联想为标志。设计的重点主要是依据案例名称的字面意义，将文字转换成为具象化的图案造型，起到看图知意、一目了然的作用。为了更清楚、直接传达名称含义，在图案上以图形居多，其中包括具象与抽象的表现。如“农夫山泉”“雀巢”。

（5）以企业或公司的文化、经营理念为题材。将企业独特的经营理念与精神文化，通过具象或抽象化的符号具体地传达出来。此类设计的重点是通过蕴含深意的视觉符号，唤起社会大众的共鸣。如“蒙牛”“统一”。

（6）以企业或公司经营内容、产品造型为标志。将企业的经营内容、产品造型做设计变化，直接说明经营业种、服务性质、产品特色等。如“小肥羊”“星巴克”。

（7）以企业或品牌的传统历史或地域环境为题材。刻意强调企业悠久的历史传统或独特的地域环境，诱导消费者产生权威性的认同或对于异域情趣的新鲜感等，常常采用写实的造型或卡通画的图案作为表现的形式。如“孟家庄园”等。

三、品牌资产与品牌的构建策划

（一）品牌资产的概念与构成

1. 品牌资产

品牌资产是20世纪80年代在营销研究和实践领域新出现的一个重要概念。20世纪90年代以后，Aaker（1991），Kapferer（1992），Keller（1993）等人逐步提出并完善了基于消费者的品牌权益概念。在中文语境中，通常用“品牌资产”指代品牌权益，我们一般认为品牌资产是与品牌、品牌名称和标志相联系，能够增加或减少企业所销售产品或服务的价值的一系列资产与负债。

2. 品牌资产的构成

美国品牌专家大卫·A ·艾克认为品牌资产之所以有价值并能为企业创造巨大利润，是因为它在消费者心中产生了广泛而高度的知名度、良好且与预期一致的产品知觉质量、强有力且正面的品牌联想（关联性）以及稳定的忠诚消费者（顾客）这四个核心特性，如图 8－1 所示：

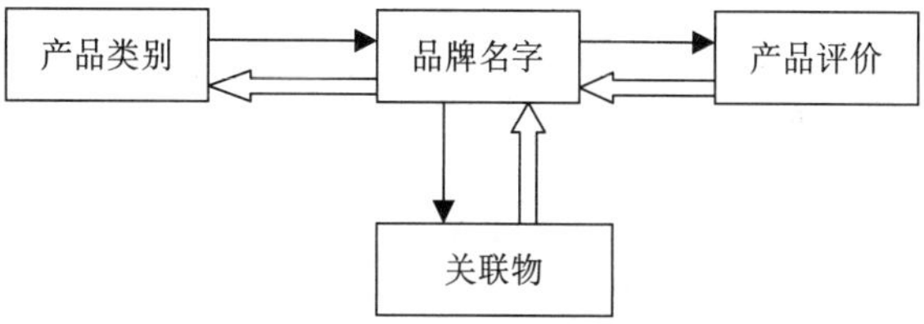

图 8－1　品牌资产联想模型

同时大卫·A ·艾克还提出了品牌资产的星角构架，如图 8－2 所示：

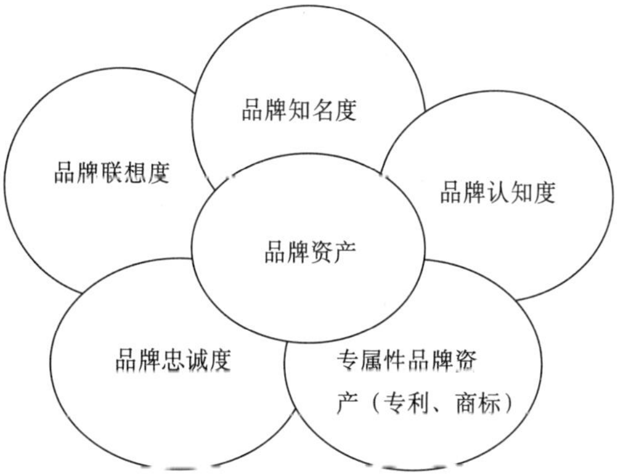

图 8－2　品牌资产的星角构架模型

现代品牌理论认为，品牌是一个以消费者为中心的概念，没有消费者，就没有品牌，品牌资产的构成主要包括 5 个方面，即品牌忠诚度、品牌认知度、品牌知名度、品牌联想、其他专有资产（如商标、专利、渠道关系等），是以品牌名字为核心，能够对影响消费者的行为以及营销活动产生重要影响，依附于消费者的通过多种方式向消费者和企业提供价值的无形资产。

（二）品牌构建策划的思路

1. 品牌构建的思路

从品牌资产的定义可以看出，要想让品牌成为资产的一部分，就必须对品牌实施资产化管理，通过不断地对其进行投入来维护和巩固其价值。品牌构建的过程与消费者进行品牌选择过程具有一致性的联系，所以，在进行品牌构建策划之前，必须首先了解消费者的购买行为模式，具体如图 8－3 所示：

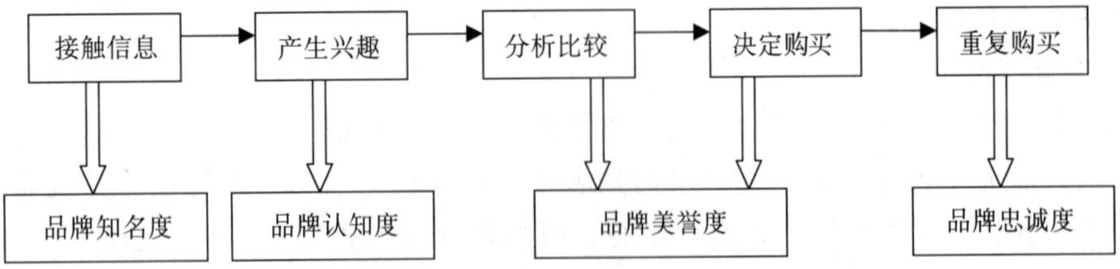

图 8－3　消费者的品牌决策过程

由消费者品牌决策过程图可知，品牌资产的构建必须经过品牌知名度的打造、品牌认知度的提升、品美誉度的建立和提升及品牌忠诚度的打造等四个递进阶段，如图 8－4 所示。

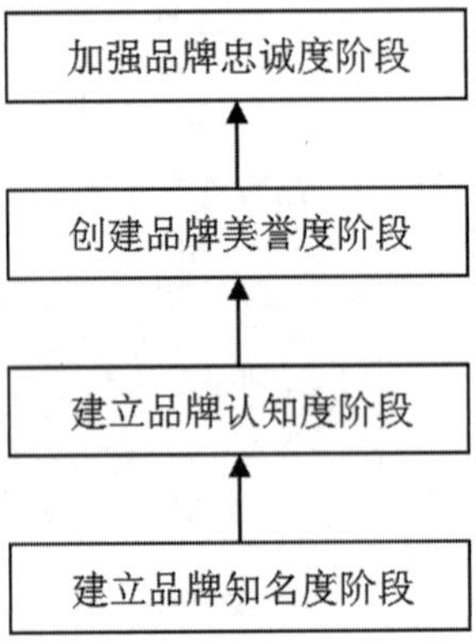

图 8－4　品牌构建策划的四个递进阶段

根据以上分析，所以品牌构建策划必须要从构成品牌资产的知名度、认知度、美誉度、忠诚度等几个要素入手，逐步依次进行。

2. 品牌知名度的打造策划

品牌知名度是指潜在购买者认识到或记起某一品牌是某类产品的能力。它涉及产品类别与品牌的联想，其真正内涵是认知度及联想度。品牌知名度的建立能够帮助消费者从众多品牌中能辨识并记得目标品牌，并能从新产品类别中产生联想。由此，建立品牌知名度需要注意以下几个方面：

（1）创建与众不同且易于记忆的品牌名称和标语。给产品或服务取个好记的名字，这也是广告存在所遵循的基本原则。品牌名称必须易记忆、易传播、易接受（如娃哈哈、可口可乐等）；品牌标语必须能够凸显产品的特征，强化品牌形象。诸如“漂浮于水面”或“今天你应该休息”等标语有助于人们回想品牌，企业应该创建与品牌或者产品类别息息相关的标语，并使之为公众所接受。同时品牌名称最好押韵，押韵是创建品牌知名度的强有力工具。有人对新上市的 58 种新产品进行了为期 13 周的测试，研究结果表明之所以某些新产品的回想层次高于其他产品，其中非常重要的一点是这些产品的名字押韵，易于人们记忆。

（2）不断展露品牌标识。如果企业拥有与品牌紧密相联的标志，如真功夫快餐的李小龙、苹果的被咬了一口的苹果或麦当劳的金色拱门，创建或维持品牌知名度时，标志就能够发挥主要作用。标志包括视觉形象，视觉形象比文字更易于为人们所理解与记忆。标准色也具有很强的沟通能力。目标物重复暴露出现，可以提高人们对目标物的正面感觉，使消费者不论走到哪里始终看到一样的视觉印象，如可口可乐和麦当劳的红色，百事可乐的蓝色。

（3）充分利用大众媒体。不断展露品牌标识、提高品牌知名度离不开大众媒体的公信力的宣传，目前大众媒体仍然是提高品牌知名度的最佳选择。随着科学技术的发展，大众媒体的形式也在不断丰富，除了传统的电视、广播等，新兴网络媒体如博客、微博、微信、博客、贴吧等逐步成为品牌宣传的重要渠道。

（4）运用公关的手段。是企业通过策划、组织和利用具有名人效应、新闻价值以及社会影响的人物或事件，吸引媒体、社会团体和消费者的兴趣与关注，以求提高企业或产品的知名度、美誉度，树立良好品牌形象，并最终促成产品或服务的销售目的手段和方式。广告效果显著，但相对代价昂贵，且易受其他广告的干扰。但是，运用事件塑造出一些话题，通过报纸杂志来引起目标消费者注意常常可以取得事半功倍的效果。所以与广告相比，事件营销手段不但成本较低，而且有时比媒体广告的效果更好，因为与阅读广告相比，人们有时通常更愿意从新闻故事中获得信息，事件营销是提高品牌知名度的重要手段，甚至有时能够起到关键作用。事件营销最理想的情景就是产品本身就能引起人们的关注。在汶川地区发生大地震后，人们的所有视线都集中在了抗震救灾这个最重大的新闻事件中，王老吉不失时机的巨额捐款，各大超市甚至出现供不应求的局面，使王老吉成为品牌在这次事件中的标杆，知名度获得了大幅提升。

（5）运用品牌延伸的手段。运用产品线的延伸，用更多的产品去强化品牌认知度，即所谓的统一式识别。获得品牌回想、凸显品牌名称的方法之一就是在其他产品上使用该名称。最典型的是许多知名的日本企业在其所有的产品上都使用相同的品牌，如索尼、本田、马自达、三菱以及雅马哈等。在中国，海尔的名称和标志同样运用于家电、数码产品、物流等诸多产品，这种方法也是提高品牌暴露概率的重要手段。当然，如何进行品牌延伸也存在权衡问题。

3. 品牌认知度的提升策划

品牌认知度是消费者对某一品牌在品质上的整体印象，包括产品的功能、特点、可信赖度、耐用度、服务度、高品质的外观等，例如宝洁生产的是“世界一流产品”，海尔代表的是星级服务，这些都是消费者对品牌的认同。品牌认知度在品牌资产中是一项长期资产，建立较强的品牌认知度，是一项长期的工作，不可能一蹴而就，品牌只有真正取信于消费者，才可能获得较高的品牌认知度。

品质的认知度是消费者对某一品牌在品质上的整体印象。消费者对品质的认知度完全来自于产品使用或服务享受之后，产品的品质并不完全是指产品或服务本身，它同时包含了生产品质和营销品质。建立品质认知度可从以下几个方面着手：

（1）通过创造差异形成认知。品牌认知度是消费者对品牌产生的一种整体感觉。由于消费者性别、年龄、个性等的差异，每个消费者对品牌认知的能力和速度有很大的差异。因此，企业要根据其产品使用者的特征来塑造品牌。企业要根据自身产品的定位和顾客群，分析目标消费者具有哪些特征，从而使品牌个性与消费者个性相匹配。品牌名称、包装设计、卖点、广告卖点等诸方面也尽量显现该类消费者的特征，通过创造差异来帮助顾客形成认知。如五谷道场通过树立“非油炸”的独特卖点，在消费者市场形成了广泛的认知。

（2）在传播中加强认知。品牌传播中应该不断加强消费者对品牌的认知。通过不断的重复品牌某一个核心卖点加强消费者对产品功效的认知；三精牌葡萄糖酸钙、酸锌蓝瓶装采用的白瓶与蓝瓶对比广告等，都是在传播中加强消费者认知的典型案例。

(3) 运用独特、精准的广告创意加强认知。广告宣传有利于品牌认知。广告宣传作为沟通的一种手段，通过运用独特、精准的广告创意加强认知。

一个好的广告创意，应该建立在对品牌正确认知的基础之上，如目标市场、品牌状况、竞争品牌、产品特点、目标人群、品牌定位、广告目的、卖点重点等，遵循这一策略构思而成的广告创意才是正确有效的。在令人眼花缭乱的报纸广告中，要想迅速吸引人们的视线，在广告创意时就必须遵循新奇性、包蕴性原则、渗透性原则、简单性原则，广告创意必须简单明了、定位准确、形式独特、卖点突出。

(4) 贴切、合适的明星代言加强认知。名人的名气能够有效地带动品牌知名度的提升。因为名人、明星、专家是许多消费者的崇拜、模仿、学习的对象。不同的产品需要用不同的明星做代言，比如体育用品和大众化的日用消费品，可以请体育明星、电影明星、歌星等，借助明星宣传产品、品牌，容易引起注意，加深印象；而有些产品则需要专家的推荐，如医药产品，名医的推荐效果就更好；照相器材，专业摄影师的推荐较好；电脑等高科技产品有技术专家推荐就很容易推广，贴切、合适的明星代言会大大加强品牌的认知度。

4. 品牌美誉度的提升策划

品牌美誉度是品牌资产的组成部分之一，它是市场中人们对某一品牌的好感和信任程度，是现代企业形象塑造的重要组成部分。美誉度往往是决定消费者是否发生购买行为最重要的一个环节。有众多品牌创建美誉度的活动。诸如，赞助社会公益、体育、教育、福利事业等，开展大型事件活动，免费派发试用活动，消费者现场咨询体验活动、提供附加服务、加强附加产品信息宣传，即售前、售中、售后服务等。

(1) 企业主动参与解决社会问题。企业是社会机体的一个重要组成部分。社会生活随时可能遇到这样那样的困难，企业应时时刻刻关心社会生活，对出现的各种社会问题要积极主动参与解决，这不仅因为其独特性能引起传媒和社会大众的关注，并十分有利于企业品牌美誉度的塑造与传播。现代企业要时刻关心、善于发现社会大众的特殊需要，并且要以创造性的策略，通过满足这一需要的企业行为过程巧妙的把企业品牌及形象融合进去，这将大大提高企业品牌美誉度的塑造效果。如真诚关心、信赖广大消费者，特别是对某些特殊个别的消费对象提供有针对性的关心和服务，有时候能迅速强化企业品牌美誉度的塑造与传播，这也是体现企业社会责任的一个重要途径。比如农夫山泉的“饮水思源——公益活动”，通过“一分钱”行动支持社会重大事件，解决社会问题来彰显自己的社会责任，从而树立良好的品牌形象，提升美誉度。

(2) 坚决占领重要传播场所。企业形象、信息出现的场所对企业品牌美誉度的形成具有决定性的影响。以产品的广告形象信息为例。一个产品的广告出现在中央电视台还是地方电视台，是出现在奥运赛场还是出现在国内赛场对该产品在消费者心目中形成的印象是不一样。企业信息出现的场所越具世界性、国际性和权威性，对提高企业的知名度，展示企业的实力，在消费者心目中建立良好的品牌美誉度就越有利。

(3) 通过名人见证提升美誉度。名人效应已经在生活中的方方面面产生深远影响，比如名人代言广告能够刺激消费，名人出席慈善活动能够带动社会关怀弱者等。简单的说名人效应相当于一种品牌效应，它可以带动人群，它的效应可以如同疯狂的追星族那么强大。在品牌构建中，企业可利用消费者敬慕名人的心理来构建品牌美誉度，名人的见证很容易引起消费者产生共鸣和信任。在现代广告中，名人见证的例子有很多，比如汰渍（郭冬临、海清）、999 感冒灵（张亮父子）等。

（4）通过权威机构认证提升美誉度。每一个消费者都不是品牌专家，在进行购买决策时，我们往往需要通过多方渠道进行信息的搜集来降低购买风险，而当我们缺乏产品和品牌的确切信息时，权威机构的认证能够在很多程度上提升消费者对品牌的信任度。所以企业可以利用权威机构的认证结果进行宣传，比如舒肤佳在其广告中打出“中华医学会权威认证”的旗号，就能很好的提升品牌美誉度。

（5）规范企业的经营行为，树立良好的企业形象。一个企业如果不能在消费者面前展现出良好的外在形象，那么消费者肯定不会对其品牌产生良好的印象，反而会避而远之。规范企业的经营行为是树立良好企业形象的基础。因此，企业需要做到合法经营、合法竞争，不能通过偷税漏税、偷工换料来获得非法的利益。

好的品牌美誉度来自于消费者之间的口碑传播，因此，为了获得更高的品牌美誉度，不仅仅要提高消费者对产品的满意度，同时还要注意传播产品的正面信息，将负面效应降到最低程度，要精心呵护，因为创牌容易保牌难，品牌维护无小事。因此说美誉度攸关品牌的生命。要打造强势品牌，一定要注意品牌的口碑建设。

5. 品牌忠诚度的建立策划

品牌忠诚度是品牌资产的核心，是指由于品牌技能、品牌精神、品牌行为文化等多种因素，使消费者对某一品牌情有独钟，形成偏好并长期购买这一品牌商品的行为。奥美公司把消费者在很长一段时期重复选择某一品牌并形成重复购买的倾向，称之为品牌忠诚。简言之，品牌忠诚度就是消费者的重复购买行为。

品牌忠诚度用顾客重复购买次数、顾客购买挑选时间、顾客对价格的敏感程度、顾客对竞争产品的态度、顾客对产品质量故障的承受能力等指标进行衡量。

品牌忠诚度的提高不仅可以为企业创造更多的利润和市场空间，还有助于企业实行长期发展，甚至基业长青，所以品牌忠诚是品牌构建的一个重要目标也是终极目标。提高顾客忠诚度可以采用以下策略：

（1）提高顾客让渡价值。品牌满意是品牌忠诚的基础和前提，要想使品牌满意，就要比竞争对手向顾客让出更大的价值。顾客让渡价值是顾客购买总价值与购买总成本的差值，顾客购买总价值包括产品价值、服务价值、人员价值和形象价值，顾客购买商品所付出的包括货币成本、时间成本、精神成本和体力成本，提高顾客让渡价值就要不断提高产品价值、服务价值、人员价值和形象价值，或降低货币成本、时间成本、精神成本和体力成本，从而使顾客对企业产生良好的感知效果，进而提升品牌忠诚。

（2）人性化地满足消费者需求。企业要提高品牌忠诚度，赢得消费者的好感和信赖，企业一切活动就要围绕消费者展开，为满足消费者需求服务。让顾客在购买使用产品与享受服务的过程中，有难以忘怀、愉悦、舒心的感受。

人性化的满足消费者需求就是要真正了解消费者的细腻需求，对消费者需求了解到细微之处。比如麦当劳、肯德基的洗手间有高低两个洗手台，小朋友们在用餐过程中要洗手不用家长陪同或抱起来，要洗手小朋友可以自己完成。日本银行的一般人员在上班之前都要花费几个月的时间接受专门训练，学习与实践如何应对顾客各种各样的问题，以养成人性化满足消费者需求的良好习惯。

（3）提供物超所值的附加产品。企业在提高顾客购买的产品价值时不仅要注意核心产品和有形产品，还要提供更多的附加产品，即提供更好的服务，如保证、安装、配送、维修等服务。在附加产品价值的提升方面做得比较好的当属海尔。海尔的维修人员不仅准时修好冰箱、空调；顾客还能获得更多，维修人员温暖人心的礼貌问候，自带饮料不喝用户一口水，套塑料鞋套避免用户家里地板污损等等，海尔的售后服务正是因为给消费者提供了意想不到的好处，大大提高消费者对品牌的评价与认同度。在产品同质化的时代，谁能为消费者提供物超所值的额外利益谁就能最终赢得顾客。

（4）有效沟通。企业通过与消费者的有效沟通来维持和提高品牌忠诚度，如建立顾客资料库、定期访问、公共关系、广告等。建立顾客数据库，制定忠诚客户计划，更清楚认识每一位客人的购买习性，从而可以对客户进行更有效的个性化销售；与顾客建立长期而稳定的互需、互助的关联关系，实施俱乐部营销计划，把顾客发展为长期稳定的会员，使消费者产生对品牌的挚爱与忠诚。

同步案例

为什么有这么多人愿意等30天入住泰国东方饭店？

泰国的东方饭店堪称亚洲饭店之最，几乎天天客满，不提前30天预定是很难有入住机会的，而且客人大都来自西方发达国家。泰国在亚洲算不上特别发达，但为什么会有如此诱人的饭店呢？

一位先生因公务出差泰国，并下榻在东方饭店。第一次入住时良好的饭店环境和服务就给他留下了深刻的印象，当他第二次入住时，几个细节更使他对饭店的好感迅速升级。那天早上，在他走出房门准备去餐厅的时候，楼层服务生恭敬地问道："于先生是要用早餐吗？"于先生很奇怪，反问"你怎么知道我姓于？"服务生说："我们饭店规定，晚上要背熟所有客人的姓名。"这令于先生大吃一惊，因为他频繁往返于世界各地，入住过无数高级酒店，但这种情况还是第一次碰到。于先生高兴地乘电梯下到餐厅所在的楼层，刚刚走出电梯门，餐厅的服务生就说："于先生，里面请"，于先生更加疑惑，因为服务生并没有看到他的房卡，就问："你知道我姓于？"服务生答："上面的电话刚刚下来，说您已经下楼了。"如此高的效率让于先生再次大吃一惊。于先生刚走进餐厅，服务小姐微笑着问："于先生还要老位子吗？"于先生的惊讶再次升级，心想"尽管我不是第一次在这里吃饭，但最近的一次也有一年多了，难道这里的服务小姐记忆力那么好？"看到于先生惊讶的目光，服务小姐主动解释说："我刚刚查过电脑记录，您在去年的6月8日在靠近第二个窗口的位子上用过早餐"，于先生听后兴奋地说："老位子！老位子！"小姐接着问："老菜单？一个三明治，一杯咖啡，一个鸡蛋？"，现在于先生已经不再惊讶了，"老菜单，就要老菜单！"于先生已经兴奋到了极点。

上餐时餐厅赠送了于先生一碟小菜，由于这种小菜于先生是第一次看到，就问："这是什么？"，服务生后退两步说："这是我们特有的某某小菜"，服务生为什么要先后退两步呢，他是怕自己说话时口水不小心落在客人的食品上，这种细致的服务不要说在一般的酒店，就是美国最好的饭店里于先生都没有见过。这一次早餐给于先生留下了终生难忘的印象。后来，由于业务调整的原因，于先生有三年的时间没有再到泰国去，在于先生生日的时候突然收到了一封东方饭店发来的生日贺卡，里面还附了一封短信，内容是：亲爱的于先生，您已经有三年没有来过我们这里了，我们全体人员都非常想念您，希望能再次见到您。今天是您的生日，祝您生日愉快。

东方饭店非常重视培养忠实的客户，并且建立了一套完善的客户关系管理体系，使客户入住后可以得到无微不至的人性化服务。迄今为止，世界各国的约 20 万人曾经入住过那里，用他们的话说，只要每年有十分之一的老顾客光顾饭店就会永远客满。这就是东方饭店成功的秘诀。

资料来源：泰国东方酒店（有删减），baike. baidu. com。

四、品牌策略策划

（一）有无品牌策划

是指企业决定是否给产品起名字、设计标志的活动。

随着品牌的商业作用的加强，已经很少有产品不使用品牌了。像大豆、水果、蔬菜、大米和肉制品等过去从不使用品牌的商品，现在也被放在有特色的包装袋内，冠以品牌出售。这皆源于使用品牌有利于订单处理和对产品的跟踪、保护产品的某些独特特征不被竞争者模仿、吸引忠诚顾客、有助于市场细分、有助于树立产品和企业形象等诸多优势。

尽管品牌化是商品市场发展的大趋向，但在使用品牌同时需要在建立、维持、保护品牌方面付出巨大成本。对于单个企业而言，是否要使用品牌还必须考虑产品的实际情况。一般来说，对于那些在加工过程中无法形成一定特色的产品，由于产品同质性很高，消费者在购买时不会过多地注意品牌，或者对于那些消费者只看重产品的式样和价格而忽视品牌的产品，企业可以采用无品牌策略，以节省费用，降低价格，同样可以获得较好的经济效益。所以是否采用品牌，需要企业根据产品性质、企业资源和能力等多方面因素综合决策。

（二）品牌使用者策划

品牌使用者决策是指企业决定使用制造商品牌，还是使用经销商的品牌，或两种品牌同时兼用。一般情况下，品牌是制造商的产品标记，制造商决定产品的设计、质量、特色等。享有盛誉的制造商还将其商标租借给其他中小制造商，收取一定的特许使用费。

近年来，经销商的品牌日益增多。西方国家很多著名的百货公司、超级市场、服装商店等都使用自己的品牌，如西尔斯百货 90% 商品都用自己的品牌，在我国，很多有实力的经销商也在逐渐建立自有品牌，例如大商旗下的欢乐享，易初莲花旗下的优选、泉信、珍仕、好脉、衡美、新鲜快车等品牌。自有品牌已经成为国内外企业增强对价格、供货时间等方面的控制能力、获得较高的利润的重要渠道和工具。

在现代市场经济条件下，制造商品牌和经销商品牌之间经常展开激烈的竞争，也就是所谓品牌战。一般来说，制造商品牌和经销商品牌之间的竞争，本质上是制造商与经销商之间实力的较量。在制造商具有良好的市场声誉，拥有较大市场份额的条件下，应多使用制造商品牌，无力经营自己品牌的经销商只能接受制造商品牌。相反，当经销商品牌在某一市场领域中拥有良好的品牌信誉及庞大的、完善的销售体系时，利用经销商品牌也是有利的。因此进行品牌使用者决策时，要结合具体情况，充分考虑制造商与经销商的实力对比，以求客观地作出决策。

（三）品牌统分策划

品牌统分策略是指某个企业或企业的某种产品在某种市场定位之下，采用一个或多个品牌，从而有助于最大限度地形成品牌的差别化和个性化，企业进而以品牌为单位组织开展营销活动。

1. 个别品牌策略和多品牌策略

个性品牌是指企业各种不同的产品分别使用不同的品牌。如通用汽车公司不同类型产品用不同商标：Chevrolet，Buiek Pontaic，Cadillac 等，上海家用化学用品公司也分别推出“露美庄臣”“清妃”“白领丽人”“雅霜”“友谊”“六神”“高夫”等不同的日化品牌。

使用个别品牌策略可以避免出现品牌的株连效应，企业的整个声誉不至于受其中某商品的声誉的影响，可以在产品分销中进入不同的细分市场，占有更大的市场空间，提高市场占有率。但是由于品牌的建立、维持和保护都需要较大的费用，个别品牌策略需要企业拥有较大的实力。

多品牌策略是指企业对同一种产品设计两个或两个以上的相互竞争品牌决策策略。例如：宝洁对洗发护发产品分别使用“潘婷”“飘柔”“海飞丝”品牌，多品牌策略是个别品牌策略实施的结果，是个别品牌策略的具体做法或表现形式。

2. 统一品牌策略

统一品牌是指企业所有的产品都统一使用一个品牌名称。例如，美国通用电气公司的所有产品都统一使用“GE”这个品牌名称，飞利浦公司的所有产品（包括音响、灯管、显示器、电视）等都使用“PHILIPS”为品牌，佳能公司的照相机、复印机、传真机等所有产品都使用“Canon”品牌。企业采取统一品牌名称可以节约宣传介绍新产品的费用开支，可以在企业品牌已经赢得市场信誉的情况下顺利推出新产品。但是如果某一个产品出现了问题，很可能会影响全部产品或者整个企业的声誉，而且统一品牌策略还容易出现相互混淆、难以区分产品的质量和档次等问题。

3. 分类品牌策略

分类品牌是指企业的各类产品分别命名，一类产品使用一个牌子。例如西尔斯·罗巴克公司就曾采取这种策略，它所经营的器具类产品、妇女服装类产品、主要家庭设备类产品分别使用不同的品牌名称。我国森大集团将高档男鞋的品牌定为“法雷诺”，高档女鞋为“梵诗蒂娜”，都市前卫男鞋为“百思图”，都市前卫女鞋为“亚布迪”，工薪族男女鞋为“好人缘”。

采用分类品牌策略可以避免当企业生产或销售许多不同类型的产品时互相混淆，同时也可以区别不同质量水平的产品。

4. 主副品牌策略

这种策略是指企业对其不同的产品分别使用不同的品牌，而且各种产品的品牌前面还冠以企业名称。例如，美国凯洛格公司就采取这种策略，推出“凯洛格米饼”“凯洛格葡萄干”。海尔是中国乃至世界上副品牌应用的典范，其很多产品都采用主副品牌策略，例如“海尔——小神童”“海尔——帅王子”“海尔——金王子”“海尔——小超人”“海尔——小状元”等。

采用主副品牌策略可以在同一时间，从整体上对公司或家族品牌的联想和态度加以利用，节省营销费用。同时也可以为产品创造具体的品牌个性，但是也存在适用面比较窄、过于细分的市场使副品牌在取得足够的产品份额方面困难较大，副品牌可能失败并影响主品牌的形象，成功的副品牌也可能淡化企业主品牌的形象等缺陷。

（四）品牌延伸策划

品牌延伸是指企业将某一知名品牌或某一具有市场影响力的成功品牌扩展到与成名产品或原产品不尽相同的产品上，以凭借现有成功品牌推出新产品的过程。品牌延伸并非只简单借用表面上已经存在的品牌名称，而是对整个品牌资产的策略性使用。品牌延伸策略可以使新产品借助成功品牌的市场信誉在节省促销费用的情况下顺利地进占市场。此部分内容将在本章第三节详细阐述，在此不再赘述。

（五）品牌再定位策划

又叫品牌更新、品牌重新定位策略，旨在摆脱困境、使品牌获得新的增长与活力，实际上是对品牌进行重新定位、重新设计、塑造品牌新形象的过程。它不是对原有定位的一概否定，而是企业经过市场的磨炼之后，对原有品牌战略的一次扬弃。当企业对品牌的定位出现定位错误、定位不符发展态势、定位优势已不存在、顾客价值取向和偏好发生变化等问题时，需要对品牌进行再定位。品牌再定位最成功的案例当数万宝路的品牌再定位，李奥贝纳广告公司通过对万宝路的重新定位，成功打造了世界第一大烟草品牌，此项策划被称为世界上最伟大的策划之一。

实施品牌再定位需要考虑两个方面的问题：一是再定位的成本，包括产品品质费用、包装费用、广告费等；二是再定位的收入，综合考虑以上两个问题是进行品牌再定位的前提。

五、名牌和驰名商标策划

（一）名牌的概念

1. 名牌的概念

所谓名牌是指消费者对某一享有较高声誉、在较大范围内拥有一定知名度及市场销售率的品牌或商标的习惯性称呼。究竟什么是名牌，目前没有统一的说法。经济学界普遍认为，名牌应是名牌产品、名牌商标和名牌企业三个层次的总和。

名牌不是严格意义上的法律概念，人们往往将有一定经营业绩的商品牌子、服务牌子都称为名牌，并在实践中广泛地应用它。名牌是现代企业经营的商标、品牌并使其经营业绩达到相当高度后的产物。

2. 名牌的本质属性和核心要素

一个品牌或商标要想成为名牌，必须同时具备技术和社会两个方面的属性。技术属性是品牌或商标自本身所固有的性质，是物质必然的、基本的、不可分离的特性，又是品牌或商标某个方面质的表现，如设计精湛、质量超群、包装考究、功能独到、使用方便等。社会属性是指它能最大限度地满足人们生产生活上的物质需求，表明五种社会关系：企业与顾客之间高度的信任关系；生产商与经销商之间互利互惠的关系；同对手之间的竞争关系；在企业扩张过程中与银行之间的信誉关系；在生产、营销和传播过程中企业对社会的奉献关系。

同时，名牌必须具备的三个核心要素：一是个性，即独一无二，特色鲜明。二是文化，文化是一种无形的精神力量，每个品牌都有自身独特的文化内涵，一个好的文化既可以团结企业的力量，又可以产生社会的共鸣，具有很高的价值。三是价值，名牌本身就是一种无形资产，而且在现代市场经济条件下，其价值已经远远超过了厂房、设备、产品、管理者等许多有形资产，成为企业最珍贵的特殊资产。

3. 名牌的特征

名牌是由品牌或商标发展而来的。所以，除了具备品牌和商标的所有性质、构成及特征外，还具备以下特性：

（1）悠久的历史、雄厚的实力。

（2）上乘的品质、良好的信誉。

（3）精湛的工艺及典雅的文化风格。

（4）广泛的市场知名度及公众普遍的认同感。

（5）较高的市场占有率、消费率和效益。

（二）名牌的认定

每个企业都有自己的商标及品牌，但不是每个商标和品牌都能发展为名牌，大多数商标品牌会在激烈的市场竞争中被淘汰、废止或更新。品牌发展为名牌，需要一定的认定程序，根据《中国名牌产品管理办法》的规定，“中国名牌”的认定需要具备以下条件：

（1）符合国家有关法律法规和产业政策的规定。

（2）实物质量在同类产品中处于国内领先地位，并达到国际先进水平；市场占有率、出口创汇率、品牌知名度居国内同类产品前列。

（3）年销售额、实现利税、工业成本费用利润率、总资产贡献率居本行业前列。

（4）企业具有先进可靠的生产技术条件和技术装备，技术创新、产品开发能力居行业前列。

（5）产品按照采用国际标准或国外先进标准的我国标准组织生产。

（6）企业具有完善的计量检测体系和计量保证能力。

（7）企业质量管理体系健全并有效运行，未出现重大质量责任事故。

（8）企业具有完善的售后服务体系，顾客满意程度高。

凡有下列情况之一者，不能申请“中国名牌产品”称号：

（1）使用国（境）外商标的。

（2）列入生产许可证、强制性产品认证及计量器具制造许可证等管理范围的产品而未获认证的。

（3）在近三年内，有被省（自治区、直辖市）级以上质量监督抽查判为不合格经历的。

（4）在近三年内，出口商品检验有不合格经历的；或者出现出口产品遭到国外索赔的。

（5）近三年内发生质量、安全事故，或者有重大质量投诉经查证属实的。

（6）有其他严重违反法律法规行为的。

（三）驰名商标的概念和认定

1. 驰名商标的概念

“驰名商标”（FAMOUS TRADE MARK）又称为周知商标，最早出现在 1883 年签订的《保护工业产权巴黎公约》。我国于 1984 年加入该公约，成为其第 95 个成员国。

中国驰名商标（China Famous Trade Mark）是指经过国家工商总局商标局、商标评审委员会或人民法院等国家机关，依照法律程序，根据企业的申请认定在中国为相关公众广为知晓并享有较高声誉的商标。驰名商标是企业的一种价值很高的无形资产，在促进地方经济发展方面发挥了巨大作用。

2. 驰名商标认定的条件

根据2013年8月30日第十二届全国人民代表大会常务委员会第四次会议《关于修改〈中华人民共和国商标法〉的决定》（该法于2014年5月1日正式实施）第三次修正的规定，驰名商标的认定必须符合以下几项条件：

（1）相关公众对该商标的知晓程度。

（2）该商标使用的持续时间。

（3）该商标的任何宣传工作的持续时间、程度和地理范围。

（4）该商标作为驰名商标受保护的记录。

（5）该商标驰名的其他因素。

在商标注册审查、工商行政管理部门查处商标违法案件过程中，当事人依照本法第十三条规定主张权利的，商标局根据审查、处理案件的需要，可以对商标驰名情况作出认定。

在商标争议处理过程中，当事人依照本法第十三条规定主张权利的，商标评审委员会根据处理案件的需要，可以对商标驰名情况作出认定。

在商标民事、行政案件审理过程中，当事人依照本法第十三条规定主张权利的，最高人民法院指定的人民法院根据审理案件的需要，可以对商标驰名情况作出认定。

生产、经营者不得将“驰名商标”字样用于商品、商品包装或者容器上，或者用于广告宣传、展览以及其他商业活动中。根据国家规定，2014年5月1日以后，“驰名商标”字样不允许再出现在产品外包装上。5月1日以前印有该字样并进入流通领域的商品仍可销售，5月1日以后，“驰名商标”禁用，违者罚款10万元。

（四）名牌产品和驰名商标的区别与联系

名牌产品和驰名商标之间有很重要的联系，名牌产品是驰名商标形成的基础和前提，名牌产品经过认定可以发展成为驰名商标，同一种商品既可是中国名牌，也可是驰名商标。如“美的”空调、“浪莎”袜业及湖南省的“钻石”牌硬质合金、“梦洁”牌床上用品等。驰名商标的认定是名牌产品寻求扩大范围的法律保护的可取之路。

但是二者之间又有很大的区别，其主要区别表现在以下几个方面：

1. 本质内涵不同

驰名商标的本质是商标，而名牌产品的本质是名牌产品。

2. 评定依据不同

驰名商标的认定主要是审查商标的知名度和信誉，评定的是商标的影响力，而名牌产品的评定主要是根据商品的质量、性能来进行的，评定的是商品的品质。中国名牌只适用于产品质量；驰名商标却适用于商品商标和服务商标。

3. 认定对象不同

名牌是对质量而言，驰名商标是对商标而言。中国名牌仅针对实物质量——即产品质量来评定；驰名商标的认定客体不但包括商品商标，也包含了服务商标，其范围涵盖了货物贸易和服务贸易，较名牌广。驰名商标是全国市场范围内进行认定的，其认定对象既包括我国企业注册商标，也包括外国企业在我国的注册商标；而名牌产品的评价目前仅限于我国的企业，而且这种评价是分级的，既有国家级的，也有省一级的。

4. 认定的结果不同

中国名牌经评定后，有效期为三年；有效期内可利用中国名牌标志，对产品进行包装、装潢和广告，免予各级政府的质量监督检查，自动列入“打击假冒，保护名优”的重点。驰名商标经认定后有效期内为十年，届满可续展，驰名商标不可以用于产品包装、装潢和广告宣传等方面。驰名商标被确认后，可以得到范围大于普遍商标的法律保护；名牌产品的评定则主要是为了授予企业一种荣誉，地方政府也会从经济政策上予以一定的倾斜。

第二节　产品推广支撑系统策划

产品推广是企业的营销战略行为，是企业活动的中心议题和持续不断努力进行的工作。

一、产品推广的支撑系统

（一）创新机制系统

创新是一个企业生存和发展的灵魂，创新则兴，不创新则亡。美国著名经济学家管理大师熊彼特说：创新是企业家对生产要素的重新组合，创新包括很多方面，例如文化创新、技术创新、营销创新、制度创新等。在这众多的方面，技术创新是企业创新活动的核心内容，技术创新能力逐渐成为了企业一项极其重要的无形资产。越来越多的企业重视技术创新，例如电视机由彩色显像管技术发展到 PDP、ELD、LED、VFD、FED、LCD 等显示器件就是技术创新。

营销创新则是提升顾客价值、获得并维持竞争优势最根本、最有效的途径，是指根据营销环境的变化情况，结合企业自身的资源条件和经营实力，寻求营销要素在某一方面或某一系列的突破或变革的过程，通过营销创新，企业能科学合理的整合各种资源，并能提高产品的市场占有率。

要实现营销创新，要求企业必须首先树立正确的市场营销观念，有强烈的危机感和使命感；其次要培养活跃的营销思维，使营销人员培养和建立起强烈的营销意识，习惯性的运用营销能力，培养坚忍不拔的营销精神；最后要有严格的制度保障，使营销创新制度化。

品牌延伸策略也是一种常用的营销创新方法，例如宝洁公司延伸出了宝洁洗衣液、杯盘洗涤剂、尿布、牙膏、除臭剂、咖啡、土豆快餐等众多产品。营销中的新理念也是创新，比如顾客让渡价值理念，就是企业为了赢得顾客忠诚，从顾客总价值（产品价值、服务价值、人员价值、形象竞争）的提升和总成本（金钱成本、时间成本、精力成本）的降低两个维度出发，提高顾客满意度，进而实现顾客忠诚的营销方法。比如海尔在不断完善和革新产品价值的基础上，进一步提出和践行“真诚到永远”的服务理念，通过降价、送货、科学管理等方法提升顾客价值，降低顾客成本，为海尔赢得了锐不可当的发展势头和响亮的市场声誉。

同步案例

把鞋卖给不穿鞋的人

一家美国的鞋业公司，为了扩大产品市场，决定把鞋卖到某个非洲国家去。

公司老板首先派财务经理去考察这个国家的市场。财务经理一抵达这个非洲国家，便发现当地的人们都没有穿鞋子的习惯，他大失所望，回到旅馆，马上发电报告诉老板说："这里的居民从不穿鞋，因此没有鞋业市场！"老板看了电文，若有所思，决定把公司最好的推销员派到这个国家做进一步的考察，以证实财务经理的观点。经过认真调查，一周后，这个推销员便发回了一份电传："这个国家的居民无鞋穿，鞋业市场潜力巨大！"公司老板对两人的结论权衡之后，决定派出自己的营销经理到这个国家进行考察。该营销经理到达后，首先拜访了部落酋长，争取到了他们的支持与合作；然后，他同当地的居民进行广泛交流，耐心地给他们讲解穿鞋的好处，并教会他们穿鞋的方法。当地的居民被他说服后，却提出了一个非常现实的问题："我们的脚普遍较小，而且最主要的是我们这个国家很穷，我们没有钱来买你的鞋。"该经理回答道："脚小的问题很好解决，我们可以重新设计我们的鞋来适应你们的脚。另外，我发现你们这个国家盛产世界上最甜的菠萝，由于不是硬货币，因此我们可以帮助你们做易货贸易将这种水果出口，这样便可以换回大量的外汇，于是国家的生产总值就可以获得增长，因此你们每个人就有了钱，有钱就可以买我们鞋。"该经理大致测算了未来三年内的销售收入及相应的成本，估计资金回报率可达到30%左右，因此建议公司应尽快开辟这个市场。

（二）激励机制系统

品牌的激励机制是指企业利用品牌来开拓和争夺市场，产生凝聚力。品牌会增强企业的凝聚力。比如中国的联想集团、以民族品牌为号召的四川长虹和"明天会更好"的海尔集团等，它们的良好形象使生活、工作在这样企业中的员工会产生自豪感和荣誉感，并能形成一种企业文化、工作氛围，给每一位员工以士气、志气，使员工精神力量得到激发，从而更加努力、认真的工作。社会的资本、人才、管理经验甚至政策都会倾向名牌企业或产品，使企业聚合了人、财、物等资源，形成并很好地发挥名牌的聚合效应。名牌的内敛效应聚合了员工的精力、才力、智力、体力甚至财力，使企业得到提升。当一个企业的产品是名牌的时候，这个企业就有能力开拓和争夺市场。

品牌价值可以激励员工。对已有一定声誉的品牌进行价值评估，以激励全体员工进一步发展名牌。品牌价值评估的方法有成本法、溢价法、市场价格法和综合指标法。综合指标法由商标知名度、忠诚度、消费者认可质量、用户满意度、市场占有量、市场规模、穿透力、市场领先地位、盈利、价格、价格弹性、营销费用、广告支出、分销渠道、与零售商关系的强度、经销商存货、清单、产品线数量等18个指标加权构成的体系，经过测算后得出较为可靠的资产数据。

（三）保障机制系统

品牌拓展市场需要有一定的保障措施。品牌的保障措施包括商标注册、质量认证、条形码等。企业要十分重视商标国内注册以及后续扩展问题（关于商标注册的具体策略将在本章第四节详细论述），以对本企业品牌进行保护。我国企业目前的商标注册和保护意识还有待进一步提升，特别是向国际市场拓展时，很多企业会遭遇商标注册问题。企业必须树立强烈的商标注册理念，保护自己的合法权益。

质量认证是国际市场通行的做法，包括合格认证和质量指标体系ISO 9000认证，合格认证是对具体产品的是否合格的认知。条形码是产品的身份证。

从市场竞争和市场规范化的角度看，建立名牌的保障系统刻不容缓。

（四）宣传机制系统

品牌绝不能忽视宣传，宣传是企业在营销过程中有一个重要的环节，就是通过宣传将企业和顾客直接联系在一起。宣传可以向消费者传递产品的信息以提高企业对产品的知名度，激发顾客的购买欲望，调动中间商的积极性；同时能增加产品的需求，虽然顾客有自己的消费经验和购买习惯，但在很大程度上仍然会受企业广告宣传的影响。如果企业采取有效的宣传方式激发需求，可以促使潜在需求转变成现实的需求，使市场朝着有利于企业的方向发展。早在 20 世纪 90 年代初，中国有很多的家庭已经有吃零食品的习惯了，但是很多生产零食的企业却没有意识到利用广告来宣传品牌的重要性，而“喜之郎”“达利园”则利用了广告的促销方式，大力的宣传自己的产品，使其品牌的知名度是家喻户晓。

随着市场竞争的加剧，各个企业对产品推广的宣传机制的重视程度越来越高。

总之，企业要用广告、媒体、网络等各种途径来宣传自己的产品、品牌、企业文化、服务理念，从而为其产品推广打造良好的市场环境。

（五）组织机制系统

品牌必须依赖可靠的组织机构支撑。以品牌为龙头的组织机制组建企业集团是品牌发展壮大的必要步骤，联合、并购、合资等都是可以采用的方法，需要注意的是，无论何种形式的组织机制，都必须以品牌为基础，切不可为了联合而损害品牌，现代很多企业出现了“卖牌合资”的短视行为，卖牌就相当于出让了市场，丧失了企业的主权，会给企业带来巨大的伤害。例如我国洗衣粉行业的诸多企业放弃自己具有一定知名度的品牌，与国际企业合资，改用外方品牌，结果导致国内市场份额被外方品牌占据；而海尔、联想、娃哈哈等“以品牌组建集团，以集团拓展名牌”的道路上都取得了卓著的成绩，所以组织机制系统的建立必须以品牌为基础。

（六）融资机制系统

品牌要想获得持续不断的发展，充足的资金是一个首要的保障，很多企业由于资金的短缺可能会采用急功近利的短视做法，如“卖牌合资”，这种做法会严重损害企业品牌的长期可持续发展，所以建立企业的融资机制是十分必要。融资的方式有很多，例如向银行借贷、发行债券和应付票据、应付账款、股票融资、典当融资等，有了合理的融资机制，企业就有了不断输入新鲜血液的渠道，从而为品牌战略的实施提供资金保障。

二、产品推广的策略

（一）品牌延伸扩展

品牌延伸扩展是指企业将某一知名品牌或某一具有市场影响力的成功品牌扩展到与成名产品或原产品不尽相同的产品上，以凭借现有成功品牌推出新产品的过程。越来越多的有实力的企业注重品牌延伸。

例如在中国市场上最大的日用消费品公司宝洁，通过品牌延伸策略，成功将飘柔、舒肤佳、玉兰油、帮宝适、汰渍及吉列等众多品牌打造成在各自的产品领域内处于领先市场地位的知名品牌。关于品牌延伸的具体内容，将在本章第三节详细论述。

（二）宣传突出卖点

在产品趋于同质化、消费者面临众多选择、市场竞争日渐激烈的今天，适当提炼产品的卖点，加以强化和突出，这对于促进销售、树立品牌以及提升公司形象具有重要的影响。

提炼产品的卖点可以采用以下方法：

1. 技术卖点

即从产品的技术先进性上寻求卖点，这在高科技产品方面更为突出。如乐百氏纯净水的27层净化。

2. 品质卖点

突出产品的高品质，如一些汽车突出是采用进口发动机，联通CDMA突出通话清晰，养生堂的“农夫山泉有点甜”等，独特的品质自然吸引了消费者的目光。

3. 产品原料卖点

从原材料着眼，只有好的原材料才能做出好的产品。如贵州醇强调好山好水出好酒，仲景药采用名贵中药材为原料，佳洁士采用高档硅原料等，均为以原料为卖点的例子。

4. 公益卖点

把企业在社会助学、扶贫、环境保护方面作为卖点。如宝洁公司捐助西部学校舒肤佳香皂，从小培养孩子的良好卫生习惯。

5. 价格卖点

价格永远是消费者关注的焦点。比同类产品低价是一个重要卖点。宝洁公司的“飘柔9.9元”，即是一个典型的以价格为卖点的例子。

6. 服务卖点

对于耐用品更为突出。IBM就是以服务著称，而众多家电生产商更是把服务提高到战略的高度，如海尔的“真诚到永远”；“三全”服务，即全员、全时、全面给您服务。

7. 情感卖点

现代社会对情感的需求更为突出，适当以情感为卖点可加深人们对产品的好感。如“孔府家酒，叫人想家”。

8. 时尚卖点

手机、数码产品常以时尚为卖点。

9. 热点卖点

社会关注的国际国内大事、世界杯、奥运会等都是作为卖点的好机会。

企业在进行产品推广时，要突出宣传产品的卖点，既可以突出产品的差异化，也可以帮助企业加深产品在消费者心目中的印象。

（三）提供超值服务

在市场经济条件下，服务理念已逐渐被企业家所重视，随着高科技的广泛应用，信息高速流动，产品硬件标准趋同，商品的品种、质量和价格大体相当，价格竞争已经达到了极限，因此服务理念被称为“价格战后的唯一选择”。

在买方市场中，提高顾客忠诚度的核心途径是提高顾客满意度，而顾客满意度的高低在很大程度上取决于服务是否让人满意。《美国营销策略谋划》的研究结果表明：91%的顾客会避开服务质量低的公司，其中80%的顾客会另找其他方面差不多，但服务更好的企业，20%的人宁愿为此多花钱。美国哈佛商业杂志1991年发表的一份研究报告显示，“再次光临的顾客可为公司带来25%~85%的利润，而吸引它们再次光临的因素首先是服务质量的好坏，其次是产品本身，最后才是价格”，因此，做好服务工作，以真诚和温情打动消费者的心，培养“永久顾客”，刺激重复购买，才是谋求企业长远利益的上策。

同步案例

喜来登大酒店的超值服务

天津喜来登大酒店是天津市同行业入住率最高的酒店，它成功的秘诀之一来自于为顾客提供的超值服务。一位来自澳大利亚的客人讲述了他在该饭店入住的经历：外出时将一件掉了扣子的衣服放在房间里，当天晚上回房休息时发现纽扣已被钉好，衣服整整齐齐地摆在那里。原来是值班服务员整理房间时，发现客人衣服上少了一颗纽扣，便在没有任何监督和要求的情况下，主动取来针线，选取了一个相同的纽扣钉上了。

（四）产品择木而栖

品牌产品的销售要选择营销业绩优秀的中间商，中间商的营销理念是否前卫，营销方式和手段是否适宜，营销渠道是否顺畅，信誉是否良好都会影响品牌产品的销售和声誉，品牌是凤凰，要择良木而栖，这样才会对品牌产品的发展起到如虎添翼的作用，否则，很可能因为中间商的不当选择而没声跌落。

在选择中间商时要考察中间商的以下问题：

1. 市场范围

市场是选择中间商最关键的原因。首先要考虑预先定的中间商的经营范围所包括的地区与产品的预计销售地区是否一致；其次是中间商的销售对象是否是生产商所希望的潜在顾客，这是个最根本的条件。

2. 地理区位优势

区位优势即位置优势。选择零售中间商最理想的区位应该是顾客流量较大的地点。批发中间商的选择则要考虑它所处的位置是否利于产品的批量储存与运输。

3. 产品政策

选择时要考虑中间商承销的产品种类及其组合情况，一般认为应该避免选用经销竞争产品的中间商，但是若产品的竞争优势明显就可以选择出售竞争者产品的中间商，因为顾客会在对不同生产企业的产品作客观比较后，决定购买有竞争力的产品。

4. 产品知识

选择中间商时要考虑他们是否有销售产品的经验，有专门经验的中间商能帮助企业很快打开销路。

5. 合作意愿

中间商与生产企业合作得好会积极主动地推销企业的产品，对双方都有益处。生产企业应根据产品销售的需要确定与中间商合作的具体方式，然后再选择最理想合作中间商。

6. 经营实力及管理水平

中间商财务实力的大小直接决定了它能否按时结算或预付货款；综合服务能力（如售后服务、储运服务、赊购或分期付款等）的高低直接影响企业的信誉；企业销售管理是否规范、高效，关系着中间商营销的成败，而这些都与生产企业的发展休戚相关。

7. 促销政策和技术

采用何种方式推销商品及运用选定的促销手段的能力直接影响销售规模。有些产品广告促销比较合适，而有些产品则适合通过销售人员推销。有的产品需要有效的储存，有的则应快速运输。要考虑到中间商是否愿意承担一定的促销费用以及有没有必要物质、技术基础和相应的人才。选择中间商前必须对其所能完成某种产品销售的市场促销政策和技术的现实可能程度作全面评价。

同步案例

爱普生（Epson）公司如何选择中间商

日本的爱普生公司是制造电脑打印机的大厂家。当时该公司准备扩大其产品线，增加经营各种计算机，该公司总经理杰克·沃伦对现有的经销商颇不满意，也不相信他们有向零售商店销售其新型产品的能力，因此他秘密招聘新的配销商以取代现有的配销商。沃伦雇用了一家名为赫根拉特尔公司（Hergenrather&Company）的招募公司，并给予下述指示：

（1）寻找在经营褐色商品（如电视机等）和白色商品（如冰箱等）方面有两步分销经验（从工厂到分销商到零售商）的申请者；

（2）申请者必须具有领袖风格，他们愿意并有能力建立自己的分销系统；

（3）他们每年的薪水是 8 万美元底薪加奖金，提供 375 万美元帮助其拓展业务，他们每人再出资 25 万美元，并获得相应的股份；

（4）他们将只经营爱普生公司的产品，但可以经销其他公司的软件；同时，每个分销商都配备一名培训经理并经营一个维修服务中心。

招募公司在寻找合作的、目的明确的、有希望的候选人时遇到了很大困难。他们在《华尔街日报》上刊登的招聘广告（不提及爱普生公司的名），吸引了近 1700 封请求信，但其中多半是不合格的求职者，于是，该公司通过电话簿上用黄纸印刷的商业部分电话号码，得到目前的配销商的名称，并打电话与他的第二常务经理联系。公司安排了一有关人员会见，并在做了大量工作之后提出了一份最具资格的人员名单。沃伦会见了他们，并为其 12 个配销区域选择了 12 名最合格的候选者。招募公司为其招募工作得到了 25 万美元的酬金。

最后的步骤是终止爱普生公司现有的配销商。由于招募是在暗中进行的，因此这些配销商对事态的发展毫无所知。杰克·沃伦通知他们将在 90 天期限内交接工作，他们当然感到震惊，因为他们曾作为爱普生公司最初的配销商与之共事多年。但是他们并没有订立合同。沃伦知道他们缺少经营爱普生公司扩大电脑产品线和进入必要的新流通渠道的能力。他认为舍此别无他法。

资料来源：周莹玉，营销渠道与客户关系策划，中国经济出版社，2003 年 1 月第 1 版。

（五）产权釜底加薪

企业要以品牌为龙头，与有关企业进行合作，通过不同的企业之间签订协议或其他联合方式以及通过内部资本或有机的资本投入实现增长的以获取整体优势。企业之间的联合可以增加合作各方的收益，创造和开拓新市场，加快产品开发和投入市场的进程，使合作各方费用共摊，风险共担，促进资源的合理利用，增强各方的市场竞争力，扩大产权，实现强强联合。

在寻找合作对象时需要考虑合作双方是否优势互补，是否存在互补性产品，有无可能形成供需链等问题。当相互竞争的企业对有限的资源进行争夺时，如果继续强化竞争，很有可能两败俱伤，有必要对有限的资源进行重新分配利用而进行合作；或者当企业存在瓶颈现象时，无法完成自己的目标或自己完成所有的任务目标成本太高，而企业的领导者又有合作意愿时，可以与有关企业合作。

常见的合作有联营、入股、购买、兼并、代管、战略联盟、供需链管理、企业集团等。

同步案例

蒙牛与中粮的关系

蒙牛乳业是中粮集团旗下板块的一家企业，而中粮持有蒙牛20%的股份，是蒙牛的最大股东。

中国最大的粮油食品企业中粮油集团有限公司于2009年7月6日宣布，与厚朴基金联手，以每股17.6港元的价格投资61亿港元，收购蒙牛公司股权20%的股份。

中粮集团和厚朴投资共同成立新公司（中粮集团持有70%的股份），分别向蒙牛认购新股和向老股东购买现有股份。新公司将在完成相关收购后持有蒙牛20%的扩大股本。

在这笔交易中，中粮集团是一家长期持股的战略投资者，在蒙牛未来董事会的11名董事中占3名，均为非执行董事。中粮集团不参与蒙牛的具体运营管理，不改变现有管理团队的连续性和稳定性，也不改变目前的战略方向。

在新管理团队的引领下，在“国际化”和“数字化”两大驱动力的推动下，蒙牛正朝着打造中国“最具活力的国际公司”的目标迈进。如今，具有国际品质的蒙牛已经得到越来越多重量级国际合作伙伴的认可。

资料来源：蒙牛与中粮的关系，赢家财富网，2020.11

第三节　产品品牌延伸策划

品牌延伸是企业品牌经营的重要策略之一，早在20世纪初就盛行于欧美发达国家，世界许多的著名企业大多是靠品牌延伸实现其快速扩张的。美国著名经济学家艾·里斯说：“若是撰述美国过去十年的营销史，最具有意义的趋势就是延伸品牌线”。

一、品牌延伸的涵义

品牌延伸（Brand Extensions）是指企业将某一知名品牌或某一具有市场影响力的成功品牌扩展到与成名产品或原产品不尽相同的产品上，以凭借现有成功品牌推出新产品的过程。但需要注意的是品牌延伸并非只简单借用表面上已经存在的品牌名称，而是对整个品牌资产的策略性使用。

品牌延伸作为一种经营战略，在20世纪初就得到了广泛的运用。但是其作为一种规范化的战略理论则是在20世纪80年代后才引起国际经营管理学界的高度重视，而这一理论传到我国则是到了90年代中期。世界各国很多知名的品牌普遍采用品牌延伸策略来拓宽市场占有率，比如万宝路从香烟延伸到牛仔服、牛仔裤、鸭舌帽、腰带等产品，登喜路（Dunhill)、都彭（S. T. Dupont）、华伦天奴（Valentino）等奢侈消费品品牌也都延伸到了西装、衬衫、领带、T恤、皮鞋、皮包、皮带甚至还有眼镜、手表、打火机、钢笔、香烟等产品，“惠普”“微软”“SONY”“宝洁”等也都采用品牌延伸策略。在我国“海尔”“新飞”“华润”“万达”等一些知名品牌也纷纷利用品牌延伸策略来获得广阔的市场空间。

之所以众多企业青睐品牌延伸，是因为成功的品牌延伸具有加快新产品的定位，保证企业新产品投资决策迅速、准确；有助于减少新产品的市场风险；有益于降低新产品的市场导入费用；有助于强化品牌效应，增加品牌这一无形资产的经济价值；增强核心品牌的形象，能够提高整体品牌组合的投资效益等诸多优点。值得注意的是，品牌延伸是一把“双刃剑”，如果利用成功，则可以为企业开辟广阔的市场空间和营销业绩。反之，如果消费者不认可，则会影响原有品牌的市场声誉。

二、品牌延伸策略

据统计，在美国的某些消费品市场上，开创一个新的品牌，费用大约在8千万美元至1.5亿美元之间。如此庞大的投入费用，促使相当一部分企业使用已经具有市场信誉的品牌，借助它们的影响，推出新的产品，这就是品牌延伸策略。但并非所有的品牌都能任意延伸，也并非所有的延伸策略都能取得成功。所以，对当前一些品牌延伸策略进行分类和辨别，然后结合我国企业的自身实际，进行品牌延伸和管理就显得十分必要。

（一）在产业上延伸

从产业相关性分析，可向上、向下或同时向上向下延伸。采取这种品牌延伸方式，为材料来源、产品销路提供了很好的延伸方式。另一种是产业平行延伸，一般适应于具有相同（或相近）的目标市场和销售渠道，相同的储运方式，相近的形象特征的产品领域。这样一方面有利于新产品的营销，另一方面有利于品牌形象的巩固。

品牌延伸领域的不同而又分为在同一产业和不同产业领域的延伸。

在同一产业领域内的延伸。该策略是指企业将原有品牌延伸使用到企业所开发的属于同一产业领域内的其他产品身上。例如，我国的著名家电企业“海尔”，当其开发冰箱成功后，又将该品牌运用到洗衣机、空调、微波炉、彩电等多种家用电器身上，而这一系列产品均属于“家电领域”；又如，台湾著名的品牌“统一”，其广泛将“统一”品牌运用于奶粉、汽水、纯净水、茶饮料、果汁、方便面、酱油等产品中，但这些产品也均属丁“食品领域”。由于延伸到的新产品与原来产品属于同一产业领域，具有较高的相关性，因而这一延伸策略风险较小，较容易取得成功。

在不同产业领域内的延伸。该策略类型一般在企业实施多元化战略的过程中较多采用。例如，我国原来较著名的巨人集团，将其“巨人”品牌从计算机软件领域延伸到保健品、房地产等领域，这是一种较典型的在不同产业领域内进行延伸的策略。由于延伸的领域与原有领域无相关性，因而这一延伸策略风险较大，需谨慎使用。

（二）在产品质量档次上延伸

包括三种延伸方法：向上延伸、向下延伸和双向延伸。

1. 向上延伸策略

该策略是指企业原来生产经营中低档产品，在品牌延伸过程中，提升产品档次，使产品向中高档方向延伸。采用向上延伸策略一旦成功，将能够为企业带来丰厚的利润。

日本企业在汽车、摩托车、电视机等行业多采用此种方式，20 世纪 60 年代率先打入美国摩托机车市场的本田公司，将其产品系列从低于 125CC 延伸到 1000CC 的摩托车。雅马哈则紧跟本田，陆续推出了 125CC、600CC、700CC 的摩托车，还推出一种三缸四冲程轴驱动摩托车，从而在大型旅行摩托车市场上与其展开了有力的竞争。在美国市场上这种成功案例也比较多，非常畅销的"加罗"桶装葡萄酒，为了与高档品牌"戈兰·艾伦"进行竞争，不得不推出瓶装高档的"加罗·维尔特斯"葡萄酒。在很多年里，公司将从"加罗"品牌上获得的利润源源不断地补充到"加罗·维尔特斯"上。从短期来看，公司的营销成本上升了，但是从长期来看，公司的这种策略最终使得"加罗"品牌的形象得以改善了，而品牌形象改变的一个直接结果就是品牌的资产得以提升。

但是由于原来产品在消费者心目中形成的"思维定势"，企业要扭转原来的"低档"形象还是具有较大难度的。美国牛仔服品牌"李维氏"曾经进入高档时装领域，但未取得成功，其中一条可能就是品牌原有形象与新业务给公众的感觉相去甚远。

2. 向下延伸策略

该策略是指企业原来生产经营高档产品，在品牌延伸过程中，增加产品线中低档产品系列，使品牌延伸低档次化。向下延伸又称为品牌低档化策略，品牌低档化比品牌高档化要容易的多，其营销成本低廉、操作简单，所以许多企业热衷于向下延伸。但是向下延伸给企业带来的可能只是短期利益，将强势品牌名冠于别的产品上，可能导致原强势品牌产品和延伸品牌产品产生冲击，不仅损害了延伸产品，还会株连原来强势品牌的原有声誉。以"五粮液"为例，该公司在推出"五粮醇""五粮春""五粮王"等廉价酒后，虽然其子品牌十分"火爆"，但对"五粮液"高档品牌形象却造成了严重伤害，最后不得不舍弃这些低档品牌。在国外"派克"钢笔号称钢笔之王，属于高档产品。1982 年，"派克"却展开了对低档钢笔市场的争夺，开始生产经营每支 3 美元以下的大众化钢笔，结果，"派克"公司不仅没有顺利打入低档笔市场，反而让对手克罗斯公司乘虚而入，其高档笔市场被冲击，市场占有率下降到 17%，销量只及克罗斯公司的一半。因为"派克"经营低档笔后，其"钢笔之王"的形象和美名受到损害，不能再满足人们以"派克"为荣和体现身份的心理需要。

3. 双向延伸策略

指企业原来的产品定位在中档产品水平，在企业的生产经营水平趋于成熟后，向产品线的上下两个方向延伸，一方面增加高档产品，另一方面增加低档产品，扩大市场范围，为不同层次的消费者提供服务。20 世纪 70 年代后期的钟表工业市场竞争中，日本"精工"公司采用的就是这种策略。当时的国际手表市场，正逐渐形成高精度、低价格的数字式手表的需求市场。精工以"脉冲星"为品牌推出了一系列低价表，从而向下渗透进入这一低档产品市场。同时它还收购了一家瑞士公司，向上渗透高价和豪华型手表，其中一种售价高达 5000 美元的超薄型手表进入了最高档手表市场。

（三）其他相关延伸

1. 母子品牌或称副品牌策略

该品牌延伸策略是在母品牌之下延伸出若干子品牌，母品牌往往可能就是企业名字本身。借助这种策略，既可以突出母品牌的形象，又可以让消费者记住子品牌的个性。当然，子品牌是基于母品牌的品牌，离开了母品牌，子品牌也就失去了活力。子品牌的各种运作须以母品牌为中心，紧紧围绕母品牌。

2. 特许经营式的品牌延伸策略

特许经营式的品牌延伸是世界许多著名品牌如麦当劳、肯德基等惯用的一种特许经营式的品牌延伸策略。如果做得成功的话，可以以较少的资金及管理投入获得较大的利润。以迪士尼制片为例，全世界各地有好几百家制造商向他买到特许权，以使在他们生产的衬衫、鞋子、睡衣、床单、玩具、书籍、唱片、珠宝、家具、学习用具、食品等等产品上，挂上迪士尼公司所有的名字、造型、人物。迪士尼商店在全世界的大型购物中心都有据点，只卖挂有他们商标的产品，结果非常成功。当然特许经营也有其坏处，如授权对象的产品不成功，结果反而拖累品牌的优良名称，所以事前必须做深入调查，否则好品牌未得其利，反受其害。如我国的白酒著名品牌五粮液采用的就是特许经营式的品牌卖断策略，授权对象可以在其产品上使用五粮液这个总品牌（以公司名的方式），但同时授权对象还可以拥有一个属于自己的产品品牌，结果五粮液家族几年间就延伸出了五粮春、五粮醇、五福液、金六福、浏阳河、东方龙、川酒王、老作坊、铁哥们、情酒、岁岁乐、喜寿宴、蜀帝宴、玉夜丰、交杯喜等上百个品牌。由于五粮液的过度延伸，这些延伸品牌鱼目混珠，大大破坏了五粮液高档名贵的市场形象。

其他相关延伸，也叫扩散法延伸。这对于刚成长起来的名牌非常有意义。它有四层含义：一是单一品牌可以扩散延伸到多种产品上去，成为系列品牌；二是一国一地的品牌可扩散到世界，成为国际品牌；三是一个品牌再扩散衍生出另一个品牌；四是名牌产品可扩散延伸到企业上去，使企业成为名牌企业。

三、品牌延伸的核心

品牌延伸理论认为，品牌延伸研究要从决定品牌延伸成功的现有品牌成熟度、产品关联性、品牌联想度、延伸产品的市场竞争程度等四个核心要素入手。

（一）现有品牌的成熟度

成熟品牌是企业实施品牌延伸的基础，在进行品牌延伸时必须首先考虑现有品牌的成熟度，主要包括品牌知名度、品质认知度、品牌忠诚度几个方面。现有品牌的成熟度是品牌延伸取得成功的根本保障，所以企业必须对现有产品的品牌知名度、品牌认知度、忠诚度等资产进行全面有效地提升，打造成熟品牌，积聚品牌延伸所需资源，夯实品牌延伸的基础。在品牌成熟度尚未完全确立之时，切不可过早过快延伸，否则可能会导致薄弱的品牌资产无法提供延伸产品在高强度市场环境中获得竞争优势所需要的资源，不仅延伸效应无从产生，还会对现有品牌造成伤害。

（二）延伸产品和现有产品的关联度

延伸产品和现有产品的相关度是企业实施品牌延伸的核心。品牌延伸不仅仅只是借用初始产品表面上的品牌名称，而是把品牌原始积累的良好资产转移到新品牌或新产品上，只有相关性强的品牌或产品之间才好转移。品牌延伸成功的关键是要使消费者形成并体验到延伸品牌与原品牌之间相似的程度。在品牌已具有包容性的前提下，原产品与延伸产品的相关度越高，延伸成功的可能性就越大。

相关性包括技术相关性、类型相关性（如胶卷、相纸、照相机在使用上高度相关，柯达公司将其统一在柯达品牌旗下。纳爱斯在透明皂、洗衣粉、洗涤剂等相近产品项目中的延伸）、渠道相关性（海尔的洗衣机、电冰箱、电视机等家电品牌延伸）、市场相关等。一般而言，品牌延伸应首先从与原产品相关度的领域开始，因为这有利于企业利用已有的技术和营销资源，符合消费者心理接受的一般特点，提高延伸的成功率。

（三）品牌联想度

品牌联想是指一提到某品牌名称，消费者头脑中出现的所有事物。美好的、丰富的品牌联想意味着品牌独特性容易被消费者接受、认可，增强消费者的购买信心，极大地丰富品牌的价值和品牌资产。符合品牌联想是品牌延伸的准则，确定原品牌有何种品牌联想是决定是否进行品牌延伸以及往何种方向延伸的前提。品牌通过延伸后可在一定程度上把品牌联想转移到产品上，创造延伸产品的联想。

品牌联想有三个方面的评价指标：品牌联想的强度、品牌联想的受欢迎度，品牌联想的独特性。品牌联想的强度越大，受欢迎度越高，越具有独特性，就越容易被顾客所接受，延伸产品也更容易成功。

（四）延伸产品的市场竞争程度

延伸产品的市场环境竞争程度是营销延伸成功与否的另一个关键因素。所谓市场竞争度是指在同一个细分市场上各产品之间的竞争激烈程度。总的来说，延伸产品的市场竞争度越低，品牌延伸就容易成功，反之品牌延伸成功的难度就加大。延伸产品的市场竞争程度主要包括延伸产品所处的市场状况和企业的营销能力两个方面。

延伸产品的市场状况主要包括延伸产品所处的市场容量、市场竞争程度、产品生命周期的阶段等市场因素。市场容量的大小是品牌延伸是否成功的一个市场因素。一般来讲市场容量越大，企业把一个品牌做大做强的机会就越多，适宜进行品牌延伸。相同的，市场的竞争程度不激烈，延伸就容易成功，反之就容易失败。

品牌延伸还与产品的生命周期和产品所处市场的竞争程度有关。品牌延伸适宜在同类产品处于产品生命周期的早期进行，而不是在产品生命周期的成熟期进行。

四、品牌延伸的风险及时机

（一）品牌延伸的风险

品牌延伸策略运用得当，自然能为企业营销活动带来许多方便和利益，倘若品牌延伸策略把握不准或运用不当，则会暗含损害原有品牌形象在消费者心目中的定位；不相容或者毫不相干的延伸产品可能影响原有成熟品牌在消费者心目中的特定心理定位，淡化品牌个性，使消费者对产品的认知出现“跷跷板”现象；延伸产品的株连效应以及品牌延伸宽度不当从而加大管理难度等风险。

（二）品牌延伸的时机

鉴于品牌延伸可能会出现上述诸多风险，企业在决策品牌延伸时必须考虑以下几种情况：

（1）延伸产品和原有产品有很高相关度。

（2）共性化、感性化的产品。

（3）不同品牌间转换的消费行为不可避免时。

（4）当前产品的市场容量较小。

（5）主要竞争对手也开始品牌延伸。

（6）企业发展新产品的目的仅仅是发挥成功品牌的市场促销力。

（7）企业的财力和品牌推广力较弱。

品牌延伸决策不是一蹴而就的，需要综合考虑品牌核心价值、新老产品的相关度、行业与产品特点、产品的市场容量、企业所处的市场环境、企业发展新产品的目的、市场竞争格局、企业财力与品牌推广能力等诸多问题。

成功的品牌延伸能使品牌放大、增势，进而使品牌资产得到充分利用，并在利用中增值，但品牌延伸毕竟存在很多潜在的风险。因此，企业必须从长远发展的战略高度审视品牌延伸，切不可只因眼前利益而不顾时机、不考虑延伸条件和可行性。在做出品牌延伸决策时要理智地权衡利弊得失，采取科学、合理及有效的方法规避风险，确保品牌延伸的成功。

第四节　产品推广的商标策划

商标是企业无形价值的集中反映，商标的价值是企业资本的重要组成部分。

一、商标的价值构成及评估

商标，是指生产者、经营者为使自己的商品或服务与他人的商品或服务相区别，而使用在商品及其包装上或服务标记上的由文字、图形、字母、数字、三维标志和颜色组合，以及上述要素的组合所构成的一种可视性标志。根据我国新《商标法》第八条的规定：“任何能够将自然人、法人或者其他组织的商标与他人的商品区别开的可视性标志，包括文字、图形、字母、数字、三维标志和颜色组合，以及上述要素的组合，均可以作为商标申请注册。世界已知最早的商标是北宋的“济南刘家功夫针”，以一只白兔图案为标记。

（一）商标的价值构成

商标是企业最重要的无形资产，它与有形资产一样是有价值的。商标价值的构成主要取决于取得成本和预期收益。预期收益是预测未来的获利能力，包括经济效益和经济寿命。商标和企业的知名度、美誉度是决定商标价值的重要因素。产品的商标和企业的知名度、美誉度是公众对品牌形象、外表形象、内在形象、人员形象、实力形象、服务形象等系列形象的综合评价。

（二）商标的价值评估

随着市场经济的发展，商标权作价交易日益频繁，如何科学、客观的计算一个商标的价值，显得尤为重要。商标评估最初兴起于英美等国，它是随着资产评估工作及人们对产权认识的不断深入而逐渐发展起来的。国际上一些著名企业都十分重视对自身商标价值的评估。如英国品牌价值咨询公司 Brand Finance 在 2013 年评选出了全球十大最有价值商标。谷歌以 443 亿美元位居榜首，微软 428 亿美元位居第二，沃尔玛 326 亿美元位居第三。我国内地首例商标评估，是 1993 年对青岛啤酒股份有限公司拟上市“青岛”啤酒商标的评估。之后我国企业先后开始了对商标价值进行评估。

在商标评估实践中通常用成本法、收益法和市场法等三种方法计算一个商标的价值。

1. 成本法

指的是将商标标识的设计费，为选定商标而向销售商、专业律师、相关消费者进行咨询的费用，注册申请的一切费用，广告费及其他促销费用等累计，作为商标的价值。

2. 收益法

就是把有关商标有限期内每年的预期收益，以适当的折现率折现，然后累加得出有关商标的现有价值。

3. 市场比较法

是指在市场上选择一个或一个以上的与被评估商标所标示商品或服务相同或相近似的商标，且该商标已有公认的成交价格，然后以被评估的商标与之进行比较，通过比较估算其相应价值。

二、商标设计策略

（一）商标设计原则

商标、标志设计不仅是实用物的设计，也是一种图形艺术设计。它与其他图形艺术表现手段既有相同之处，又有自己的艺术规律。它必须体现前述的特点，才能更好地发挥其功能，所以商标的设计要遵循以下原则：

（1）设计应在详尽明了设计对象的使用目的、适用范畴及有关法规等有关情况和深刻领会其功能性要求的前提下进行。

（2）设计须充分考虑其实现的可行性，针对其应用形式、材料和制作条件采取相应的设计手段。同时还要顾及应用于其他视觉传播方式（如印刷、广告、影像等）或放大、缩小时的视觉效果。

（3）设计要符合作用对象的直观接受能力、审美意识、社会心理和禁忌。

（4）构思须慎重，力求深刻、巧妙、新颖、独特，表意准确，能经受住时间的考验。

（5）构图要凝练、美观、适形（适应其应用物的形态）。

（6）图形、符号既要简练、概括，又要讲究艺术性。

（7）色彩要单纯、强烈、醒目。

（8）遵循标志艺术规律，创造性的探求恰当的艺术表现形式和手法，锤炼出精当的艺术语言使设计的标志具有高度整体美感，获得最佳视觉效果，是标志设计艺术追求的准则。

（二）商标的设计策略

商标设计要具有标识性、宣传性、适应性、艺术性，在具体设计中要讲究以下策略：

（1）创意独特，激发联想，尽量做到构思新奇、名称动听、具有寓意、引人联想。

（2）简洁明快、引人注目，易看、易记、易懂，音韵美，构图新颖，色调高雅。

（3）紧扣产品，严守法规，符合产品的性质特征。

（三）商标设计应该注意的事项

具体来说，对于商标构成的各个部分，在设计中需要了解以下问题：

1. 商标的颜色

商标的颜色对于商标来说具有不可忽视的意义。颜色不是商标的法定构成要素，一般不能独立作为商标构成的要素。但是颜色是商标整体的一部分，是一种商标区别于他种商标的重要标志之一。

商标在注册后如需变更颜色，则视为变更商标图形，必须重新申请注册。由于商标色彩对提高广告宣传效率有重要意义，许多驰名商标在注册时对颜色都作了指定。商标申请的时候一般都是以黑色作为商标的标样，使用的时候可以变换颜色。

2. 商标的文字、图形

一些文字、图形、数字是禁止用作商标的，各国在禁用商标方面有不同的规定，应注意其差别性。由于各国风土人情、社会文化背景不同，有些在一国常用或为消费者所喜爱的商标，在另一些国家就未必适宜使用，在选择商标的文字、图形和色彩时，要避免采用销售国禁用的或消费者忌讳的东西。

3. 商标的名称

许多国家禁用地理名称作为商标，因为地理名称往往被认为缺乏显著特征。用地理名称作商标，只能说明商品的产地，起不到使消费者辨认商品生产者的作用，而且容易造成产地的混淆。在国内市场上以地理名称作为商标的为数很多，如黄河牌汽车、北京牌彩电等，但出口的商标最好不要使用地理名称，因为许多国家的商标法都以地理名称缺乏显著特征和地理名称属大家共有，不应为某一生产者独占为由而不予注册。有的即便勉强注册也要附带许多限制条件，如青岛牌啤酒、中华牌香烟等在外国注册就遇到类似的情况。

三、商标管理

（一）商标注册策略

根据《马德里（商标）协定》和《商标注册条约》的规定，申请人可以直接向世界知识产权组织的国际局申请国际注册，申请国际注册的企业，其所属国须先参加《保护工业产权巴黎公约》（我国已于1984年加入该组织）。国际注册的有效期为20年，续展的有效期亦为20年。

我国商标法规定任何能够将自然人、法人或者其他组织的商品或服务与他人的商品或服务区别开的可视性标志，包括文字、图形、字母、数字、三维标志和颜色组合，以及上述要素的组合，均可以作为商标申请注册。申请注册的商标，应当有显著特征，便于识别，并不得与他人先取得的合法权利相冲突。

商标注册可以运用以下策略：

1. 抢先申请法

为了预防相关企业抢商标，本企业采取抢先申请策略，以免于被他人侵权。

2. 按时续展法

我国商标的有效期一般只有10年，企业必须掌握时机，按时续展，以免被他人抢注。

3. 防御注册

根据国际商标协议和我国商标法，要对商标的相近音域或相似图形的商标进行防御性注册，如娃哈哈，便同时注册了娃娃哈、哈哈娃等商标；另如少女之春，也可以同时注册相似商标少女之夏、少女之秋和少女之冬等。

（二）商标的管理

我国商标萌芽于东周时期，河南伊川、汝阳一带酿酒者用自己的姓名“杜康”作为标记，以区别同类产品的不同生产者。我国发现最早的成形商标是北宋济南刘家功夫针铺的白兔商标。明清以后，商标使用较普遍，如景泰蓝珐琅制品、张小泉剪刀、六必居酱菜、内联升布鞋等。而对商标管理则始于欧洲产业革命之后，1803年法国“关于工厂、制造场和作坊的法律”是最早涉及商标管理的法律。该法律把假冒商标定为私自伪造文件罪。1857年，法国正式制订《商标法》，规定侵犯注册商标专用权的判处500～15000法郎的罚款并处以3至5年监禁，对屡犯者从重加倍处罚，法庭废止假冒商标及没收制造商标的使权具。1905年英国颁布商标法，历经二次修改，对侵害商标专用权罪的判处罚没和赔偿金没有具体规定，依法院判决。在美国，法院对商标侵权者作出赔偿高于实际损失的裁决，最多时可高出损失额的3倍，并可判监禁、罚金、没收销毁货物、吊销营业执照等。我国于1983年起开始实施《中华人民共和国商标法》，如今已成为世界商标大国之一。

商标管理主要包括以下内容：

（1）受理、审查、批准、注册商标；

（2）运用法律手段保护注册商标免受侵权；

（3）督促并办理商标续展；

（4）裁决商标抢注纠纷；

（5）评定驰名商标；

（6）评估商标价值等。

关键词

品牌　市场推广支撑系统　品牌策划　商标策划

课后练习

1. 如何策划产品的全面营销质量？
2. 如何策划产品的品牌并促成其为名牌？
3. 如何策划企业的产品推广支持系统？
4. 在产品推广中为什么要策划进攻策略？
5. 在促成产品发展为名牌产品的过程中，策划应提供哪些有效的方法？
6. 产品品牌延伸的关键是什么？为什么？
7. 如何才能使品牌延伸取得成功？
8. 品牌延伸策划要考虑哪些因素？
9. 副品牌运用策略具有哪些特征？
10. 子品牌与副品牌有何区别？
11. 如何认识商标的价值及其构成？
12. 如何运用商标的设计、使用、注册策略？

案例分析

海尔的品牌战略

海尔创立于1984年，秉承锐意进取的海尔文化，不拘泥于现有的家电行业的产品与服务形式，在工作中不断求新求变，积极拓展业务新领域，开辟现代生活解决方案的新思路、新技术、新产品、新服务，引领现代生活方式的新潮流，以创新独到的方式全面优化生活和环境质量。

一、品牌战略

1. 名牌战略发展阶段（1984—1991 年）：要么不做，要做就做第一

20 世纪 80 年代，正值改革开放初期，很多企业引进国外先进的电冰箱技术和设备，包括海尔。那时，家电供不应求，很多企业努力上规模，只注重产量而不注重质量。海尔没有盲目上产量，而是严抓质量，实施全面质量管理，提出了“要么不干，要干就干第一”。当家电市场供大于求时，海尔凭借差异化的质量赢得竞争优势。1985 年，一位用户来信反映海尔冰箱有质量问题，张瑞敏让员工用大锤亲自砸毁 76 台有缺陷的冰箱，砸醒了员工的质量意识。

2. 多元化战略发展阶段（1991—1998 年）：海尔文化激活“休克鱼”

20 世纪 90 年代，国家政策鼓励企业兼并重组，一些企业兼并重组后无法持续下去，或认为应做专业化而不应进行多元化。海尔的创新是以“海尔文化激活休克鱼”思路先后兼并了国内 18 家企业，使企业在多元化经营与规模扩张方面，进入了一个更广阔的发展空间。从 1992 年到 1995 年，海尔品牌逐步延伸到电冰柜，空调等制冷家电产品。1997 年，海尔又进入黑色家电领域，1999 年，海尔品牌的电脑成功上市，现在海尔集团已拥有包括白色家电、黑色家电、米色家电在内的 58 大门类 9200 多个规格品种的家电群，几乎覆盖了所有家电产品，在消费者心目中树立了海尔家电王国的形象。名牌竞争力为海尔扩大生产规模提供了保障。张瑞敏把海尔的这种多元化战略概括为“东方亮了再亮西方”。

3. 国际化战略发展阶段（1998—2005 年）：走出国门，出口创牌

20 世纪 90 年代末，中国加入 WTO，很多企业响应中央号召走出去，海尔认为走出去不只为创汇，更重要的是创中国自己的品牌。因此海尔提出“走出去、走进去、走上去”的“三步走”战略，以“先难后易”的思路，首先进入发达国家创名牌，再以高屋建瓴之势进入发展中国家，逐渐在海外建立起设计、制造、营销的“三位一体”本土化模式。

海尔坚持以创国际名牌为导向的国际化战略，国际声誉日益提高。目前，海尔获得了美国 UL，德国 VDE，加拿大 CSA 等几十项国际市场通行证与荣誉称号，在质量保证体系，产品国际认证，检测水平国际认可等方面与国际接轨，拥有了“国际护照”，海尔产品在世界市场畅通无阻，“海尔造”响遍了全球。海尔把产品源源不断地销往世界各地时，也把海尔的文化理念输入到海外。海尔集团分期分批地对海外经销商进行星级服务理念与服务模式培训，加强他们对海尔企业和产品的理解。张瑞敏称之为“出口创牌，而不仅仅是创汇”。

4. 全球化品牌战略发展阶段（2005—2012 年）：创造互联网时代的全球化品牌

互联网时代带来营销的碎片化，传统企业的“生产—库存—销售”模式不能满足用户个性化的需求，企业必须从“以企业为中心卖产品”转变为“以用户为中心卖服务”，即用户驱动的“即需即供”模式。互联网也带来全球经济的一体化，国际化和全球化之间是逻辑递进关系。“国际化”是以企业自身的资源去创造国际品牌，而“全球化”是将全球的资源为我所用，创造本土化主流品牌，是质的不同。因此，海尔整合全球的研发、制造、营销资源，创全球化品牌。

目前海尔已分别在北美、欧共体、中东等重点市场发展了 30 多家海尔专营点、5500 多

个经营点，并通过这些专营商使海尔在国际市场上的市场份额及声誉不断提高，取得良好的市场效果。海尔已在菲律宾，马来西亚，美国等5个国家设立工厂，在美国，法国，德国，日本等国家设立10个信息站，6个设计分部，根据当地消费习惯和风格设计能满足当地消费者需求的产品使海尔产品打破地域的限制，受到国外用户的喜爱。

5. 网络化战略发展阶段（2012—2019年）：网络化的市场，网络化的企业

互联网时代的到来颠覆了传统经济的发展模式，而新模式的基础和运行则体现在网络化上，市场和企业更多地呈现出网络化特征，即大规模定制，按需设计，按需制造，按需配送。国内领先的家电企业海尔全面进军电商渠道，2013年开春展开史无前例的大规模电商C2B定制预售，海尔联手天猫，推出“2013，海尔我的家，定了！”大规模家电预售，期间海尔天猫旗舰店在天猫预售平台预售冰箱、洗衣机、厨电、电视、空调、热水器、小家电和平板电脑等8大类17种商品。据相关负责人介绍，此次活动尝试大规模C2B预售，汇集消费者需求订单后反向供应链生产，省去流通仓储等各种成本，确保消费者“省到家，定的值”。这也是天猫预售平台首次介入家电业大规模预售。

二、实施品牌维护战略

产品质量和售后服务构成了海尔品牌市场竞争力的两大基础。随着家电业市场竞争的激烈，国内各家电企业也开始注重产品质量，而这时海尔却把重点转向服务。这是因为：在产品供不应求的情况下，名牌的主要内涵就是质量，当供求关系发生了，服务就成了一个非常重要的因素。但在产品服务上，海尔不仅仅强调售后服务，还强调售前、售中服务，到目前为止已全部实现国际星级服务，一般企业强调的仅仅是产品的维修，而海尔认为服务不仅仅是维修、安装、答疑等，还应该了解消费者的意见、需求，以便进行产品再开发，再改进的重要途径。“用户的难题就是我们的课题”，以用户的难题为海尔开发的课题，海尔有两个原则：一是设计人性化，二是使用简单化。根据这一理念，海尔开发出了“小小神童”洗衣机，“画王子”冰箱，“大地瓜”洗衣机等。

海尔还十分注重提高产品的知觉质量，即把产品的高质量信息通过各种途径传递给消费者，变成消费者的品牌形象。他们首先从产品特点和附加功能等方面作为宣传海尔产品质量高的依据，如ISO 9001国际质量保证体系认证，以提高宣传的可信性，使消费者容易接受对海尔的宣传。海尔每得到一种认证，特别是在拿到了进入美国、德国、日本等发达国家和地区的各种认证时，都及时告诉消费者，因为能拿到这种认证，对国内消费者肯定是一种鼓舞和支持。

要建立用户对海尔品牌的忠诚度，企业首先要对用户忠诚。“用户永远是对的”，海尔根据这一理念进一步形成“真诚到永远”的全方位承诺，“国际星级服务一条龙”新概念，使海尔品牌与用户之间形成一种亲情般的关系海尔在服务上对自己要求，一是不断向用户提供意料之外的满足；二是在让用户在使用海尔产品时毫无怨言。目前在全国各大城市都设立了“9999”售后服务热线，用户只需一个电话，剩下的事全由海尔来做，在海尔与消费者之间架起了一座座“心桥”。海尔人的真诚服务在得到了用户赞誉的同时，也大大提高了海尔品牌的美誉度。这是海尔的无形财富，也是海尔的动力源泉。

三、产品领域

在成功树立海尔品牌之后，海尔实施了品牌延伸策略。目前旗下的品牌涉及家电、通讯、IT、数码产品、家电家居、家居集成、智能家居、软件、物流、金融、保险、房地产、数字家庭、生物制药、医疗设备等众多领域。

四、服务理念

先卖信誉后卖产品。质量是产品的生命，信誉是企业的根本，产品合格不是标准，用户满意才是目的。营销不是“卖”而是“买”，是通过销售产品的环节树立产品美誉度，“买”到用户忠诚的心。

（1）浮船法。只要比竞争对手高一筹，“半筹”也行，只要保持高于竞争对手的水平，就能掌握市场主动权。

（2）只有淡季的思想，没有淡季的市场。海尔认为企业的经营目标应紧贴市场，最重要的是开发市场，创造新市场，从而引导消费来领先市场。

（3）市场不变的法则是永远在变。我们要根据永远在变的市场不断提高目标。

（4）创造未来。创造感动，就是对工作充满激情；就是不断满足用户个性化需求；就是用“心”工作，对产品用心，对用户用心。海尔人一直在创造感动，正如国际著名咨询公司兰德公司专家所言：“在海尔国际化进程中，一定会以一个不断创造感动、极具凝聚力和创新变革的品牌形象，启动美好未来！”

（5）用户永远是对的。海尔提出“星级服务”，宗旨是：用户永远是对的。即用户就是衣食父母，只要能够不断给用户提供最满意的产品和服务，用户就会给企业带来最好的效益。

（6）市场的难题就是我们创新的课题。“创造市场”的内涵是并不局限于在现有的市场中争份额，而是以自己的优势另外创造新的市场。企业要善于重做“一块蛋糕”，通过创造新市场，引导消费来领先市场。

（7）紧盯市场创美誉。紧盯市场的变化，甚至要在市场变化之前发现用户的需求，用最快的速度满足甚至超出用户的需求，创造美誉。

仔细阅读本文，回答下列问题：

1. 运用本章的相关理论知识，分析海尔实施的品牌策划策略。
2. 分析海尔的产品推广策略。
3. 海尔是如何进行品牌延伸和品牌维护的？

第九章　价格策划

案例引入

休布雷公司巧订酒价

休布雷公司在美国伏特加酒的市场中属于营销出色的企业，他们生产的史密诺夫酒在伏特加酒的市场上占有率达23%。60年代另一家公司推出了一种新型伏特加，其质量不比史密诺夫酒低，而每瓶酒的价格却比史密诺夫酒低1美元。

按照惯例，休布雷公司面前有三条对策可用：

第一降低1美元保住市场占有率；

第二维持原价，通过增加广告费和推销支出与竞争对手竞争；

第三维持原价，任凭市场占有率降低。

由此看来无论休布雷采取哪种策略都很被动，似乎将是输定了。但是该公司的市场营销人员经过深思熟虑后，却采取了令人们意想不到的第4种策略，那就是将史密诺夫酒的价格提高1美元，同时推出一种与竞争对手新伏特加酒价格一样的瑞色加酒和另一种价格更低的波波酒。

这一做法堪称市场营销策略中的绝活，它的妙处就体现在下面三个方面：第一，它是史密诺夫酒从单产品变成了系列产品，大大提高产品的声望和地位。实际上这三种酒的成本制作工艺和味道差不多，但在消费者心目中留下的印象不一样。第二，它使另一家公司推出的新伏特加在价格上处于休布雷公司产品的夹击中，消费者无论是想喝一种好一点的伏特加酒或者便宜一点的伏特加酒，或者和原来水平差不多伏特加酒，都可能选购休布雷公司的产品，况且休布雷公司的品牌也在消费者心目中有一定的印象。其三休布雷公司这一做法无法使公司从无差异转向了差异化目标市场策略，这对于更为广泛占领市场奠定了坚实的基础。

点评：

该案例就是一个典型的“竞争定价策略”。针对竞争对手的定价，对不同的消费者制定不一样价格，增加消费者自由选择的空间，保住了市场地位。这就是定价的奥妙所在。定价理论与方法，企业都知道，但价格竞争策略却不同，结果也大相径庭，为什么？运用之妙，在乎于心啊！学习营销策划就是要学会用脑袋去做生意！

第一节　价格策划原则和流程

价格是产品价值的货币表现，在营销四组合中，价格是唯一实现收益的要素，其重要性不在产品品质之下，而在产品品质之上，制定适合消费者口味的价格，产品畅销，制定不适合消费者口味的价格，则会窒息产品的生命，甚至导致企业破产。价格策划是以价值为依据，成本为基础，市场竞争为导向，历史价格为参考，充分考虑质量、交货期、订货量、售后服务、折扣、付款条件、包装、送货条件等因素，确定价格目标，定价方法和策略，调整产品价格的过程。由于策划的结果涉及企业消费者、竞争者和社会的各方面的利益，因此是一个难度很高的策划项目。所谓企业营销价格策划就是企业为了实现一定的营销目标而协调处理各种价格关系的活动。它并非仅仅是价格的制定，而是指在一定的环境条件下，为了实现特定的营销目标，协调配合营销组合的其他各有关方面，在构思、选择并在实施过程中不断修正价格战略和策略的全过程。为保证财富的质量，企业营销策划人员首先要把握定价的原则和程序。

一、价格策划的原则

1. 前瞻性

策划者对未来市场的变化和产品成本有相对准确的预测，对竞争对手的价格有相对准确的判断，对消费者接受价格的区间有一个相对的把握。企业定价有上限和下限，价格变动应该在这个上下区间里变动，突破这个区间就可能带来滞销或者亏本，如某一种红酒本来是一般价格的位品，如果他突然拉倒如法国进口高端葡萄酒的价格，消费者则难以接受。相反，茅台、五粮液、古井贡等国产名酒价格趋于普通价位，就会降低品牌身价，从长远开对企业行销会产生消极影响。

对大多数产品来说，价格策划除了要遵循价格自身的区间变化外，还要兼顾价格变化的时间区间。通常战术价格调整多数控制在 1 ~ 3 个月之间，价格调整的营销目的已经达到，商家就应该立即研究新的价格战术，采用新的价格计划方案。

2. 匹配性

匹配原则是指产品成本与价格匹配。成本是产品定价的重要依据之一。一般来说，价格应尽量反映成本因素，成本高，产品价格也相应高，否则利润会大受影响。但在激烈的市场竞争中，在买方市场氛围下，则不应使产品成本过分地影响定价。例如，由于各种原因造成产品成本较高，就将产品定位在较高的价格上，这样做往往会适得其反，导致利润大缩水。道理很简单，产品定价高了，销售量会减少。所以，降低产品成本永远是经营管理者必须重视的问题。只有想法将成本降下来，使产品的成本与价格合理对接，才能获得满意利润。

3. 适合消费者的口味

即制定适合消费者口味的价格，在价格策划时要考虑产品的价值、质量、产品的种类与对象。产品的价值、质量产品定价最重要的因素。产品的价值和质量是顾客（消费者）最为关心、最为敏感、影响最广、最为实质性的方面。所谓“物有所值”，就是说，好货可以卖出好价钱。即使在买方市场的条件下，好货都应处于一个合理的价格范围内，“是金子总会发光”。客观上确有这么一个顾客群，他们坚信，好货不便宜，便宜没好货。对于廉价货，他们投以怀疑的目光，而情愿购买“物有所值”的好产品，即使价格高一些也无妨。这必然会促使厂商不断提高其产品的含金量和质量，这样不仅可以使自己的产品在定价上与其价值、质量、品牌有更为理想的对接，而且可以提高企业的信誉和整体形象。就产品种类来讲，日常生活用品，性价比要好，讲究物美价廉；对于高档耐用消费品或者奢侈品，它的购买对象对价格不敏感，要抓住顾客好货不便宜的心理采用高价策略，更能赢得顾客的心。

4. 稳定与适应相结合的原则

如果市场发生变化，应采取灵活的应变定价策略。例如，当市场大刮降价风潮时，你可以顺势而为，做出降价的决策，但也可以泰然处之，打顾客的心理战：不降价。当市场刮起涨价风时，你也可以不顺势而为，反而采用逆向思维：不提价。同时，争取量的增加，并能给顾客一种好的感觉：“货真价实”。

5. 薄利多销，让利于顾客原则

例如，“一分钱利润法”。就是说，只要有1%的单价利润，就应感到满意，切忌“贪婪”。事实上，此法充分体现了“价增量减，价跌量增”的道理。一分钱的利润看起来微不足道，但是价跌（价廉）会促使销量大增，从而导致总利润的大大增加。所以有人提出，企业经营管理者应树立“1%”的提价意识。就是说，采用小幅涨价的策略，因为小幅涨价具有极好的“隐蔽性”。例如，将产品价格上浮1%，许多顾客不会在意，特别对于低价位（单位在几元以内）的产品。当你调高1%时，一般顾客不会有承受不了的感觉，而你的总利润却大大增加了。只要总利润有1%～5%就应感到满意，过分的“贪婪”会适得其反。

6. 坚持“物以稀为贵”的定价思维

对于某些稀缺类产品，即使成本并不太高，价值和质量也属于一般，但由于市场难觅此品，你就可以顺水推舟，将其价位高高挂起，等候需者购买。这类产品，有些顾客愿意出高价购买，所谓“需者不贵”。从中可以获取高额利润。

7. 按照超值服务的思维定价

把顾客视为“上帝”，无非是想赢得更多的顾客群。要做到这一点，除了你的产品的价值和质量等因素外，提供超值服务也很重要。提供超值服务的方法有多种，如送货上门、免费试吃等。由于你坚持提供超值服务，就可以将产品的价格定得稍为高一些（实际上，可认为是超值服务的附加费）。

8. 品牌信誉原则

品牌产品是市场公认的好货。既然是好货，“物有所值”，其定价都比较高，这无疑会带来巨大的利润。因此，你必须想法去引进品牌，借这些品牌来促销你的非品牌货。例如，甲乙两家商店都经营同一产品，定价也相同，但甲店引进了品牌产品，结果，甲店非品牌货的销售量要比乙店大得多。这是品牌货带动促销的结果，可以说也是一种间接的品牌效应。因为你拥有品牌，顾客往往更相信你的产品，更乐意购买。

9. 出奇制胜

价格策划要知己知彼，提前准备，事前保密，达到先发制人的目的。

最后应指出的是，产品定价是一个动态过程，应根据不同情况采取不同的定价策略，或将若干策略综合应用。产品的价和量（销量）是一对矛盾，在一定的条件下，通常会“价增量减，价跌量增”，而量和价对总利润的贡献又是同样的重要。

二、价格策划的程序

根据企业在营销价格策划全过程中所要解决的几个重要问题，企业进行营销价格策划程序包括以下六个基本步骤：

1. 价格策划的环境研究

环境是指作用于企业生产经营活动的一切外部因素和力量的总和。企业就是在这些因素和力量的作用下进行价格策划的。影响价格策划的环境因素很多，但主要体现在如下几个方面：

第一，社会经济环境。社会经济环境是价格策划的基本背景，主要有社会经济发展的近远期目标，经济发展的指导方针，产业结构，区域经济布局，市场体系的培育，经济发展速度，宏观的经济调控等，他们都间接的制约着企业价格策划。

第二，市场环境。市场环境是价格策划的基础，市场对价格的影响主要表现在供求关系上。如市场供求态势，市场竞争结构，市场规则等，对价格有着直接作用。企业要注意对市场供求状况、竞争状况分析研究，把价格策划建立在对现有竞争、潜在竞争、竞争者对其本企业行为可能产生反应等方面全面清醒分析的基础上。

第三，企业营销环境。企业营销环境是指制约价格策划的微观经济条件，它包括企业所处的地理位置，交通状况，消费对象，供应渠道，销售形式等，价格策划要以整个企业为背景，充分考虑企业资源优势，资源限制，处理好不同产品服务价格的协调，同一类产品和服务在价格等级不同时的价格协调，具体价格制定与企业整体价格政策的协调，这些都是价格策划的基本前提。

2. 定价目标的确定

进行价格策划的第二步是依据环境分析确定价格策划的目标，为制定价格策划方案指明方向。企业定价的总目标是获取最大利润，但不同时期、不同产品的定价目标是不一样的。目标不同，所采取的定价策略也是不同的，见表 9 - 1：

表 9 - 1　　定价目标及价格策略

价格策划目标	实现目标的价格策略
以获取当期最大利润为目标	高价策略。条件：购买力强，供不应求，产品市场生命力有限
以保持或扩大市场占有率为目标	低价策略：规模经济，市场容量大，产品质量好
以产品质量最优化为目标	（1）单一高价策略。条件：名牌产品 （2）稀贵平贱价格策略。条件：名牌产品分档定价
以维持企业生存为目标	低价。条件：不低于变动成本
竞争目标	（1）高价策略。使用条件：人无我有 （2）同价或略低竞争对手策略：条件：人有我有

3. 分析影响产品定价的因素

（1）产品成本的估计。产品成本是产品价格制定的基础，产品价格必须能够补偿产品生产和市场营销的所有支出，并补偿产品的经营者所承担的风险支出。产品成本是影响产品价格水平的最低界限。

（2）需求的预测。商品需求与价格是相互制约的关系。一方面，需求影响价格。需求多了，价格上涨；需求少了，价格下降。另一方面，价格也影响需求。价格高了，需求下降；价格低了，需求上涨。价格不同会导致形成不同水平的需求量，测算顾客需求，实际上是对产品需求曲线进行估计，大致决定企业产品价格的上限，也就是消费者心目中的认识价值，他指出了消费者能接受的最高价格水平。另外不同的消费者对于不同产品的价格变化，会表现出不同的敏感性。这就是需求弹性，包括需求的价格弹性、需求的收入弹性和交叉弹性。弹性不同，定价策略也不同。

（3）市场竞争状况。市场竞争状况主要取决于市场竞争结构，市场竞争结构对于产品的价格有着直接的影响。在现代市场经济中，按照市场的竞争程度可以把市场分为四种类型，即完全竞争市场、完全垄断市场、垄断性竞争市场和寡头垄断市场，不同市场结构下的市场价格表现出显著的差异性。另外，竞争对手的价格、产品分析也很重要，价格是在市场竞争中形成的，策划人员必须对企业竞争对手产品的价格，并对产品的特征质量进行详细分析，作为定价及其实施相应价格策略的参考依据。

（4）其他因素。企业定价时还必须考虑其他一些环境因素，如国家的政策法令、国内外的经济形势、货币流通状况以及顾客的社会心理状态等。

4. 选择定价方法

常见的企业定价方法有：成本导向定价法、需求导向定价法和竞争导向定价法。企业可结合实际，选择适当的定价方法（详细内容见《市场营销学》）。

5. 明确定价策略

定价策略有多种：撇（取）脂定价策略，渗透定价策略，需求差异定价策略，折扣定价策略，地区定价策略，心理定价策略，组合定价策略等。企业应结合定价目标确定相应的价格策略（详细内容见《市场营销学》）。

6. 拟定价格方案

价格方案包括：定价目标、定价方法、具体的计价公式、定价策略的运用以及价格方案的优劣评价。

7. 定价方案的实施和控制

最佳方案的确定，组织试销，正式实施定价方案，并对定价方案的实施加以控制。

第二节　定价方法策划

一、主要定价方法回顾

企业在确定了定价目标、掌握和分析了价格影响因素后，就可以选择定价方法，确定产品的价格。任何企业都不能只凭直觉随意进行定价，而必须借助科学的定价方法。企业在制定价格的策划时，一般来说主要考虑产品成本，市场需求和竞争状况三大因素，并结合产品情况作出相应的决策，因此定价可分为需求导向，成本导向定价和竞争导向定价，见表

9－2。

表9－2 定价方法

成本导向定价法	成本加成定价法	单价＝单位产品成本×（1＋成本加成率）
	边际成本定价法	单价＝单位产品变动成本＋单位成本边际贡献
	目标利润定价法	目标价格＝单位产品变动成本＋（固定成本＋目标利润）÷预期销售量
	投资收益定价法	$单价=\frac{总成本+目标利润额}{预期销售量}$ 目标利润额＝总投资额×投资收益率
需求导向定价法	认知价值定价法	根据产品的信誉、功能、质量、服务水平等多项指标分别进行评分，用加权平均的方法计算出产品的认知价值
	反向定价法	出厂价＝零售价×(1－批零差率)×(1－进销差率)
竞争导向定价法	随行就市定价法	依据本行业平均价格水平定价
	投标定价法	买方通过引导卖方竞争取得最低商品价格的定价方法
	拍卖定价法	由买方公开叫价竞买，不再有人竞争的最高价格即为成交价格

1. 以成本为中心的定价方法

其公式是：价格＝成本＋税金＋利润。以成本为中心的定价方法有：单位成本加成定价法，总量成本加成定价法，变动成本加成定价法，总量成本利润率定价法和边际成本定价法。这些定价方法的优点在于：简单易行。因为确定成本比确定需求容易。将价格盯住成本能极大的简化企业的定价程序，也不必经常根据需求变化调整价格。这种定价方法的不足之处在于：它是以卖方的利益为出发点，不利于企业降低成本。成本定价的基本原则是：将本求利和水涨船高，没有考虑市场需求和竞争因素。加成率是个估计值，缺乏科学性。

这种定价方法，其策划的一般流程是：生产产品——核算成本——制定价格——宣传价格——销售产品。

2. 以需求为中心的定价方法

其公式是：价格＝需求价格。以需求为中心的定价方法，依据顾客对产品价值的理解和需求强度来制定价格，而不是依据产品的成本来定价。其特点是灵活有效地运用价格差异，对平均成本相同的同一产品价格，随市场需求的变化而变化，不与成本因素发生直接关系。其基本原则是市场需求强度大时制定高价，市场需求强度小时可适度调低价格。这种定价方法综合考虑了成本、产品的生命周期、市场购买能力、顾客心理等因素。需求导向定价法主要包括理解价值定价，需求差异定价和逆向定价。

策划的一般流程是：测定认知价值——确定需求价格——估计销售量——核算产品成本——生产产品。

3. 以竞争为中心的定价方法

其公式是：价格＝竞争产品。在竞争激烈的市场上，企业通过研究竞争对手的生产条件，服务状况，价格水平等因素，以及自身的竞争实力，参考成本和供求状况，来制定有利于在市场竞争中获胜的产品价格。这种定价方法就是通常所说的以竞争为中心的定价法。其特点是：产品的价格不与产品成本和需求发生直接关系，产品成本和市场需求变化了，但竞争对手的价格未变，就应该维持原价。反之，虽然成本和需求都有变动，但竞争对手的价格变动了，则相应地调整其产品价格。当然为了实现企业定价目标和总体经营战略目标，谋求企业生存发展，企业可以在其他营销手段的配合下，将价格低于和高于竞争者的价格，并不一定要求和竞争对手产品的价格完全保持一致。竞争导向定价法主要包括：随行就市定价法，竞争价格定价法，投标定价和拍卖定价法等。

策划的一般流程是：生产产品——参照竞争产品的价格——制定价格——宣传价格——销售产品。

二、定价模型

1. 赫尔曼·西蒙模型

赫尔曼·西蒙于1979年提出了一个与品牌生命周期相关联的价格弹性动态模型。

假定qit为t时品牌i的销售量，Cit为t时品牌i与市场上所有其他品牌的价格差异效应（也就是交叉弹性效应），Bit为t时品牌i的纯粹价格效应，Ait为非价格因素对t时品牌i的遗留和废弃效应，那么，动态销售反应模型就可表述为：

qit = Ait + Bit + Cit

Ait反映了由于广告反应滞后和销售变量滞后而引起的生命周期废弃因素和遗留效应的组合情况。

Bit反映了销售量与纯粹价格水平的关系。西蒙假设二者之间存在着线性关系，即Bit = bPit，式中，b <0；Pit为t时品牌i的价格。

Cit反映了品牌i与市场上所有其他品牌的价格差异对品牌i销售的影响。最理想的效应是：当价格差异较小时，销售反应比例小；当价格差异大时，销售反应比例大。所谓价格差异，是指品牌i价格与市场上所有品牌价格平均值之间的差额。

西蒙的研究发现对于企业根据价格弹性的变化制定最优定价政策具有重要意义。

2. 拉奥—夏昆模型

拉奥和夏昆于1972年提出了关于新品牌进入市场的价格模型。拉奥—夏昆模型既充分考虑到了市场结构，又考虑到了在实现价格战略过程中的企业品牌目标和竞争者目标。

3. 多兰—朱兰德模型

多兰和朱兰德于1981年提出了将成本动态和扩散过程动态考虑在内的最优价格模型。他们分别对静态需求和动态需求情况下的最优价格问题进行了研究。多兰—朱兰德模型反映了在计划期内最优价格的时间轨迹，对于创新企业在激烈竞争灵活选择渗透战略和取脂战略具有重要的启示。即：当需求曲线随时间的推移呈稳定状态（无扩散）且生产成本随累计价值的增加而下降时，采取撇脂战略（即先高价后低价）为最优选择；在以扩散过程为特征的耐用品需求情况下，采取渗透战略（即以低价格、低成本进入市场）为最优选择。

三、定价方法策划实战

以维维利乐包为例。根据某企业财务部门提供的成本信息，维维豆奶的成本构成如下：

厂部生产线，提供上海地区30%的生产能力，可提供1667万盒（250ml）。

1. 分摊的固定费用为：（1）月折旧费用20万元，年折旧费用240万元。（2）月管理费用13.33万元，年管理费用159.96万元。

2. 单位产品变动费用为（按目前市场价格计算）：①豆浆牛奶配方原料1000ml 0.4元；②辅料费用1000ml 0.24元；③包装费用每盒0.10元；④人工费每盒0.01元；⑤储运费用

每盒 0.07 元；⑥销售费用每盒 0.08 元；⑦考虑税金每盒 0.06 元。

3. 经预测 2003 年市场需求为 1400 万盒，总公司要求上海地区的维维利乐包豆奶，目标净利润是 150 万元，企业成本加成率是 20%，商业加成率是 33%。市场部提高竞争产品的市场价格情况见表 9－3。

表 9－3　　竞争产品的市场价格

品牌	品种	容量	市场零售价
维他奶	维他奶	100ml	0.8 元
维他奶	维他命奶	250ml	1.3 元
维他奶	麦精朱古力	250ml	1.3 元
正广和	都市奶	250ml	1.5 元
杨协成	豆奶	250ml	2 元
上海光明	巧克力牛奶	200ml	2 元
上海光明	纯鲜牛奶	200ml	2 元
上海光明	纯鲜牛奶	250ml	2.3 元

4. 根据上述财务市场相关资料，对维维利乐包豆奶设计以下的定价方案：

（1）日标利润定价方案：

目标价格＝单位产品变动成本＋(固定成本＋目标利润)÷预期销售量

出厂价＝0.57＋(399.96 万＋150 万)÷1400 万

＝0.57＋0.3928

＝0.97（元）

零售价＝出厂价格×(1＋商业加成率)

＝0.97×(1＋33%)

＝1.29（元）

方案分析：

①能够实现目标利润，由于该价格是以市场需求为前提计算是根据预期销售量，所以方案利润的实现具有实际的意义。

②方案价格不具有很强的竞争力，主要竞争对手是维他奶产品定价是 1.3 元。

第一，假设维维把产品市场零售价格定了 1.29 元，从这一点来看，虽然占一点点优势，但优势不是很强。

第二，在豆奶市场上，维维的主要竞争对手是维他奶，其产品的零售价格，恰好也是 1.3 元。该品牌的知名度要远远在维维品牌之上，而且该产品正处于成熟期，营销环境等一系列因素都不错，维他奶是上海豆奶利乐包的主导品牌，在消费的心目中具有良好的形象，市场占有率很高，相比较而且维维产品就要逊色不少，处于明显的劣势。

第三，若维维豆奶 1.29 元，进入市场是打不开销售局面，占不了市场的。因为在价格方面缺乏吸引消费者放弃维他奶买维维的欲望，从而直接影响企业的预期销售量。以至于可能达不到 150 万元的目标利润。

结论，虽然该方案根据市场需求，在一定程度上可以达到目标企业的目标利润，但由于价格缺乏竞争力，使竞争具有一定的局限性，会给企业带来风险，因此该方案不是最优方案。

（2）应对竞争方案。该方案最显著的优势是价格低，具有很强的竞争力。但该价格无法完成企业预期利润目标。这就取决于企业注重的是什么，是企业的目标利润，还是企业的产品市场？当然企业定价目标定位利润最大化无可厚非，但一个聪明的企业是不会把目光盯在眼前利益上，而是要有企业发展空间和长远利益。就必须占有一定的市场份额，这是企业的生存和发展的关键。

因此当企业面临利润最大化和市场最大化，两者必取其一的时候，企业应该选择后者。可口可乐公司以低价亏本占据中国市场，换来今天的龙头老大地位。由此可见市场份额的重要性。因为较高的市场占有率，可以保证企业产品的销路，能够给企业带来长远利益，具体分析如下：

保本出厂价 = 单位变动成本 +（固定成本 ÷ 预期销售量）
= 0.57 +（399.96 万 ÷ 1400 万）
= 0.57 + 0.2825
= 0.8556（元）

保本零售价 = 出厂价格 ×（1 + 商业加成率）
= 0.8556 ×（1 + 33%）
= 1.14（元）

①维维利乐包豆奶产品 1.14 ~ 1.30 元价格，具有竞争优势，价格越低，竞争力越强。最强的竞争价格是维维在保本零售价 1.14 元。

②维维产品 1.14 ~ 1.30 元的竞争价格，在不同程度上会影响目标利润实现，价格越低，影响程度越大。当价格定在 1.14 元时，企业利润为 0，但高于 1.14 元，企业还是有利润，价格越高利润越高。企业到底是否获利，只能由市场竞争来决定。

③如果定在 1.14 元，企业也是有获取利润的可能。因为 1.14 元具有竞争优势，可以打开市场，提高销量。当销售量大于预期销量 1400 万盒时，每盒单位固定成本费为 0.2856 元，就可以转化为单位利润。

结论建议：

该方案的价格具有很强的竞争力，综合分析后，应该优先选择。当然对企业制定的目标利润应该有所影响，但只要操作得当，对利润目标实现的影响不大。

（3）维持生存价格方案。考虑到豆奶产品处在成熟期，上海市场竞争尤为激烈，维维定价应该做好充分的思想准备，如果维维遭到维他奶等竞争对手的封杀，企业的预期边际贡献只能考虑企业补偿固定成本的部分，如何考虑回收 204 万元的折旧费，年管理费 159.96 万元不考虑，使企业在困境中维持生存，基于这种情况应该设计维持生存价格方案。

出厂价格 = 单位变动成本 +（预期边际贡献 ÷ 预期销售量）
= 0.57 +（240 万 ÷ 1400 万）
= 0.57 + 0.1714
= 0.7414（元）

零售价格 = 出厂价格 × (1 + 商业加成率)
$= 0.7414 \times (1 + 33\%)$
$= 0.99$（元）

方案分析：

此方案价格最低是 0.99 元，这是特定时期运用的方案，企业面临严峻形势，在很糟糕的环境下求得生存，在正常情况下不使用该方案，否则企业会遭受亏损。此方案价格可以维持现有市场，维持企业正常生产。此方案价格只能暂时使用，不能维持长久。

结论：目前形势下该方案是绝对不适用的，但作为企业面临困难时的一条出路后备。

第三节　定价策略策划

定价策略，定价既是科学又是艺术，如果说定价方法是从量的方面对产品的基础价格做出科学计算，那么定价策略则是从艺术角度根据市场具体情况制定出灵活机动的价格。对于许多消费者来说，价格是决定他们是否会购买的关键因素之一；对于公司而言，价格更是决定其产品市场份额和利润率进而决定公司命运的最重要的因素之一。

常见的定价策略策划有：

一、薄利多销策略策划

薄利多销策略是指企业有意识地把商品的销售价格制定在相对低廉的水平，以便刺激需求，提高市场占有率，从而实现总利润的最大化。同时，能有效地阻止竞争者进入市场，从而为企业长期的占领市场打下坚实基础。采用这一定价策略的企业，在进入市场的初期可能会有亏损，但随着产品产销量的扩大，产品成本下降，不仅可以弥补了亏损，还会因为较高的市场占有率而获得丰厚的利润。

适用条件：

（1）短期内追求较大市场份额的新产品。即为新产品定一个较低的上市价格。目的是使新产品一上市就能吸引大量的顾客购买产品，迅速打开市场，并赢得较大的市场占有率。但是，企业采用薄利多销策略，需要经过较长的时间才能获得利润、收回投资，但由于市场基础稳固，市场占有率也较高，因而一旦开始赢利，利润将会十分稳定。所以，这是一种着眼于企业长期发展的策略。

（2）顾客对价格比较敏感的产品。如需求弹性大的商品，定价时，先给一个较高的价格，然后再给一个较低的价格，充分利用消费者想买质优价廉产品的心理，实现多销的目的。

（3）该产品生产或采购具有规模效益。如，日本西友公司零售价格的构成是生产成本占 3.5%，运输、仓储、销售费用占 30%，零售毛利则为 35%，西友公司靠批量进货压低进价，努力减少成本费用，以此增加利润。还有第三批国家组织药品集中采购，中选药品平均降价 53%，最高降幅 95%。这就是坚持带量采购、招采合一，靠规模效应实现薄利多销。

（4）产品供过于求。供过于求意味着商品有积压或已形成的生产能力，没有得到充分发挥，只要降价能就能够扩大商品销量。

采用薄利多销价格策略有限制，价格不应低于边际超额利润等于零时的价格。在边际超额利润等于 0 这一点，总超额利润最大。这是这种商品采用薄利多销的最佳价格点。

二、厚利限销策略策划

厚利限销是指在企业对资源稀缺严重供应不足的商品实行高价销售，以便抑制需求，调节供给获取高额利润。目的是以期在短时期内获得厚利，收回投资，减少风险。

厚利限销策略的策划更多是指有计划的将产品价格定得较高，并将产品的供给量控制在一定的范围之内。一般是处于垄断地位的大企业，凭借一定的资源、技术优势对市场进行垄断，控制供给，给人一种物以稀为贵的错觉，谋求高额利润。例如，美国的劳斯莱斯汽车，可谓是“厚利限销”的典范。在当今世界汽车行业里，名牌产品为数众多。美国的通用、福特，日本的凌志，法国的雪铁龙，德国的奔驰、宝马等，令人目不暇接。而这些名牌中的名牌，当属劳斯莱斯。据说该车的许多部件都是手工制作，精益求精。其完美的质量，令世人瞩目，而其昂贵的价格，也令人望而却步。

厚利限销策略适用范围：

（1）资源稀缺，非生活必需品；

（2）有较大心理价值和观赏价值的声望性商品；

（3）消费者急需，但受经济和技术条件制约，不能短期内迅速增长的商品。

三、高价攻入策略策划

企业以产品独特的技术和质量为基础，制定较高的价格占领市场。例如，施乐公司以高价推出新型复印机。美国施乐公司于 1946 年研制了干式复印机——施乐 1914 型复印机。当时市场上所有的复印机均为湿式复印机，在使用时必须用专用的涂过感光剂的复印纸，而印出来的是湿漉漉的文件，十分麻烦。相比之下干湿复印机就便利多了，不仅可以直接印出干燥的文件，而且成本也不高。该公司老板沃尔逊决定把价格定在 29500 美元，这个价格比成本高 10 多倍。他认为只有高价才能体现其独特性。到了 1960 年干式复印机畅销起来，产品供不应求。

四、优价攻入策略策划

企业在进入市场过程中以优质产品为基础，采用中等价格攻入市场。顾客可以中等价格买到优质产品。企业获取一定市场份额，进而建立长期的市场统治地位。这种优价攻入策略的基础是产品质量高于其价格。这种策略可为所有参与竞争的企业利用。百事可乐成功利用优价攻入策略，打入了为可口可乐独霸的可乐市场，关键在于同样花 5 美分，顾客能买到一瓶 12 盎司的百事可乐，而可口可乐只能买 6. 5 盎司。百事可乐在利用优价策略攻入市场的同时还充分利用了广告，以树立起品牌形象。

五、阶段定价策略策划

阶段定价策略是根据产品在生命周期的不同阶段及各种产品本身特点，采用阶段式递增或阶段式递减的定价策略，从而最大限度地获得利润。例如，日本汽车进入美国市场，采取渗透定价，将产品价格定得比竞争者低，以吸引潜在的顾客。有时，他们甚至甘心接受早期发生的亏损，他们把这种亏损视为一项长期投资，等到占领市场，赢得声誉，再提升价格。

阶段式递减价格，对时尚产品定价也是很好的选择。美国波士顿一家“法林联合公司”开发了一种“自动降价商店”。如果一件衣服在货架上陈列了13天还未售出，就自动降价20%，过了6天仍未售出，再降50%，再过6天，降价75%。如到第25天还无人问津，就将衣服从货架上取下来送到慈善机构。这家商店的商品大多数属于中档商品，种类齐全，物美价廉。加上美国人生活节奏快，所以往往不等商品降到最低价格就已被抢购一空。

相关链接

每天减一折

日本东京“美佳”西服店，独辟蹊径，推出“每天减一折”的折扣销售方法。其具体方法是：在销售开始前在大接触面的媒介上发出公告，宣布打折销售的天数及日期，并介绍商品品质特征。其具体打折方法是：第一天打九折，第二天打八折，第三、四天打七折，以此类推，到第十五、十六天，商品定价为原来的十分之一。

在实际销售中，第一、二天顾客不多，而且只是去看一下虚实，从第三天开始人多了起来。到打到六折时，顾客蜂拥而入，之后几天中，商品销售一空。等着买一折商品的顾客只好两手空空了。

这种折扣销售法，妙在新奇，打动人心。其成功之处在于商品是有限的，在价格可能无限降低的情况下，售者与买者的竞争转变为购买者之间的相互竞争，使人们不敢多等而进行抢购。当然，商店要获利，其原价的确定还是要稍高一点，在每天减一折的情况下，消费者对原价是不会太敏感的，他们更加注重百分比。

六、组合定价策略策划

组合定价策略又可称为可选品定价策略，是由消费者自己制定产品价格的方法。例如，汽车销售商在销售汽车时，常提供电动窗户控制器、CD唱机、光线调节器，以及汽车装饰等各种可选品。在宣传广告中，产品价格既可包含所有可选品价格，也可包括一部分，也可什么也不包括。广告受众可根据自身需要与可选品价格来决定选取哪些可选品，从而“制定”最终产品的价格。

七、转移定价策略策划

转移定价策略又可称为附属品定价策略，是指企业将主体产品定一个低价，而将附属品定一个高价。因为一般来说附属品是易耗品，附属品的较高价格和较大销量不仅完全可以弥补主体产品低价的损失，而且可以赢得很大利润。吉列公司在19世纪末开始投产剃须刀架和刀片时，质量并非最好，且制造成本比竞争者高许多。当时竞争者给剃须刀架定价为5美元，给刀片定为2美分，这种价格是与生产这两种产品的成本相适应的。然而5美元的刀架在当时太贵了，因为当时一般工人一天也挣不到1美元，价格显然成了“自己动手”剃须修面的一项障碍。吉列在定价时，力图寻求一种全新的定价办法，降低刀架的价格，提升刀片的价格，也就是通常说的低主高连带。

八、差别定价策略策划

差别定价策略又可称为价格歧视，企业针对顾客，产品，地点和时间的不同制定不同的价格，其实质是市场细分后的定价。例如，美国航空公司是把差别定价策略运用得最为经典的是美国航空公司。当面对激烈的市场竞争，其他航空公司都在降低机票价格的时候，美国航空公司没有简单地这样做，而是首先对市场进行细分：私人旅游乘机和商务乘机，对不同的乘客定不同的价。

九、心理定价策略策划

心理定价策略是指企业在制定产品价格时运用心理学原理，根据不同类型消费者的购买心理来制定价格。其策略主要包括：尾数定价，整数定价，吉利定价，声望定价等。

十、其他定价策略策划

其他定价策略包括以促销为目的的定价策略，例如折扣定价策略；根据市场类型制定的定价策略，例如随行就市定价策略和垄断定价策略；以及偏重针对消费者心理的习惯定价策略、议价定价策略等，在这里就不一一介绍了。

第四节　产品价格调整策略策划

产品价格制定以后并不是一成不变的，企业往往要根据实际情况的需要进行价格调整。可选择的价格调整策略不外乎两种：调低价格和调高价格。在价格调整策划中要具体情况具体分析。

一、降价策略策划

在一些情况下，企业往往需要对其产品的价格进行下调。例如：当企业生产能力过剩，产品大量积压；企业产品市场占有率大幅度降低，为夺回失去市场；企业自身生产技术或管理水平提高，产品生产成本降低；例如在微波炉市场上，格兰仕素有“价格杀手”“价格屠夫”的称号。通过多次降价，格兰仕不断抢占竞争对手的市场。格兰仕的绝对低价不仅令消费者趋之若鹜，同时又对竞争对手产生强大的威慑力，最终成就了它在世界微波炉市场上的霸主地位。

策划要点：

（1）降价要“师出有名”。巧立名目找出一个合适的降价理由来，不能让顾客认为是商品卖不出去，或质量不好才降价。商家降价的名目、理由通常有：季节性降价、重大节日降价酬宾、商家庆典活动降价、特殊原因降价。另外，即使降价，也应尽量使用“折扣优惠价”“商品特卖”“让利酬宾”等给人较好印象的字眼。

（2）率先降价要精心策划，高度保密，才能收到出奇制胜的效果。

（3）降价要取信于民。信誉好的商场降价顾客信得过，信誉不好的商场降价顾客信不过，所以在现实中不同的商家同样搞降价促销，效果会大不相同。

（4）降价幅度要合理。根据以往的经验，降价幅度在10%以下时，几乎收不到什么促销效果。降价幅度至少要在15%～20%，才会产生明显的促销效果。但降价幅度超过50%时，必须说明大幅度降价的充分理由，否则顾客会怀疑这是假冒伪劣商品，反而不敢购买。

（5）降价幅度与商品范围要结合。一家商店少数几种商品大幅度降价，比很多种商品小幅度降价促销效果好。知名度高、市场占有率高的商品降价的促销效果好，知名度低、市场占有率低的商品降价促销效果差。

（6）传递降价信息要有科学性和艺术性。把降价标签直接挂在商品上，最能吸引消费者立刻购买。因为顾客不但一眼能看到降价金额、幅度，同时能看到降价商品。两相比较权衡，立刻就能作出买与不买的决定。如"现在购买只要80元"，就不如"现在购买省10元"更有冲击力，更能令顾客产生共鸣。因为前者是要你"掏钱买"，而后一句则是"帮你省"，在心理感觉上就不一样，当然接受效果也会有差别。

（7）真实标注价格。内容应包括"原价格""新价格""特价幅度""品牌包装""起止日期"等信息，以证明降价的真实性。

一些企业认为：在竞争中，让利必得市。然而事实往往并非如此。这就要求企业在进行降价策划时一定要把握一些基本原则：

（1）保证产品和服务质量，避免步入低价低质的误区。

（2）价格调低幅度要明显，保证让消费者得到实惠。

（3）大力降低生产成本，这是企业的降价策划能够顺利执行的根本保证。

（4）降价策略与其他促销形式及宣传密切配合。

二、涨价策略策划

所谓主动涨价策略，是指在市场营销中，企业为了适应市场环境和自身内部条件的变化，把原有价格调高。第一，企业调价可能是由于产品成本上涨，为了反映其合理利润的取得，企业只能通过涨价来转嫁负担，这是企业调高价格最主要的原因。第二，是由于产品供不应求，企业通过提价来抑制部分需求，缓解市场压力。第三，改革产品需要，通过改进产品质量、性能、结构等来提高市场竞争力。第四，竞争策略的需要，以产品的高价位来显示产品的高价位。

策划要点：

（1）多采用间接调高价格，少采用直接提价。间接调高，就是采用一定的方法使产品价格表面保持不变，但实际隐性上升，比如缩小产品的尺寸、减少分量，使用便宜的代用原料。

（2）引导消费者合理归因。也就是把握好涨价幅度时机，并注意与消费者及时进行沟通，引导消费者认清涨价的原因，把涨价归因到成本提高、质量提升上，而不是归因到为了谋取更多利润上。

高价格意味着高质量是永远的价格准则。当许多商家迷信于让利得市的时候，一些聪明的商家却反其道而行之。然而，企业在进行涨价策划时一定要把握一些基本原则：

（1）提供优质产品是使消费者愿意在较高价格下购买的基础。

（2）注重产品改进，有理由的涨价更容易为消费者所接受。

（3）注意与消费者沟通，避免有价无市的局面。

三、竞争者对调价的可能反应与对策策划

预先估计和及时了解竞争对手的反应关系到企业产品调价后市场竞争格局的变动。而了解竞争者的反应比了解顾客的反应更加复杂。竞争者对其他企业挑起的产品市场价格变动可能有相对固定的整套应对策略，也可能每次采取不同对策。企业必须对竞争对手的市场应对方式经常进行深入的情报收集与分析评估，以掌握不同竞争对手的反应模式。

一般认为对手的反应有以下两方面。

（一）消极反应

消极反应是指竞争者以不变应万变的策略对付我方的价格调整。不管我方怎么调价，对手是“我自岿然不动”，始终保持价格不变。这种情况一般都是企业处于行业领导地位，对手无论如何调价都不会对其构成威胁，因此，对于我方调价不予理会。例如，老干妈定价策略。一直以来，老干妈都秉承其低价模式。老干妈经典辣酱的价格一直在 8 ~ 12 元，其他产品根据规格不同也多集中在 7 ~ 10 元。以主打产品风味豆豉为例，210g 规格此前多年在 8 元左右，目前天猫旗舰店售价 9.9 元。对比市场上同类型辣椒酱在各天猫官方旗舰店的价格，虎邦辣酱 210g 规格售价 16.9 元，李锦记豆豉辣酱 205g 规格，售价 13 元。相比而言，老干妈的产品价格仍处在低位。

（二）积极反应

积极反映是指竞争者认为这是我方的向对方发起的价格战，会主动应战。应对的策略有：

1. 相向式反应

即我降他也降，我涨他也涨。这种行为一般影响不会太大，后果不很严重，企业坚持自己的价格政策即可。

2. 逆向式反应

即我降他涨或不变，我涨他降或不变。我降他涨或不变，是因为对方认为自己的产品质量高、服务好、档次高，保持提价或保持原价。如奔驰轿车，当对手以“一样的性能，不一样的价格”向奔驰发起挑战时，奔驰却提价应战，打出了“奔驰轿车——不一样就是不一样”的广告。而我涨他降或不变，如果双方产品相当、服务无差别、目标市场相同、业态相同，价格战就不可避免了。

3. 交叉式反应

交叉反应是指对手对我方的调价行为，可能同向反应，也可能逆向反向，也可能采取非价格方式——广告、提质等非价格策略参与竞争。

四、企业对竞争者调价的反映策划

在竞争激烈的市场上，如果竞争对手率先调整了产品价格，企业不可避免地要采取相应的应对措施。由于这种被动应对的时间压力很大，为了减少仓促应变带来的不利影响，企业必须提高应变能力，在价格决策中备有适当的反应对策。

（一）不同环境下企业的反映

一般而言，如果产品的同质性程度高，竞争对手降低产品市场价格往往迫使其他企业不

得不随之降低，而提高产品价格时其他企业跟随的可能性非常小。如果不同企业产品之间差异性较大（尤其是在顾客心目中的形象差异），各企业产品在市场上具有一定的垄断性，则应对竞争对手产品价格变动的自由度就比较高，可以在综合分析评估竞争对手产品价格变动意图、本企业的反应可能对市场竞争格局产生的影响以及竞争对手对本企业反应的再反应等问题后，制定应对策略。

（二）市场领导者的反映

通常市场领导者应对竞争对手产品价格调整的策略主要有：

1. 维持价格策略

如果竞争对手产品价格变动对本企业产品销售影响不大，或影响会很快消除，则维持原有产品价格不变。

2. 降价策略

在不能有效维持本企业产品正常的市场销售时，为了保证与竞争对手既有的竞争格局，企业需要进行价格调整以跟进竞争对手的价格变动。

3. 非价格竞争策略

如果运用非价格手段能消除竞争对手价格变动的影响，或非价格手段对顾客更具吸引力，则在保持原产品市场价格不变的情况下，调整营销组合其他策略。

4. 提价策略

这只有在本企业产品质量过硬、形象高档时才采用得着，否则一般不要采用提价策略参与竞争。

关键词

价格　定价方法策划　定价策略策划　价格调整策划

课后练习

1. 简述价格策划的原则，如何用匹配原则指导价格策划？
2. 简述价格策划的流程，你认为影响价格策划的因素有哪些？
3. 在进行需求导向定价策划时，注意什么问题？
4. 简述薄利多销定价策略策划时应注意的问题？
5. 企业调低价格时，应注意哪些策划要点？
6. 如果你是市场领导者，面对竞争对手的调价，你如何应对？

案例分析

杉杉的定价策略

杉杉西装刚起步时采取了一系列独特的营销策略，先是集中生产技术难度较大，市场相对稳定的男士西装变量产品，定位于国产高档优质品牌杉杉西服的品牌打响后，在不断提高质量的同时限量生产，年产量控制在35万套左右，并控制商场发货，在销售渠道选择方面所采用的是先是名牌进名店，然后再在闹市区设专卖连锁店，每年广告费的投入约占年销售额的10%，建立有效的销售人员管理制度等等。

伴随互联网的发展，杉杉服装，结合精细的选材、一流的设计，本着“品质、服务、速度”的工作理念，成为国内金融、电力、通讯、能源、交通、教育等各行业的职业装制定生产企业，经验丰富的职业装从业人员结合杉杉服装覆盖全国各地的服务网点能为各单位提供周到而及时的服装定制尊贵享受。

问题：

1. 试用营销理论分析杉杉西服成功的原因。

2. 一件普通衬衫定价49.8元，一套高档西服定价3800元。试分析这两种商品定价的合理性。在定价策略的策划上注意什么问题？

3. 杉杉由限量生产增效益发展到现在的定制化服务，谈谈你对定价策略变化的感想。

第十章　分销渠道策划

案例引入

渠道为王，终端制胜，制片方早已沦为了各视频平台的“代工厂”

2021年对于观众来讲是视觉盛宴，前有各类型的影视作品如春笋般涌出，后有花式综艺节目见缝插针。细心的网友可能发现，这些大火的影视综艺作品基本上都是在各视频平台首播，只有极少一部分在卫视台首播，比如电视剧《锦心似玉》和《斗罗大陆》在腾讯平台独播；综艺节目《创造营2021》和《最强大脑第八季》在腾讯平台独播；还有部分电影也选择在视频平台首映，制片方早已沦为了各视频平台的“代工厂”。

制片方之所以甘心当“代工厂”，究其根本原因就是各视频平台拥有大量的观众终端，掌控着影视综艺作品的命脉。

1. 方便快捷的网络终端

益于科学技术的发展和生活水平的提高，可便携式移动网络终端的普及让人们能随时随地看自己影视作品，不再受限于播放时间的限制。

2. 视频平台只是大平台上的一小块

就目前的三大视频平台：爱奇艺、腾讯视频、优酷，它们并不是单打独斗，其背后都有大平台支撑，进行多渠道内容的分发。视频只是大平台综合内容中的一个版块，大平台利用其他版块内容进行关联，观众会获得更多的资讯，观众所获取的东西要远比卫视等平台要多，没理由不选择这些视频平台。

3. 视频行业进入寡头垄断时代

爱奇艺、优酷和腾讯视频目前已占视频行业50%以上的份额，这种趋势越来越严重，很多制片方都要看其脸色行事。

用营销学的概念来解释现在的这种现象就是“渠道为王，终端制胜”，谁拥有观众谁在谈判桌上享有话语权。

第一节　分销布局策划

企业首先要对其产品销售区域进行合理布局规划，然后才能建立分销网络和分销渠道，正所谓布局落子。而分销布局策划的第一步，就是要分析影响布局的因素。

一、影响销售区域布局的因素

1. 营销目标

营销目标是影响分销布局的第一要素，如果营销目标的重点是增加销售额，扩大市场份额，一般就要选择市场分布面广一些；如果营销目标的重点是树立高端形象，就应该采取重点选择性布局。

2. 产品定位

产品定位是直接影响产品分销布局的重要因素，当产品定位于城市高档消费时，分销布局应重点锁定大中城市；当产品定位于农村市场时，分销布局必须渗透到农村乡镇；当产品定位于大众日常消费时，分销布局必须全面撒网，密集织网；当产品定位于选择性购买消费时，分销布局需要专业化布控，网线条理清晰。

3. 企业资源

企业的产品、资源、财力资源、人力资源和管理资源，是影响分销布局的重要条件。产品资源及产能大小与品种多少，它决定着产品市场覆盖面的宽度。生产规模小，品种少的企业，应针对特定区域市场开展集中营销。企业的财务实力与人力资源，支持着市场开拓能力。能力不足，就无法开拓和巩固更大的市场范围。管理能力在一定程度上也影响着企业的市场布局。

4. 市场竞争

市场竞争状况对分销布局策划是一个重要制约条件。竞争对手实力越强，竞争越激烈的市场越不容易攻取，即使能攻占下来也难以巩固，且必须为此支付大量的市场开拓和维持费用。所以，企业应该扬长避短，尽量进入竞争规范、互补性较强的市场，除非企业具有明显强大的竞争优势，或者这个市场对企业来说十分重要，否则不要轻易进入竞争过于激烈的市场。

5. 交通物流

产品实体分销必须具备相应的交通物流条件，只有在交通物流通畅的前提下，分销布局才有可能得以实现。在分销布局策划中应是该优先考虑物流运输具备便利性、快捷性、经济性的市场区域布点、布阵。

二、营销渠道布局一般考虑从点、线、面和层级四个层面进行分析

1. “点”的布局

营销渠道中“点”的布局是指选择和决定未来营销渠道网点的具体地址。这里“点”包含两层含义：一是指渠道活动的具体地址，如网点选择在一个城市的 CBD、区域中心、商业街，还是居民区、街头巷尾等。二是指渠道的活动区域，比如是大中城市、小城市，还是城镇、农村等。合理的渠道网点布局应该是在城市的商业中心，或是目标用户最集中的地方。

对于营销渠道“点”的布局来说，网点选择主要有关键点和切入点两种。关键点是指客观上形成的对企业经营产品销售起重要作用的市场区域。比如高档家电在大中城市，御寒皮衣在东北、西北等市场区域，这些构成了企业经营的关键点。这些点对企业营销具有重要意义，因此行业中各企业对这种网点的竞争十分激烈。这就要求企业具有很强的竞争实力，

或者企业拥有一种重大创新的新产品直接打入关键点。当然，如果企业实力不足，就要寻找现有市场竞争格局中的薄弱环节，即市场切入点，先打入市场保证生存，再寻找机会发展，即避免与实力强大的竞争对手硬碰硬，而采取避实击虚的策略建立生存空间。

2. “线”的布局

营销渠道中的“线”既是指渠道中点与点之间形成的“线”，也包括产品从生产领域转移到消费领域所形成的“线”。由于“点”的分布有集中，有分散，布局广泛，因此“线”的分布当然是纵横交错，密织如网。实质上“线”的布局也就是连接“点”与“点”之间的运输路线构成的体系。而运输方式、运输路线多种多样，其成本差异较大。选择合理的运输路线，以最低成本、最短路线、最快速度等完成产品的输送任务就成为营销渠道中“线”的布局的关键。这就是营销渠道中“线”的决策的问题。

3. “面”的布局

由营销渠道成员这个“点”相互连接，就构成了多条“线”，“线”与“线”相互连接构成网络就形成了“面”。营销渠道中的“面”主要解决的是市场覆盖率和市场渗透率的问题。营销渠道不仅要解决产品怎样展示在顾客或用户面前的问题，同时也要解决产品如何让顾客或用户购买的问题，以及提高市场占有率的问题。通过“面”的布局能够发现市场空白点，能够找到竞争对手的软肋，还能够不断扩大企业产品的市场服务区域，更好地服务于顾客或用户的需要。

“面”的布局主要是通过建立消费者消费的偏好、对本企业产品的消费的习惯以及定势，建立牢固的销售根据点，并且对消费产品竞争对手进行认真分析，建立区域市场的进入壁垒，从而阻止竞争对手的进入。

不过，“线”与“线”相互连接构成网络形成了“面”有时会存在重复和漏洞，重复漏洞会造成渠道成员的竞争或内耗，漏洞会造成顾客或用户流失。因此渠道管理者要通过合理的渠道政策以及渠道分工协议，有效解决这个问题。

4. “层级”布局

在营销渠道体系中，渠道成员总存在一个功能大小及等级地位高低之分。一级批发比二级批发高，功能多，二级批发比零售商店高，零售商店比消费者要高。不同位置的批发，功能与地位不同，同是零售商，其规模、业态不同，其地位与功能也不同。“层级”布局就是通过渠道层层布局，形成网络体系，逐渐向市场渗透，达到占领市场的目的。

层级是对面的更深一级渠道组合，通过了建点、连线和布面三个阶段之后，要纵观全局掌握好市场的发展趋势，合理整合各级布局。层级布局可以在一级市场整合点和面慢慢下沉到二、三级市场，这也是大多数制造商采取的策略。当然也可以先由二、三级市场打入一级市场，如采取“农村包围城市”策略等。

三、分销渠道布局的形式与方式

1. 全面布局

全面布局是指广泛建立销售网络，全面进入所有的市场区域，比如可口可乐公司的全球市场战略，TCL 销售网络的精耕细作，就是要全面占领中国市场，全面布局可以使产品有尽可能大的市场覆盖面，从而能最大限度的增加产品销量，但需要付出大量的市场开发费，实力不强的企业不宜采用全面布局，主要适用于消费需求差异不大的产品和标准化产品。

布局的方式为鲸吞式。即生产厂家将营销资源，及时迅速投放到所有市场区域内，短时期内造成态势，占领市场。TCL 集团正是通过降低销售中心，实施网络精耕细作和千店工程，迅速占领中国市场。

这种方式的优点是市场覆盖广泛而迅速，可在短时间快速启动全盘市场。缺点是销售力量分散，市场覆盖面广，但不宜巩固，易于被竞争对手抓住破绽，乘虚而入。如果管理不到位，还有可能导致顾此失彼，一盘散沙，效果蜻蜓点水，波澜不惊。因此实力不强的厂家，应谨慎采用这种方式。否则，广种薄收，得不偿失。

采取这种方式值得注意的是，市场上战线拉得长，会导致企业市场管理的人力、物力、财力分散。因此多数企业需要依赖中间商，但是如果中间商出于强势地位，厂家又有可能失去市场控制权。

2. 重点布局

重点布局就是选择若干主要区域市场建立销售渠道和销售网络，确保成功开拓并巩固市场。一般来说，重点布局适用于需求差异性比较大，定位针对性较强的产品。消费梯度层次比较明显的产品，也只能先从重点市场做起；企业市场开发费用，人力资源和管理能力等不足，只能开发几个有限的重点市场。

重点布局的方式为重点突破式。这种方式是将营销资源投放的一个或几个企业力所能及或者会对企业营销有重大意义的市场区域内，实现重点突破。一般适用于营销资源有限的企业。优点是可以集中资源打歼灭战；缺点是目标市场容量可能有限，如消耗资源过度会影响其进一步扩大市场的能力。

3. 区域布局

区域布局是根据市场需求的特征，市场成熟的程度，流通网络体系和企业经营实力与发展规划，分步骤按区域开发市场。这是一种积极而又稳妥的分销布局策略，既可以尽可能的扩大市场，又可以根据不同区域市场特点有针对性的采取市场开发和营销策略，同时还兼顾到企业的资源实力，市场开发与管理能力。但条件是产品必须拥有较大的市场潜量，存在按区域逐步开发的市场机会。

区域布局方式为蚕式扩张式。这种方式是先巩固大本营和根据地，然后逐步蚕食周边和相似区域市场，步步为营，逐渐扩张。优点是比较稳健，还可以合理安排营销能力；缺点是市场覆盖速度较慢，及时有效性或时尚性产品不适用。采用这种方式还必须及时构筑市场防御屏障体系，以确保已占有的区域市场不被竞争对手所蚕食。

第二节　分销模式策划

一、分销模式的内涵

分销模式是指分销渠道成员之间相互联系的紧密程度以及成员相互合作的组织形式。分销模式的策划包括：分析流通环境、明确分销目标，选择流通业态，设计产品分销运作模式。

1. 分析流通环境

分销模式的策划必须密切监视和预测营销环境的变化，及时准确把握环境变化对分销模式的影响，甚至有必要开展流通渠道的调研。

策划者要认清环境因素中，对分销模式具有积极影响的机会因素是什么？对企业分销有消极影响的威胁性因素是什么？策划中必须要善于利用机会，规避威胁。如果无视环境的变化，必然要受到环境的惩罚。

近年来流通领域发生了很大的变化，比如连锁、电商、超市业态的兴起对传统百货业带来了冲击；网络时代，电子商务的兴起，改变了传统的渠道流通模式等等。分销模式策划还需要分析竞争者的分销模式，看是否有值得学习的优点，是否有可以攻击的缺陷等，从而为分销模式策划提供借鉴。

2. 明确分销目标

分销目标可以分为快速销售、购买便利、拓展市场、维护形象、渠道经济、渠道可控等等目标。分销目标的不同，分销策划的要求不同。具体内容见表 10－1：

表 10－1

分销目标	分销策划要求
快速销售	要求销售比较快速，最好用直销或短渠道
购买便利	要求应尽可能的贴近消费者，广泛布点，灵活经营
拓展市场	般要较多的利用经销商、代理商的分销力量
维护形象	需要高端布局，优选渠道，精选客户
渠道经济	就要考虑建设成本、维持成本、替代成本以及经济效益
渠道可控	就应该扎扎实实培植自身分销能力和渠道管理能力，以管理资金、经验、品牌和所有权来掌控渠道的主动权
抢占份额	就要追求网络覆盖率和产品铺货率，全面布局，多路比拼

二、选择流通业态

分销模式策划要规划营销通路的业态形式，尤其是选择好贴近消费者的零售通路业态，这是决定分销通路策划是否走对路的方向性问题。因为只有适当的零售业态才能顺利的销售产品，形成并扩大市场影响与份额，增加产品销量。现在经常采用的零售业态形式主要有：实体和虚拟零售业态。

（一）实体零售业态

1. 专业商店

这类零售商店往往只经营某一类产品，产品组合较窄，但所经营的产品的花色品种、规格型号较为齐全。一般以经营的主要商品类别为店名招牌，如服装商店、五金商店、饮食商店等。这种商店的专业化程度可以非常高，如专营纽扣的商店、专营婚纱的商店。这种超级专用品商店将会随着细分市场的再细分和目标市场的再发展而更加完善和成熟。

2. 百货商店

百货商店是指经营的商品类别多样，每一类别的商品品种齐全，经营部门是按商品的大类进行设立，是多个专业店的集中或集合。经营特点是类别多、品种规格全，服务程度高。

百货商店大多设在城市繁华区和郊区购物中心，店内装饰富丽堂皇，橱窗陈列琳琅满目。经营的商品主要是优质、时髦、高档商品和名牌货，其价格也高于一般的超级市场（约高10% ~20%），其目标顾客一般是中产及中产以上阶层。百货店的出现是销售方式产生的第一次革命。

3. 超级市场

这是一种以薄利多销、顾客自我服务为特点的零售商店，主要经营各类中低档日用消费品和食品。其营销策略是通过顾客自选、少的服务项目，低的营销成本，以低价格吸引顾客。超级市场主要经营各种食品、洗涤用品和家庭日用品等。他的出现成为销售方式产生的第二次革命。

早期超级市场以销售食品和少量杂货为主。为了满足消费者需要和低成本竞争的要求，超级市场越来越向多品种发展，一般拥有商品 2 万种以上，多提供中低档商品，但包装精美、说明详细，以吸引顾客。俗称大卖场或综合超市。

4. 便利商店

是一种以自选销售为主，销售小容量应急性的食品、日常生活用品及服务，以满足顾客便利性需求为主要目的的零售业态。

5. 折扣商店

折扣店以销售自有品牌和周转快的商品为主，限定销售品种，并以有限的经营面积、店铺装修简单、有限的服务和低廉的经营成本，向消费者提供“物有所值”商品为主要目的的零售业态。

6. 仓储商店

仓储式商店是一种仓库与商场合二为一，并实行会员制的一种零售经营形式。

7. 购物中心

是指在一个大型建筑体（群）内，由企业有计划地开发、拥有、管理运营的各类零售业态、服务设施的集合体。

（二）虚拟零售业态

虚拟零售商又称“网上商店”“网上商场”“电子商场”，是电子零售商业的典型组织形式，是建立在互联网上的商场，一个可以让顾客从家里的计算机购物、商人可以销售产品服务，又可以缩减维护实际店面营销成本的地方。在因特网上，虚拟商店的网站主页就是顾客和店主逐渐交流的店面。与传统超市或百货商店相比，虚拟商店具有以下特征：①实行无店铺销售，可以节省昂贵的店面租金；②经营规模不受场地限制，提供广泛的商品和服务；③库存商品资金占用少，可以做到商品的零库存；④实行开放式、全天候 24 小时营业，消费者的购买十分方便；⑤打破了国家的界限，形成全球市场。

世界最大、最早的虚拟商店就是亚马逊书店，其创始人贝索斯被称为“电子商务之父”。虚拟零售的出现是销售方式产生的第四次革命。

三、设计分销模式

分销布局、分销目标、流通业态确定之后，企业就要确定其分销模式。目前常用的分销模式主要有三种，第一是由企业自己直接进行销售的自销模式；第二种是产品卖给中间商，再由中间商转卖的经销模式；第三种是委托中间商进行代理销售的代理模式。

（一）直销模式

直销模式就是产品销售，全部或基本上由企业自己的销售队伍、销售网络来承担的销售模式。根据自己销售的环节多少又分为三种形式：第一，直销。即生产企业自己将产品卖给最终用户，像计算机行业的戴尔，中间没有任何商业环节；第二，生产企业建立从批发到零售的全部商业体系，承担产品从出厂销售到批发销售再到终端零售的全部功能，这种模式企业采用比较少；第三，直供零售。即生产企业直接将产品卖给零售商业，自行承担批发商业功能，这是采用的最普遍的直销模式。

直供零售，一般是这样操作，在省会一级市场设立分销机构，直接面对省会城市的零售商供货，在地市二级市场或设立分销机构或派驻业务员，直接面对二三级市场的零售商和三四级市场的专卖店。所有零售商均直接从厂家进货。

由于生产线内部销售体系存在两种模式，因此直供零售模式又有两种类型：一是销售分支机构在当地注册拥有法人资格和经营权利，与销售总部既是上下级的关系，又是买卖关系，这时，直供零售是零售商直接从厂家的销售分支机构进货。二是销售分支机构未在当地注册，没有法人资格和经营权利与销售，与总部建立上下级关系，不存在买卖关系，销售分支机构不是经营实体，只承担商品实体分销功能。这时直供零售是零售商直接从厂家销售，分支机构拿货，但必须从销售总部开票。

直供零售模式的优点是，厂家真正拥有了自己的零售网络资源，有利于对零售终端网络的控制和管理，且信息反馈机制好，市场灵敏度高，能较好的控制零售价格；缺点是，原来有批发商承担的网络开发、销售促销、仓储、融资、运输、分销，只能现在全部由厂家独自承担，这无疑对厂家资金、技术、人员、管理提出更高要求。由于交易分散，资金回笼慢，厂家要承担库存成本的风险，零售商进货零散，货物的配送不够方便，特别在交通不便的地区，运输成本非常高，厂家直接面对零售终端，所投入的人力成本大大提高。

目前采用直供零售模式的一般都是实力雄厚的大企业、大集团，而且为数不多。由于我国市场广阔，情况复杂及厂家的实力、资源有限，这种模式并不对所有区域市场都合适。因此，某些厂家在进行销售通路整合时，一方面加大力度开发自己的销售网络，另一方面根据自身条件，各个市场的不同情况，采取不同的分销模式，如在交通不发达，经济水平不高，产品销量有限的边远山区，采取经销制，以降低销售费用和配送成本。在生产企业自销模式下，企业的销售系统面临着集权和分权的抉择。

集权于销售总部的好处是，销售政策措施统一。不足是灵活性不高，市场反应不快。分权于销售基层的好处是，销售政策措施灵活性强，适应区域市场实际，市场竞争反应快，还有利于发挥区域营销基层组织的积极性、能动性。但是区域差异大，统一性差。

销售系统是集权还是分权的策划与决策，要根据企业发展阶段，自身人员的能力结构等条件，考虑总部力量强，企业要规范发展，则需要集权。基层销售力量强，企业处在市场开拓阶段，则可以适当分权。必要时，还需要考虑市场特征。比如在京津互通重点区域市场实施总部集权，在边远地区，让基层灵活掌控。

（二）经销模式

经销模式是企业产品销售基本要求经销商来承担销售，先买后卖。由于同一地区市场层级选择的经销商数量不同，又分为区域多家经销制和区域总经销两种模式。

1. 区域多家经销

这是生产企业在同一市场层级同时选择多家经销商的经销体制。对多个经销商各自的销售区域和销售范围，有的厂家严格划分，严格规定。有的厂家则任其自由竞争和自然发展。

区域多家经销的优点是，经销商在价格上不可能进行垄断，只能靠拓展自己的销售网络，在配送终端促销等方面，加倍努力来竞争扩大销量。这对于厂家来说，有利于铺货力的提高，网络的拓展和销售的提升。同时也会暴露缺点，多家经销商之间的竞争往往容易出现冲量而压价倾销，从而导致价格混乱、窜货等现象，最终使经销商无利可图，积极性受到挫伤，降低经销商与厂家的亲和力和对品牌的忠诚度。在区域多家经销制中，为了能够从根本上规范经销商的行为，培育好通路网络系统，稳定市场，最终提升销量，厂家与经销商可以探索新的合作模式，采取区域内的多个经销商共同入股，设立销售分公司的做法，比如，格力空调目前在一些区域采取这种新型合作模式。具体做法是：将销售分公司改造成由集团控股，当地数个一级批发商和一级大零售商共同入股的独立法人公司，这样形成厂家和经销商利益共同体，有利于是维护市场稳定，控制市场和维护市场秩序，作为经销商也愿意主动推本品牌。

2. 区域总经销制

这是生产企业在同一市场层级只选择一家经销商的经销体制。区域总经销的优点是，厂家在发货、价格控制、终端市场、广告促销等方面管理更为便利。一是厂家与经销商关系密切，出现问题容易协调解决；二是厂家在某一区域销售业务全部由一家经销，对经销商的业务状况要求比较重视，而作为经销商来说，今年利润比较丰厚，积极性高，也会把经营品牌作为主推品牌；三是便于市场价格和区域内窜货的控制。但是区域总经销也有弊端：一是厂家在销售上过于依赖经销商，容易受经销商的要挟；二是相对于多家经销，总经销没有竞争压力，会把营销目标从重销量转向重利益，致力于获取最大自身利益，从而导致生产企业销售下滑，增长迟缓，下级分销商利益受损，不利于提高铺货率，终端市场渗透率，更不利于产品销量和市场份额的提高。

（三）代理模式

代理模式是现代国际商务中普遍采用的一种销售模式。代理模式是指生产企业和具有优秀销售网络与分销能力的代理商，以契约的形式建立稳定的代理销售关系，通过代理，生产企业不必建立庞大的销售体系和网络，可以集中资源和精力从事生产制造。

它的优点是：①迅速进入市场。对于自身没有销售机构或者新的销售区域，尚未建立自己销售机构和网络的生产企业，采用代理制，可以充分利用代理商的现有网络优势，迅速进入市场，节约了自己建立网络的时间和成本；②规避经营风险。对于不熟悉的市场，不熟悉的商业环境，生产企业如果贸然进入的话，会面临很大风险，通过可靠的代理商运作，可以规避风险；③运营成本较低。由于代理商的收入是代理佣金，相对于自建网络执行销售的费用和经销商利润让渡来说，费用较低。与其他方式相比，代理模式更适合迅速运作大市场。

依据分销的程度不同，还可以选择不同的代理方式。

1. 独家代理和多家代理

独家代理是厂家在一个市场区域只委托一家代理商销售某种和多种产品。独家代理关系确定后，厂家对独家代理的约束是不再代理竞争品牌的同类商品。独家代理商对厂家的约束是厂家不得在同一区域同时委托其他代理商销售他的产品。

独家代理的优点是：双方容易获得对方的支持，代理商有较高的积极性开发市场；

独家代理的缺点是：由于独家代理，厂家过于依赖代理商，难以控制渠道和市场，久而久之，厂家开拓市场的能力会逐渐萎缩。为此，有些企业如商务通，采取小区域独家代理制，以克服其缺点。

多家代理是厂家的某种产品在一个市场区域同时委托两家以上同一层级的代理商销售。代理商没有市场销售独占权。采用多家代理方式的优点是厂家处于较有利的地位，不受代理商牵制，还可以用多个代理商的影响网络销售，见效快；缺点是代理商之间可能会产生恶性竞争，破坏整个市场。因此厂家对市场管理能力有较高的要求。

一般来说，新上市的产品可以采用独家代理制，待市场成熟，品牌力增强了以后，再考虑代理商数量。市场潜力小的产品，不宜采用多家代理制，因为导致恶性竞争，厂家同一产品线内的产品型号较多，可以考虑错开型号，交多家代理商销售。

2. 总代理和分代理

总代理和独家代理享有同等的权利，不同之处是总代理必须是独家代理，但独家代理不一定是总代理。总代理享有按区指定分代理的权利，而独家代理则没有。

分销模式是自销、经销、还是代理，关键取决于不同分销模式所产生的成本效率、效益。企业委托中间商进行经销、代销，必然要让出一部分利润给中间商，这部分利润就是企业采取中间商渠道而发生的交易成本。企业建立自己的销售系统直接销售，交易成本就不会发生。但企业在自建销售系统时，投资和建成后的控制和管理费用必然发生，委托中间商是不会发生管理成本。从经济学的角度讲，在假设各种分销模式的效率、效益不变的情况下，如果交易成本大于管理成本，就倾向于建立自己的销售系统进行自销，如果管理成本大于交易成本，企业则委托中间商进行经销和代理。

相关链接

拼多多分销模式系统

三级分销模式是指三级分化后再返利的形式，把费用分成三个等级，每个等级有不同的百分点，再把费用分配给每个分销商，他们之间是层层相扣的，根据他们不同的代理之间的关系，可以将他们的模式分为 B to B 或者 B to C、C to C 三种。B to B，这个模式是商家对商家，B to C，是商家对顾客，C to C 是顾客对顾客。每一级分销者都有利可图，最后一级分销者的利润最少。

拼多多借助技术创新和模式创新打造了“新电商”模式，拼多多借助人工智能和社交分享手段，通过分享让货找到合适的人，而不是传统零售中“人找货”模式。

拼多多商城系统微团购：

（1）团人数。由厂家设定团购人数，凑齐人数就可以在商城上以优惠的价格买到想要的商品。例如：泰国椰青，单独购买 34.9 元/4 个，但是当凑够 5 个人一起购买就可以享受到 29.9 元/4 个的优惠价格。

（2）集赞团。由厂家设定，把商品链接分享到朋友圈集赞，集到相应的赞数就可得到相应的优惠价格。例如：板栗原价 4 斤 32 元，厂家设定当粉丝集到 50 个赞即可以 8 折购买，80个赞7折。

（3）拼货团。每个粉丝购买不同的产品凑在一起买单可得到相应的折扣。例如：A买苹果，B买橘子，C买石榴，三人拼团购物可享受8折优惠。

拼多多分销模式内置的三级分销插件，动员更多的人参与进来一起购物，一起盈利，一起挣钱。

拼多多商城微团购有什么好处：

微信团购商城提供有吸引力的商品服务，超级优惠折扣，吸引粉丝购买，并通过奖励粉丝推广等方式推广粉丝；粉丝通过社交化的网络传播，带来规模效应。

拼团的核心竞争力就是"社交电商拼团让利"，在传播中又产生了对外的营销，一举多得。拼多多选择的入驻商家大部分是商品源头、开设有淘宝店的商家，这样可以取得价格上的大优势。在购买界面引导用户分享，通过分享来完成拼团，在分享的过程中实现了平台的营销。由此可见，拼团需要两方面因素：一是可以在价格上吸引顾客，二是有足够大的社交平台提供分享。

资料来源：根据拼多多网络资源整理。

四、分销渠道的新模式

1. 重度垂直的产业互联网渠道

重度垂直就是要建立一个体系，在细分领域内深耕用户，重度运营。重度垂直注意三大法则：

（1）垂直：深耕垂直细分领域，挖掘用户价值。选择一个细分垂直的产业领域，在细分产业里能够扎下去，做到小而美，中而美，才能够成为一个细分领域的创新者和领先者。

（2）连接：找到传统商业与移动互联网融合的方式，用移动互联网服务并连接用户。

（3）重度：体系化的线下重运营，精耕细作、深度融合。如选择一个传统细分领域，能够吸纳10万到100万的活跃付费用户，获得上亿的营收，用互联网的方式提高传统产业的毛利率。

综上所述，在一个细分的产业里面，生根服务某个产业，建立实业基础和利用好互联网工具，保持赚钱能力和融资能力的平衡。以云晰科技为例，云晰科技与用户、合作伙伴，以及云计算、大数据、人工智能等领域的专家共同探讨通过云计算推动"+互联网"化进程。在多方调研的基础上，精选亲子服务、母婴零售、医美、乐园等细分领域作为产品研发方向，实现四大领域内的重度垂直。

云晰科技的产品在服务用户的时主要从以下几点入手：

（1）高度智能化打造。一键上传，一键转发，多模板海报、H5、素材库选择，线索自动分发、关键节点提醒、数据匹配分类等精细化切中用户需求。

（2）大数据分析发力。通过点击、浏览、个性化标签等分析用户数据，实现线索追踪、消费潜力、兴趣挖掘等为后台运营人员提供下一步工作的数据支撑。

（3）多元化获客。线上线下联动，线下以门店为核心辐射用户，线上对接微信生态内的社群、公众号、朋友圈和一对一传播，实现流量沟通、互补，并通过营销活动刺激用户而二次传播，实现裂变。

（4）效率协同。以人和工具的协同效应，提升工作效率，实现商家运营管理升级，对接前沿营销团队的管理模式。

2. 社交新零售模式

社交新零售模式是指“社交＋新零售”，两者结合，通过融合线上线下，改造产业链，并利用社交渠道进行销售推广或资源整合的一种新零售拓展形态。

社交新零售是指基于人际关系网展开的分享式零售模式。优质的产品经过大量身边的朋友吃过、用过、亲身体验过然后分享。社交零售更多的是加强了用户体验，利用社交平台进行传播，马上进入一个分享时代，共享时代。

社交新零售的特点：先交谈、再交心、最后谈交易。在社交新零售模式下，商家不再单一，通过资源整合，许多商家或个人将成为整个产业链中的某一块。同时消费者也不再是单纯的消费者，更是产品的推广者和利益的分享者。具体体现在：

（1）低成本、高效率、操作速度快。

（2）线上、线下、物流结合。线上营销活动策划如：互动游戏、互动营销、交易营销等等；线下有实体，客户对商家信任，有营销团队能做推广。

（3）利用社交平台，如：二维码、软文、图片、视频即可短时间内快速传播。

（3）通过互动，提高客户粘性，实现客户消费转化。

（4）客户信息采集，用户数据分析，锁定精准客户。

（5）使用的工具：一套营销管理系统、微信公众号、微信小程序、微信朋友圈。

社交新零售具体做法：人（目标消费者）、货（消费的商品）、场（消费的环境、场景和渠道）是零售的三大要素，不论时代和技术发展，万变不离其宗。创业者就是要在人、货、场的结合中寻找“轻”机会，求突破、求差异化，避开巨头锋芒，以相对低成本和相对快的速度来提升覆盖和建立壁垒。

社交新零售的运营原理：线上、线下、物流紧密结合。具体体现在：

（1）打造真实有趣、富有个人标签的社交朋友圈；

（2）通过引流、截流、复购、裂变操作，微信社交平台，利用好营销管理系统、微信公众号、微信小程序，有步骤、有规划、分阶段开展各类营销活动。

①引流方法：通过营销讲座活动等各种玩法，让消费者不断分享裂变，一传十、十传百、百传千，以达到线上客户信息留存，线下到店参与活动与消费的目的。

②截流方法：线下实体店开展有吸引力的促销活动、营销人员面对面沟通、实体店店面物料展示、会议、沙龙等；线上采取交易营销，如：限时折扣、拼团、砍价、优惠券等各种玩法。

③复购方法：线上会员营销与管理，线下事件营销、体验活动。

④裂变方法：线上采取互动游戏、互动活动、交易营销、公众号推文等；线下异业联营、商家联营等。

⑤提效方法：线上通过数据分析找到精准客户，有针对性的开展营销活动；线下人员跟进与推销。

在移动互联网时代，场景即产品，分享即获取，跨界即链接，流行即流量。在5G技术的推动下，利用线上线下相结合的优势，快鲸通过“商城运营＋线上培训＋微信分享＋门店运营＋社交运营”的“五位一体”的社交新模式，基于“微信”社交软件平台打造，集周边游、家庭亲子游、高端度假酒店、中高端餐饮、景区门票等本地生活服务为主，助力传统旅游企业在激烈的竞争中取得优势，成功实现变革。

3. OMO 集成的社交电商

OMO（Online－Merge－Offline）是一种行业平台型商业模式。商业模式通过在线分享商务、移动电子商务、线下商务的有效聚合，帮助企业顺应体验经济的发展和用户需求的变化，简化获得实体商品和服务的途径，打造线上—移动—线下三位一体全时空的体验店营销系统，使企业与用户能够通过各种载体及终端进行交易和消费。

在赛道竞争激烈的前提下，企业营销服务新目标可以和社交电商行业的标准相匹配，“更强调存量为王、用户经验、留存和续费等问题；更强调“以复购用户衡量的获客成本、月度留存率、用户消费频次”等。

资料链接

典型分销模式

TCL 模式：分公司模式

TCL 的总裁李东生说；“分销渠道不计成本利润，只计较是否比竞争对手更多更快地把产品卖给消费者。”所以，TCL 就摆脱家电销售大户的控制，自己建立各地的分公司，组建自己的推销队伍、车队和周转仓库，把产品送到城乡每一个商店，牢牢控制零售终端，当乡下的农民几乎可以在每一个商店都看到 TCL 产品时，他们的首选自然是 TCl 了。

TCL 模式优点是：由于是完全控制渠道，所以掌握了主动权、支配权，利于多品牌、多品种的市场推进。缺点是投资大，渠道运作成本高，营销网络不是利润中心。

美的模式：分公司销售平台 + 直线经销商网络

美的公司 1997 ~ 1998 年将产品分类成立各自为利润中心的事业部制分公司，总公司以 5 亿 ~ 10 亿元的代价成立专业物流公司，在总部、销售分公司和售后服务中心之间建立广域网，依靠一批直线经销商占领市场。2000 年已形成 3000 多营销人员、5000 多家商场、1000 多个服务网点的体系。

华帝模式：代理制 + 分公司 + 专卖店

华帝公司几年来发展迅速，其主干产品炉具全国销量第一。它的分销模式是以代理制为主，分公司为辅，只在重点市场建立分公司，并逐渐建立自己控制的专卖店。分销工作主要是强化终端，实行专业 VI 设计，培训促销人员。

第三节　通路招商策划

招商就是招募商业伙伴，建立销售网络。商业伙伴的选择影响了企业的分销效率和分销成本，也影响到企业消费者和用户心目中的品牌形象和产品定位。策划招商评选商业伙伴通常从以下几个方面入手：

一、明确选择商业伙伴的目标和原则

明确选择商业伙伴的目标和原则是选择商业伙伴的起点和前提条件。选择商业伙伴的目标有两个层次，第一层次为基本目标，与商业伙伴建立分销渠道要达到什么效果；第二层次为手段目标，即选择什么样的商业伙伴能够达到预定的分销效果目标。

建立分销渠道的目标明确后，目标就转换成选择商业伙伴的原则，成为指导商业伙伴选择工作的纲领。

一般来说招商策划要遵循的原则包括：

1. 实力优先企业

企业选择商业伙伴，建立分销渠道，就是要把自己产品打入目标市场，因此商业伙伴必须建立在目标市场拥有完善的分销网络，拥有较高的市场地位和通路竞争优势。

2. 业态对路

所选择的商业伙伴应当在经营业态方面符合分销要求。只有那些在业态符合要求的商业伙伴，才能承担产品从企业顺利快速大量传递到消费者的分销功能。

3. 形象吻合

商业伙伴与企业的实力和形象应当比较接近，才能可能平等合作，名店卖名品，名品进名店。

4. 文化认可

商业伙伴只有认同生产企业的文化价值观念、经营理念和经营策略，与生产企业具有共同的愿望和抱负，才有可能与生产企业肝胆相照，同舟共济，共同开拓市场，谋求共同成长。

二、分销商的评价

在具体选择商业伙伴之前，要根据上述原则，对各个可选择的分销商进行全面调查、认真分析。资料应当来自于企业的商业调查，而不是对方的自我介绍，不了解分销商，就谈不上选择分销商，有的分销商诚实经营，具有良好的商业信誉，但也有一些不法之徒打着分销商的旗号骗财。不少生产商为销售产品，饥不择食寻找商业伙伴，结果上当受骗。

选择商业伙伴的资格条件一般会有：具有一定的经济实力，拥有相应的渠道网络等，但是营销实践告诉我们，仅仅按照这些条件来选择商业伙伴，也会存在一些问题。一部分实力雄厚的经销商唯我独尊，对厂家提出各种条件与不合理要求，或对厂家采取军令有所不受的态度，不是将市场做实做细做到位，而是投机取巧，索要厂家返利和市场资源，但获取资源后又不直接真正投入市场建设。有一些有实力的经销商，为了获利往往要求厂家给独家经销权，然而他自己又做不到精耕细作，可能导致区域市场崩溃，有时经销商强大的网络渠道，也会成为窜货的重要原因。所以优秀商业伙伴的含义已不再是通常意义上的“实力 + 渠道”，而是更多体现为精神层面的品格特征和文化内涵。

中国的市场营销已进入以产品为依托，以品牌为纽带，以文化为核心的营销阶段，市场的竞争归根结底是文化层面的较量，为使产品和服务能够久胜不衰，而实行的可持续发展战略不仅要赋予品牌与文化底蕴，还要注重营造市场体系的文化基因，这项工作企业永远无法单方面完成，必须取得商业伙伴的支持和合作，商业伙伴能否充分完全理解并忠诚于企业文化和品牌理念，能否彻底准确的实现并推进品牌战略的文化功能，将是企业能否在市场上经受住新一轮竞争的关键。因此有必要把商业伙伴的资格条件从纯粹商业角度的要求提升到对商业道德、人格品质和文化品位的高度，并通过以下方式对商业伙伴的商誉进行考察：

（1）了解其教育背景和从业经历：如年龄、学历、家庭情况、生活习惯、从业时间长短、主要工作人员的教育背景、工作经历等。

（2）了解其价值观念、经营作风：包括对正在代理的品牌认识，最喜欢厂家给予什么性质的政策，对同类产品的市场竞争如何分析，言谈举止，思维方式。

（3）了解其经营能力和商业信誉：主要途径有：①抽样走访，通过其他经销商了解他的经营能力，经营状况，他的他与代理企业的关系状况，他如何处理客户关系等；②随机访谈，通过普通消费者了解他的经济实力、品质特征、信誉等；③调查取证，通过有关部门了解他的信誉情况等；④实地考察，通过他的客户了解他的市场开拓能力、网络渠道建设能力、对企业营销策略的执行能力等市场综合能力。

（4）考察其合作意识和合作态度：①是否尊重企业的经营理念和价值观；②是否理解企业文化；③是否理解企业在市场价格推广策略、存款方式、回款方式、品牌战略、长期规划等问题上的意图；④是否有足够的经营信誉等。

商业伙伴的选择还需要认真的进行分销商的优势、劣势分析，有些优势来自于历史原因，比如地理位置、经营时间和经验、经营规模以及经营范围和业态等等；有些优势一般来说不是恒定的，随着市场环境的变化，时间的推移，他们会发生改变，更为可贵的经营优势是通过经营管理创造的，它包括经营机制、管理水平、分销渠道拓展能力、信息沟通、货款结算速度等等。在选择商业伙伴时，我们应该更重视这种优势。

同时具有某些优势的经销商也可能有一些劣势，例如规模太大的分销机构，人事臃肿、管理费用很高，需要生产厂家多让利；与目前的供应商保持良好关系的分销商可能过于忠诚，不愿与新的生产厂商合作而伤害老供应商；与现有供应商关系不好的分销商可能存在自高自大、目中无人或者是缺乏信誉等问题。

在对分销商进行多方面考察评估后，可能采用以下量化方法，在基本合格对象中优选合作伙伴。

1. 综合评分优选法

对拟选择作为合作伙伴的每个分销商，逐一就评估因素进行打分，不同因素的重要程度不同，可以分别赋予不同的重要性系数，也就是权重，然后根据总数分优化选择商业伙伴。

例如，一家电视机公司，决定在某市精选一家专业零售商，现有三家候选人。电视机公司希望专业零售商店有理想的地理位置、有一定的经营规模、顾客流量较大、在消费者心目中有较高的声望、与生产厂商的合作关系融洽、主动进行信息沟通、货款结算信誉好，各个候选人在这些方面都有一定的优势，但没有一个是十全十美者。因此，电视机公司采用综合评分优选法进行筛选，见表 10－1。

表 10－1

评价因素	权重	候选人 1		候选人 2		二候选人 3	
地理位置	0.10	95	9.5	80	8	80	8
经营规模	0.15	80	12	80	12	85	12.75
顾客流量	0.15	90	13.5	85	12.75	90	13.5
市场声望	0.15	80	12	80	12	85	12.75
合作精神	0.15	80	12	90	13.5	85	12.75
信息沟通	0.10	80	8	70	7	80	8
货款结算	0.20	80	16	90	18	80	16
总分	1.00	585	83	585	83.25	585	83.75

尽管三个候选人的简单加分和得分相同，但第 3 个候选人的加权综合得分最高，因而是最佳候选人。

2. 销售业绩优选法

通过实地考察有关分销商的顾客流量和销售情况，并分析其近年来销售额水平及变化趋势，在此基础上评估其实际能够承担的分销能力，尤其是可能达到的销售水平，然后做出最佳选择。

3. 销售费用优选法

产品分销是有成本的，主要包括市场开拓费用、让利促销费用、由于货款延迟支付而带来的风险及收益损失、合同谈判和监督履约的费用，这些费用构成了销售费用或叫流通费用，它实际上会减少生产厂商的净利润，可以把预期销售费用看作是衡量有关分销商优劣的程度的一个重要指标。

比较的办法有三种：

(1) 总销售费用优选法。在分析有关分销商的合作态度、营销战略、市场信誉、顾客流量、销售记录的基础上，估算各个分销商完成销售任务所需要的总销售费用，按总费用最低的原则进行优选。

(2) 单位产品销售费用优选法。把销售业绩和销售费用两个因素联系起来综合评价，根据单位产品销售费用最低的原则来选择最佳合作伙伴。

(3) 费用效率优选法。根据分销商能够实现的销售业绩、销售量和销售额与其总销售费用的比值，即费用效率，可以评估分销商成本效益的优劣，一般选择费用效率较高的经销商作为合作伙伴。

三、招商方式策划

1. 广告招商

广告招商是我们常见的一种招商方式，它主要是通过各种广告媒体将企业的招商信息传播出去，通过电话、传真、信件等方式来收集客户资料，通过进一步谈判，引导人们来经销本企业的产品。这种招商方式主要适应于企业的业务人员相对较少而又需要快速地开发市场，或者企业的产品具有一定的知名度，处于市场开发的后期，销售网络的建立相对健全，竞争对手的经销商和相关产品的经销商已经没有合作的意向，如果要进一步扩大市场，则需要寻找有闲置资金的潜在经销商，而这部分经销商无法通过业务人员来寻找，只有通过广告的方式来传播招商信息，将这部分潜在的经销商挖掘出来。

广告招商的费用较高，对于新产品上市初期不适合用投放大量招商广告的方式进行招商。由于人们在选择投资项目时往往比较谨慎，对于缺乏品牌知名度的新产品缺乏信心，没有兴趣，因此广告招商的效果不是很明显。往往花很多的广告费，也招不到合适的经销商，造成资源浪费。

广告招商的优点是传播面广，能够找出很多业务人员无法找到的潜在经销商。其缺点是费用高，招商质量低，针对性差。

2. 业务人员走访招商

业务人员走访招商是最直接的一种招商方式，它主要是在企业确定招商群体后，针对竞争对手和相关产品的经销商有目的地进行走访和沟通，传达企业的招商信息，进行招商。

这种招商方式主要适应于新品上市初期和市场开发阶段，企业实力相对较弱，对于没有经销经验的潜在经销商，企业的后期培训和指导跟不上，企业的目标招商群主要为竞争对手的经销商和相关产品的经销商。因此，企业可安排业务人员对目标招商群进行有针对性地、快速地走访。

业务人员走访招商的优点是针对性强，经销商的经销能力较强，速度快，可以节省大量的广告费。其缺点是无法找到有闲置资金的潜在经销商，对业务人员的素质要求较高。

3. 参加行业会展

会展业是会议业和展览业等的总称。是一个新兴的服务行业，影响面广，关联度高。

会展的优点：①可以现场展示产品；②与顾客面对面；③立体感受企业形象。

缺点是：①参展企业多，经销商对比性大；②人员流动，不容易现场把握客户；③成本较高，持续时间短。

4. 开招商会

是指招商组织通过举办各种类型的会议，向外界介绍、宣传、推广自身的投资环境、招商项目，促进沟通，厂建联系，以吸引客商前来投资的一种招商引资活动。

招商会优点是：①可以统一宣传其产品和政策；②具有唯一性，配对成功几率高。

缺点是：①经销商不容易统一组织；②现场成本较高，持续时间短，参与人员有局限性。

5. 熟人向企业介绍的经销商

熟人介绍的优点是：①经销商忠诚度较高；②成功几率较大。

缺点：①经销商数量有限；②对经销商管理的难度较大。

6. 网络中招商

它是现在主流的招商方式，好处是：效果好、投入低。举例来说，国内首家专门为企业进行网络招商的万微招商机构，为企业提供托管式系统化的服务，专门为企业量身打造网络招商系统，其中包括了“招商网站 + 搜索引擎营销 + 口碑营销 + 数据库营销 + 实战培训”等完善的服务内容。

网上招商加盟方法一般包括：①利用搜索引擎，以自己的项目招商加盟官方网站为推广的基础，可以去发软文，论坛，博客等；②利用自媒体，如百度百家，今日头条等内容平台，在这些平台上你可以通过内容来推广自己品牌，来提高平台上的用户对于你的产品和品牌的认识，来进行招商加盟；③利用短视频，从侧面宣传产品，进行有意识的营销和推广，以此来获得粉丝的关注；④群发，群发的用户并不精准，而且还会拉低整体的品牌质感，这种方式不建议做。

以上6种招商方式各有优缺点，企业可以根据自身情况进行选择和尝试。

第四节　销售政策策划

销售政策是影响到厂商利益、厂商关系和产品销售的重要因素，是厂商经常谈判的焦点所在，也是企业高层关注的焦点所在。因而销售政策的策划和制定至关重要。

一、销售政策策划的原则

企业对经销商的认识和对厂商关系的看法，常常影响着销售政策的策划制定和执行，如果认为唯有利润才能调动经销商的积极性，那么销售政策就有可能局限于向经销商让利，其他相关政策就会被淡化或者执行不力；如果认为销售经销商只是一座桥，产品畅销时经销商的作用就不大了，或者是认为经销商素质低下，对企业发展推广提不出建设性的意见，就会在销售政策方面挫伤经销商的积极性，忽视经销商应有的作用，对扩大市场、扩大销售不利；如果认为经销商是得罪不起，销售政策就会过分的迁就经销商，缺乏对经销商的控制力和约束力，失去企业的市场主动权；如果认为兑现对经销商的承诺，可以视具体情况而定，则会损害销售政策的严肃性和企业信誉，失信于经销商。

资料链接

宝洁公司的助销体系策略

中间商本身就是一个独立的团体，是一家企业，跟厂商一样，也需要卖他值得卖的东西、能赚到钱的东西。譬如都是一样的洗发水，舒蕾批给中间商是0.2到0.28元，而宝洁是0.32到0.35元，有时候是0.4元，在这种利很薄的情况下，经销商为什么最终选择销售宝洁产品呢？这是由于在一般情况下，厂家帮助经销商的力度不够，经销商就要自己掏钱去做一些事情。比如广告、传播、推广，全部都要自己去做，费用一高，利润就降低。宝洁的分销体系理念，一直以来就是不断地去告诫所有的市场人员：帮助经销商成功是支撑宝洁分销体系的一个核心内容。

企业必须和经销商建立起共存互融的长期战略合作伙伴关系，既要满足经销商的合理需要，又要对经销商有相应的要求。策划和制定销售政策，在遵循有利于建立和巩固长期战略合作这一核心指导思想的前提下，具体遵循以下几项原则：

1. 目标适宜的原则

销售任务目标需要定的高一点，要有一定的挑战性，能够激励经销商积极努力扩大销售，但又不能过高，超过经销商的能力范围，造成达不到目标的挫折感，结果事与愿违。

2. 系统配套原则

销售政策要他的营销管理措施配套，不仅在广告、公关促销等市场推广层面要有全盘计划，还要在人力资源、市场督导方面予以支持。

3. 具有特色原则

企业在制定销售政策时，应充分收集同行业的销售政策，进行比较分析，结合企业实际情况和营销策略，制定出独有特色的销售政策。

4. 稳健慎重原则

稳健经营是企业发展的根本，企业在制定销售政策时，应充分考虑到政策的稳定性和延续性，增强销售政策的严肃性、可执行性、可操作性。销售政策一经确定，就要严格执行和及时兑现。

5. 综合全面原则

在考虑企业利益的同时，充分考虑经销商的物质利益和精神利益，中长期利益和短期利益，既要切合经销商追求利益心切的心理，又要给予长期稳定的信心保障。在提高经销商产品销售积极性的同时，树立经销商对企业、对品牌坚定的信心。

6. 共同进步原则

企业要在自身不断学习进步的同时，给经销商提供进步和提高的机会，让经销商在不断学习的过程中接受企业文化的熏陶，与企业共同成长。

二、销售权限政策策划

制定销售权限政策的目的是明确经销商销售产品的销售区域，规范分销品种和分销范围，防止窜货，同时确保经销商的基本销售权利。销售权限政策策划的内容包括；

1. 销售产品权限

明确各经销商销售哪些产品、品种、型号，不能销售哪些产品、品种、型号，以规范各经销商产品销售的范围，避免产品销售失控，实行多家经销多家代理的企业，尤其要明晰销售产品权限。

2. 销售区域权限明确

在划分区域时要有长远的眼光，不能只看眼前利益，否则会造成市场失控。

3. 销售时间期限明确

明确各经销商的产品销售时间期限，起止年月。

4. 销售任务规模

明确各经销商的销售任务，市场占有份额等销售指标。

5. 违约处罚措施

为确保经销商和厂家的利益，应定好双方违约时的处理意见，根据违约的性质程度和后果不同，分别处以罚款，取消经销权和诉诸法律等。

三、价格政策策划

价格是影响厂商、经销商、顾客利益和产品市场前途的重要因素。因此，制定正确的价格政策，是维护厂商利益、调动经销商积极性、吸引顾客购买、战胜竞争对手、开发和巩固市场的关键。价格政策的内容，包括：

1. 价格体系政策

企业必须设计好销售通路各个环节的价格体系，即处理好出厂价、一批发价，二批发价，三批发价和零售价之间的关系。

2. 价格折扣政策

企业必须规定好批量季节回款等价格折扣政策，以便有章可循。

3. 价格稳定政策

包括：规范价格条款，规范价格竞争，实行价格监督，处理乱价行为。价格条款设计和价格调整要科学严密，不能留有漏洞，企业不能急功近利，为眼前利益而自乱阵脚，要彻底杜绝各种人情、回扣等不良现象。企业在和经销商签订合同时，就要明确规定稳定价格体系条款，对不履行价格义务的、搞不正当价格竞争的，要取消取经销资格。实行价格监督，就是要及时掌握价格状况，发现经销商违反价格就要立即处理。

四、结算政策策划

结算政策是关系到厂商资金周转和经济效益的重要因素，是一项非常重要的销售政策。结算政策一般包括：预付货款、现款现货、授信额度和赊销等四种类型。究竟采用何种结算政策，就需要企业根据品牌市场的地位，产品的畅销程度和商业谈判能力而定。

1. 预付货款政策

经销商提货之前，必须预付部分甚至全部货款，这是对其生产企业最为有利的一种结算方式，其资金和货物不存在任何风险，是许多厂家梦寐以求的理想状态。但这种结算政策必须建立在产品畅销、品牌强势和企业信誉被认可的基础上。实行预付货款的政策，要讲究水到渠成，不能勉强。能够采取预付货款的企业，也要注意市场变化，防止骄傲自满，故步自封，否则终究被市场所淘汰。

2. 现款现货

资金风险度为零。现实中的确有大公司坚持现款政策，其前提是品牌知名度高，产品非常畅销。坚持现款政策，厂家不必承担资金风险，经销商需要承担资金风险。因此没有品牌价值和产品畅销做保障，经销商不愿接受。在现行买方市场中，一般企业这种政策很难实行，即便执行，经销商也可能转嫁风险。因此，要防止其副作用，以免影响经销商进货热情，导致经销商不敢进货，甚至拒绝进货，从而影响产品的正常销售。

3. 授信额度政策

对于某些处于强势地位、资金实力又有保证的经销商，不能做到现款现货，可以规定一个授信额度或一定数量的铺底货，在授信额度内可以不付款提货，但超过授信额度必须付款才能提货，或者日常现款现货，若经销合约终止，则铺底货款收回。这种政策既保证了与强势经销商的合作关系和产品销售，又将资金风险控制在一定的范围内。

4. 赊销政策

赊销政策主要是指企业针对信用销售（赊销）业务，制定的一系列业务管理原则、制度权限、流程和标准以及风险控制方法。决策者觉得，与其让产品躺在仓库里不如赊销给人家，但要注意经销商的信用，防止出现类似三角债的现象再次出现。因此，要注意信用额度和信用期限。常规信用额度一般提供给分销商或大客户，每半年或一年核准一次；促销信用额度是在促销期间临时增加给分销商的信用额度，过了促销期此额度自动取消；重、特大项目信用额度为特别为重、特大项目增加的额度，单独审批。合理的信用期限应视本身的生产能力和销售情况而定，例如经济繁荣时期，缩短信用期限；经济萧条时期，为了能刺激销售，应当延长信用期限，虽然应收账款成本和费用，坏账损失加大，但是，企业只有拓展销售，才能维持正常经营。

五、返利政策

返利政策是为了鼓励经销商从时间上持续经营、从规模上扩大经营而设置的一项销售政策。返利政策的策划和制定，包括以下几个方面：

1. 返利标准的策划

一定要区分产品数量、等级，制定返利额度。制定返利标准时，一要参考竞争对手的标准，二要考虑现实，三是要防止抛售，真正起到鼓励经销商扩大销售的目的。

2. 返利时间期限的策划

可以制定月返、季返、年返。返利时间期限的长短与间隔应根据产品的特性、销售速度、市场竞争的需要而定。如果希望迅速提升销量，可以实行月返。如果希望长期持续经营，可以考虑年返。但需要指出的是，厂家应该引导经销商在日常销售中获利，而不是等到年底拿年终返利或年终奖励。在营销实际中，很多厂家都制定了优厚的年终返利政策和年终奖励政策，结果反而导致经销商为了冲击销售量，拿到年终返利、年终奖励，将市场价格冲垮了。返利兑现的时间很关键，应在兑现时间内完成返利结算，时间一长，搞成一笔糊涂账，容易伤害双方的关系和感情。

3. 返利形式的策划

可以返现金，也可以返货物，还可以返经营设施设备、广告物品或广告费用，或者是二者以上形式的组合。返现金对经销商激励最强最直接。返货物有利于激励经销商扩大销售和厂家出货。为了防止经销商压价出货，同时鼓励经销商扩大经营规模，改善经营条件，并增强经销商的荣誉感、对厂家的凝聚力和忠诚度，可以返经营设施设备、交通运输车辆等。想有利于经销商共同开发市场，可以反广告费用。

4. 返利条件的设定

为了能使返利这种形式促进销售，而不是相反，如，倒货，一定要加上一些附属条件，比如严禁跨区域销售，严禁擅自降价，严禁拖欠货款等，一经发现应该取消返利，甚至处以罚款。

资料链接

娃哈哈是怎样控制分销渠道的

窜货问题，是所有企业面临的共同难题，被称为分销渠道的一个“顽疾”。娃哈哈也出现过窜货现象。那么，娃哈哈是怎样整治分销渠道的这个“顽疾”的呢？从娃哈哈的管理制度上和实际操作中可以看出娃哈哈手握着对窜货极具杀伤力的“十把利剑”。

1. 实行双赢的联销体制度

娃哈哈在全国31个省市选择了1000多家能控制一方的经销商，组成了几乎覆盖中国每一个乡镇的联合销售体系，形成了强大的销售网络。娃哈哈采用保证金的方式，要求经销商先打预付款。打了保证金的经销商，与娃哈哈的距离大大拉近，极大地改变了娃哈哈的交易组织。娃哈哈公司董事长宗庆后称这种组织形式为“联销体”。经销商交的保证金也很特别，按时结清货款的经销商，公司偿还保证金并支付高于银行同期存款利率的利息。宗庆后说：“经销商打款的意义是次要的，更重要的是维护一种厂商之间独特的信用关系。我们要经销商先付款再发货，但我给他利息，让他的利益不受损失，每年还返利给他们。这样，我的流动资金十分充裕，没有坏账，双方都得了利，实现了双赢。”娃哈哈的“联销体”以资金实力、经营能力为保证，以互信、互助为前提，以共同受益为目标指向，具有持久的市场渗透力和控制力，并能大大激发经销商的积极性和责任感，对防止窜货具有重要意义。

2. 实行级差价格体系

娃哈哈现在的销售网络构成是公司——特约一级经销商——特约二级经销商——二级经销商——三级经销商——零售终端。如果娃哈哈不实行严格的价格管理体系，由于每个梯度都存在价格空间，这就为重利不重量的经销商窜货提供了条件。特别是如果特约经销商自己做终端，就可获得丰厚的利润。为了从价格体系上控制窜货，保护经销商的利益，娃哈哈实行级差价格体系管理制度。娃哈哈为每一级经销商制定了灵活而又严明的价格，根据区域的不同情况，分别制定了总经销价，一批价，二批价，三批价和零售价，在销售的各个环节上形成严格合理的价差梯度，使每一层次、每一环节的经销商都能通过销售产品取得相应的利润，保证各个环节有序的利益分配，从而在价格上堵住了窜货的源头。

3. 建立科学稳固的经销商制度

选取合适的经销商，规范经销商的市场行为，为经销商营造一个平等、公正的经营环境，对于防止窜货是十分重要的。娃哈哈对经销商的选取和管理十分严格。近年来，娃哈哈放弃了以往广招经销商、来者不拒的策略，开始精选合作对象，筛出那些缺乏诚意、职业操守差、经营能力弱的经销商，为防止窜货上了第一道保险。娃哈哈虽然执行的是联销体制度，但企业与经销商之间是独立法人关系，所以娃哈哈和联销体的其他成员签订了严明的合同。在合同中明确加入了“禁止跨区销售”的条款，将经销商的销售活动严格限定在自己的市场区域范围之内，并将年终给各地经销商的返利与是否发生窜货结合起来，经销商变被动为主动，积极配合企业的营销政策，不敢贸然窜货。娃哈哈的政策使他们意识到：市场是大家的，品牌是厂商共有的，利益是共同的，窜货会损害双方的利益。

4. 全面的激励措施

很多厂家将销量作为返利的唯一标准，销量越多，返利就越高，导致那些以做量为根本，只赚取年终返利就够的经销商，不择手段地向外“侵略”。娃哈哈也有返利激励，但并不是单一的销量返利这样的直接激励，而是采取包括间接激励在内的全面激励措施。间接激励，就是通过帮助经销商进行销售管理，以提高销售的效率和效果来激发经销商的积极性。比如，娃哈哈各区域分公司都有专业人员指导经销商，参与具体销售工作；各分公司派人帮助经销商管理铺货、理货以及广告促销等业务。与别的企业往往把促销措施直接针对终端消费者不同，娃哈哈的促销重点是经销商，公司会根据一定阶段内的市场变动和自身产品的配备，经常推出各种各样针对经销商的促销政策，以激发其积极性。对一个成熟的经销商而言，他更希望长期稳定的合作同盟和收益来源，加上娃哈哈“无偿”地全力配合销售，总部的各项优惠政策可以不打折扣地到位，有哪个经销商愿意用窜货来破坏这种和谐难得的合作关系呢？

5. 产品包装区域差别化

在不同的区域市场上，相同的产品包装采取不同标识是常用的防窜货措施。娃哈哈和经销商签订的合同中给特约经销商限定了严格的销售区域，实行区域责任制。发往每一个区域的产品都在包装上打上了一个编号，编号和出厂日期印在一起，根本不能被撕掉或更改，除非更换包装。比如，娃哈哈 AD 钙奶有三款包装在广州的编号是 A51216、A51315、A51207。这种产品包装差异化能较准确地监控产品的去向。企业营销人员一旦发现了窜货，可以迅速追踪产品的来源，为企业处理窜货事件提供真凭实据。

6. 企业控制促销费用

有的企业是按销量的百分比给经销商提取促销费用，销量越大，可供经销商支配的促销费用也就越多；有的企业让营销人员控制促销费用。经销商和营销人员将厂家拨给的促销费用是否全部用以推广，其实厂家难以掌控，因而一些经销商和企业的营销人员往往从促销费用中拿出一部分钱用于低价窜货把销量做上去。因此，促销费用由经销商和营销人员掌握，变相为低价位，造成新的价格空间，给经销商和营销人员窜货创造了机会。娃哈哈经常开展促销活动，但促销费用完全由娃哈哈自己掌控，从不让经销商和公司营销人员经手操作。因此。在促销费用管理上，娃哈哈杜绝了窜货。

7. 与经销商建立深厚的感情

厂商之间的感情对防止经销商窜货也非常重要。经销商为了自身的利益，会维系这种已建立好的关系，不会轻易窜货来破坏这份感情。娃哈哈和经销商的关系是非常融洽的，感情是深厚的，有许多经销商都是与娃哈哈一起成长起来的。娃哈哈以下的一些制度和做法无疑能维持和加深与经销商的感情。①对经销商信守诺言。为什么每年经销商都踊跃地向娃哈哈预交保证金，很重要的一点就是娃哈哈的承诺能够兑现，赢得了经销商的信任，这样可以防止厂家没有向经销商履行承诺或是企业没有完全按照合约执行而引起经销商不满甚至愤怒导致的“报复性”窜货。②为经销商提供销售支持。公司常年派出一到若干位销售经理和理货员帮助经销商开展各种铺货、理货和促销工作。甚至在某些县区，当地的一批经销商仅仅提供了资金、仓库和一些搬运工，其余的所有营销工作都由娃哈哈派出的营销人员具体完成。③每年举行全国联销体会议。娃哈哈总是借此热情款待每一位合作伙伴，以加强了感情、巩固合作关系。④把经销商当朋友。工作上是很好的合作伙伴，在生活上把经销商当朋友。

8. 注重营销队伍的培养

企业内部的销售人员参与窜货的现象也并不鲜见，有些营销人员，由于缺乏职业道德、操守不正，置企业的销售政策和利益不顾，参与窜货。目前，娃哈哈在全国各地只有 2000 多销售人员，为什么如此少的销售人员可以帮助公司完成超过 60 亿元的年销售额？这与娃哈哈注重营销队伍的建设和培养是分不开的，其主要表现为：①严格人员招聘、选拔和培训制度，挑选真正符合要求的最佳人选。有敬业精神、政治素质和业务能力的，不论资历均可破格提升担任一定职务；对能力弱、素质差或不受欢迎的职工，重新培训达不到要求的实行淘汰。②在企业中营造一种有利于人才发挥所长的文化氛围。娃哈哈的发展史，是一部不断尊重员工、尊重人才，不断提高凝聚力的历史。③制定合理的绩效评估和奖罚制度，真正做到奖勤罚懒，奖优罚劣。定期对营销人员进行考核，一经发现违纪行为，进行严肃处理。④实施关心人、理解人、体贴人的情感管理。公司不但注重人尽其用，还非常注重对员工生活的关心。如娃哈哈不定期举办“千人演唱会”“职工运动会”“千人大旅游”等活动，体现企业“大家庭”氛围，增强员工的归属感。

9. 制定严明的奖罚制度

面对窜货行为，娃哈哈有严明的奖罚制度，并将相关条款写入合同内容。很多企业窜货之所以控制不了，一个很重要的原因就是厂家对经销商心慈手软，有许多经销商是多年的老客户，一时下不了狠心。可娃哈哈不理这一套，对越区销售行为，严惩不贷，决不讲任何情面，而且，娃哈哈在处理窜货上之严格，为业界之罕见。年底时，对于没有遵守协议的销售商，公司将扣除经销商的保证金用以支付违约损失，情节严重的甚至取消经销资格。在保证金的约束和公司严厉的处罚下，经销商绝不敢轻举妄动。

10. 成立反窜货机构

娃哈哈专门成立了一个反窜货机构，巡回全国，严厉稽查经销商的窜货和市场价格，严格保护各地经销商的利益。有时宗庆后及其各地的营销经理也经常到市场检查，第一要看的便是商品上的编号，一旦发现编号与地区不符，便严令要彻底追查，一律按合同条款严肃处理。

资料来源：娃哈哈控制分销渠道的十把利剑，百度学术。

六、促销政策

为了鼓励经销商和企业一起开拓市场，提高市场份额，就应该制定并贯彻促销政策。促销政策策划的内容包括：

1. 促销目标

促销目标要明确具体量化，如增加销售额多少，增加二级批发多少，渗透终端店多少等。

2. 促销力度设计

促销力度一是要考虑刺激经销商的兴趣，二是考虑销售结束之后经销商的态度，三是考虑成本和承受能力。

3. 促销内容

要根据市场需要策划促销内容和方式，或赠品抽奖，或派送返利，促销内容要能吸引消费者，激发他们的购买欲望。

4. 促销时间

要根据销售季节的规律和竞争需要设计好促销活动的时间期限，并适时通知客户，按时开展促销活动。

5. 促销申报

有些企业规定销售分支机构和经销商，可以利用自己甚至总部的销售资源和销售费用开展促销活动，但前提是必须事先履行申报手续。这方面如果管不好很容易发生挪用资金，甚至滋生贪污腐败。因此促销活动前一定要申报活动方案，活动结束后及时呈报促销实施情况、考评结果、标准发票、当事人意见，经过严格审核无误方可报销，这样才能保证促销费用的正常有效使用。

6. 促销管理

促销活动在正常营销工作中占有很重要的位置。无论是公司统一组织，统一实施，还是分区组织，分区实施，从提交方案、审批、实施考评，都要有一定的程序，从而确保促销活动的顺利规范。

7. 销售服务政策策划

在营销竞争日益激烈的今天，产品日益趋同，产品优势变小，价格政策也可以克隆，营销工作的重点转向了客户服务。因此制定销售服务政策的目的在于尽最大努力做到使客户满意。这要求公司员工时时处处为客户着想，同时客户也要配合公司来实现最终用户和销售者的满意。销售服务政策主要内容包括：销售辅导培训制度、订货程序与配送制度、客户投诉处理程序、售后服务政策、订货发货程序、客户接待礼仪、客户接待制度等。应将这些内容制成规范的制度范本，并通报客户请客户监督执行，从而保证客户满意的实现。

课后练习

1. 从点、线、面和层级四个层面分析营销渠道如何布局？
2. 经销模式与代理模式的区别。
3. 分销模式策划的流程。
4. 分销渠道的新模式有哪些？
5. 阅读娃哈哈治理渠道的十把利剑，谈谈娃哈哈是如何解决窜货问题的？

案例分析

有赞分销解决方案，让更多人帮你卖货

一、四步分销轻松卖货

（1）商家制定分销规则，搭建招募页面；

（2）分享微信群，招募粉丝推广；

（3）粉丝生成推广海报，推荐亲友购买；

（4）分销成功获得佣金奖励，店面销量大增。

二、全员分销、粉丝、销量涨不停

（1）员工帮你卖货：商家内部发起传播分享；基于人脉快速裂变，人人都是金牌销售；导购叠加销售员，瞬间点燃分享动力，业绩翻倍增长；

（2）粉丝帮你卖货：佣金实时到账，粉丝秒变渠道；社群传播引发分享热潮；分享变分利，粉丝活跃度，用户粘度同步飙升。

（3）平台帮你卖货：微信、QQ、百度、快手、抖音等十大平台全打通，全渠道卖货不是梦。有赞客 CPS 平台 543 万商家帮你卖货，百万级带货达人实力种草，化身爆款制造机。

三、智慧零售与传统零售形成强力互补

表 10 - 2　　智慧零售 VS 传统零售

	传统零售	智慧零售
离店客户	无法触达	无法触达
店员、导购	闲时多、低效率	24 小时在线 + 超高效
服务体验	离店即断流	无缝衔接
客流	不断下降	社交互动拉新，源源不断
客流消费习惯	碎片化、客流分散	销售手段多样化
客户资源	无法沉淀	私域客户流量池
客户标签	无法感知	智能化管理
营销	复购率低	唤醒沉睡会员
销售数据	零散，不统一	统一的可视化报表

四、菜鸟电商秒变营销达人

1. 智能导购，一人顶千店

①有智能提供智能导购解决方案：通过会员招募，提供导购专属二维码，借助会员活动，产生营销裂变；②强化导购激励。设立销售产品排行榜，通过优惠券核销，业绩管理激励会员；③销售培训。通过线上直播，技能学习，培训考核，提升会员销售技能和技巧；④形成会员资产，通过兴趣标签、问卷调查、BI 数据分析，多重组合画像；⑤加强互动营销。借助卡券营销、营销工具、活动管理，提高团队意识；⑥会员关怀。通过专属导购，关怀信息模板，纪念日提醒，增强会员归属感。

2. 导购任务与排行双管激励，点燃店员积极性

①按人或按部门制定销售目标，实时跟进完成情况，随时调整销售策略，应对市场变化；②根据收益、客户数等指标，查看导购或者是个人或团队排名，并在公告中公布，表彰、激励导购分销，形成激励成长系统。

3. “会员信息 + 触点营销 + 自动化营销”组合拳，在线提高销量

通过会员画像、会员等级、会员数据、生日营销、会员日营销、节日营销、业务报表实时了解客户行为、客户属性智能打分分组、行销节点自动提醒、提供营销决策建议和模板等组合拳，提升会员销售积极性。

五、全方位贴心服务，省时、省力、更省心

（1）提供专业客户支持。7 × 24 小时 1 对 1 全程在线客服；

（2）全程培训辅导：视频、课程案例咨询，随时学习提升经营能力；

（3）专属运营服务：配合商家经营节奏，深度陪跑运营活动；

(4) 海量广告资源：优质广告资源，定向投放，精准触达目标客户。

资料来源："有赞"智能分销方案。

问题：

1. 通过"有赞分销方案"谈谈互联网背景下的渠道建设。

2. 你认为传统分销渠道与"互联网+"背景下的分销渠道如何深度融合，打造企业的宽渠道系统？

第十一章　促销活动策划

案例引入

雨伞——请自由取用

日本大阪新电机日本桥分店，有个独特的广告妙术——每逢暴雨骤至之时，店员们马上把雨伞架放置在商店门口，每个伞架有30把雨伞，伞架上写着："亲爱的顾客，请自由取用，并请下次来店时带来，以利其他顾客。"未带雨伞的顾客顿时愁眉舒展，欣然取伞而去。当有人问及，如顾客不将雨伞送回怎么办？经理回答说："这些雨伞都是廉价的而且伞上都印有新电机的商标。因此，即使顾客不送也没关系，就是当作广告也是值得的。这对商店来说，是惠而不费的美事。"的确，广告促销运用得当，即可得到四两拨千斤的效果。本案例正体现了顾客中心的思想，引起共鸣，赢得顾客之心。

第一节　促销策划概述

一、促销策划的内涵

（一）促销的定义

促销（Promotion）是指通过人员推销或非人员推销的方式，向目标消费者传递产品或服务的存在及其性能、特征等信息，帮助消费者认识商品或劳务所带给购买者的利益，从而引起消费者的兴趣，激发消费者的购买欲望及购买行为的活动。促销活动一般包括：广告、公共关系、营业推广和人员推销。本章重点介绍广告和公共关系策划。

（二）营销策划的内涵

营销策划是在对市场营销环境及市场发展趋势做出分析与预测的基础上，对企业未来的促销活动所作的谋划，并形成一定的行动方案，以实现预定的营销目标。

二、促销策划的流程

（一）通过市场调查，识别目标受众

市场调查是指对影响企业促销活动的有关资料进行收集和整理，分析企业促销的外部环境和内部状况，目的是为企业的促销决策提供依据，是促销策略设计的重要基础工作。

目标受众又称目标顾客、目标群体和目标客群。是一个促销活动作为目标的人口群体。

目标受众可以是某一个人口群体，如年龄组、性别、婚姻状况等。常见受众有青少年、女性、单身等。目标受众也可以包括几个不同的人口群体，比如所有20~30岁的男性。营销过程也可以计划如何对待其他非目标群体，决定一个产品或服务的适当受众是市场调查中很重要的一部分。不了解自己的目标受众只会造成一个低效力的营销活动。

通过具体调研，建立目标受众的人口统计和心理资料，可最充分地了解目标受众。此项调研应至少回答关于目标受众的如下问题：

（1）他们是谁/在哪儿（人口统计）？

（2）他们如何获得日常信息（渠道）？

（3）他们的榜样是谁？

（4）就宣传所要涉及的问题来说，他们现有的观念、知识、需求、需要、倾向以及行为如何？

（5）什么因素在阻止他们选择宣传活动所倡导的备选行为？

（6）什么因素可激励他们选择所倡导的行为？

（二）确定沟通目标

目标受众一旦确立，就要确立促销活动所要达到的预期目标。例如，新产品沟通目标是为了让消费者了解产品；对于目标消费者已经熟悉的产品沟通目标是让消费者产生兴趣，直至采取购买行为；所以我们要了解消费者是处在准备购买阶段的哪一个阶段，对症下药，引起共鸣，达到预期。

1. 消费者的购买阶段

消费者一般都处在5个准备购买阶段中，如图11－1所示：

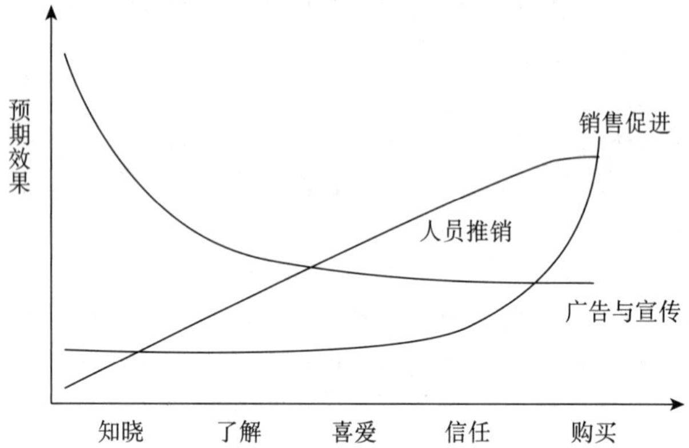

图11－1　消费者购买阶段

（1）知晓阶段。在此阶段，营销者的沟通目标是使顾客知晓，沟通形式广告和宣传效果最好，可采取在公众场合或宣传媒体上多次重复出现产品或企业名称。

（2）了解阶段。在此阶段，营销者的沟通目标是使顾客对本企业产品的性能、特点等有清楚的认识。

（3）喜欢阶段。在此阶段，营销者的沟通目标是使顾客对本企业产品产生好感，沟通的形式是着重宣传产品或企业的特色。

（4）信任阶段。偏好信任是建立在偏好和确信的基础上。营销者的沟通目标是使顾客形成对本企业产品的偏好，沟通的形式是着重宣传使用本企业产品的优越性。形成偏好以后，努力促使顾客建立或强化购买的决心，沟通方式是着重宣传购买这种产品是最佳的选择。

（5）购买阶段。在此阶段，营销者的沟通目标是促进购买行为的实现，沟通方式人员推销和营业推广效果最好，可采用降价、分期付款、增强服务质量、试用等促销手段。

2. 企业促销目标

企业的促销目标应与企业营销目标以及该阶段促销目标相配合。促销目标可以是对市场或财务等经济效益性质目标的描述，如扩大市场份额，提高产品接受程度，增加销售额；也可以是对企业形象目标的描述。为进一步区分具体的促销目标，可以将其细化为以下分类。企业在经营的不同时期开展促销的具体目标是不同的。

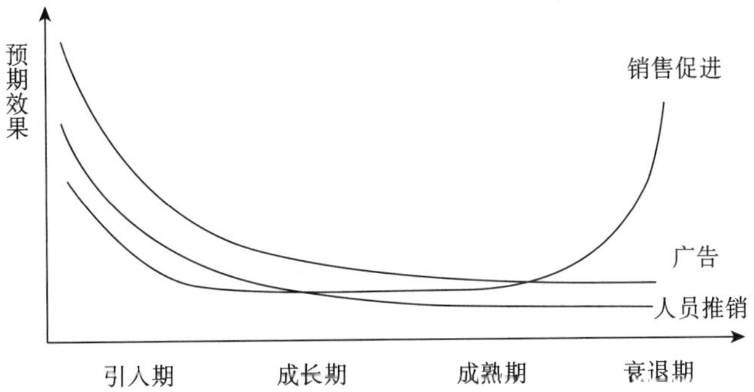

图 11－2　产品生命周期与促销

（1）产品生命周期各阶段与促销目标，如图 11－2 所示。

①导入期。缩短产品与顾客之间的距离，引导目标顾客试用，认知新产品，广告促销效果好。

②成长期。鼓励重复购买，刺激潜在购买者，增强中间商的接受程度。

③成熟期。刺激大量购买，吸引竞争品牌的顾客，保持原有的市场占有率。

④衰退期。处理库存，销售促进效果好。

（2）销售淡旺季与促销目标。

①销售淡季。维持顾客对产品的兴趣，刺激需求，减轻淡季的库存压力。

②销售旺季前。影响消费者的购买决策，争取竞争品牌的顾客。

③销售旺季。鼓励重复购买和大量购买，鼓励消费者接受品牌延伸的新产品。

④销售旺季后。出售旺季剩余产品以回笼资金，减少积压风险。

（3）不同销售对象与促销目标。

①针对消费者的促销目标：鼓励现有消费者继续购买本品牌产品，把延时性购买变为及时性购买，鼓励大批量购买，接受由本品牌延伸的新产品；争取潜在客户，培养新的客户群；争取未使用者的试用，从品牌竞争者手中夺走品牌转换者。

②针对中间商的促销目标：改善促销渠道，维持和巩固现有的销售渠道及货架陈列；争取让中间商存放额外的开架样品和不定期的促销样品；鼓励中间商销售完整的产品系列。维持较高的存货水平，诱导中间商储存更多的本品牌产品，鼓励储存由本品牌延伸的新产品和

相关产品。建立品牌忠诚度，排除竞争者促销措施的影响，吸引新的中间商。激励中间商推销本品牌产品的积极性，如进行特别的展示和陈列，布置有吸引力的卖场广告，对本品牌的产品进行不定期的降价销售等。

③针对销售人员的促销目标：鼓励销售新产品或新品种；鼓励寻找更多的潜在顾客；刺激淡季销售。

（三）设计促销内容

1. 信息内容，指说什么

信息内容要有感染力，感染力的挖掘可从与目标顾客个人利益挂钩着手。通过表达能激发目标顾客中某种否定或肯定的感情，以促使其购买。信息内容的诉求是只搞正面宣传还是搞正反两面评论，即在赞誉这一产品的同时还提及它的某些缺点。通常表现在三个方面：理性诉求与受众的自身利益相关，所以信息内容强调商品功能；感情诉求通过情感共鸣来激发购买。

2. 信息结构，指要合乎逻辑地说

在信息中是提出一个明确的结论还是只提问题，由消费者自己思考并作出结论。例如，结论性肯定——“怕冷就穿北极绒”；好坏皆说、暴露缺点——“让我们做得更好”。

3. 信息表达形式（次序），即把最具说服力的评论放在开头展示还是逐渐展开最后提出

如果信息的内容只做正面宣传，用开门见山的手法提出最强有力的论点，有助于引起消费者注意和兴趣。如做正反两面信息，消费者又倾向于反面信息的，营销者从反面论点着手较好，以此解除消费者戒心。同时让营销者有机会提出其最有力的正面信息作为终结。信息形式要新颖，有吸引力，与信息内容相适应。

4. 选择信息传播媒体

人员沟通渠道是一种双向沟通形式。不少信息可通过此渠道获得，如面对面谈话、信函、电话、邮寄函件等形式，能及时得到对方的反馈，效率高。适用于那些产品价格昂贵、有风险或购买次数少的产品。非人员沟通渠道是一种单向沟通形式，通过报纸、杂志、广播、电视、广告牌、海报等媒体传播信息。媒体选择时既要考虑信息的内容、目标顾客，又要考虑媒体本身特点。另外，新闻发布会、开幕式、展销会也属于非人员沟通形式。

5. 选择信息发送者

消费者对信息可信性在很大程度上取决于他们对信息发送者的看法。对不同对象、产品采取不同人员为“发布代表”进行传递。例如，由著名的时装设计师对某一时装进行评述将很具说服力；由文艺或体育明星为服装产品作广告，比一般人更具吸引力。所以选择合适的信息发送者很重要。

6. 信息反馈

信息发出后，应及时了解消费者对所发送的信息的反应。如是否知晓、印象如何、对购买行为产生了多大影响、多少人在信息影响下购买了产品等。

（四）确定促销组合

确定促销组合指对广告、公关、人员推销、营业推广要素在整个促销活动中运用的比重进行谋划。促销组合的选择除了要受到产品性质、营销策略、产品生命周期、购买者准备阶段等几个因素影响外，最重要的是具体的促销组合必须能够有利于达到所制定的促销目标。

实践表明，同时使用多种促销方法比单独使用一种方法更加有效。因此在选择促销方法

时，要特别注意各种促销方法的创意组合。我们以营业推广为例看促销组合的运用。

为了让消费者看到售点广告，最好的刺激方法就是兑奖，这种促销方法可以使消费者在心理上由衷地投入整个活动，同时达到阅读广告的目的。

免费赠送的样品包装可以作为优惠券使用，使消费者在试用过后有兴趣产生第一次购买。

为了增加折价券的兑换率，可以在折价券上加上抽奖或者竞猜的活动信息。

消费者参与抽奖活动没有中奖，抽奖凭证可以作为下次消费的优惠券，此举不但能够实现较高的参与率，同时会减少未中奖者的挫折感。

为取得最大的效果，对消费者的促销与对经销商的促销应该同时进行，如果配合以销售人员的特殊激励，那么带来的影响会更为巨大。

为了促使零售商大量购入存货，可以将多项优惠条件同时提供给零售商。

在进行消费者促销时，为了得到零售商更多的协助和支持，可以增设一项针对零售商的销售比赛。

企业向消费者承诺，如果他们在一家商场购买了一定数量的产品，则可以免费或以比较低的价格购买该店出售的其他产品。由于这种优惠可以增加零售商的营业额，所以零售商也乐于支持这样的促销活动。

（五）确定促销预算——花多少钱

常见的预算方法有：

1. 量入为出法

即根据本企业的财力情况来安排促销经费。这种方法可以量力而行，易于操作，但却忽视了促销对销售的影响，计划性较差。

2. 销售百分比法

具体有两种方式，一是根据上一年度销售额的某一百分比决定促销预算，二是根据下年度的预测销售额的某一百分比决定促销预算。其计算公式为：

广告费用 = 销售总额 × 广告费用与销售总额的百分比

例如，某公司上年度的销售总额为 1 000 万元，今年拟投入的广告费用占销售总额的 4%，那么，今年的广告预算为：

广告费用 = 1000 万元 × 4% = 40（万元）

这种方法简单易行，其优点是：计算简单，广告支出与产品销售状况直接挂钩，销售状况越好，广告费用也越高，企业不至于感到财务压力。

但该方法也有很大缺陷，即因果倒置。广告活动目的是要创造消费，提高销售额，而不是以销售来决定广告。因此在广告实践中，这种方法很容易造成广告费用支出的机械性，当市场景气时，广告支出多，而当销售降低时，广告支出反而减少了，从而会进一步恶化市场形势。

3. 竞争对等法

按照竞争对手的促销费用来决定本企业的促销预算。使用这种决定促销预算的方法，有以下基本前提：企业了解竞争对手的促销预算；企业与竞争者之间的类似性高，差异性低；企业是竞争追随者，而非领导者。

4. 目标任务法

即首先确定促销目标以及实现目标所需要的具体任务，然后再确定要完成这些具体任务所需要的经费。理论上讲，这种方法比较合理，但实际操作起来却比较困难。

（六）分配促销预算——钱花在哪

一般来说，促销预算的分配，主要有以下几种方法：

1. 按广告时间分配

按时间分配是指按照促销各项活动的时间安排，有所侧重的分配经费。

2. 按市场区域分配

按市场区域分配是指企业将整个目标市场分解成若干部分，而后按各个区域来分配促销经费。分配要以保证企业在该地区预计实现的促销目标为基础，其最低界限不应少于维持产品在该地区域竞争地位所需要的基本费用。

3. 按产品类别分配

按产品类别分配是指在对其生产产品组合进行评价分析之后，针对不同类型的产品分别确定相应的促销预算。不同的产品，由于其行业发展前景不同、市场占有率不同、市场竞争状况不同及产品所处生命中期不同，其销售潜力、利润水平和产品在企业产品体系中所处的地位也是不一样的，这就使得企业在分配促销经费时，应有所侧重，不能一视同仁。

4. 按促销对象分配

一般来说，以工商企业、社会团体用户为对象的促销活动，可以少使用促销费；而以最终消费者为对象的促销，所占促销预算费用比重较大。

5. 按传播媒体分配

根据促销计划所选定的各种媒体进行促销费用的分配。还要根据对同一媒体不同时期的促销需求来分配促销经费。

相关链接

广告费用分配

在企业所有财务费用中，哪些开支属于广告费，哪些开支不属于广告费呢？弄清这一问题，是编织广告费用预算的基础，也是预算的重要内容。早在1983年，国家工商行政管理局和财政部在《关于企业广告费用开支问题的若干规定》中，就已明确将广告费列入企业销售成本中，因此财务费用能否列入广告预算就变得更重要起来。

财务费用中，一般可以列入广告预算的费用有：

（1）广告媒体费。主要指购买媒体的时间和空间的费用，约占广告费用总额的80%～85%。

（2）广告设计制作费。主要包括广告设计人员的报酬、广告设计制作的材料费用、工艺费用、运输费用等，约占广告费用总额的5%～15%。

（3）广告调查研究费。包括广告调研、咨询费用，购买统计部门和调研机构的资料所支付的费用，广告效果检测费用等。这一部分经费约占广告费用总额的5%。

（4）广告部门行政费用。包括广告人员的工资费，办公费，广告活动业务费，公关费，与其他营销活动的协调费用等，约占广告费用总额的2%～7%。

目前国际上公认的广告费用开支表，是由美国最权威的广告刊物之一《印刷者墨汁》于1960年刊出的。1981年美国的查尔斯·帕蒂和文森特·布拉斯特通过对100家著名广告公司的调查，验证了该表。该杂志把广告费用的支出划为3大类：列入白表的费用可以作为广告费用支出；列入灰表的费用即可以作为广告费用的支出，也可以不作为广告费用的支出；列入黑表的费用不能作为广告费用的支出。

（1）列入白表的费用有：①购买广告媒体及其他广告的费用。包括广播，电视，报纸，杂志媒体，户外广告，POP广告，直邮广告，商品目录，宣传小册子，电影，幻灯，交通广告等。②管理费用。含广告部门有关人员的工资，办公费用，付给广告代理和广告制作者以及顾问的手续费，差旅费用。③广告制作费用。包括美术设计，文字编辑，印刷制版，纸型，照相，录像，录音，包装设计等。④其他费用。包括广告材料的运送费用（如邮费及其他投资费），陈列橱窗的安装服务费用，涉及白表各项活动的杂费。

（2）列入灰表的费用有：样品费，示范费，客户访问费，推销表演费，商品展览费，广告部门的存货减价处理费，电话费，广告部门的其他各项经费，推销员的推销费用，宣传汽车费用，有关广告协会和广告团体费用，商品目录费用，研究及调查费用。

（3）列入黑表的费用有：免费赠品，社会慈善，互助组织的捐献品和费用，旅游费，包装费，标签费，新闻宣传员的酬金，报纸杂志费，行业工会费，接待费，陈列室租金，推销会议费，推销样本费，工作人员的生活福利费，娱乐费，潜在顾客接待费。

（七）编制促销计划

在具体活动的策划阶段，要分别制定广告策划、营业推广策划、人员推销策划方案等的内容，并制订促销费用预算计划。具体包括：

1. 确定促销范围

企业不可能只生产或经营一种产品，但企业的内部资源如人、财、物等是有限的。因此，在进行促销活动策划时，首先要确定促销的产品范围。同时，企业的市场区域通常要有主要市场和次要市场之分，促销活动所涉及的市场范围也是企业需要慎重考虑的问题。

促销范围的确定主要根据不同销售区域的销售情况、企业的自身资源状况、企业经营目标和市场竞争状况来决定。例如，企业的主流畅销产品是主要的现金流和利润来源，应保持促销力度和更新促销方法；企业开发新产品的作用是发展新的细分市场，寻求新的利润增长点，应加大新产品的促销投入；而处于衰退期或者非主流的产品，则可适当减少促销投入。又如，为拓展新的区域市场，获取更大市场份额，通常在新的市场区域采取较大力度的促销。

2. 确定促销时机

企业在什么时间进行促销活动，对促销效果的影响是不一样的。一般来说，促销时机的选择应根据消费者需求和市场竞争的特点，结合整体市场营销战略来确定。例如，如果产品需求存在明显的季节性，则应在旺季来临之前和旺季期间展开促销活动；如果调查结果显示竞争对手即将有重大促销政策出台，则在竞争对手之前展开促销活动，会起到先发制人的效果。

把握最适宜的促销时机，还能够收到事半功倍的效果。事实上，许多企业都善于利用重大节庆或社会活动、企业开业或周年庆典、新产品上市等有利时机开展各种促销活动。

3. 确定激励规模

要使促销获得成功，最低限度的刺激物是必不可少的。较高的刺激程度会产生较高的销售反应，但超过一定点时，其增加比率却是递减的。因此，企业在制订促销方案时必须考虑成本效益比达到最大的激励规模。

4. 确定参与条件

企业的激励是面对目标市场的每一个人，还是有选择的部分人，这种范围控制有多大，哪类人员是主攻目标等，这类问题选择的正确与否直接影响到促销的最终效果。设定参与条件要注意两个问题：一是避免将优惠给予不可能成为产品固定使用者的人；二是防止因条件太苛刻，阻碍了大部分品牌忠实者或喜欢优惠活动的消费者参与。通常，赠品只送给那些参与促销活动的购买者；抽奖则限定在一定范围内，如不允许企业员工的家属参与。

5. 促销媒介

企业还必须决定使用何种促销媒介，以及如何向目标顾客传达促销方案。假设促销方法是凭证优惠，则至少有四种方式可使顾客获得优惠券：置于包装袋内、在商店入口处派发、邮寄、印刷在报纸媒体上。每一种方式都代表不同的对象、到达率和成本。包装内的方式主要送达经常使用者，成本较低；而邮寄方式虽然成本较高，却可以送达非品牌使用者。

6. 持续时间

如果促销活动的持续时间较短，一些消费者可能因为太忙而无法参与这个活动；而促销时间太长，消费者则认为可能这是长期降价，是促销活动失去应有的作用，并对品牌产生怀疑。确定促销活动的持续时间应综合考虑产品特点、消费者购买习惯、促销目标、企业经济实力、竞争策略及其他因素。

三、撰写促销策划书

当促销活动各项计划确定之后，必须按一定的规则将其文案化，以指导促销活动的实施。

表 11-1　　促销策划书的一般格式

1. 市场调研分析
（1）总则。
（2）促销调研报告。
（3）市场预测与建议。
2. 促销目标
促销目标涉及促销的市场目标、财务目标等多个方面。有时只确定总体目标就可明确责任，有时则必须对整体目标进行分解后才能明确责任。
（1）总体目标。
（2）目标分解。
3. 促销提案
（1）方案细则。
促销主题；
促销时机和持续时间；
促销对象；

续表

促销地点（区域）；
促销产品；
促销方法；
促销媒介；
促销活动方式；
（2）活动详细说明。
4. 广告配合方式
5. 公关宣传配合方式
6. 促销预算
（1）预算计划。确定促销的总预算和各项分类预算，包括管理费用，促销费用，附加利益费用，以及预算适用的原则，要求和预算管理办法等。
（2）资金费用来源。
7. 附录等

四、促销计划的实施与管理

在促销活动中，有三分策划七分执行之说，可见促销活动执行之重要。每项促销活动应该确定实施和控制方案，实施计划必须覆盖准备阶段、实施阶段和后期延续阶段的工作。

（一）前期准备

1. 人员安排

在人员安排方面，要做到“人人有事做，事事有人管”，无空白点，也无交叉点。谁负责与政府、媒体的沟通，谁负责文案写作，谁负责现场管理，谁负责礼品发放，谁负责客户投诉，各个环节都要考虑清楚，否则会造成临阵顾此失彼。

2. 物资准备

在物资准备方面，要做到事无巨细，大到车辆，小到海报等，都要罗列出来，然后按单检查，确保万无一失。

3. 实验方案

由于活动方案通常是在经验的基础上确定下来的，因此有必要进行一定的市场实验来判断促销工具的选择是否正确，刺激力度是否合适，传播媒介方式是否理想等。市场实验可以采取询问消费者、收集调查表或在特定区域实施促销方式等方式。

（二）中期操作

主要包括促销活动开展时的控制，对参与活动的人员做出纪律约束与规定。把促销活动的各个环节的时间、程序安排清楚，做到有条不紊、忙而不乱。同时，在方案的实施过程中，还要及时对促销范围、强度和重点进行调整，保持对促销活动的实时控制。

（三）后期延续

后期延续主要是媒体宣传的问题。例如，对这次活动采取何种方式，在哪些媒体上进行后续宣传。

五、促销效果评估

在促销策划方案实施之后，管理者及策划者要对方案的实施效果进行评估。评估的对象是由于实施促销方案后所实际产生的业绩效果。这种业绩效果可以通过销售增长率、成本降低率、市场占有率等客观指标反映出来，也可以通过调查所得数据进行主观判断。因此促销效果的评估方法也可以分为客观的评估方法和主观的评估方法。同时，对各个促销工具的策划方案可以单独进行评估，如对广告效果进行评估，可分别对广告的传播效果和销售效果进行评估，采用固定的公式来计算。在此不一一进行介绍，只列举销售促进活动的效果评估方法。

（一）客观评估法

客观评估法是以企业经营的实际指标反映方案的实施效果，这些指标包括销售指标和成本指标。通过销售指标进行分析是最常用的方法，因为销售数据容易收集而且能够反映目标市场对销售组合的反应。在进行评估时，可以通过把当前销售数据与期望的销售数据、行业销售数据、特定竞争对手的销售数据进行对比和评估。通过成本指标进行分析，就是通过成本与收益的比较，测定正在实施的促销策划方案的实施效果。客观评价法以实际经营资料为依据，所以它具有科学性强的特点。但是，它没有考虑顾客心理和市场环境变化对促销策划实施效果的影响，因此只采用这一指标还不能准确地反映策划方案实施的实际情况。

（二）主观评价法

主观评估法通过对消费者的调查，考察消费者对促销活动的直接和间接反应，考虑顾客心理和市场环境变化对促销策划实施效果的影响，从而克服了客观评价法的一些缺陷。就营业推广活动而言，可采用的主观评估法有：

1. 直接观察消费者对营业推广活动的反应

如对参加竞赛和抽奖的消费者人数、优惠券的回报率、赠品的偿付情况等加以统计，从而得出结论。可以将此方法作为客观评估法的补充，两种可结合使用。

2. 对消费者实行抽样调查

这种方法尤其适合于评价营业推广活动的长期效果。具体做法是，寻找一组消费者样本，和他们面谈，了解有多少消费者还记得营业推广活动，活动对他们的影响程度如何，有多少人从中获益，对他们今后的品牌选择有何影响等，通过分析这些问题的答案，就可以了解到活动的效果。

第二节　广告策划

一、广告的内涵

（一）大广告与小广告

1. 大广告

将一个人或一件物，推广出来，让大家都知道，是广义上的广告，其标的极广，对象也广。例如，可口可乐——挡不住的诱惑！非常可乐——中国人自己的可乐！

2. 小广告

在市场营销中，一种付费形式的非人员促销办法，目的明确，标的较为狭窄。例如：百事可乐的减肥可乐。

（二）深广告与浅广告

1. 深广告

有的广告，诉诸报刊，洋洋洒洒数万言，占了几个版面还要连载，诉诸电视屏幕，连续十几分钟甚至更长，可以称作专题报道，好处是讲得深，讲得透，讲得全面，弊端是耗时耗力耗金钱。

2. 浅广告

有的广告，只有几幅画面，或一句广告词，简洁明了，做得好，可以让人记住一生；做得不好，过眼即忘。这就是简洁的两种极端结果。策划时，应因时因地因势制宜。讲得深记得深，讲得浅给人感觉却不能浅。例如，万宝路广告，纯以画面见长，既不夸味道正宗老到，也不提百年老店信誉一流。以景动人，以形象诱人，乃是浅广告的典范。其余如丰田的广告词"车到山前必有路，有路就有丰田车"等，都有"不鸣则已，一鸣惊人"的效果。

（三）显广告与隐广告

1. 显广告

拼命自夸，叫卖式的广告。从早期的"凤凰凤凰，鸟中之王，凤凰牌自行车……"，到"雀巢咖啡，味道好极了"。

2. 隐广告

广告人，就是要深入人心，于不知不觉之间，抓住产品诉求的对象。

现在作为隐性广告的一种"植入式广告"也越来越被策划者青睐。"植入式广告"是指把产品及其服务具有代表性的视听品牌符号融入影视或舞台产品中的一种广告方式。

无论广告属于哪一类，广告的使命都是一样的：让别人认识自己及产品，牢记自己，激起购买欲望。在说优点时，避开缺点；展示美时，掩饰起丑陋，也有许多广告，特意暴露不足的一面，也收到了良好的效果。其实究其实质，仍是通过展示小缺点，引出大优点，收到让人明白"瑕不掩瑜"的效果，或是表现其真诚负责。所谓"醉翁之意不在酒""明修栈道，暗度陈仓"都是这个道理。广告业，不仅要自求发展，而且还要与策划业相配合进行广告策划。

二、广告创意理论

（一）USP 理论

20 世纪 50 年代初罗瑟·瑞夫斯（Rosser Reeves）提出 USP 理论。在 1961 年写的《广告实效》（Reality in Advertising）一书中做了系统阐述。USP 的英文全称是 Unique selling proposition，译为独特的销售主张。

USP 理论主要有三个要点：

1. 明确的概念

每一则广告必须向消费者说出一个主张，必须让消费者明白，购买广告中的产品可以获得什么具体的利益。

2. 独特的主张

所强调的主张必须是竞争对手做不到或无法提供的，必须说出其独特之处，在品牌和说辞方面是独一无二的。

3. 实效的销售

所强调的主张必须是强而有力的，必须聚焦在一个点上，集中打动、感动和吸引消费者购买相应的产品。

20 世纪 30 年代，玛氏（Mars）公司当时在美国也算是一个小有名气的私人企业，尤其在巧克力生产上具有优势。公司在 1954 年开发了一种产品——巧克力豆，但在广告宣传比不太成功，销售效果不是太理想。经过缜密思考，精心创意，瑞士夫创作了这样一部电视广告片：电视画面上有两只手，一只脏手，一只洁净手。画外音：哪只手里面有 m&m's 巧克力糖？不是这只脏手。因为，m&m's 巧克力只溶在口，不溶在手。广告片播出，m&m's 巧克力豆顿时名声大震，人们争相购买，销量猛增。

USP 是营销概念创意的一个有效思考工具，许多营销人由此而创造了不可一世的“经典”。“农夫山泉，有点甜”“乐百氏，27 层净化”“海尔氧吧空调”等都是经典的 USP。

（二）BI 理论

广告大师大卫·奥格威，20 世纪 60 年代提出 BI 理论。BI 理论的全称是 Brand image，译为品牌形象理论。

其基本观点如下：

（1）广告最主要的目标是为塑造品牌服务。

（2）任何一个广告都是对广告品牌的长期投资。

（3）同类产品的差异性日渐缩小，消费者往往根据对品牌的好恶来选择购买，因此，描绘品牌形象比宣传产品的具体功能特征更加重要。

（4）消费者购买时所追求的是：实质利益 + 心理利益，因此广告尤其重视运用形象来满足消费者的心理要求。

（三）定位理论

进入 20 世纪 70 年代，随着竞争的加剧，产品同质化现象日益严重。在一个媒体过度、传播过度、产品过度的时代，消费者真正可以接收到的信息却越来越少。

在这样的背景下，1972 年，两位年轻的广告人，阿尔·里斯（Al Ries）和杰克·特劳特（Jack Trout）在《工业行销》杂志上，提出了广告定位理论（Positioning）。后来他们出版了《广告攻心战略——品牌定位》，系统介绍了广告定位理论。

定位理论的基本思想是：要在预期客户的头脑里给产品定位，定位本质上并不是要改变产品，产品的价格和包装事实上都丝毫未变，定位只是在顾客脑子里占据一个有价值的位置，而且这个位置必须是别人还没有占有的。

定位理论强调需要创造心理差异、个性差异，主张从传播对象（消费者）角度出发，由外向内在传播对象心目中占据一个有利位置。

随着时间的推移，定位的应用范围不断扩大：从最初在广告业中作为打动顾客的传播与沟通技术小试锋芒，到后来被引用到整个营销领域里，定位方法也大放异彩。常用定位技巧有：

1. 首席定位

是追求成为行业或某一方面“第一”的市场定位。“第一”的位置是令人羡慕的，因为它说明这个品牌在领导着整个市场。品牌一旦占据领导地位，冠上“第一”的头衔，便会产生聚焦作用、光环作用、磁场作用和“核裂变”作用，具备追随型品牌所没有的竞争优势。百威啤酒宣称是：“全世界最大。”

2. 比附定位

即通过与竞争品牌的比较来确定自身市场地位的一种定位策略。其实质是一种借势定位或反应式定位。

（1）比附定位策略包括：比附定位——甘居“第二”。就是明确承认同类产品中另有最负盛名的品牌，自己只不过是第二而已。伯恩巴哈领导的DDBO公司为艾维斯出租车公司所做的广告就是定位理论的成功典范。

相关链接

比附定位——“艾维斯在出租车业只是第二位，那为何与我们同行？”

20世纪60年代之前，艾维斯在租车业一直不很景气，甚至到了快破产的地步，直到1962年聘任了罗伯特·陶先德（Robert Townsend）担任总裁后才有了转机。当时，在租车业赫兹（Hertz）是第一位，资本是艾维斯的五倍，年营业额是三倍半。以一个弱势品牌要想对抗一个强势品牌当然要有一套创新有效的营销策略和广告创意。1963年，伯恩巴克为艾维斯做的广告标题是：“艾维斯在租车业只是第二位。那为何与我们同行？”（Avis is only No. 2 in renting cars. So why go with us?）内文是：“我们更努力（当你不是最好时，你就必须如此），我们不会提供油箱不满、雨刷残破或没有清洗过的车子，在我们的车里座位已经调好、加热器已经打开、除霜器业开始工作。你可以看得到，我们尽力将事情做好。我们会为你提供一部新车和一个愉快的微笑……下次与我们同行。我们的柜台前队伍短些。”这个广告坦诚自己在出租业中不是老大，因此，不能像老大一样凡事都不在乎。在广告史上，从来不曾出现过这样的广告。将自己的公司在同业界里定位为第二位，这可说是第一次。

另一则广告，标题直接说：《老二主义：艾维斯的宣言。》（No. 2 ism. The avis manifesto.），内文是这样的：“我们在租车业，面对业界巨人只能做个老二。最重要的，我们必须要学会如何生存。在挣扎中我们也学会在这个世界里做个老大和老二有什么基本不同。做老大的态度是：‘不要做错事，不要犯错，那就对了。’做老二的态度却是：‘做对事情。寻找新方法，比别人更努力。’老二主义是艾维斯的教条，它很管用。艾维斯的顾客租到的车子都是干净、崭新的。雨刷完好、烟盒干净、油箱加满，而且艾维斯各处的服务小姐都是笑容可掬。结果艾维斯本身就转亏为盈了。艾维斯并没有发明老二主义。任何人都可采用它。全世界的老二们，奋起吧！”

（2）比附定位——攀龙附凤。具体来说，就是首先承认同类产品中已卓有成就的品牌，本品牌虽自愧不如，但在某一地区或在某一方面还可以与这些最受消费者欢迎和信赖的品牌并驾齐驱，平分秋色。如：泸州老窖——塞外茅台。

（3）比附定位——奉行“高级俱乐部策略”。借助群体的声望的手法，打出入会限制严格的俱乐部式的高级团体牌子，强调自己是这一高级群体中的一员，从而提高自己的地位形象。如美国克莱斯勒汽车公司宣布自己是美国“三大汽车之一”，使消费者感到克莱斯勒和第一、第二一样都是知名轿车了，从而收到了良好的效果。

（四）共鸣论

又称李奥·贝纳的固有刺激法。产品本身内在的固有的刺激的产生是建立在消费者的欲求和兴趣基础之上的。但是，此种创意方法的出发点是产品，从产品出发去寻找消费者心中对应的兴趣点，即认为产品中必然包含有消费者感兴趣的东西。通过产品与消费者的相互作用，创作出吸引人的、令人信服的广告。

共鸣论主张在广告中述说受众珍贵的、难以忘怀的生活经历、人生体验和感受，以唤起并激发其内心深处的回忆，同时赋予品牌特定的内涵和象征意义，建立受众的移情联想。通过广告与生活经历的共鸣作用而产生效果和震撼。

共鸣论侧重的主题内容是：爱情、童年回忆、亲情等。“铁达时”手表的广告是一个典型的案例。“不在乎天长地久，只在乎曾经拥有”的广告词配以兵荒马乱战争年代的动人爱情场面，使消费者对该品牌产生强烈的共鸣。

（五）ROI 理论

ROI 是一种实用的广告创意指南，是广告大师 W·伯恩巴克创立的 DDB 广告公司制订出的广告策略上的一套独特概念主张。其广告的秘诀就是实施重心法，抓住问题，然后将其变成一条图像刺激而又诚实可信的优点。

ROI 的观点是好的广告应具备三个基本特质：

（1）关联性（Relevance），所谓关联性就是说广告创意的主题必须与商品、消费者密切相关。

（2）原创性（Originality），即广告创意应与众不同，其创意思维特征就是要求“异”，突破常规的禁锢，善于寻找诉求的突破。

（3）震撼性（Impact），就是指广告作品在瞬间引起受众注意并在心灵深处产生震动的能力。

三、广告策划步骤

（一）产品定位

一件产品，就像一条生命，只有找到了它在社会上的地位，明确了其所负的使命、所具有的功用，它才能有一块适合的天地茁壮成长。

譬如服装，广告策划者首先必须要明确，是高端还是低端，是老年、青年还是儿童服装等。上述问题全都弄清了，才有可能制出合适的广告来。将其定位在高档还是低档，对制造工序来讲技术上可能并无问题，但对于定价、市场前景、广告策略等相关工作、结果就有着决定性的意义。

（二）确定目标市场

明白广告所要诉求的对象，对不同对象，选择使用的方法是不一样的。例如大宝广告，对高收入阶层，广告的着眼点可以注重于保证健康、增强活力、显示身份。对高学历阶层，可以把重点放在生活的情趣、人生满足感，以及显示知识背景等。对一般工薪阶层，安全、节约、持久可靠的质量是必须强调的关键。

（三）市场调查分析

这个步骤和产品定位，确定目标市场，其实是同时进行的。即在调查前，策划者要先对产品定位和目标市场心中有数，以便做到调查时有的放矢。但同时，根据市场调查所得结果分析和结论，适当调整广告战略，以便更加符合实际，收到更好的效果。市场调查内容见表11－2。

表11－2　　市场调查具体内容

1. 市场环境调查和分析	2. 市场竞争性调查和分析包括	3. 消费者调查和分析
宏观环境 微观环境	该类产品的市场总容量、其他品牌产品的发展轨迹、竞争潜力、销售渠道、广告及其他促销手段的运用等	①需求调查：购买的动机以及需求强度 ②购买方式调查。可以用以确定广告方式。是以利诱人，还是以理服人，还是以情动人？

（四）媒介选择

1. 广告的媒介种类

表11－3　　广告媒介种类

视觉媒介	听觉媒介	视听两用媒介
报纸杂志、海报张贴、传单标牌等	无线电、有线广播、流动宣传车、电话等	电影、电视、光盘以及网络等
一般使用的广告媒介，大多是报纸、杂志、无线电、电视等		

2. 广告媒体的特点

表11－4　　广告媒体特点

评价要素	听觉	视觉	视听两用	网络
信息量	小	大	小	最大
真实感	最弱	较强	强	最强
印象深刻度	较强	差	强	强
印象持久性	较强	差	强	强
保存性	差	最好	差	较好
互动性	无	无	无	有

3. 广告媒体的选择

（1）消费类产品。生存资料，其中包括食品、服装、医药品、日用品、家具、住宅、文教用品，多以电视广告和户外广告为主。享受用品广告的成功之道在于精准定位和产品形象，适宜在电视、商业类杂志、奢侈品商场、高档住宅区等特定的范围内进行精心设计和广告推广。

（2）产业类产品。指不用于个人和家庭消费，而用于生产、转售或执行某种职能的产品，多属于中间产品或技术产品。原材料、耗材、零部件等。因此此类产品的广告主要针对供应商，利用专业性的网站、电子邮件、实体市场户外装饰作为主要广告方式。建筑物及土地权、重型设备、轻型设备以及维护、修理和经营用品等。建筑物及土地权是指厂房、办公室等建筑物及其附属设备的设计、建造、安装和土地使用权等；重型设备通常是为特殊用户的需要而特别设计和制造的工业用品；维护、修理和经营用品是维持企业正常经营所消耗的、不构成产品实体的物品。此类产品多为实体形式存在，消费行为比较固定和单一化，使用时间长，顾客忠诚度较高。因此适宜专业类报纸、杂志、户外广告等传统传播媒介，公关也可作为重要的广告方式来使用。

（3）多功能型产品。此类产品需要较多文字表达，应以平面媒体为主。

（4）产品市场生命周期。引入期产品，广告介绍新产品为主，利用大量的媒体投放，使之加深对新信息的印象。成长期和成熟前期产品，用劝导性广告，注重品牌和形象，改变消费者的选择权；成熟后期和衰退期产品，用提示性广告，提示忠诚购买者和落后使用者购买。

四、广告创意

好的创意可以化腐朽为神奇；可以勾人遐思；可以动人心魄。点子，顾名思义，重在一点，而创意，则意蕴更远，包涵更广，涉及更大。广告策划中的创意，必须是整个广告活动的中心，是广告活动的灵魂，是其卖点。广告创意策略有：

（一）新颖出奇

在广告的海洋中要想独树一帜、引人注目，新颖是一个直接的要求。20 世纪 70 年代，牛仔裤成为流行服装，但女性市场尚有待开发。有个厂商设计的一则广告：其上有象征牛仔裤袋的织线，口袋左上角是该厂商的商标。创意者要向公众介绍一身轻便贴身，尽显女性身材的女装牛仔裤，这样的图像可为达到表达这一意思的极点。这则广告后被美国纽约大都会博览馆收藏。

（二）逆向思维

好的广告，出人意料。而且利用人们的心理弱点，或顺水推舟，或欲擒故纵，或欲将取之，必先予之。广告有时与为人一样，你越是热情满怀、感情奔放求之甚切，人家反而不接受，用防备而怀疑的眼光上下打量；而你一旦傲然挺立、冷若冰霜、拒人于千里之外，人家却又往往心向往之了。

苏联有个酒厂，要推销产品，在街上造了个小木屋，四周打上小圆孔，并挂起了“禁止参观”的牌子，来往的人哪能受小木牌的约束，一个个探头偷窥。结果见到的是“美酒飘飘香，请君品尝”的字样，并有香气从圆孔中飘出。结果，偷看者纷纷解囊买酒。

（三）文化是永恒的源泉

人们的消费要求不仅是物质方面的，而且是精神的。文化是能给人的精神带来持久享受的源泉。广告策划者必须认识、选择隐藏在自己所要推出的产品背后的文化，并用易于理解的方法表现出来。

在南方黑芝麻糊的广告《怀旧篇》中，深邃的小巷，古朴的打扮，民族特色的音乐，都在烘托着一种氛围，这种氛围，就是悠悠中华、漫漫情思。创作者以南方黑芝麻糊作为这一文化氛围的见证和代表，从而将这种文化装进了他的产品。这一构思，在众多喧嚣的广告节目中显得如此意蕴久远，回味悠长，很多人将看这则广告当作一种享受，相应地接受了“南方”。

（四）寻找新的渠道

这种广告中，人们不能一眼看穿其中的机巧，要在不知不觉中引导顾客，推荐产品。大广告的一个范例是日本航空公司的《空中小姐》，电视剧中，没有关于日本航空公司的正面的介绍，但是通过那群清丽活泼的培训中的空中小姐和英俊敬业的教官，日航的形象以另一种方式树立起来了。故事的展开是通过爱情的跌宕波折实现的，但受的是航空服务环境的熏陶，不知不觉之间，一种熟悉感、亲切感就在日本航空公司和观众之间树立起来了。到故事结尾，每个受训小姐（笨拙、懦弱、迟钝）都成了合格的空中小姐。

（五）唯有真善方为美

消费者总是愿意购买优质、美好的产品，广告策划者采用诚实广告。“举世皆浊我独清”，日本的美津浓运动器具公司是一个年营业额20余亿日元的大公司，其创业者美津浓在一开始就决定对顾客采取坦诚的态度，以期获得顾客的信任。美津浓说：“做这些欺骗顾客的生意，还不如关门歇业……”在该公司售出的运动衫中，有带有这样一张纸张的，写着“这种运动衫使用的是本国最好的染料，染色技术更是本国最优秀的；不过感到遗憾的是，酱色之类的颜色至今无法做到永不褪色……”这种广告的效果是，公众对美津浓的诚实称赞不已，美津浓产品的形象也树立了起来。

（六）感情是通向心灵的捷径

广告是一种引导、一种劝说，是一种让顾客进行决策的推动。进行劝说，可以以理服人，摆出一大堆道理，细细分析，得出结论，也可以以情动人，选择心灵的脆弱点，渲染氛围，不战而胜；还可以危言耸听，列举不听从自己的危害；或可以诱之以利，列举听从自己的好处。这几种手法，在广告中都有采用。但如果将它们细细比较，则是“以情动人”为其中最优者。情，可以是爱情、亲情、思乡之情、追忆之情。选择哪一种感情作为通路，要视产品特点而定。

（七）于无声处听惊雷

这专指电视等视听两用媒介的广告而言。电视的一个优点是声音、图像并茂，对人的感官刺激较大。但人们总是对与众不同的东西更能集中注意力。暂时放弃声音的解说功能，专以图像吸引人，给人以片刻的清静，这也可以作为广告创意的一个方面。

凡是看过麦当劳广告的人大概都会对它印象深刻，而且感觉极佳。一个尚在襁褓中的小孩在秋千上一荡一荡。每当荡到高处时，就见到蓝天、白云和在蓝天白云间的黄色的在“M”。整个广告中没有一句话，甚至没有一个字，但每个人都知道它在宣传的是什么，这可以说是无声广告的典范。

（八）借来东风好扬帆

社会上，名人名物多得不可计数。广告无非是塑造另一个名牌而已。是凭空靠自己塑造一个，还是巧作势，巧借势，把别人的名借来为我所用，这对广告策划者说，关系到辛苦的程度和努力的效果，做得巧，四两可拨千斤重。借东风而不是买东风，才是创意成功。

相关链接

互联网时代，传统广告VS互联网广告

“移动互联网”代表着快速创新，快速迭代，快速增长，快速占领市场……这也是诞生于这个时代的品牌的要务，诞生于移动互联网时代的品牌与那些诞生于互联网时代前的品牌（传统品牌）对于市场营销的理解有着很大的差异。两个典型的例子：

天猫和饿了么，是两个占据市场优势的互联网品牌，它们的Slogan（口号）曾变化多次，品牌理念从他们变化的广告语可看出一二。

天猫的Slogan变化：尚天猫就购了——上天猫就够了——理想生活上天猫。可以看出，它试图表达的是时尚的天猫——什么都有的天猫——消费升级的天猫。这是希望永不落伍的跟随时代策略。

饿了么的Slogan变化：叫外卖，上饿了么——饿了就要饿了么。最近，又在户外广告看到了最新的广告语：饿不饿，都上饿了么。饿了么的Slogan很就是一句简单的外卖广告语。

天猫和饿了么的Slogan只是告诉消费者我是干什么的，你来就好了。

传统广告大都选用文化引领策略，它们总是主动洞察时代并赋予品牌文化内涵，引领文化潮流。互联网时代是文化跟随策略，它们在变化的时代，提出一个适应变化的口号，吸引消费者。究其原因在于传统品牌与互联网品牌的环境不同：

1. 媒介生态不同

媒介生态在移动互联网时代迎来了剧变，传统品牌的媒介生态是相对集中的，而在移动互联网时代，媒介生态则多元而碎片。

另外社交媒体的出现打破了传统品牌那种一年做一支广告的习惯，为了维持品牌在社交媒体的声量，互联网品牌恨不得每天都要输出内容。

2. 产品模式不同

传统品牌的产品大部分比较固定，比如耐克的衣服和鞋子，而互联网品牌的产品则很可能快速变化，比如今日头条，一开始只是新闻媒体，现在则是新闻媒体+短视频平台+电商平台等。不同的产品性质导致他们在品牌传播行为上的不同。

3. 目标和期望回报时间不同

传统品牌的目标大部分是销售，而互联网品牌的目标则增加了用户增长，前者从营销到销售可能需要经历一个时间段，而后者则希望每一次营销都能立刻看到效果。

4. 竞争形式不同

移动互联网的竞争更加激烈，更加激烈的竞争要求品牌能做出更简单、有效促进销售和增长的营销。

品牌竞争环境的不同，造成了传统品牌和互联网品牌对于品牌营销这件事理解的不同。

传统品牌营销的观念通常是这样的，品牌需要通过广告不断塑造，形成品牌理念和价值，进而影响自己的目标人群，最终促进销售。这个时间通常是较长的，同时在较长的时间内可以形成品牌资产。

互联网品牌的营销观念则更看重销售转化，它们希望在品牌广告的每一次投放中都能促进销售，尤其是数字媒体诞生后，从曝光到线索到购买（或新增），消费者的行为路径可以

被有效监测，因此可以看出营销对于销售的直接效果。

对于品牌和销售理解的不同，造成了传统品牌和互联网品牌在营销上行为的差异。

点评：一手做好增长，一手不忘品牌资产的积累，这是创业品牌应该做的。风物长宜放眼量：增长的同时也要投资品牌。奥格威说：每一广告都应该是对品牌形象的长期投资。品牌从创立的那天起就应该有自己的品牌理念和价值观。

塑造品牌，构建品牌资产这是一个长远的目标和路径，它所带来的回报绝对不是短期能看出来的，就像一个长期的价值投资，只要保持长期持有，它定会给你带来回报。

资料来源：安东寻空的营销启示录，2019-03-20。

五、广告策划制约因素

广告创意是整个广告策划的中心。其指导思想，在于一个“活”字。

当年岳飞说兵书兵法“运用之妙，存乎一心”，在今天的商战中，广告策划更不能拘泥。但也并不是说创意就可以天马行空，毫无约束，故作非为。其实广告策划的制约因素是很多的。

（一）政治因素

政治环境是广告策划的“天时”。一个企业再强大，也不可以逆“天”行事。“统一”的广告词“统一情，中国心”，1997 年的紫荆花旗，就是顺天时。香港有家企业曾以希特勒的形象做过广告，结果引来全球愤怒的抗议和讨伐之声，不得不进行道歉。

（二）文化背景

如果将美国的著名广告策划师请到中国来进行策划，他可能成功，但更大的可能是不为人所理解，受到冷落而失败。除非人们因为他的名气先在心中无条件接受其思想。

（三）广告费用预算

广告预算是企业和广告部门对广告活动所需费用的计划和匡算，它规定了广告计划期内广告活动所需的费用总额、使用范围和使用方法。

一般可以列入广告预算的费用有：

（1）广告媒体费。主要指购买媒体的时间和空间的费用，约占广告费用总额的 80%～85%。

（2）广告设计制作费。主要包括广告设计人员的报酬、广告设计制作的材料费用、工艺费用、运输费用等，约占广告费用总额的 5%～15%。

（3）广告调查研究费。包括广告调研、咨询费用，购买统计部门和调研机构的资料所支付的费用，广告效果检测费用等。这一部分经费约占广告费用总额的 5%。

（4）广告部门行政费用。包括广告人员的工资费，办公费，广告活动业务费，公关费，与其他营销活动的协调费用等，约占广告费用总额的 2%～7%。

广告预算作为对广告活动所需要费用的匡算，对广告活动具有计划上和控制上的作用。作为计划手段，广告预算是以经费形式说明广告计划；作为控制手段，广告预算在财务上决定广告计划执行的规模和进程。广告预算费用的多少受产品、销售额、利润率、企业实力、消费者、媒体因素等。

（四）产品自身特点

耐用消费品，广告的取向应该是比较实在的方面，例如冰箱空调，一般都会强调其省电节能、保鲜功能、健康环保等看得见摸得着的内容上。

而诸如泡泡糖、朱古力等消费品，广告就应该着眼于感觉，着眼于形象。例如大大泡泡糖的广告，通片是节奏感强的音乐和健康帅气的小伙子的滑板表演。

在《计算机报》上刊登广告的，都是电脑业及相关行业的厂商，在《建材工业信息》上做广告的，是建筑材料业主，这是产品特点决定了媒体选择。

六、广告计划书

在完成了市场调查，明确了广告目标的任务和目标，制订出初步广告创意之后，就应着手制订广告策划计划书。完整的广告策划计划书，见表 11－5。

表 11－5　广告计划书

（一）前言
在前言部分，须详细说明广告计划的任务和目标，并列举相关信息，如广告者的整体营销战略等。
（二）市场分析
这是市场调查和分析的结果。市场分析应做到准确、全面、及时、有效。它主要包括四个方面内容：企业经营情况分析、产品分析、消费者分析。
（三）广告战略
根据产品定位和目标市场选择以及市场状况，确定广告的大的方针，如以何种方式树立形象，以何种方式促销购买等。
（四）广告对象和地区
这是目标市场的具体化。根据调查结果可以得出广告对象的人数及其构成，并分析其地区分布、心理特征、需求特征等。
（五）广告战术
这是广告战略的具体化和细分化。具体如下：
选择哪种、哪家媒介，并列出其详细情况，如报刊的发行日期、版面、次数等；电视台的频道、播出时间及频率等；促销活动举办的日期、活动方式等。
对多种媒介共同采用的情况，对其配合方式，也应予以说明。
（六）广告预算及分配
详细列明每笔费用的去向，尤其对不同媒介的费用分配要说明。
（七）广告效果预测
策划者预计广告主按此方案实施广告所能达到的效果。

第三节　营销公关策划

一、“公关”一词的来历

1807 年美国《韦氏新九版大学辞典》中 public relations 简称“PR”，1903 年成为专门职业，1923 年成为一门学科，多译为“公共关系”，多义词、多层含义。

（一）本原属性

公关是社会组织同构成其生存环境、影响其生存与发展的那部分公众的一种社会关系。

（二）综合的功能性定义

公关是社会组织为了生存发展、通过传播沟通、塑造形象、平衡利益、协调关系、优化社会心理环境、影响公众的科学与艺术。

二、公关策划内涵

公关策划即“公共关系策划”，是公共关系人员在预期外部环境、核查企业自身资源的基础上，形成决策的过程。

公关策划的核心，就是解决以下三个问题：一是如何寻求传播沟通的内容和公众易于接受的方式。二是如何提高传播沟通的效能。三是如何通过企业（沟通主体）、沟通（中介）、公众（客体）这三要素的和谐活动来达到塑造企业形象、提升企业名声的目的。

三、公关策划的特征

（一）以公众为对象

公众，是公共关系中的又一主体，也是公共关系工作的对象，他们构成了组织公共关系中必不可少的一方。公众的数量及其态度，在很大程度上决定着组织无形资产的质与量，也决定着组织环境的优劣。正确地认识和分析公众，积极地影响公众，争取不同类型公众对组织的理解和支持，是公共策划工作的核心。真正将自己的生存与发展与自觉维护公众利益结合起来，最大限度地为公众服务、让公众满意的企业、组织，就能显示出勃勃的生机，形成明显的竞争优势。

（二）以信誉为目标

高知名度加低美誉度等于臭名昭著，高知名度加高美誉度等于成功之路。信誉是构建企业美誉度的基础。所谓信誉，是指依附在人之间、单位之间和商品交易之间形成的一种相互信任的生产关系和社会关系。讲求信誉是商业道德的基本规范之一。信誉要求企业塑造人的诚实守信品行、品德和人格，构建信誉为基石的文化。

（三）以互惠为原则

营销公关策划，力求形成良好的公众关系，它不是靠血缘、地缘或空洞说教来维持，而是以一定的利益关系为纽带。组织对公众要以诚相待，不能靠“耍嘴皮子”“耍笔杆子”欺骗公众，更不能“做套”愚弄公众。组织必须给公众实实在在的利益，这样才能使他们对组织产生信赖感，乐于与组织合作。

（四）以长远为方针

公关策划是一种持续不断的过程，它是一种战略性的长期工作。成功的获得并非一朝一夕的努力，也不是一曝十寒的推广。

（五）以真诚为信条

公关策划需要奉行真诚的信条。企业传播的信息必须以真实为前提，企业与公众的沟通必须以诚恳为基础，任何虚假的信息传播、任何夸大的沟通方式都会损害企业的形象。唯有真诚，才能取信于公众，赢得合作和认可。

四、公关策划程序

公关策划一般由以下五个步骤。

（一）收集公关信息

包括：政府决策信息、新闻媒介信息、立法信息、产品形象信息、竞争对手信息、消费者信息、市场信息、企业组织形象信息和流通渠道信息。

（二）策划公关目标

公关目标指公关活动所要达到的理想境地和标准。主要有：

（1）提高组织知名度，树立组织的形象及信誉。

（2）使组织与公众保持经常化的信息沟通与交流。

（3）监测社会及环境及舆论变化的趋势，根据这种趋势及时调整组织的政策与行动。

（4）争取公众舆论的支持与协作。

（5）开展企业内部公关。

（6）提高产品的市场占有率。

（三）公关对象策划

确定与组织有关的公众。如一个企业的公众，就可划分为员工、投资者、消费者、社区、供应商、经销商、竞争者、金融机构、新闻媒介、政府、学校、科研院所、社会团体、服务业、行业团体、社会公益组织、合作者等数十种不同类型的公众。受众不同，公关内容的诉求重点不同，例如脑白金面对老年市场，强调年轻态，娃哈哈针对儿童市场强调吃饭就是香。

（四）公关策略策划

常见的公关谋略有：宣传性公关谋略、交际性公关谋略、服务性公关谋略、社会性公关谋略、征询性公关谋略等。

1. 宣传型公共关系策划

它是运用大众传播媒介和内部沟通方法，开展宣传工作，树立良好组织形象的公关模式。

主要做法是：利用各种媒介和交流方式，进行内外传播，让各类公众充分了解组织，支持组织，进而形成有利于组织发展的社会舆论，使组织获得更多的支持者与合作者，达到促进组织发展的目的。

其特点是：主导性强，时效性强，传播面广，推广组织形象效果快。

2. 交际型公关策划

此种策划是在人际关系中开展公关工作的模式，目的是通过人与人的直接接触，进行感情上的联络，为组织广结良缘，建立广泛的社会关系网络，形成有利于组织发展的人际环境。

方式：团体交际和个人交往。团体交际有：招待会、座谈会、工作午餐会、宴会、茶话会、慰问、舞会等；个人交往有：交谈、拜访、祝贺、个人署名、信件往来等。

3. 服务型公关策划

它是一种以提供优质服务为主要手段的公关活动模式。目的是以实际行为来获取社会的了解和好评，建立自己良好的形象。

4. 社会型公关策划

它指组织利用举办各种社会性、公益性、赞助性活动塑造组织形象的模式。目的是通过积极的社会活动，扩大组织的社会影响，提高其社会声誉，赢得公众的支持。

其活动形式有三种：一是组织机构以本身的重要活动为中心而开展的活动；二以是赞助社会福利事业为中心开展的公关活动；三是资助大众传播媒介举办各种活动，提高组织的知名度。

5. 征询型公关策划

它是以采集社会信息为主。目的是通过信息采集、舆论调查、民意测验等工作，了解社会舆论，为组织机构的经营管理决策提供咨询。

可采用的形式：征询调查；征文活动，民意测试，访问重要用户，建立信访制度，设立监督电话，处理举报和投诉，进行组织发展环境的预测等。

（五）公关时机策划

捕捉和把握最佳公关时机是取得企业公关策划方案实施效果的先决条件，所谓“机不可失，时不再来”。一般来讲适合公关活动的时机有以下几种（参照胡建宏的《现代企业管理》）：

（1）组织创办或企业开业之际。

（2）企业推出新的产品或新的服务项目之际。

（3）组织发展很快但声誉尚未树起之际。

（4）组织更名或与其他组织合并之际。

（5）组织在某方面出现失误或遭到误解之际。

（6）企业周年庆典活动。

（7）企业新产品投放市场的面世活动。

（8）企业推出新的服务项目。

（9）企业重点工程投产。

（10）企业获得荣誉之际。

（11）企业经营性质发生改变之际。

（12）企业举行赞助大型公益活动签字仪式之际。

（13）企业遇到国内外重要节日之际。

（14）企业参加国内外展览会、展销会或交易会之际。

相关链接

公关策划书的格式

公关策划文案的内容主要包括以下十个方面：

一、标题

一份完整的公关策划文案，必须有一个标题，使人一读就明白这是一份活动策划书而不是一份工作小结或评估报告。

标题可以直接写成“××公司××活动策划书”，也可以采用点明某一活动主题的词语作为主标题，而将“××公司××活动策划书”作为副标题列在其下。

标题撰写要明白易懂。

二、前言

也称背景介绍。即简略地介绍组织策划这份文案的背景情况。说明背景具体策划内容（方案）。要言简意赅，抓住本次策划活动的意图。

三、调查分析

公关策划是建立在调查分析的基础上的，调查分析是公关活动策划的先期工作。调查分析主要是对组织形象做出具体分析，可以从当前组织形象存在的优势点，问题点和机会点三个方面进行分析，从而明确下步公关工作的重点和方向。

调查分析要注重调查对象的代表性，调查手段的适用性，调查方法的科学性，资料收集的真实性和全面性，分析结论的可靠性。

四、策划目标

为了提高公关活动的效果，必须确立公关目标。应根据组织的具体情况选择目标分类，如将目标分成总目标与分目标，长远目标、阶段目标、具体目标等。

公关策划目标主要考虑所设目标符合组织的发展战略，符合组织形象的定位要求，符合公众需要，符合社会文化及其发展需要，是否针对组织存在的问题等。

五、创意说明

创意是公关活动成败的关键。创意是公关人员根据调查结论、社会组织形象特性和公众需求所进行的一种创造性思维活动，它是整个公关活动策划中的画龙点睛之笔。一个富有创意性的公关策划，能吸引和感染公众，使公关传播受到良好的效果。

创意的内容包括：

1. 活动主题。
2. 活动名称和项目。
3. 标语。
4. 宣传作品等。

活动主题要新颖，富有独特性和个性，有意境感和吸引力。

六、媒介策略

公共关系活动过程也就是组织向公众的信息传播、双向沟通过程，因此，正确选择传播媒介是使活动取得成功的重要一环。

媒介的选择要有针对性、可行性、有效性。

七、活动计划

活动计划是对具体活动的指导。应根据各个活动项目分别制定各项活动计划。活动计划要有周密性、可操作性和具体性。

八、经费预算

正确的经费预算是实施活动的保证。

经费预算要合理、全面、留有余地。

九、效果评估

正确的评估本次活动的效果，有助于组织了解公关方案的实现程度，衡量公关活动的实际效果，调动公关人员的积极性，并为下一轮公关工作提供新的信息。

效果评估要依据目标，实事求是，并给出评估的效果的方法。

十、署名

文案最后需写明：

1. 策划者名。公关公司、公关部名称或策划人员名称。
2. 策划书写作时间。×××年××月××日。

关键词

促销策划　广告策划　公关策划

课后练习

1. 促销策划的内涵。
2. 促销策划的要素。
3. 广告策划的流程。
4. 广告策划的谋略有哪些？如何运用？
5. 公关策划的内涵。
6. 公关策划的特征是什么？
7. 公关策划的流程。

案例分析

海底捞危机公关

20××年8月22日信报报道《记者卧底“海底捞”·揭秘》，直指骨汤勾兑、产品不称重、偷吃等问题，引起社会轩然大波。

20××年8月22日15：02海底捞官网及官方微博发出《关于媒体报道事件的说明》，声明语气诚恳，承认勾兑事实及其他存在的问题，感谢媒体监督，并对勾兑问题进行客观澄清。此微博被转发1 809次，评论690次，用户基本接受海底捞的态度。

20××年8月22日16：18海底捞官网及官方微博发出《海底捞关于食品添加剂公示备

案情况的通报》，笔锋更加诚恳，“多年厚爱，诚惶诚恐”之类的词语都用户。

20××年8月23日12：00海底捞官网及官方微博发出《海底捞就顾客和媒体等各界关心问题的说明》就勾兑问题及员工采访问题进行重点解释。

20××年8月23日20：00海底捞掌门人张勇的一篇微博，个人认为尤为经典，在这里转载一下：“菜品不称重偷吃等根源在流程落实不到位，我还要难过地告诉大家我从未真正杜绝这些现象。责任在管理不在青岛店，我不会因此次危机发生后追查责任，我已派心理辅导师到青岛以防该店员工压力太大。对饮料和白味汤底的合法性我给予充分保证，虽不敢承诺每一个单元的农产品都先检验再上桌但责任一定该我承担”。

此篇微博瞬间转发近4 000次，评论1 500次，张勇的敢担当，人情味十足，化解掉此次事件80%的危机。

随后，海底捞邀请媒体记者，全程记录骨汤勾兑过程，视频、照片瞬间布满网络，事件就此暂时画上句号。

回顾海底捞事件，不同的企业，由于产品和服务的不同，所面临的危机各不相同，危机处理的内容各不相同，但成功危机公关的也有共同特点：

（1）主动承认错误比解释更加有效。危机触发的时候，解释=狡辩，事实会被理解为歪理。

（2）主动放低身段比高高在上更加有效。你越低，对方自我感觉就越高，这就是为什么大人从来不和小孩子一般见识，总能包容孩子。

（3）主动承担责任比推诿更加有效。“丢帅保车”在现代社会品牌危机时，更加有效。

（4）主动透明流程比规避更加有效。看的越清楚，就会更少的猜疑，而且消费者如果猜疑，就不会向好的方向猜疑。

资料来源：中国经营报，张玉波，2011年8月22日。

问题：

1. 海底捞通过几步化危为机？

2. 本案例给你带来哪些启示？

参考文献

1. 李本辉，邓德胜．企业营销策划实务［M］．北京：中国经济出版社．2008.

2. 张德，吴剑平．企业文化与CI策划［M］．北京：清华大学出版社．2013.

3. 张天平．市场攻防战［M］．北京：电子工业出版社．2008.

4. 孟韬，毕克贵．营销策划——方法技巧文案［M］．机械工业出版社，2013.03

5. 董从文，易加斌．营销策划原理与实务［M］．科学出版社，2014.03.

6. 陈放．营销策划学［M］．蓝天出版社，2005.05.

7. 张鸿．营销策划学［M］．中山大学出版社，2011.07.

8. 李丰威，朱雪芹．市场营销学［M］．中国财政经济出版社，2019.09.

9. ［美］艾·里斯/杰克·特劳特．译者：李正栓/贾纪芳．营销战［M］．北京：中国财政经济出版社，2002.08.

10. 谭启泰．谋事在人：王志纲策划实录［M］．广州出版社，1996.03.

11. 叶茂中．叶茂中的营销策划［M］．中国人民大学出版社，2007.03.

12. 余明阳，陈先红，薛可．广告策划创意学（第四版）［M］．复旦大学出版社，2021.09.

13. 陈放．中国创意学［M］．中国财政经济出版社，2010.01.